《列国志》编辑委员会

主　　任　陈佳贵
副主任　　黄浩涛　武　寅
委　员　　（以姓氏笔画为序）
　　　　　于　沛　王立强　王延中　王缉思
　　　　　邢广程　江时学　孙士海　李正乐
　　　　　李向阳　李静杰　杨　光　张　森
　　　　　张蕴岭　周　弘　赵国忠　蒋立峰
　　　　　温伯友　谢寿光
秘书长　　王延中（兼）　谢寿光（兼）

中国社会科学院重大课题
国家"十五"重点出版项目

列国志

GUIDE TO THE WORLD STATES

中国社会科学院《列国志》编辑委员会

哥伦比亚

徐宝华 编著

社会科学文献出版社
SOCIAL SCIENCES ACADEMIC PRESS (CHINA)

哥伦比亚行政区划图

哥伦比亚国旗

哥伦比亚国徽

哥伦比亚总统府——纳里尼奥宫

黄金博物馆内展示的"穆伊斯卡人小船"

哥伦比亚国花——五月兰，又称"卡特亚·特里亚纳"（Catteya Triana）

特区天文馆

桑坦德尔公园喷泉

玻利瓦尔广场

哥伦比亚国家图书馆

位于十一大道的制币厂

锡帕基拉盐矿大教堂

玻利瓦尔别墅

科隆剧场

蒙塞拉特教堂

首都圣菲波哥大夜景

豪尔赫·埃利塞尔·盖坦剧场

普里马达大教堂

波帕扬市的民俗节日

卡塔赫纳港湾

前　言

自1840年前后中国被迫开关、步入世界以来，对外国舆地政情的了解即应时而起。还在第一次鸦片战争期间，受林则徐之托，1842年魏源编辑刊刻了近代中国首部介绍当时世界主要国家舆地政情的大型志书《海国图志》。林、魏之目的是为长期生活在闭关锁国之中、对外部世界知之甚少的国人"睁眼看世界"，提供一部基本的参考资料，尤其是让当时中国的各级统治者知道"天朝上国"之外的天地，学习西方的科学技术，"师夷之长技以制夷"。这部著作，在当时乃至其后相当长一段时间内，产生过巨大影响，对国人了解外部世界起到了积极的作用。

自那时起中国认识世界、融入世界的步伐就再也没有停止过。中华人民共和国成立以后，尤其是1978年改革开放以来，中国更以主动的自信自强的积极姿态，加速融入世界的步伐。与之相适应，不同时期先后出版过相当数量的不同层次的有关国际问题、列国政情、异域风俗等方面的著作，数量之多，可谓汗牛充栋。它们

对时人了解外部世界起到了积极的作用。

当今世界，资本与现代科技正以前所未有的速度与广度在国际间流动和传播，"全球化"浪潮席卷世界各地，极大地影响着世界历史进程，对中国的发展也产生极其深刻的影响。面临不同以往的"大变局"，中国已经并将继续以更开放的姿态、更快的步伐全面步入世界，迎接时代的挑战。不同的是，我们所面临的已不是林则徐、魏源时代要不要"睁眼看世界"、要不要"开放"问题，而是在新的历史条件下，在新的世界发展大势下，如何更好地步入世界，如何在融入世界的进程中更好地维护民族国家的主权与独立，积极参与国际事务，为维护世界和平，促进世界与人类共同发展做出贡献。这就要求我们对外部世界有比以往更深切、全面的了解，我们只有更全面、更深入地了解世界，才能在更高的层次上融入世界，也才能在融入世界的进程中不迷失方向，保持自我。

与此时代要求相比，已有的种种有关介绍、论述各国史地政情的著述，无论就规模还是内容来看，已远远不能适应我们了解外部世界的要求。人们期盼有更新、更系统、更权威的著作问世。

中国社会科学院作为国家哲学社会科学的最高研究机构和国际问题综合研究中心，有11个专门研究国际问题和外国问题的研究所，学科门类齐全，研究力量雄

前言

厚,有能力也有责任担当这一重任。早在20世纪90年代初,中国社会科学院的领导和中国社会科学出版社就提出编撰"简明国际百科全书"的设想。1993年3月11日,时任中国社会科学院院长的胡绳先生在科研局的一份报告上批示:"我想,国际片各所可考虑出一套列国志,体例类似几年前出的《简明中国百科全书》,以一国(美、日、英、法等)或几个国家(北欧各国、印支各国)为一册,请考虑可行否。"

中国社会科学院科研局根据胡绳院长的批示,在调查研究的基础上,于1994年2月28日发出《关于编纂〈简明国际百科全书〉和〈列国志〉立项的通报》。《列国志》和《简明国际百科全书》一起被列为中国社会科学院重点项目。按照当时的计划,首先编写《简明国际百科全书》,待这一项目完成后,再着手编写《列国志》。

1998年,率先完成《简明国际百科全书》有关卷编写任务的研究所开始了《列国志》的编写工作。随后,其他研究所也陆续启动这一项目。为了保证《列国志》这套大型丛书的高质量,科研局和社会科学文献出版社于1999年1月27日召开国际学科片各研究所及世界历史研究所负责人会议,讨论了这套大型丛书的编写大纲及基本要求。根据会议精神,科研局随后印发了《关于〈列国志〉编写工作有关事项的通知》,陆续为启动项目

拨付研究经费。

为了加强对《列国志》项目编撰出版工作的组织协调，根据时任中国社会科学院院长的李铁映同志的提议，2002年8月，成立了由分管国际学科片的陈佳贵副院长为主任的《列国志》编辑委员会。编委会成员包括国际片各研究所、科研局、研究生院及社会科学文献出版社等部门的主要领导及有关同志。科研局和社会科学文献出版社组成《列国志》项目工作组，社会科学文献出版社成立了《列国志》工作室。同年，《列国志》项目被批准为中国社会科学院重大课题，国家新闻出版总署将《列国志》项目列入国家重点图书出版计划。

在《列国志》编辑委员会的领导下，《列国志》各承担单位尤其是各位学者加快了编撰进度。作为一项大型研究项目和大型丛书，编委会对《列国志》提出的基本要求是：资料翔实、准确、最新，文笔流畅，学术性和可读性兼备。《列国志》之所以强调学术性，是因为这套丛书不是一般的"手册"、"概览"，而是在尽可能吸收前人成果的基础上，体现专家学者们的研究所得和个人见解。正因为如此，《列国志》在强调基本要求的同时，本着文责自负的原则，没有对各卷的具体内容及学术观点强行统一。应当指出，参加这一浩繁工程的，除了中国社会科学院的专业科研人员以外，还有院外的一些在该领域颇有研究的专家学者。

前言

　　现在凝聚着数百位专家学者心血、约计200卷的《列国志》丛书，将陆续出版与广大读者见面。我们希望这样一套大型丛书，能为各级干部了解、认识当代世界各国及主要国际组织的情况，了解世界发展趋势，把握时代发展脉络，提供有益的帮助；希望它能成为我国外交外事工作者、国际经贸企业及日渐增多的广大出国公民和旅游者走向世界的忠实"向导"，引领其步入更广阔的世界；希望它在帮助中国人民认识世界的同时，也能够架起世界各国人民认识中国的一座"桥梁"，一座中国走向世界、世界走向中国的"桥梁"。

《列国志》编辑委员会
2003年6月

CONTENTS

目 录

导　　言 / 1

第 一 章　**国土和人民** / 1

第一节　自然地理 / 1
　　一　地理位置和边界 / 1
　　二　地形结构 / 2
　　三　河流与湖泊 / 6
　　四　气候 / 11

第二节　自然资源 / 13
　　一　物产资源 / 13
　　二　植物 / 14
　　三　动物 / 15

第三节　居民和宗教信仰 / 16
　　一　人口 / 16
　　二　种族 / 17
　　三　民族 / 19
　　四　语言 / 21
　　五　姓名 / 21
　　六　宗教 / 22

第四节　国旗、国徽、国歌和首都 / 25

CONTENTS

目 录

　　一　国旗 / 25

　　二　国徽 / 26

　　三　国歌 / 28

　　四　国花、国鸟和国树 / 28

　　五　首都 / 29

第五节　主要节日和民俗 / 29

　　一　主要节日 / 29

　　二　风俗习惯 / 33

第二章　**各省、特区及主要城市** / 36

第一节　加勒比海沿岸各省 / 37

　　一　瓜希拉（Guajira）省 / 37

　　二　塞萨尔（Cesar）省 / 38

　　三　马格达莱纳（Magdalena）省 / 39

　　四　大西洋（Atlántico）省 / 40

　　五　玻利瓦尔（Bolívar）省 / 41

　　六　苏克雷（Sucre）省 / 42

　　七　科尔多瓦（Córdoba）省 / 43

　　八　圣安德烈斯和普罗维登西亚群岛（Archipiélago de San Andrés y Providencia）省 / 44

CONTENTS

目 录

第二节 太平洋沿岸各省 / 45

    一 安蒂奥基亚（Antioquía）省 / 46

    二 乔科（Chocó）省 / 47

    三 考卡山谷（Valle de Cauca）省 / 48

    四 考卡（Cauca）省 / 49

    五 纳里尼奥（Nariňo）省 / 50

第三节 安第斯山区各省 / 51

    一 卡尔达斯（Caldas）省 / 51

    二 里萨拉尔达（Risaralda）省 / 52

    三 金蒂奥（Quindío）省 / 53

    四 托利马（Tolima）省 / 53

    五 乌伊拉（Huila）省 / 54

    六 昆迪纳马卡（Cundinamarca）省 / 55

    七 博亚卡（Boyacá）省 / 56

    八 桑坦德尔（Santander）省 / 57

    九 北桑坦德尔（Norte de Santander）省 / 58

第四节 奥里诺科地区各省 / 59

    一 阿劳卡（Arauca）省 / 60

    二 卡萨纳雷（Casanare）省 / 61

    三 梅塔（Meta）省 / 62

CONTENTS

目 录

    四 比查达（Vichada）省 / 63

    五 瓜伊尼亚（Guainía）省 / 63

第五节 亚马孙地区各省 / 64

    一 卡克塔（Caquetá）省 / 64

    二 普图马约（Putumayo）省 / 65

    三 亚马孙（Amazonas）省 / 66

    四 瓜维亚雷（Guaviare）省 / 67

    五 沃佩斯（Vaupés）省 / 68

第六节 圣菲波哥大特区及主要城市 / 68

    一 圣菲波哥大（Santafé de Bogotá）特区 / 68

    二 卡利（Calí）/ 70

    三 麦德林（Medellín）/ 71

    四 巴兰基利亚（Barranquilla）/ 72

    五 卡塔赫纳（Cartagena）/ 72

第三章 历 史 / 74

第一节 古代印第安文明（1538年以前）/ 74

    一 历史渊源 / 74

    二 奇布查等部落的社会形态 / 75

    三 奇布查文化的历史地位 / 78

CONTENTS

目 录

第二节　殖民统治时期（1538~1810）/ 79
　　一　哥伦比亚的被征服 / 79
　　二　西班牙的殖民统治 / 80
　　三　西班牙殖民统治的危机 / 82

第三节　独立战争时期（1810~1830）/ 84
　　一　独立战争前的社会矛盾 / 84
　　二　新格拉纳达的独立战争进程 / 85
　　三　大哥伦比亚共和国 / 88

第四节　建国初期的哥伦比亚（1831~1903）/ 90
　　一　建国初期的政治经济状况 / 90
　　二　1850年洛佩斯政府的自由改革 / 93
　　三　保守党政府的独裁统治 / 96
　　四　1903年巴拿马省的分离 / 99

第五节　20世纪前期的哥伦比亚（1903~1945）/ 101
　　一　20世纪初的政治经济状况 / 101
　　二　洛佩斯·普马雷霍政府进行的改革 / 106

第六节　"十年暴力"恐怖时期（1946~1957）/ 108
　　一　二战后初期保守党政府的专制统治 / 108
　　二　罗哈斯·皮尼利亚的军事独裁统治 / 113
　　三　《希特赫斯协议》（Pacto de Sitges）/ 114

CONTENTS

目 录

第七节 "全国阵线"时期（1958~1974）/ 115

 一 阿尔维托·耶拉斯·卡马戈政府

  （1958~1962）/ 116

 二 吉列尔莫·莱昂·巴伦西亚政府

  （1962~1966）/ 117

 三 卡洛斯·耶拉斯·雷斯特雷波政府

  （1966~1970）/ 118

 四 米萨埃尔·帕斯特拉纳·博雷罗政府

  （1970~1974）/ 120

 五 "全国阵线"时期的成就与问题 / 121

第八节 "全国阵线"后的哥伦比亚

  （1974~1990）/ 124

 一 阿方索·洛佩斯·米切尔森政府

  （1974~1978）/ 124

 二 胡利奥·塞萨尔·图尔瓦伊·阿亚拉政府

  （1978~1982）/ 127

 三 贝利萨里奥·贝坦库尔·夸尔塔斯政府

  （1982~1986）/ 129

 四 比尔希略·巴尔科·巴尔加斯政府

  （1986~1990）/ 133

CONTENTS

目 录

第九节 《1991年政治宪法》颁布后的哥伦比亚
（1991~2002）/ 135
  一 塞萨尔·加维里亚·特鲁希略政府
    （1990~1994）/ 135
  二 埃内斯托·桑佩尔·皮萨诺政府
    （1994~1998）/ 139
  三 安德烈斯·帕斯特拉纳·阿朗戈政府
    （1998~2002）/ 141

第四章 政 治 / 145

第一节 宪法 / 145
  一 哥伦比亚的制宪进程 / 145
  二 现行宪法的特点 / 149
第二节 国民议会 / 151
  一 国民议会的组成和职权 / 151
  二 参议院的组成及其职权 / 153
  三 众议院的组成及其职权 / 154
  四 参、众两院的常设工作机构 / 155
第三节 政府 / 156
  一 共和国总统及其职权 / 157
  二 内阁组成及各部门的权限 / 159

CONTENTS
目 录

第四节 司法机关 / 162
 一 最高法院 / 162
 二 宪法法院 / 163
 三 特殊法院 / 164
 四 国务委员会（Consejo de Estado）/ 164
 五 国家总检察院（Fiscalía General de La Nación）/ 165
 六 最高司法委员会（Consejo Superior de La Judicatura）/ 166

第五节 其他国家机关 / 167
 一 监督机关（Los Organismos de Control）/ 167
 二 选举机构（La Organizacion Electoral）/ 170

第六节 地方（省、市）行政机构 / 171
 一 省（Departamentos）/ 171
 二 市（Municipios）/ 174

第七节 政党和工会组织 / 175
 一 主要政党产生的历史背景 / 175
 二 政党组织 / 176
 三 工会组织 / 180

第八节 非法武装集团 / 181
 一 哥伦比亚暴力频仍的社会历史背景 / 181

CONTENTS

目 录

　　二　主要武装组织 / 184

第九节　非政府组织 / 188

　　一　非政府组织（Los Organizaciones No Gubernamentales）的一般情况 / 188

　　二　非政府组织进行的主要活动 / 191

第十节　政局 / 194

　　一　哥伦比亚面临严重的政治经济形势 / 194

　　二　传统政党威信下降，独立派人士异军突起 / 198

　　三　乌里韦总统任职期间政绩显著，国内安全形势有所好转 / 202

第五章　经　　济 / 206

第一节　经济发展综述 / 206

　　一　国民经济发展历史进程 / 206

　　二　国民经济实现持续增长 / 212

　　三　国家的经济实力和经济结构 / 222

第二节　农牧业 / 223

　　一　当前农牧业发展概况 / 224

　　二　政府发展农业的政策措施 / 227

　　三　当前农牧业的生产结构 / 233

CONTENTS

目 录

第三节 采矿业 / 241

    一 贵金属矿 / 241

    二 石油 / 243

    三 天然气 / 245

    四 煤炭 / 246

第四节 制造业 / 248

    一 制造业发展概况 / 248

    二 制造业的主要特点 / 250

    三 制造业的主要部门结构 / 251

第五节 电力工业和建筑业 / 256

    一 电力工业 / 256

    二 建筑业 / 258

第六节 交通运输和邮电通信业 / 259

    一 交通运输业发展状况 / 259

    二 邮电通信业发展情况 / 266

第七节 财政和金融业 / 267

    一 财政状况 / 267

    二 金融业发展概况 / 272

    三 金融机构 / 275

    四 货币和汇率 / 279

CONTENTS

目 录

第八节 对外贸易和国际收支 / 282
 一 对外贸易的发展概况 / 282
 二 20世纪90年代进行的外贸改革 / 284
 三 进出口贸易及其结构 / 288
 四 国际收支状况 / 290

第九节 外国资本 / 294
 一 利用外资概况 / 294
 二 20世纪90年代外国直接投资迅速增加 / 297
 三 哥伦比亚的举债情况 / 299

第六章 旅游业 / 303

第一节 旅游业发展概况 / 303
 一 丰富的旅游资源 / 303
 二 政府推动旅游业发展的政策措施 / 304

第二节 "南美洲雅典"——圣菲波哥大 / 306
 一 圣菲波哥大览胜 / 306
 二 首都主要旅游景点 / 308

第三节 加勒比海沿岸地区风情 / 314
 一 "永恒春城"——麦德林 / 314
 二 "加勒比明珠"——卡塔赫纳 / 315
 三 "黄金港"——巴兰基利亚 / 320

CONTENTS 目 录

  四 "香蕉之都"——圣马尔塔 / 321
  五 自然生态保护区——泰罗纳天然国家公园 / 322
  六 旅游者的天堂——圣安德烈斯和普罗维登西亚群岛 / 323
第四节 其他地区的旅游景观 / 324
  一 西南重镇——卡利 / 324
  二 特具风格的城市——波帕扬 / 325
  三 考古学遗址——圣奥古斯丁 / 326
  四 闻名遐迩的哥伦比亚咖啡区 / 327
  五 "公园城"布卡拉曼加和边境城市库库塔 / 328
  六 高原省份——博亚卡 / 329
  七 东南边陲地区——亚马孙 / 330

第七章 教育、文化、新闻、卫生、体育 / 331

第一节 教育 / 331
  一 国民教育发展概况 / 331
  二 第二次世界大战后政府发展教育的新举措 / 333
  三 哥伦比亚的现行教育制度 / 343
  四 科学技术发展概况 / 350
第二节 文学艺术 / 353
  一 文学 / 353

CONTENTS

目 录

    二　戏剧／361
    三　音乐／362
    四　绘画／364
第三节　新闻出版业／366
    一　报纸杂志／367
    二　出版业／371
    三　哥伦比亚的公共图书馆／373
    四　广播和电视／376
第四节　医疗卫生／378
    一　哥伦比亚人的健康状况／378
    二　哥伦比亚的社会医疗保健系统／380
    三　1993年的社会保障制度改革／382
第五节　体育／383
    一　哥伦比亚体育运动发展概况／383
    二　全国性的体育运动领导机构／385

第八章　军　事／386

第一节　武装力量的地位和作用／386
    一　武装力量的历史沿革／386
    二　武装力量在国家政治生活中的地位和作用／388
第二节　国防体制和军事院校／389

CONTENTS

目 录

  一 国防体制 / 389
  二 主要军事院校 / 391
第三节 三军建制 / 394
  一 陆军 / 394
  二 海军 / 396
  三 空军 / 397
第四节 国民警察部队 / 398
  一 国民警察部队的组织机构 / 398
  二 国民警察部队的警力 / 400
  三 哥伦比亚的刑事制度 / 401
  四 打击刑事犯罪和贩毒集团情况 / 402

第九章 对外关系 / 404

第一节 对外政策 / 404
  一 对外政策的嬗变过程 / 404
  二 处理国际问题的基本立场 / 406
  三 参加的主要国际组织 / 412
第二节 同拉丁美洲各国的关系 / 416
  一 加强拉美各国的团结，发展经济合作 / 416
  二 积极参与中美洲地区的和平斡旋 / 417
  三 重视与周边国家的和睦关系 / 419

CONTENTS

目 录

  四 积极推动拉美地区一体化进程 / 420

  五 乌里韦政府与拉美"左派"政府的关系较为紧张 / 422

第三节 同美国的关系 / 423

  一 哥、美两国关系的历史演变 / 423

  二 哥、美关系的重新调整 / 425

第四节 同欧洲和亚洲国家的关系 / 428

  一 同西欧国家的关系 / 428

  二 同东欧国家的关系 / 430

  三 同亚洲国家的关系 / 431

第五节 同中国的关系 / 432

  一 哥、中两国建交后,友好关系顺利发展 / 432

  二 哥、中两国的经贸关系平稳发展 / 436

附 录 / 441

  一 哥伦比亚历届国家元首 / 441

  二 哥伦比亚各省、特区概览 / 444

主要参考文献 / 447

导　言

在拉丁美洲地区，哥伦比亚是个很具特色的国家，地处优越的地理位置，拥有丰富的地下资源，居住着勤劳、智慧、具有光荣的斗争传统和酷爱和平的人民。哥伦比亚有着苦难的过去。它遭受了西班牙近三百年的殖民统治，独立以后又经历了开发、移民、党派之争、内战、帝国主义侵略、军事独裁统治，人民群众为捍卫国家独立和争取民主的英勇斗争，出现了像西蒙·玻利瓦尔那样的民族英雄人物，写下了可歌可泣的历史篇章。哥伦比亚实行中央集权制，采取总统制政体，依照立法、行政、司法"三权分立"原则建立政治制度。在20世纪，拉丁美洲各国军人政变成风，哥伦比亚只出现过一次军人专制的独裁统治。但是，哥伦比亚目前仍是拉美地区唯一存在游击队的国家。暴力恐怖活动和毒品问题不仅困扰着哥伦比亚历届政府，而且威胁着整个拉美地区的安全。铲除毒品，结束内战，实现国内和平是哥伦比亚人民的强烈愿望。哥伦比亚自古有"黄金之国"的美誉，其咖啡、鲜花等产品闻名遐迩；在发展民族经济过程中，实现了持续的经济增长。20世纪80年代，拉美国家经历债务危机，哥伦比亚是拉美地区唯一没有进行延期还债谈判，能够偿还外债的国家。在改变咖啡单一种植，实行多种经营和出口产品多样化方面取得可喜的成就。但是，哥伦比亚人民生活还不富裕，消除贫困、振兴民族经济是哥伦比亚人民当前的一致要求。在教育、文

化、艺术方面，哥伦比亚也取得辉煌的成就，出现了加夫列尔·加西亚·马尔克斯这样伟大的现实主义作家。当前哥伦比亚是个中等程度的发展中国家，仍面临着战胜贫困、实现和平与发展的艰巨任务，哥伦比亚政府和人民正为之而进行浴血奋战。

《列国志》是跨所、跨学科组织的中国社会科学院重大研究项目。笔者长期从事拉美问题特别是哥伦比亚问题的研究，愿意通过《哥伦比亚》的写作把研究成果与读者分享。他山之石，可以攻玉，我们可以从《哥伦比亚》这本书得到有益的启示。在本书的写作过程中，中国社会科学院的领导和院科研局同志给予了许多指导和支持；拉丁美洲研究所的领导以及江时学研究员、陈芝芸研究员、徐世澄研究员、吴国平研究员、张宝宇研究员等提出过许多建设性的宝贵意见；科研处和财务处的同志在日常工作中给予了大力支持。在此，一并表示衷心的感谢。

由于作者水平所限，书中出现疏漏和错误在所难免，敬请各位同仁和读者给予批评指正。

徐宝华
2003年3月31日

第一章

国土和人民

哥伦比亚的全称是哥伦比亚共和国（La República de Colombia）。1502~1504年，意大利航海家克里斯托弗·哥伦布第四次航行到达南美洲北岸，"发现"了这块土地。为了纪念这位远涉重洋的欧洲航海家和新大陆的"发现者"，人们就以他的名字命名这个国家。

哥伦比亚是个富饶美丽的国家，这里居住着勤劳、勇敢、质朴、智慧的人民，他们酷爱和平，有着光荣的斗争传统。在哥伦比亚流行着这样一个传说：当上帝创造世界时，上帝给予这个国家特别的优惠。它赋予哥伦比亚优越的地理位置、肥沃的土地和丰富的物产资源，为这个国家的发展创造了极其有利的条件。但是，哥伦比亚又是个长期饱受战乱痛苦的国家，哥伦比亚人民为争取独立、民主、和平与发展进行了长期的不屈不挠的斗争，他们为此付出了巨大代价，写下了不朽的历史篇章。

第一节 自然地理

一 地理位置和边界

哥伦比亚地处十分重要的战略位置。它位于南美洲西北部，北濒加勒比海，西临太平洋，是南美洲唯一面对

两大海洋的国家。它国土跨越南北两个半球,位于西经66°50′到79°01′,北纬12°30′至南纬4°13′之间。由于它位于南美洲的北端,是南、北美洲的交通要道;它邻近中美洲地峡,是沟通大西洋和太平洋的门户。因此,它素有"拉丁美洲的门户"之称。殖民统治时期,哥伦比亚是西班牙从安第斯地区掠夺黄金、白银等财富的转运场所,今天,它仍然是安第斯地区物资的重要进出口地。

哥伦比亚西北部与中美洲的巴拿马相连,东部与委内瑞拉和巴西接壤,西南部与厄瓜多尔和秘鲁为邻,总面积为1141748平方公里,相当于法国、西班牙和葡萄牙3个国家面积的总和;在拉丁美洲仅次于巴西、阿根廷、墨西哥和秘鲁,居第5位。它的海岸线总长2900公里,在大西洋沿岸有1600公里,在太平洋沿岸有1300公里。陆地边界线总长为6342公里,其中同委内瑞拉的边界线有2219公里,同巴西有1645公里边界,同秘鲁的边界线有1626公里,同厄瓜多尔边界有586公里,同巴拿马边界有266公里①。

二 地形结构

哥伦比亚的地形千姿百态,以复杂多样为特色。全国大致可分为三个不同部分:山区、平原和岛屿。高峻雄伟的安第斯山脉在西部延绵,它被许多湍急的河流和深谷所隔开。在山区,从山脚到山顶有景观奇特的垂直地带——从潮湿的热带雨林到终年冰雪不化的雪山。安第斯山西边有狭长的太平洋沿海平原,北面是辽阔的加勒比沿海平原。安第斯山以东是亚诺斯平原,该平原北部是没有森林的高原,以及覆盖着热带森林和热带草原的低地,东南部是遍布热带雨林的亚马孙大平原。此

---

① Jarango Cano, *Geografia Fisica y Economica de Colombia*, Cultural Colombiana LTDA, 1964 edición, pp. 19 – 20.

外，在加勒比海和太平洋上，还有一些属于哥伦比亚的岛屿。

（一）山区

由西部的安第斯山脉、北部的圣马尔塔内华达山和东部的马卡雷纳山等组成。

安第斯山区。位于南美洲西部的安第斯山脉从智利的合恩角由南向北延伸，至厄瓜多尔和哥伦比亚边境分成两条支脉，形成了帕斯托斯高原，之后又在帕斯托城北的火山区连在一起，由此再向北又分成三条支脉，形成哥伦比亚地形上所特有的三条科迪勒拉山脉：西科迪勒拉山脉、中科迪勒拉山脉和东科迪勒拉山脉。

西科迪勒拉山脉主要由白垩纪的砂岩和汾岩组成，大体上同太平洋海岸线平行，从南向北穿过纳里尼奥、考卡、考卡山谷、里萨拉尔达、安蒂奥基亚、乔科和科尔多瓦等7个省，有几条支脉向北延伸至加勒比海沿岸和巴拿马共和国境内，全长1240公里，面积约7.6万平方公里。平均海拔高度在2000米以下，其最高峰是贡巴尔雪山，海拔4764米；其次是奇莱斯火山，海拔4748米。全国第二大城市卡利市就坐落在西科迪勒拉山脉东侧、考卡河的支流卡利河畔。

中科迪勒拉山脉高峻雄伟，主要由古生代的结晶状的片麻岩和火山岩组成。它从南到北穿过纳里尼奥、考卡、考卡山谷、托利马、乌伊拉、卡尔达斯、金蒂奥、里萨拉尔达、安蒂奥基亚和玻利瓦尔等10个省，全长1000多公里，面积约11万平方公里。平均海拔在3000米以上，是火山多发地带。在中段有乌伊拉雪峰，海拔5750米；其次是托利马雪峰，海拔5620米；再次是路易斯雪峰和金蒂奥雪峰，海拔5450米。在西科迪勒拉山脉和中科迪勒拉山脉之间的陷落地段，是含煤的第三纪红色沉积层，考卡河就在这山谷流过。考卡河谷地土地肥沃，气候温和，适宜于人们居住和农业耕作。

东科迪勒拉山脉是由白垩岩和含煤的第三纪岩石组成。它自

西南向东北方向伸展,穿过考卡、乌伊拉、卡克塔、托利马、昆迪纳马卡、博亚卡、梅塔、阿劳卡、卡萨纳雷、桑坦德尔、北桑坦德尔、马格达莱纳、塞萨尔、瓜希拉等 14 个省,全长 1200 多公里,宽 120 公里,面积约 13 万平方公里。在北纬 7°30′以北,东科迪勒拉山脉又分成两支:一支是佩里哈山脉,向北延伸到哥伦比亚同委内瑞拉边界的奥卡山;另一支是梅里达山脉,向委内瑞拉境内延伸至大陆北海岸,这条山脉断断续续地呈弧形深入加勒比海,形成大、小安的列斯群岛。东科迪勒拉山脉平均海拔在 3000 米左右,最高峰是科库伊雪山,海拔 5223 米。东科迪勒拉山脉为一系列平行的褶皱山岭,山岭之间有许多平坦肥沃的山间高原和盆地。首都圣菲波哥大所在的波哥大高原,是哥伦比亚人口最稠密的地区。马格达莱纳河就在中科迪勒拉山脉和东科迪勒拉山脉之间从南向北穿行。马格达莱纳河河谷地区是哥伦比亚发展农牧业的重要地区。

圣马尔塔内华达山脉。它同三条科迪勒拉山脉截然分开。位于北部的马格达莱纳河口和瓜希拉半岛之间,面积 1.7 万平方公里。其最高峰克利斯托弗·哥伦布峰海拔 5800 米,是哥伦比亚境内的最高峰;其次是玻利瓦尔峰,海拔 5775 米。此外,在东部梅塔省境内还有马卡雷纳山脉,面积 4375 平方公里。

(二) 平原

包括东部亚诺斯平原、加勒比沿海平原、太平洋沿海平原和安第斯山河谷平原。

东部亚诺斯平原。包括东部的奥里诺科平原和南部的亚马孙大平原,面积约占全国总面积的 61%。奥里诺科平原面积 32.6 万平方公里,约占国土面积的 28.7%。海拔高度约 250 米以上,年平均气温摄氏 23℃ 以上,年降雨量 1500 毫米,干湿季分明,属热带草原气候,适宜于发展农牧业。其中与东科迪勒拉山脉毗连的地区,是适宜饲养牲畜的辽阔平原,那里水草丰美,牛羊成

第一章 国土和人民

群。再往东是奥里诺科冲积低地,是一片尚未很好开发的地区。南部是亚马孙大平原,面积37.6万平方公里,约占国土面积的32.3%,海拔高度250米以下,终年高温多雨,年平均气温摄氏23℃以上,年降雨量2500毫米,属热带雨林气候。东部亚诺斯平原,人烟稀少,丛林密布,气候炎热,热带疾病蔓延,有些地区至今尚未勘探过。这个地区的运输比较困难,主要依靠木筏和小汽船。最近30年,政府就开发东部地区做了一些尝试,如修筑一些临时机场,加强与首都等城市的联系,开始勘探石油资源,试验栽种非洲棕榈和水稻等。然而,东部亚诺斯平原的全面开发,还有待于电力、运输、通信、道路等基础设施的建设,卫生条件的改善以及热带疾病预防等问题的解决。

加勒比沿海平原。包括瓜希拉半岛到巴拿马边界的辽阔地区。它从西向东包括西努平原、下马格达莱纳平原、巴耶杜帕尔平原和瓜希拉平原。面积有11.2万平方公里,占国土面积的9.8%。总的说来,该地带除圣马尔塔内华达山区外,地势较为平坦,土地肥沃,干湿季分明,属热带草原气候,是发展农牧业和旅游业的理想地带,也是哥伦比亚种植棉花的重要地区。西面的乌拉瓦湾地区和马格达莱纳省的圣马尔塔港为中心的地区是出口香蕉种植地带。卡塔赫纳以西是玻利瓦尔大草原,是哥伦比亚饲养牲畜的重要地区。加勒比沿岸地区有3个重要港口:圣马尔塔港、巴兰基利亚港和卡塔赫纳港,是哥伦比亚的重要进出口港口。巴兰基利亚港位于马格达莱纳河的入海口处,是哥伦比亚最大的进出口贸易海港。

太平洋沿海平原。位于西部太平洋沿岸,是一个狭长平原,西科迪勒拉山脉把它同内地隔断。这片平原面积6万平方公里,占国土面积的5.3%,这里终年高温多雨,气候炎热,森林密布,属热带雨林气候,至今尚未充分开发。在太平洋沿岸,有布埃纳文图拉和图马科两个海港。

安第斯山区有两条纵长的山间谷地,其中最大的是中科迪勒拉山脉和东科迪勒拉山脉之间的马格达莱纳河谷地,面积有19.7万平方公里,这里土地肥沃,是哥伦比亚人口较稠密的地区之一。其次是西科迪勒拉山脉和中科迪勒拉山脉之间的考卡河谷地,面积有62600平方公里,平均海拔1000米左右,年平均气温摄氏24℃,年降雨量在900~1100毫米,是哥伦比亚最富饶的地区之一。在各条山脉中也夹有平坦肥沃的山间高原、盆地和谷地,如东科迪勒拉山脉中部地区的波哥大高原,属于温带气候,也是哥伦比亚较为富裕的地区。在中科迪勒拉山脉北段支脉间有阿布拉谷地,哥伦比亚第三大城市麦德林市就坐落在这里。

(三)岛屿

在加勒比海上,距卡塔赫纳港西北720公里处,即西经78°82′北纬12°13′交叉地带,有圣安德烈斯岛、普罗维登西亚群岛和13个小珊瑚礁。岛上居民主要是黑人,生产供出口的可可和香蕉等热带作物。自1953年在这里设立自由港以来,贸易不断增长。这里是哥伦比亚发展旅游业的重要地区。另外,在太平洋上,距哥伦比亚本土496公里处,即位于北纬3°58′和西经81°35′的马尔佩洛群岛,也是属于哥伦比亚的一个岛屿,这里是哥伦比亚发展海上捕鱼业的理想场所。

三 河流与湖泊

哥伦比亚境内河川纵横,湖泊星罗棋布。哥伦比亚的雨量充足,全国年均降雨量在1500毫米以上。但是,地区间和季节间情况有很大的差别,如太平洋沿岸地区的降雨量在2000~4000毫米,最高可达9000毫米。而瓜希拉省和安第斯小部分地区年降雨量在500毫米以下。全国约有1000多条河流,河流总长超过1.5万公里。湖泊、池塘、水库和沼泽地面积达300万公顷,蕴藏着十分充足的水力资源。由于陆路交通不便,河流成为连接各城市和地区的交通动脉。大多数河流发源于安第斯山区。根据不同水文流向,哥伦比亚的河流可分为三大水文地带:北部加勒比水文带,西部太平洋水文带,东部奥里诺科和亚马孙水文带。

(一)注入加勒比海的河流

1. 马格达莱纳河

它是哥伦比亚最大的内河。发源于考卡省和乌伊拉省交界处的帕帕斯荒原。它从南向北流经考卡、乌伊拉、托利马、昆迪纳马卡、卡尔达斯、安蒂奥基亚、桑坦德尔、玻利瓦尔、塞萨尔、马格达莱纳和大西洋等11个省,最后在巴兰基利亚附近注入加勒比海,全长1538公里,其中有1295公里可通航,是哥伦比亚重要的内河航运干线,在国家的政治、经济、文化和进出口贸易中发挥着重要作用,被誉为"哥伦比亚的生命河"。马格达莱纳河上、中游地区年平均降雨量为1000毫米,下游地区为740毫米,而水量随着旱季和雨季而变化。河道较平直,多急流浅滩;流入北部低地沼泽后,流速骤减;河口平均水流量8000立方米/秒。马格达莱纳河流域面积约有26万平方公里,大致可分为4个地区:(1)从圣奥古斯丁到内瓦一段,水流量小,落差较大,水流湍急,不宜通航。其两岸是草原,利于发展农牧业。(2)从内瓦到翁达一段,汇合了许多支流后,水流量增大,可以通小船。这段河流经上马格达莱纳地区,是著名的哥伦比亚大草原区。(3)从翁达到博德加,是中马格达莱纳区,属于热带雨林地带,气候炎热,空气潮湿。(4)从博德加到入海口是河口三角洲地区,又称下马格达莱纳区,是哥伦比亚的重要农业区。主要支流有考卡河、圣豪尔赫河、塞萨河等。

2. 考卡河

它是马格达莱纳河的一条最重要的支流,发源于中科迪勒拉山脉帕莱塔拉高原,沿着西科迪勒拉山脉和中科迪勒拉山脉之

间，流经考卡、考卡山谷、金蒂奥、里萨拉尔达、卡尔达斯、安蒂奥基亚和玻利瓦尔等7个省，在蒙波斯湾注入马格达莱纳河，全长1350公里。考卡河流域面积6.3万平方公里。这里地势平坦，土壤肥沃，是哥伦比亚人口稠密的地区之一。

3. **圣豪尔赫河**

它发源于安蒂奥基亚省，流入马格达莱纳河。全长380公里，有150公里可通航。下游地区土地肥沃，是一片大草原，适宜发展畜牧业。

4. **阿特拉托河**

它是哥伦比亚西北部的河流，发源于乔科省的基布多以东的西科迪勒拉山山坡上，先后经过16个峡谷，沿途汇集150多条小河，最后注入加勒比海的乌拉瓦湾。入海口宽300～500米，水深20米，水流量约5000立方米/秒。全长700公里，流域面积约3.5万平方公里。流域内高温多雨，年降雨量6000～8000毫米。由于该河水量较大，政府计划在这条河和流入太平洋的圣胡安河之间，开凿一条连接太平洋和大西洋的运河，大力发展同亚太地区国家的经贸合作关系。如这一计划实施成功，对哥伦比亚西北部地区的经济开发以及对外经济贸易往来将起重要推动作用。

5. **西努河**

它发源于安蒂奥基亚省的帕拉米略荒原，由南向北注入加勒比海。全长460公里，有200公里可通小船。西努河流域面积1.8万平方公里，土地肥沃，适宜发展农牧业。水力资源丰富，利于发展水力发电。

（二）注入太平洋的河流

1. **班多河**

它发源于乔科省的上布埃伊，由北向南注入太平洋。全长150多公里。班多河流域土地肥沃，适宜热带作物的种植。

2. 圣胡安河

它发源于乔科省的卡拉曼塔山下。全长380公里,水流量为1000立方米/秒,在流入太平洋的河流中,其水流量最大。圣胡安河流域面积1.6万平方公里,蕴藏着丰富的矿产和木材资源,还有待于进一步开发。

3. 帕蒂亚河

它发源于考卡省的布埃湖,流经纳里尼奥省注入太平洋,全长450公里。帕蒂亚河流域面积2.1万平方公里。入海口处的图马科港,是哥伦比亚在太平洋沿岸的重要港口。

4. 达瓜河

它发源于考卡山谷省首府卡利市附近,由东向西流入太平洋。其入海口处的布埃纳文图拉港,是哥伦比亚在太平洋沿岸的最大港口。

(三)东科迪勒拉山脉以东的河流

它们分别流经委内瑞拉和巴西注入大西洋。

1. 奥里诺科河

它发源于委内瑞拉与巴西的交界处,流经哥、委边境,最后朝东北方向经委内瑞拉注入大西洋。在哥伦比亚境内有许多支流,其中较大的有瓜维亚雷河、比查达河、托莫河、梅塔河和阿劳卡河等。奥里诺科河流域面积约32.8万平方公里。

2. 瓜维亚雷河

它有"上奥里诺科河"之称,发源于梅塔省的西南部的东科迪勒拉山脉东坡。其上游叫瓜雅维罗河,水力资源丰富;中游在接纳伊尼里达河后,向东注入奥里诺科河,全长1350公里,有620公里可通航。流域内高温多雨。瓜维亚雷河是北部热带草原和南部热带原始森林的分界线。

3. 比查达河

它发源于梅塔省东部,从西向东经比查达省流入奥里诺科

河,全长720公里。比查达河流域是一片热带雨林区,河床较深,有450公里可通小船。

4. 梅塔河

它发源于梅塔省东科迪勒拉山脉,由乌比亚河和瓜尤里瓦河汇合而成,向东北方向流经热带草原后,成为哥、委的边界河,在卡雷尼奥港注入奥里诺科河。全长1200多公里,有1000公里可通航。梅塔河是亚诺斯地区的重要河流。梅塔河渔产资源丰富,两岸是肥美的草原,适宜发展农牧业。

5. 卡萨纳雷河

它发源于博亚卡省的奇塔雪山附近,向东流入梅塔河,全长600多公里。这一地带土地肥沃,水草丰美,发展农牧业的潜力很大。

6. 阿劳卡河

它发源于桑坦德尔省的桑图尔班,沿哥、委边界流入奥里诺科河,全长600多公里。阿劳卡河流域是辽阔的畜牧区。

7. 瓜伊尼亚河

它发源于瓜伊尼亚省西部,由西向东流经哥、委边境,后进入巴西,最后注入亚马孙河。在哥伦比亚境内640公里可通小船。

8. 沃佩斯河

它发源于瓜维亚雷省的西北部,向东南方向流经沃佩斯省,进入巴西境内,最后注入亚马孙河。在哥伦比亚境内有600多公里,只能通小船。

9. 卡克塔河(又名亚普拉河)

它发源于帕帕斯荒原南部,向东南方向沿卡克塔省和普图马约省的边界向东,又经卡克塔省与亚马孙省边界,到阿拉拉库存亚拉后,经亚马孙省,流入巴西最后注入亚马孙河。在哥伦比亚境内有1200公里,其中700公里可以通航。

10. 阿波波里斯河

它是卡克塔河的支流，发源于卡克塔省和瓜维亚雷省边境的坎帕纳山区。

11. 普图马约河（又名伊卡河）

它是亚马孙河的主要支流之一，发源于纳里尼奥省的帕斯托高原，后沿哥、厄边境和哥、秘边境流过，成为哥伦比亚同厄瓜多尔和秘鲁两国的边界河，后注入亚马孙河。有1400公里可通小船。

（四）湖泊

哥伦比亚的湖泊众多，主要有如下几个。

1. 拉科查湖

它位于纳里尼奥省的帕斯托高原，海拔2700米，长20公里，宽3~5公里，水深达70米。

2. 托塔湖

它位于博亚卡省，面积104平方公里，湖边风景秀丽，是哥伦比亚的旅游中心之一。

3. 德拉普托萨湖

它位于阿劳卡省，面积5000平方公里，是全国最大的湖泊，渔产丰富。

此外，还有阿亚佩尔湖、贝坦西湖、马格达莱纳湖、圣地亚哥湖等。

四 气候

哥伦比亚地处热带，赤道通过南部，日照时间长，属于赤道性气候。但是，境内的高山对气候有着重要影响。哥伦比亚的气候受到纬度高低、海拔高度、季风和海洋等诸多因素的影响。因此，哥伦比亚人根据地势高低的不同，把全国气候区分成四种：热带气候区、亚热带气候区、温带气候区和寒带气候区。

哥伦比亚

(一) 热带气候地区

它是指海拔 1000 米以下，月平均气温在摄氏 24℃~40℃ 之间的地区。主要包括加勒比海沿岸平原、太平洋沿岸平原、马格达莱纳河河谷地区、考卡河谷地、塞萨河谷地、帕蒂亚河谷地区，以及奥里诺科河地区和亚马孙地区等。其面积约 87.59 万平方公里，占全国总面积的 80%。

(二) 亚热带气候地区

它是指海拔 1000~2000 米之间，月平均气温保持在摄氏 18℃~24℃ 之间的地区。主要包括安第斯山山坡和一些谷地。面积有 12.24 万平方公里，占全国面积的 10%。

(三) 温带气候地区

它是指海拔 2000~3000 米之间，月平均温度在摄氏 6℃~18℃ 之间的地区，包括安第斯地区的一些高原地区。面积 11 万平方公里，约占领土面积的 8%。

(四) 寒带气候地区

它是指海拔 3000~4500 米之间，月平均气温低于摄氏 6℃ 的地区，约占总面积的 2%。海拔 4000 米以上的高山，则终年积雪，经常是零下气温。

在哥伦比亚，全国各地的降雨量有很大的差别。如瓜希拉省，年平均降雨量为 300 毫米；在乔科热带雨林区，有时年降雨量在 1.2 万毫米。决定每个地区降雨量的主要因素有：地形、气温、风向、海拔高度等。根据雨量的多寡，哥伦比亚人把全年分成雨季和旱季。在赤道以北地区，4~11 月是雨季，其中 5~6 月、10~11 月为最多雨季节；12~3 月为旱季。总的说来，哥伦比亚的雨量充足，全国年平均降雨量在 1500 毫米以上。而太平洋沿岸地区的降雨量在 2000~4000 毫米，最高可达 7620 毫米。在东部亚诺斯平原、安第斯山谷地、大西洋沿海部分地区年降雨量在 1000~2000 毫米。约有 500 万公顷土地经常遭洪水泛滥的

第一章　国土和人民

危害。在加勒比沿海大部分地区、考卡山谷、塞萨尔、帕蒂亚和阿劳卡地区，年降雨量在 500～1000 毫米。在安第斯小部分地区和瓜希拉省年降雨量在 500 毫米以下。

第二节　自然资源

一　物产资源

哥伦比亚土地肥沃，物产丰饶。全国有可耕地 3700 多万公顷，约占国土面积的 1/3。北部是沿海沼泽低地；在安第斯山区，以红壤最为普遍；奥里诺科河流域主要是稀树干草原的红褐土；亚马孙河流域主要是热带红壤。全国既有适宜各种农作物生长的气候，又有河流和湖泊可供灌溉。沿海平原和安第斯山区是主要农作物种植区。从东北部的北桑坦德尔省到西南部的纳里尼奥省的安第斯山区，具有世界上最优越的咖啡生长的自然条件。特别是中科迪勒拉山区，有厚积的火山灰土壤，矿物质丰富，以生产营养丰富、品质优良的软咖啡闻名于世。主要牧区集中在平原和热带地区，包括玻利瓦尔、苏克雷、科尔多瓦、马格达莱纳、塞萨尔、瓜希拉、大西洋、卡克塔、山谷和考卡等省，安蒂奥基亚东部平原和西部平原以及东部亚诺斯平原。辽阔的亚诺斯平原尚未开发，发展农牧业的潜力很大。全国森林覆盖面积约 5600 万公顷，占国土面积的 49%。哥伦比亚实行 200 海里经济专属区管辖，有 2900 公里的海岸线，海洋面积 92.8 万平方公里，另有 26 万平方公里的水面，是发展渔业的巨大资源。

地下矿藏丰富，有煤、石油、天然气、绿宝石、镍矿、金矿、铂金、银矿、铜矿、铁矿和铀矿等。据报道，绿宝石是哥伦比亚的国石，储藏量占世界的 95%，产量居世界首位，主要产地在博亚卡省和昆迪纳马卡省。煤主要储藏在昆迪纳马卡、博亚卡、北桑坦德尔、瓜希拉、安蒂奥基亚和考卡山谷等省。由于尚未全面勘探，煤的储量有不同的估计，约有 400 亿~670 亿吨。目前已探明煤储量为 240 亿吨，占拉美地区煤总储藏量的 40%以上，产量居拉美首位，为世界五大煤炭出口国。石油资源极为丰富，全国有 18 个含油沉积带，总面积达 71.6 万平方公里，估计储量达 370 亿桶，主要分布在北部加勒比海沿岸、马格达莱纳中游谷地和南部普图马约地区。目前已探明石油储量为 18 亿桶。天然气资源也很丰富，已探明储量 187 亿立方米，能满足国内 20 年的需要。哥伦比亚的贵金属矿资源丰富，是拉美地区最大的黄金和白金生产国之一。黄金主要分布在安蒂奥基亚、卡尔达斯、乔科、纳里尼奥、桑坦德尔和托利马等省。白金主要分布在西科迪勒拉山脉，其中乔科省占 98%。镍矿储量 2500 万吨，主要分布在科尔多瓦省塞罗马托索地区。铁矿储量 2.4 亿吨，主要分布在博亚卡省。铀矿储量 4 万吨，主要分布在科尔多瓦、玻利瓦尔和桑坦德尔 3 省。金吕矾土储量 1 亿吨。铜矿主要分布在普图马约、安蒂奥基亚和纳里尼奥等省。全国可供发电的水力资源 9300 万千瓦，仅次于巴西，在拉美国家中居第 2 位。

二 植物

哥伦比亚是世界上多雨潮湿的热带雨林国家，植物资源极为丰富，是人类真正的绿色环境宝库。据报道，全世界有 25 万种高等植物，哥伦比亚就拥有 4.5 万多种；哥伦比亚的面积只占世界总面积的 0.7%，却有世界高等植物的 18%。它仅次于巴西，是全世界拥有最多样植物资源的国家。哥伦比亚包括 6 个不同的自然区：安第斯山区，加勒比沿海地区，奥里诺科地区，亚马孙地区，考卡山谷地区和太平洋沿海地区。南部的亚马孙热带雨林区和西北部的乔科热带雨林区，是多种多样植物和动物生长繁衍的场所。在哥伦比亚的热带雨

林区里，生物之多样是令人惊叹的，在10公顷的地面上，能找到1500多种花、750多种树。就单位面积的植物数量来说，哥伦比亚占第1位；就单位面积的种类来说，哥伦比亚居第2位。在哥伦比亚的4.5万种植物中，2万种是常见的植物。亚马孙热带雨林区，拥有世界植物种类的10%①。在哥伦比亚南部低地和西部海拔1000～1500米的山坡上，覆盖着茂密的热带森林，其中有茂盛的棕榈植物（油棕榈、油椰子）和其他许多富有使用价值的植物，如可以提取橡胶的植物、珍贵的红木和用作药物的植物。在山脉的背风坡、干燥的谷地和北部地区，遍布着落叶树木，龙舌兰属的有刺灌木丛，以及有刺的含羞草属和仙人掌属的植物群落。在海拔1500～2800米的山坡上，则覆盖着热带植物，其中竹子、树状的蕨类最多；还有哥伦比亚的特产圭那树、古柯树和蜡槟榔。这一地带还适宜栽种咖啡和玉米。在海拔2800米以上的地带有常绿的麻栎属、古南科灌木丛和矮生竹的丛林；在洼地中栽种有马铃薯、谷物和豆类植物。在海拔3500米以上的地带有禾本科植物，其中沼泽和乱石堆上生长有树状菊科和苔藓科的植物。在东部有辽阔的禾本科草原，在加勒比海沿岸则有走廊林和红树科丛林。在加勒比沿海低地，有滋生着茂盛芦苇的沼泽。

三　动物

哥伦比亚属于哥伦比亚—巴西动物亚区，是鸟类最多的国家之一。这里可以看到南美洲的大多数典型动物：猴、豹、树懒、食蚁兽、犰狳和貘等；鸟类有黑嘴鹭、角鹫、

---

① Ministerio de Relaciones Exteriores de Colombia, *Colombia: Multiple y Diversa 1995*, pp. 10 – 12; *Enciclopedia de Colombia IV*, Editorial Nueva Granada, p. 362.

巨嘴鸟、鹦鹉和蜂鸟;爬虫类中有鳄鱼、龟和蜥蜴等。亚马孙河地区是世界动物种类最多的地区之一,那里可以发现54%的世界动物群中的动物,其中陆地哺乳动物和大陆鱼类约占哥伦比亚动物的70%。据专家估计,约有358种哺乳动物,18%的世界鸟类,3000多种脊椎动物,150多种水栖动物,170多种爬行动物,100多种两栖动物和600多种鱼类。奥里诺科河和马格达莱纳河里,水栖动物和鱼类种类繁多;在南部的亚马孙盆地和西北部的乔科热带雨林区,在每10公顷的土地上,就有450种鸟,150种蝴蝶,100种爬行动物,60种两栖动物和8000种昆虫。目前,哥伦比亚有2个国家级自然保护区,7个植物和动物保护区,1个特殊生态区,33个国家级的国家公园,形成了全国生态保护体系。此外,哥伦比亚有领海面积92.9万平方公里,陆地和海洋生物链相互影响,海底珊瑚和海底生物种类繁多①。

第三节 居民和宗教信仰

一 人口

哥伦比亚全国总人口4229.9万人(2000年),仅次于巴西和墨西哥,在拉丁美洲国家中居第3位。在20世纪70年代以前,人口增长速度很快;70年代起,政府采取了一些节育措施,人口增长速度有所减缓,为此,哥伦比亚家庭福利协会获得1988年联合国人口奖。

---

① Ministerio de Relaciones Exteriores de Colombia, *Colombia*: *Multiple y Diversa* 1995, pp. 10 – 12; *Enciclopedia de Colombia IV*, Editorial Nueva Granada, p. 362.

在全国总人口中，1951年哥伦比亚城市人口占42.6%，农村人口占57.4%；1999年城市人口占72%，农村人口占28%。1960年出生率为42‰，死亡率为12.9‰，人均寿命还不到40岁。1999年出生率为24.4‰，死亡率为5.59‰，人口净增长率为1.85%，人均寿命增加到70.48岁，其中男性平均寿命66.54岁，女性平均寿命74.54岁。就年龄结构来说，15岁以下的人口占全国总人口的33%；15~64岁的劳动人口占全国总人口的62%；65岁以上的人口占全国总人口的5%。2005年曾进行人口普查，全国总人口为42888592人。2008年，全国总人口约4445万人，城市人口占77%。

就人口地区分布来说，是西部多东部少，90%以上的人口居住在西北部安第斯地区，东南部人烟稀少，占全国总人口的不到10%。全国人口平均密度为36.43人/平方公里。东部亚诺斯平原和亚马孙平原人口密度最低，每平方公里不到1人。哥伦比亚人口流动频繁，每年都有大批居民迁居，一般是从农村迁往城市，从人口稠密省份迁往新开发的地区。此外，全国移民率为0.34‰，主要迁往委内瑞拉和美国。从1953年起，每年迁入约几千人，主要来自邻近的拉美国家以及欧洲国家，其中又以西班牙人最多[1]。

二 种族

哥伦比亚是一个多种人种和文化交汇的国家。印第安人、白人和黑人以及由这些人种形成的三种混血种人：梅斯蒂索人、穆拉托人和桑博人在此混合居住；美洲人、欧洲人和非洲人的文化传统相互融合，从而使哥伦比亚成为种族构成复杂、多样的国家。

---

[1] 哥伦比亚驻华使馆资料《哥伦比亚：深藏拉丁美洲最好的宝藏》，2000年3月。

哥伦比亚

印第安人 它是美洲的土著居民。15世纪初,西班牙殖民者到来之前,居住在哥伦比亚土地上的土著居民约有200万人。其中,奇布查人、图内博人、库纳人、帕埃塞人、瓜姆比亚人、帕斯托人、泰龙纳人和瓜内人等居住在安第斯高山和寒冷地区;加勒比人、莫蒂隆人、西努人、基姆巴亚人、皮哈奥人、潘切人、卡利马人等居住在山谷和沿海地区。殖民统治近300年间,残酷的压迫和普遍的流行病,导致土著居民减少了85%。到1810年,土著居民只剩下31.3万人。目前印第安血统的居民约有45万人,约占总人口的1%,他们使用200多种方言,主要分布在太平洋沿海平原、圣马尔塔内华达山地区、瓜希拉半岛、亚马孙河流域和奥里诺科平原一带。

白人 它是西班牙人的后裔。按西班牙人血统可分为安达卢西亚人、巴斯克人、卡斯蒂利亚人、纳瓦拉人、加利西亚人、阿斯图里亚斯人等。主要居住在安蒂奥基亚、卡尔达斯、里萨拉尔达、金蒂奥、桑坦德尔和北桑坦德尔等省。目前,白人约占全国总人口的20%。

黑人 它主要来自非洲大陆。在殖民统治时期,由于土著居民遭到残暴的杀戮,劳动力严重匮乏。17~18世纪,殖民者从塞内加尔和刚果输入黑奴劳动力,主要集中在矿区。卡塔赫纳城是当时有名的黑奴交易场所。1850年自由改革废除了奴隶制,黑人逐渐分散到全国各地。目前黑人集中在太平洋沿岸地区和加勒比沿海地区,人数约占全国总人数的4%。

除此之外,哥伦比亚在民族大融合过程中,还出现了三种混血人种,其中梅斯蒂索人(即印欧混血种人)最多,约占全国总人口的58%,主要分布在安第斯山地区。穆拉托人(即黑白混血种人)约占全国总人口的14%,主要集中在沿海平原和安第斯山脉之间的大河流域。桑博人(即黑印混血种人)人数不多,约占全国总人口的3%,集中分布在太平洋沿岸各省。

三 民族

16世纪以前，哥伦比亚居住着许多印第安部族；之后经过几百年的民族融合同化，已形成了统一的哥伦比亚民族。哥伦比亚议会通过决议，支持国际会议关于反对种族歧视的决定，在国内消除了根据种族、肤色、门第和民族出身不同而产生的种族歧视、排挤、限制和特权。

一些人文学者认为，哥伦比亚人聪明机智，慷慨大方，待人热情，珍视友谊，修养有素而富于幽默感。此外，哥伦比亚人性情急躁，他们要求所从事的任何事情能够迅速有个结果。但是，由于地理位置的不同和气候的差异，由于土著居民所具有的独特性格，以及他们对西班牙文化传统接受程度的不同，因此，各地区居民不仅在身体特征上，而且在心理气质上也存在明显的差别。根据他们的习惯和特征，可分为昆迪纳马卡—博亚卡人、桑坦德尔人、沿海人、安蒂奥基亚人、托利马—乌伊拉人、考卡人、纳里尼奥人和亚诺斯人等。

（一） 昆迪纳马卡—博亚卡人

它是西班牙人和奇布查人的混血人种，主要分布在中部的昆迪纳马卡省和博亚卡省。他们保留着较多土著居民的面貌特征，身材比较矮小；性格和蔼，勤劳而谨慎，表现为羞怯、沉默寡言和繁琐的礼节；主要从事农业和一些手工制作业。

（二） 桑坦德尔人

它是印欧混血种人，主要居住在桑坦德尔和北桑坦德尔两省。他们具有身材高大、直爽、热情而有主见、富有进取精神的特点。他们长期居住在崎岖的高山和水土流失的深谷中，养成了勤劳俭朴的传统和不卑不亢的个性。

（三） 沿海人

它主要是以穆拉托人为主的三种混血种人，居住在大西洋沿

岸各省、马格达莱纳河下游地区和考卡省。沿海人胸怀宽广，性格外向，比较自负，有激情。他们生活在茫茫无际的海边，从事畜牧业、商业和制造业。他们对未来无忧无虑，慷慨而挥霍。

（四）安蒂奥基亚人

它是以三种混血种人为主，主要居住在安蒂奥基亚、卡尔达斯、金蒂奥和里萨拉尔达等山区省份。他们身材高大，脸庞白净。居住在山坡的是勤劳的农民，主要从事咖啡种植业；生活在低地和河谷地区的是穆拉托人，从事工业和商业活动，他们个性活泼，善于言辞；生活在大城市的混血种人，已形成了从事工商业的社会利益集团。

（五）托利马—乌伊拉人

它是印欧混血种人，居住在马格达莱纳河上游地区，以及乌伊拉和托利马省的河谷平原上。他们热情好客，性格诚实，主要从事农业，在贫瘠的土地上种植水稻、玉米、尤卡和香蕉。

（六）考卡人

它主要居住在太平洋沿岸和考卡河流域。在波帕扬高原地区以白人为主；在太平洋沿岸和巴蒂亚河流域，以黑人为主；在山区和高原地区，以印第安人和印欧混血人为主。考卡人以绅士传统为特点，富于浪漫主义色彩。

（七）纳里尼奥人

它分布在纳里尼奥省。由于长期与外界隔绝，保持着传统的感情，表现出亲昵好客，对宗教和政治信仰热情而又固执。在山区，以印欧混血人种为主；在沿海和帕蒂亚山谷，以黑人和黑白混血人种为主。他们以勤劳、负责精神和精巧的手工著称。

（八）亚诺斯人

它居住在东部亚诺斯平原，以大胆、灵活、克制和直率著称。他们大部分从事畜牧业，生活习惯十分简朴。

此外，生活在奥里诺科平原和亚马孙地区的主要是印第安土

第一章 国土和人民

著居民,他们处于较低的社会形态,生产力发展水平比较低,以农业、狩猎、捕鱼等维持生活①。

四 语言

哥伦比亚的官方语言是西班牙语。只有少数印第安部落不讲西班牙语。由于同外界甚至同南美洲大陆隔离,到哥伦比亚的欧洲移民远比南锥体国家要少,所以,哥伦比亚人所说的西班牙语,比其他拉美国家的西班牙语更纯正。印第安土著居民虽有本部族的方言,但是,他们的首领都懂西班牙语。英语已代替了法语,成为哥伦比亚人的第一外语。在哥伦比亚中等教育中,外语课程主要是英语,其次才是法语。

五 姓名

哥伦比亚人的姓名通常是由"教名—父姓—母姓"三节组成,比如何塞·安东尼奥·奥坎波。已婚妇女姓名则由"教名—父姓—夫姓"组成,夫姓之前加一个"德"字,表示从属关系,如玛丽亚·欧亨尼亚·罗哈斯·德莫雷诺,其中莫雷诺是夫姓(由父姓和母姓组成),夫姓中的母姓普通人均可以省略。但也有不少人的名字为复名,由两个或两个以上的教名组成,如玛丽亚·欧亨尼亚就是复名。通常只使用复名中的第一名字,其余名字标写第一个字母。姓名全称形式仅在正式场合或公文中使用,在一般场合使用省略形式,即"教名和父姓",如玛丽亚·欧亨尼亚·罗哈斯。另外,哥伦比亚人在正式场合称呼别人姓名时,还有加尊号的习惯,即在男女的教名前冠以"唐"(Don)字以示尊敬,如唐·米格尔·安东尼奥·卡罗。

---

① 伍·奥·加尔布雷思:《哥伦比亚概况》,湖北人民出版社,1975,第17~21页。

六　宗教

由于历史传统和文化等诸多因素的影响，哥伦比亚人笃信宗教。哥伦比亚宪法曾规定："保障不违背基督道德和不违反法律的一切宗教信仰的自由，以奉行一种宗教信仰为理由而实施违背基督道德，或破坏公共秩序的行为应受习惯法处理。""教士职务同公职是不能兼任的。"据统计，95％的哥伦比亚人信奉罗马天主教。

（一）天主教

在哥伦比亚的社会生活中，存在着一种最普遍的、最难捉摸的势力，那就是罗马天主教会。最早到哥伦比亚传教的是方济各会和多明我会的传教士，1534年在哥伦比亚建立起第一个天主教教区，1562年建立波哥大主教区，并于1573年升格为大主教区。1582年建立第一所神学院，1605年多明我会创办了圣托马斯大学，1622年耶稣会创办了哈维里亚纳大学。在南美洲各国中，哥伦比亚的天主教在社会生活中影响最深，势力最大，政治态度最保守。它拥有大量土地，长期控制着文化教育机构，因此也不断受到冲击。独立后，天主教势力曾一度削弱。1852年，政府宣布实行政教分离，宣布世俗婚礼和离婚合法化。1861年，政府没收教会的全部财产，驱逐和流放了许多高级教士。1878年，罗马教廷开始同哥伦比亚政府谈判，1887年，保守党政府与梵蒂冈签订了契约。

1887年的契约规定："罗马天主教教皇的宗教即是哥伦比亚的国教，各社会力量承认它是维护社会秩序的重要因素，各种力量有义务保护并实行对它和它的教士的尊重，同时准许它充分享受它的各种权利和特权"；"天主教会享有完全的自由，不受政府的约束"。1887年契约还把教育大权授予教会，各级学校和教育中心，必须按照天主教教义和伦理，组织并指导学校教育和公

第一章 国土和人民

共教育工作。在学校，宗教教育是一种义务教育，必须遵守天主教的宗教仪式。1936年的宪法改革，对1887年契约做了修改，结束了教会对教育的控制。1942年4月，哥伦比亚政府与罗马教廷签订的契约规定：哥伦比亚大主教和主教的挑选权属于罗马教廷，但他们必须是哥伦比亚公民，共和国总统应从政治上审定对他们的选举，他们就职时应向共和国总统宣誓忠于国家，遵守国家的法律。政府和教会之间的契约需经国民议会的批准才生效。

1957年对宪法前言做了如下的修改："以上帝（一切权力的最高源泉）的名义，并本着确保国家统一的目的——其基础之一是各政党承认罗马天主教教皇的宗教为国教，各社会力量对作为国教的天主教加以保护，把它当作维护社会秩序的重要因素加以尊重。"1973年，哥伦比亚政府同罗马教廷重新修改了1887年的契约，新契约第1条规定："国家鉴于哥伦比亚民族的传统和天主教感情，认为天主教是全体居民的共同福利，是完整发展的基本要素。国家保障天主教会及属于它的人们完全享有他们的宗教自由，对其他信仰及其信徒，以及每一位公民的正当的宗教自由也不抱偏见。"契约第2条保证天主教会的完全自由和独立。第7条承认在教堂内举行婚礼的合法性，但这种婚姻还必须到政府民事登记处登记。第9条规定，允许天主教徒不必放弃其信仰，也可以举办世俗的婚礼。其他条款规定天主教的崇拜场所、主教府、神甫住所及神学院校享有免税权。1975年1月，这一免税权扩大到基督教新教及犹太教。1974年，哥伦比亚国民议会批准了该契约。

目前，哥伦比亚全国划分为9个大主教管区，58个教区，1700多个堂区。圣菲波哥大大主教是哥伦比亚的首席主教，有1名红衣主教，60名主教，5000多名神甫，1.8万多名修女。其余8个大主教分别驻在卡塔赫纳、麦德林、内瓦、波帕扬、卡利、潘普洛纳、圣马尔塔等地。1973年产生了第一个印第安人神甫。

最高权力机构是全国主教会议。红衣主教为康查（Corcha）①。

（二）基督教新教

1825年，第一个基督教新教传教士受不列颠及海外圣经会派遣来到哥伦比亚。19世纪后半叶，圣经会出版了南美第一部新约圣经。1856年，美国长老会向波哥大派遣了第一名传教士。之后，长老会在哥伦比亚兴办学校与医疗中心。1908年福音传教联合会的传教活动扩展到哥伦比亚，并开始发行报纸和刊物。1923年基督教从厄瓜多尔传入哥伦比亚。1929年救世军传入，以后又传入一些小教派。

在哥伦比亚历史上，基督教新教一直处于受压地位。直到1930年自由党执政后，新教的传教机构才得到政府正式承认。第二次世界大战期间，新教有了一次发展机会。之后，新教徒再次被歧视。目前，在哥伦比亚新教徒约有10余万人，牧师300多人。

此外，还有印第安人部落的传统宗教、犹太教和少数伊斯兰教信徒等。

（三）政教关系

哥伦比亚现行宪法承认大多数公民信奉罗马天主教，规定公民有信仰自由，保障所有人有权表达个人的思想和宣传意见的自由，都有从事宗教职业和宣传宗教的自由。对于不违犯基督教道德或不违犯法律的任何崇拜，都给予自由的权利。所有宗教信仰在法律面前同样是自由的。

哥伦比亚政府没有负责宗教事务的部门，也不对宗教或宗教组织进行登记。

20世纪50年代以后，受"解放神学"的影响，越来越多的天主教神甫和教徒曾参加反政府的武装斗争。最著名的有原国立大学神甫卡米洛·托雷斯，参加创办国立大学社会学系，并研究

---

① 宗教研究中心编《世界宗教总鉴》，东方出版社，1992，第344～345页。

合作社问题；1961年参加哥伦比亚土改委员会，有机会旅行全国各地，目睹人民的深重苦难；1965年3月在麦德林发表《争取人民统一运动的纲领》，公开谴责政府，12月参加"民族解放军"；1966年2月在一次同政府军的战斗中战死。另一名西班牙籍神甫多明戈·莱恩也参加了"民族解放军"，并担任领导，1974年在与政府军作战时丧生。

第四节 国旗、国徽、国歌和首都

哥伦比亚作为主权国家标志的国旗、国徽、国歌和首都，都是通过法律和法令确定下来的。

一 国旗

哥伦比亚曾遭受近300年的西班牙殖民统治。独立之后，国家又经几次易名，因此，哥伦比亚的国旗也有个演变过程。它的国旗起源于1806年3月12日美洲独立运动先驱弗朗西斯科·米兰达（Francisco de Miranda）起义时使用的三色旗。1810年7月20日，圣菲波哥大人民举行起义，驱逐了新格拉纳达总督，成立最高执政委员会。1813年7月16日，昆迪纳马卡宣布脱离西班牙而独立，安东尼奥·纳里尼奥将军制作了国旗，并得到最高执政委员会和解放部队的承认。当时的国旗由黄蓝红三色组成。黄色象征着金色的阳光、谷物、国家丰饶的特产资源；蓝色代表着祖国的蓝天、海洋和河流；红色表示着为独立而献身的烈士的鲜血。9月末，纳里尼奥将军作为总司令，率领爱国军向三色旗宣誓，他们高举黄蓝红三色旗开赴前线，抗击西班牙侵略军。1819年8月7日，南美"解放者"西蒙·玻利瓦尔率领的爱国军，高举黄蓝红三色旗在博亚卡战役中彻底击败西班牙殖民军，哥伦比亚从此获得独立。

哥伦比亚

1834年5月8日,新格拉纳达国民议会通过关于国旗和国徽的第3号法令,规定:新格拉纳达共和国的国旗是由红、蓝、黄三条竖形颜色组成,红色靠近旗杆,蓝色在中间,黄色在远离旗杆的一端。1858年7月23日,新格拉纳达共和国改名为"新格拉纳达联邦"。1861年总统颁布法令,决定在国旗上增加八颗白星,分别代表8个州。同年11月又颁布法令,把代表州的八颗白星去掉。1924年5月7日,佩德罗·内尔·奥斯皮纳总统颁发第861号法令规定:把国旗的竖条三色旗改为水平条形三色旗,旗面为长方形,长与高之比为3:2,黄色在上面,占国旗面积的一半,蓝色和红色分别在中间和下面,各占国旗面积的四分之一。1934年又颁布第62号法令,对此进一步加以确认,并规定中央带共和国国徽的国旗为军旗。1980年通过第309号法令规定,哥伦比亚的商船上使用的国旗是在国旗中央带一个椭圆形的国徽。哥伦比亚人认为,国旗上的黄色表示国家的主权、正义和财富;蓝色意味着对国家的忠诚,保卫祖国是哥伦比亚人的崇高的职责;红色使人们牢记光荣、高尚和以烈士们的鲜血换来的胜利[①]。

二 国徽

哥伦比亚最早的国徽始于1810年革命最高委员会制作的临时国徽。国徽图案的后面是一个半裸的印第安妇女,头顶戴着弗里吉亚帽,身挂弯弓和箭囊,右手握着月桂花冠,左手执长矛。这顶弗里吉亚帽表示争取自由解放之意。底端有一条黄色飘带,上面写着"哥伦比亚1810"字样。1813年,昆迪纳马卡宣布独立后,制作了一个呈圆形的国徽,上面有一只展翅飞翔的雄鹰,鹰的右爪紧握一把直指苍穹的利剑,左爪抓着

---

① *Enciclopedia de Colombia* Ⅳ, Editorial Nueva Granada, pp. 443–453. http://www.presidencia.gov.co

一个硕大的石榴,鹰的头上戴一顶弗里吉亚帽,鹰的周围还有几片锁链的残片,表示哥伦比亚人如同雄鹰砸碎了殖民主义的枷锁,并写着"昆迪纳马卡自由与独立政府"字样。1821年,库库塔制宪会议通过大哥伦比亚共和国的国徽,规定:国徽呈圆形,两边各有一个口朝上的丰饶杯,杯中盛满寒带、温带、热带不同地区的水果和鲜花,两杯中间直立一根长矛,矛的上端与一把利斧交叉成十字形,矛杆四周用三色带绑着无数支短矛,三色带上斜插着弓和箭。

1830年大哥伦比亚共和国解体。1834年,国民议会通过决议规定,新格拉纳达共和国盾形国徽分为三部分:上部底色为蓝色,在绿色枝叶上有一个绽开的金色石榴,并露出粉红色颗颗果粒,石榴代表国家的名字〔在西班牙语中格拉纳达(granada)即是石榴〕,两侧各有一个丰饶杯,杯口向下朝中心倾斜,右杯口有金币,左杯口有热带水果,象征着国家拥有丰富的矿藏资源和特产。中部银白色上,一支矛顶着一顶红色的弗里吉亚帽,是自由和解放的象征。下部是草绿色的土地,土地两边是蓝色的海洋,海面上各有一只扬帆的小船,表示哥伦比亚地理位置的重要性。国徽上面有一只展翅的黑色神鹰,鹰嘴衔着绿色桂树叶环,一条金色的带子从环的两端穿过,带子上用黑体字写着"自由与秩序"字样。盾的两侧各有一面黄蓝红三色旗,左边旗的蓝条上有一颗白色的多角星,右边旗的蓝条上侧绘有盾形国徽和神鹰。之后,于1886年和1949年,对国徽上的神鹰注视的方向做了改动,把朝右方改为朝左方注视,在两侧各加上一面三色旗。1961年,哥伦比亚以法律形式最后把国徽图案确定了下来[①]。

---

① *Enciclopedia de Colombia* Ⅳ, Editorial Nueva Granada, pp. 443–453. http://www.presidencia.gov.co.

三 国歌

在西班牙殖民统治时期,一些流行歌曲和进行曲在哥伦比亚人民中间广为传播。1816年,作曲家胡安·安东尼奥·贝拉斯科创作爱国歌曲,鼓舞着哥伦比亚人民为独立而斗争。1837年,由罗伦萨·马里亚·耶拉斯作词、加夫列尔·庞德斯谱曲的新格拉纳达爱国歌曲,受到了人民的普遍欢迎。1849年,由何塞·凯塞多·罗哈斯作词、何塞·霍亚金·瓜林谱曲的歌曾被定为国歌,首次在殖民博物馆上演。1887年,由意大利移居到圣菲波哥大的作曲家奥雷斯特·辛迪卡(Oreste Sindici)为拉斐尔·努涅斯创作的描写哥伦比亚独立战争的史诗谱了曲,并于同年11月11日在卡塔赫纳独立纪念会上演奏成功。1920年10月,苏亚雷斯总统颁布第33号法令,把这首描写哥伦比亚独立战争史诗的歌曲定为哥伦比亚国歌。

四 国花、国鸟和国树

虽然尚没有官方以法令的形式确认,但五月兰无疑是哥伦比亚的国花。五月兰艳丽多姿,香气袭人,是一种特别美丽的名贵花卉,生长在哥伦比亚的安蒂奥基亚、考卡、博亚卡和马格达莱纳等省份。五月兰,又被称为"卡特亚·特里亚纳"(Catteya Triana),以纪念曾对培植五月兰和其他兰花作出了突出贡献的自然科学家何塞·赫罗尼莫·特里亚纳(José Jeronimo Triana)。1936年,在庆祝哥伦比亚的自然科学家特里亚纳寿辰的大会上,根据哥伦比亚历史科学院的提名,这种名贵的花卉被命名为国花。众所周知,哥伦比亚的兰花被认为是世界上最有名的花[①]。

---

① http://www.presidencia.gov.co

第一章 国土和人民

尽管没有以法令正式确定，但哥伦比亚的国鸟常常与安第斯山的威严的神鹰联系在一起，这种神鹰出现在哥伦比亚的国徽上。这种神鹰是安第斯山上个头最大、翅幅最宽、威严而高贵的鸟，它以寿命长和力量惊人著称，被人们称为"永恒的鸟"。根据传说，这种鹰能日飞一千多公里。它身上的羽毛是黑色的，有像钢一样坚硬的嘴，强有力的翅膀被白色的羽毛所覆盖，它的护喉甲同样是白色的。它居住在安第斯山的最高峰，是一种非常名贵的鸟①。

金蒂奥省的蜡棕榈树是哥伦比亚的国树，它的拉丁文学名是"Ceroxylon Quindiuense"。它是哥伦比亚安第斯山区特有的一种树，是一种特别优美健壮、树龄很长、躯干高达70多米的乔木。1949年在圣菲波哥大举行的第三届南美洲植物学代表大会上，由筹备委员会提出建议，把这种树作为哥伦比亚的国树，为哥伦比亚人所接受。1985年通过第61号法令，正式确定把这种树作为哥伦比亚的国树。

五　首都

从1821年起，圣菲波哥大就是大哥伦比亚共和国的首都。1830年以后，尽管国名几经变更，但圣菲波哥大一直是哥伦比亚的首都。1991年宪法恢复它原来的名称：圣菲波哥大。

第五节　主要节日和民俗

一　主要节日

哥伦比亚是世界上节日最多的国家之一。每年有各种狂欢节、选美节、博览会和传统节日一千多个。

---

① http：//www.presidencia.gov.co.

哥伦比亚

哥伦比亚各地普遍都过民间节日，节日最多的是1月、8月和9月三个月。早在一个世纪前，哥伦比亚就有许多狂欢节，以北部巴兰基利亚市的狂欢节和纳里尼奥省帕斯托市的黑白狂欢节最为著名。哥伦比亚有近百个选美节。每当各种农作物的收获季节，农民们都穿上各式各样的民族服装，跳起欢快的舞蹈，庆祝辛勤劳动获得的丰收。哥伦比亚生产的农产品，如洋葱、玉米、椰子、棉花、小麦、咖啡和可可等都有节日。此外，哥伦比亚也不乏各种音乐节和民间音乐节。全国有上千个市，这些市每年都分别举行农产品和手工艺品博览会。

哥伦比亚的主要节日有：

元月1日 元旦。在元旦的前一天，每条街道上都要做一个象征旧年的大"玩偶"，人们纷纷走上街头，宣读"旧年"的遗言，说某某得到一些遗产之类的笑话，逗大家开心。午夜时分，"玩偶"被爆竹炸得一片片地飞散，人们在爆竹声中握手拥抱，互相祝贺，载歌载舞，送旧岁迎新年。元旦节日活动要长达数天。

元月3~11日 咖啡王节，在哥伦比亚举行全国性的选美活动。

元月5~7日 黑白狂欢节，帕斯托市的传统民间节日。1月5日那天，年轻姑娘和小伙子以及太太们，手提着装有黑色颜料的小桶，站在道路旁边，可以随意叫停来往行人，并把他们的脸蛋抹黑。于是，街上所有的人都变成了黑人，他们尽情狂欢，唱歌跳舞，开怀畅饮。1月7日，画脸活动继续进行，但是，街道上所有的人都由黑脸变成白脸，狂欢的人们挂着满脸几乎掉面的白粉参加活动。狂欢节期间，人们还可以通过打扮彩车，或佩戴假面具，表达自己的情感。因此，黑白狂欢节深受百姓喜爱。

元月20~23日 巴兰基利亚市的狂欢节，是哥伦比亚规模最为盛大的民间传统节日。狂欢节开始那一天，首先由市长宣布狂欢节开始,于是,全城立即变成了欢乐的海洋。在全市的大街小巷,林阴道上,公园里,大小广场上,在各种化妆舞台上,所有的俱乐部里,都组织形形色色的狂欢活动。人们唱呀,跳呀,鼓乐喧天,笛声悠扬,优美的音乐,激情的舞步,使整个城市都沸腾起来了。化妆的人群载歌载舞,欢乐的人们组成人的浪涛,汹涌澎湃,各种彩车川流不息。其场面宏大而又壮观。参加巴兰基利亚狂欢节的有各种肤色的人群,有各界、各阶层人士,超越了省界和国界。在那快活狂热的时刻,在那载歌载舞的欢乐日子里,不管是哥伦比亚人还是外国人,都陶醉在如痴如醉、欢歌笑语之中。每年巴兰基利亚的狂欢节吸引着国内外众多的宾客。

4月28日~5月1日　国际兰花博览会在麦德林市举行。

5月1日　国际劳动节,全国性的公共假日。各工会组织和群众团体白天组织庆祝活动,晚上举行各种文艺联欢活动,庆祝国际劳动人民的共同节日。

5月　咖啡博览会。在卡尔达斯省首府马尼萨亚斯市举行全国最大的咖啡集市。

6月3日　农民节,是哥伦比亚农民群众的传统节日。

6月6日　儿童节。在每年这一天,儿童们画着假面,扮成小丑,在街上,或在公园里嬉戏玩耍;商店里大量出售各种玩具,各露营地和影院也专为孩子们开放。

6月15~22日　卡塔赫纳国际电影节。1960年首次举办,每年举办一次。这是有众多国家参加的国际电影盛会。在电影节期间,将评选出几部参赛优秀电影。

6月29日　圣彼得和圣保罗日,是哥伦比亚的宗教节日,为纪念最早传播基督教义者、基督教的最高教徒圣彼得和圣保罗而设置。目前主要在乡村盛行。

7月20日　哥伦比亚独立纪念日,是1810年圣菲波哥大市民举行人民革命起义、脱离西班牙殖民统治、宣布独立的纪念

日。哥伦比亚国民议会每年就在这天开始开会。

8月 花的嘉年华会,是哥伦比亚农民在麦德林市展示各地鲜花的盛大集会。

8月7日 哥伦比亚国庆节。1819年8月7日,南美"解放者"西蒙·玻利瓦尔率领爱国军在博亚卡战役中,彻底消灭了西班牙殖民军,哥伦比亚正式获得独立。这一天被定为哥伦比亚的国庆节。哥伦比亚历届新总统就在国庆节这天宣誓就职。

8月14日 老人节。

8月16~20日 国家海洋节。每年在圣马尔塔市举行热闹非凡的狂欢活动,全国各地派代表参加,同时进行盛大的军事检阅仪式和以海命名的选美活动。

10月31日 鬼怪节,又叫"鬼怪夜",也是孩子们的节日。每年的10月31日夜晚,从下午6点开始,到晚上10点结束。这一夜,孩子们戴上滑稽逗人的假面具,或化妆成各种各样的动物模样,唱着歌到各家各户去要糖果。如果哪家在孩子们叩门后拿不出糖果,门上就会被贴上"吝啬鬼"字样。为避免这一难堪,家家户户都备有足够的糖果。分发糖果对大人们来说是一种乐趣。许多大人们也走上街头,和孩子们一样装扮成各种动物,欢蹦乱跳,追忆孩提时的幸福。有时大人还要扮演孩子,孩子则扮演成大人,谁扮演得越逼真,就越会受到别人的赞赏。这一节日起源于美国,20多年前传入哥伦比亚。

11月11日 全国的选美节。选美是哥伦比亚民族的一大特色,哥伦比亚被称为天天选美的国家,每年选美不下400次。选美的名目无奇不有,水果类有"木瓜小姐"、"甜橙小姐"、"凤梨小姐"、"葡萄小姐"等;矿产类有"盐小姐"、"钢铁小姐"、"煤炭小姐"、"黄金小姐"等;天文地理类有"太阳小姐"、"海小姐"、"亚马孙河小姐"、"大西洋小姐"等;年龄类,有以小学生为对象的"灰姑娘",也有为老祖母举办的选美。咖啡是哥伦比亚的特产,"咖啡小姐"更是不可少的。甚至还有为动物举办的选美活动,如"驴子小姐"、"鳄鱼小姐"等。每年11月,全国的选美活动进入高潮,"哥伦比亚小姐"也将产生。按规定,在卡塔赫纳市举行全国性选美活动,各省都要派出一名美女候选人,再从中挑选出"哥伦比亚小姐"。各省省长将陪着本省选出的小姐参加各类活动。获得第1名的美女将代表哥伦比亚参加"环球小姐"比赛,获得第2名的美女将参加"世界小姐"比赛。这项为期两周的选美活动便成了哥伦比亚的盛会。届时,报纸杂志对每一名参选小姐发表评论,赌场更是为之疯狂。11月11日这一天,漂亮的彩车、欢乐的人群充满街头,鼓乐喧天,热闹非凡。

11月15日 大自然保护日。

12月25日 圣诞节。基督教纪念传说中的耶稣诞生的节日。哥伦比亚人的盛大节日。他们一般是用杉、柏之类具有塔形的常绿树,让树上挂着各种花彩和礼品。通常由年纪较大的人扮演圣诞老人,给孩子们分发各种圣诞礼品。在热闹欢乐的气氛中,人们互相问候,说一些祝贺新年快乐等吉祥祝福话语。

12月25日~元月2日 卡利博览会。每年在卡利市举行盛大的传统博览会,以斗牛和跳舞最为著名。

二 风俗习惯

饮食 哥伦比亚的特产食品很多,大多是以玉米加上特有的辣味、香醋调拌而成;还有一种烤焦香脆的猪肉皮也很可口。饮料有草莓奶油和各种新鲜果汁饮料。哥伦比亚盛产咖啡,以芳香可口的软咖啡闻名于世。在机场休息室里,哥伦比亚人以优质咖啡招待来自远方的客人。凡到哥伦比亚人家里做客,主人也是以芳香扑鼻的浓咖啡款待客人。嗜饮茶的宾客,可尝到一种草本名茶,如果加上蜂蜜更为可口。

住房 在哥伦比亚，住房仍然是一个严重的社会问题。在乡村，很多人仍居住在以土坯、竹藤围起，四壁涂上泥巴的茅草顶房屋。这些房子多半缺乏供水设备，卫生条件较差。在城市，基础设施很不完备，很多楼房缺乏供水条件，排水条件也很差，也缺乏贯穿市区的下水道设备。城市贫民区，情况更是如此，卫生条件很差。近20年，政府实施"人民住宅计划"，城市居民的居住生活条件大大改善。

家庭 在家庭中，男子被认为是无可争辩的主人，是家庭的支柱，他们在社会经济中居于领导地位。在爱情婚姻关系上，男子处于绝对优势地位，男子是征服者，女子是被征服的目标。一个男子征服的女子越多，表明他的男子汉大丈夫的气概越强。不过，这种征服的性质和价值是不同的。一部分人只是为了树立和巩固男子汉的声望；另一部分人则基于某种骑士风度，旨在建立一种稳定的、永久的爱情关系，即最终结为夫妻，组成家庭。在哥伦比亚，男子是自由的，而女子则永远是一个俘虏。在结婚之前，女子要绝对保持童贞和白璧无瑕，以免遭到非议；结婚之后，便依附于丈夫。女人受的教育就是要对丈夫忠诚。随着现代社会和文化的发展，哥伦比亚人的家庭婚姻情况也已开始出现某些新的变化。

在哥伦比亚印第安人土卡罗部族则实行划船择夫，单向选择的婚恋习俗。土卡罗部族是印第安部族之一，世代居住在亚马孙河盆地西北部皮拉—皮兰拉河畔的热带丛林中。虽然在各方面都还很落后，但年轻人在婚姻、恋爱方面却是自由的。划船择夫即是姑娘长大成人后，先学会划船，然后用红色染料涂抹前额和面颊，喜气洋洋地驾着木舟到别的村子去择夫，来到她认为合适的村子后停船上岸，到村子里的小伙子中去挑选丈夫。她可以自由自在地逐个挑选，直到挑到满意的为止，接着带着夫婿回家正式组成家庭。因为是划船觅夫，先学会划船是姑娘成婚的先决条件，因此，向女儿传授划船技巧就成了母亲、外祖母的重要职责。据说，这种习俗是母系社会的遗风之一。

梅纳克酒棋是哥伦比亚的特色运动，也是世界上别具一格的一种比赛。棋子是 37 个装满各种不同酒的小瓶子，双方各有 18 只棋子，棋盘中央还有 1 只是不能移动的棋子。这种棋的下法是逼退的弈法，如果一方的棋子被另一方逼得再也不能移动一步，即输了棋。按规定，每盘的胜利者须喝 3 瓶酒，即 3 只棋子里的酒，约 40 克左右；当所有棋子里的酒都喝完，比赛即算结束。如果下的盘数少，酒喝不完，剩余的酒由下棋的双方平均喝完；如果一方不肯继续比赛，又不愿平均喝完酒，则被认为是最失礼的事。

哥伦比亚盛行民间赛诗会，以马尼萨莱斯市的规模最为盛大。赛诗是农民喜爱的吟咏抒怀的文艺形式，因此参加者都从农民中选拔产生。通常在马尼萨莱斯的玻利瓦尔广场搭起一个擂台，依次由两名选手即席对吟，内容包罗万象，既有一般性题材，也有涉及政治、社会等的重要题材，评判员根据诗的优劣决定胜负，最后评选出的优秀选手将参加全国赛诗会。

第二章

各省、特区及主要城市

在 哥伦比亚的历史上,地方行政区划发生了多次变化。1510年,当西班牙殖民者到达加勒比海沿岸时,西班牙王室把它称为新安达卢西亚陆地。1549年7月17日,西班牙国王卡洛斯五世通过敕令,建立圣菲检审法庭,管辖圣菲、通哈、波帕扬、卡塔赫纳、圣马尔塔和委内瑞拉等6个省。1718年,西班牙王室建立新格拉纳达总督辖区(1723年中断,1739年恢复),下设11个省。1819年独立后,建立包括新格拉纳达、委内瑞拉和基多的大哥伦比亚共和国。1830年,大哥伦比亚共和国解体后,建立新格拉纳达共和国,由15个省组成。1858年起,曾把省改为州,全国划分为8个州。1886年,改国名为哥伦比亚共和国。

1886年宪法规定,哥伦比亚共和国是中央集权制国家,地方行政区划分为省(Departamentos);并规定,构成一个省至少要有25万人,年收入不少于50万比索。每个省设省长1人,由总统任命,作为"政府的代理人和地方行政长官"。1910年的宪法改革规定,除了设省以外,原则上同意设特别区。1943年的宪法改革规定,可以通过法令在人烟稀少、远离首都的地方成立地区(Intendencias)和特别区(Comisarias),地区和特别区由总

第二章 各省、特区及主要城市

统直接控制，行政长官由总统任命。1991年颁布的新宪法第286条规定，哥伦比亚的地方行政区划分为省，首都圣菲波哥大为特区（Distrito Capital），由中央政府直接管辖；基层行政单位是市（Municipios），它是社会、政治、经济和行政的基层组织。全国有32个省和1个特区，分属5个完全不同的自然经济区，即加勒比海沿岸地区、太平洋沿岸地区、安第斯山地区、奥里诺科地区和亚马孙地区。下面按自然经济区的顺序介绍各省的情况。

第一节 加勒比海沿岸各省

加勒比海沿岸地区包括瓜希拉、塞萨尔、马格达莱纳、大西洋、玻利瓦尔、苏克雷、科尔多瓦、圣安德烈斯和普罗维登西亚群岛等8个省。

一 瓜希拉（Guajira）省

地处北部的瓜希拉半岛。北部和东部濒临加勒比海，东南同委内瑞拉相邻，南部同塞萨尔省接壤，西南与马格达莱纳省相连。面积20848平方公里。人口681575人（2005年），人口密度32.69人/平方公里。有12个印第安人保护区。首府里奥阿查。

瓜希拉省原是印第安土著居民莫蒂隆人的居住地。1871年前属于马格达莱纳州，1898年建立地区，1911年改为特别区。根据1964年通过的第19号法令，把原瓜希拉特别区和马格达莱纳省的一部分市合并，组成瓜希拉省。目前，全省有11个市①。

瓜希拉半岛是哥伦比亚最大的半岛，其大部分河流注入委内瑞拉湾，小部分向北流入加勒比海。瓜希拉省北部是山地，山高

---

① http://www.Presidencia.gov.co/Guajira.

不超过650米；中部是大草原；西南是热带森林地带。气候高温干燥，雨水缺乏。年平均气温在摄氏28℃以上；年降雨量在500毫米以下。首府里奥阿查位于兰切里阿河的入海口处，曾是渔港和珍珠贸易中心。瓜希拉省有丰富的煤炭资源，石油、天然气、石膏、铝和大理石等矿产也很丰富。

为解决经济发展的动力问题，1964年，在首府建立火力发电厂，1967年，又与委内瑞拉合作建立电力联合输电网，对地区发展起促进作用。1976年，政府投资建设埃尔塞雷洪中区煤矿，1982年已投产。1976年，哥伦比亚煤炭公司与美资埃克森石油公司的子公司合资兴建埃尔塞雷洪（El Cerrejón）北区煤矿，1980年已初步建成。这是目前世界上最大的露天煤矿之一，生产的煤炭供出口。为了加快边远地区的开发，1983年，政府成立瓜希拉地区开发公司，进行一些基础设施工程建设。1990年代，政府计划在洛佩斯港建设一个炼铝厂。随着矿区、铁路、港口和住宅等基础设施的大量建设，瓜希拉省的面貌已发生了巨大变化，煤炭出口为国家建设作出了重大贡献。本省主要农作物有：木薯、水稻和棉花。瓜希拉省有马库伊拉天然国家公园，在同马格达莱纳省和塞萨尔省的边界上有圣马尔塔内华达雪山天然国家公园。

二 塞萨尔（Cesar）省

地处北部加勒比海沿岸平原。北面连接马格达莱纳省和瓜希拉省，东部同委内瑞拉共和国为邻，东南同北桑坦德尔省和桑坦德尔省接壤，西部与玻利瓦尔省和马格达莱纳省相连。面积22905平方公里。人口903279人（2005年），人口密度39.43人/平方公里。有3个印第安人保护区。首府巴耶杜帕尔。

1535年被西班牙殖民者占领，1550年建立巴耶杜帕尔城。1886年建立马格达莱纳省。1967年6月通过第21号法令，从马格达莱纳省划分出来，单独组成一个省，以塞萨尔河的名字命

名。目前，全省有 24 个市[①]。

塞萨尔省北部是圣马尔塔内华达山区，有圣马尔塔内华达雪山天然国家公园，最高峰哥伦布峰海拔 5800 米；东部属于东科迪勒拉山系；中部是塞萨尔河盆地；西部是马格达莱纳河谷地，地势较低，是一片大平原。气候炎热，全省大部分地区平均气温摄氏 28℃。矿产资源丰富，有铁、金、石油、煤和石灰石等。塞萨尔省经济以农牧业为主，全省约 2/3 的人口从事农牧业生产。

很早以前，人们就在这里发展畜牧业，是全国最重要的牧场之一，畜产值居全国第 2 位。农作物有棉花、水稻、高粱、玉米、咖啡、非洲棕榈、香蕉和山药等。马格达莱纳河和大西洋铁路把本省同全国各地联系起来。首府巴耶杜帕尔有公路通向卡塔赫纳港，利于畜产品出口。近 30 年，该省发展了一些制造业，并建立了一批火力发电厂，解决了本地区发展的动力问题。为加速本省的经济发展，1983 年建立塞萨尔地区开发公司。1984 年同外资合作开发洛马煤矿，对解决本地的能源供应起了重要作用。该省有丰富的石灰石，对发展建筑业十分有利。

三　马格达莱纳（Magdalena）省

地处加勒比海沿岸平原地区。北濒加勒比海，东连瓜希拉省和塞萨尔省，南部和西部以马格达莱纳河把它同玻利瓦尔省和大西洋省分开。面积 23188 平方公里。人口 1149917 人（2005 年），人口密度 49.59 人/平方公里。有 4 个印第安人保护区。首府圣马尔塔。

这里原是印第安土著居民科吉人、阿尔瓦科人和桑吉人的居住地。1525 年，西班牙殖民者在圣马尔塔湾建造圣马尔塔城。殖民统治时期，属于圣马尔塔省。独立后，改为马格达莱纳省，

[①]　http://www.Presidencia.gov.co/Cesar.

是最早创建的省份之一。1964年，划出一部分市归瓜希拉省，1967年又划分出塞萨尔省。目前全省有21个市①。

马格达莱纳省北部是圣马尔塔内华达山区，其余部分是低平原区。这里气候干旱、闷热，年平均气温在摄氏29℃。马格达莱纳河从南向北流经本省。平原地区土地肥沃，浇灌便利，适宜发展农业。全省66%的人口从事农牧业。香蕉是主要农产品，是全国最重要的香蕉种植区。平原地区还种植水稻、棉花、玉米、甘蔗和烟草；北部山区种植土豆、小麦、燕麦和咖啡等。马格达莱纳河盆地的畜牧业也很发达。近30年来，工业有了较快的发展。圣马尔塔市的食品工业很发达，有酿酒、饮料、渔产加工等，生产的鱼罐头久负盛名，畅销国内市场。马格达莱纳河盆地可能储藏着石油，正在加紧勘探。

马格达莱纳省交通发达，大西洋铁路穿过东部地区，中央公路和马格达莱纳河由南向北穿过。首府圣马尔塔风光秀丽，是个著名的历史名城，每年吸引大批国内外游客到此观光游览。南部的萨帕托萨湖，是与塞萨尔省的边界湖，面积5000平方公里，盛产鱼，也是旅游胜地。该省有泰罗纳天然国家公园，旅游胜地萨拉曼卡岛，在与瓜希拉省和塞萨尔省的边境上有圣马尔塔内华达雪山天然国家公园。近几年来，旅游业发展很快。

四　大西洋（Atlántico）省

地处加勒比海沿岸平原地区。北临加勒比海，东面以马格达莱纳河为界同马格达莱纳省分开，西南同玻利瓦尔省相连。面积3388平方公里。人口2166156人（2005年），人口密度639.36人/平方公里。首府巴兰基利亚。

---

① http：//www.Presidencia.gov.co/Magdalena.

第二章 各省、特区及主要城市

殖民统治时期，属于圣马尔塔省。独立以后，划归马格达莱纳省。1905 年，正式建立大西洋省，后曾改名为巴兰基利亚省，不久划归玻利瓦尔省。1910 年又划分出来，重新命名为大西洋省。目前，全省有 23 个市①。

大西洋省位于马格达莱纳河下游的冲积平原上，土地肥沃，气候湿润，年平均气温为摄氏 27℃，适宜热带作物生长。农作物有棉花、水稻、芝麻、玉米、甘蔗和水果等。20 世纪 70 年代，棉花种植得到推动，成为重要的棉花产地。西北部有圣赫罗尼莫山脉的支脉，最高处不超过 500 米。境内有马格达莱纳河、迪克运河以及无数的湖泊和沼泽地，渔业资源丰富。此外，还有饲养牲畜的畜牧庄园。全省有 20% 的人口经营农牧渔业。

大西洋省是加勒比海沿岸地区工业最发达的省份，1995 年的实际产值 3387.4 万比索（1975 年不变价格计），居全国第 5 位。工业产值居全国第 3 位，占加勒比海沿岸地区产值的 62%。工业主要有：纺织、油料加工、食品、化工、金属制造、印刷、制烟等部门。大西洋省海运、陆运和空运都很发达。巴兰基利亚是哥伦比亚最大的进出口货物的吞吐港口，马格达莱纳河是加勒比海沿岸地区同内地各省联系的主要渠道，它对全国和大西洋省的经济繁荣和进出口贸易起着重要作用。

五 玻利瓦尔（Bolívar）省

地处加勒比海沿岸平原地区。西北面临加勒比海，北部同大西洋省接壤，东部以马格达莱纳河把它同马格达莱纳省、塞萨尔省和桑坦德尔省分开，南面与桑坦德尔省和安蒂奥基亚省相连，西部同科尔多瓦省和苏克雷省接壤。面积 25978 平方公里。人口 1878993 人（2005 年），人口密度 72.33 人／平

---

① http：//www.Presidencia.gov.co/Atlantico.

方公里。首府卡塔赫纳。

1533年，西班牙殖民者建造了卡塔赫纳城。殖民统治时期是卡塔赫纳省；独立后，为纪念南美"解放者"西蒙·玻利瓦尔的伟大功绩，于1821年命名为玻利瓦尔省。目前，全省有39个市①。

玻利瓦尔省大部分地区是平原，一小部分是圣卢卡斯山。境内河流纵横，湖泊密布，土地肥沃，气候炎热，平均气温在摄氏26℃～30℃，北部年平均降雨量为800毫米，圣卢卡斯山区年降雨量达2800毫米，对发展农牧业十分有利。沿海有很多天然海湾，在卡塔赫纳和卡拉马尔之间，有迪克运河，交通便利。玻利瓦尔平原是人口集中的地区之一，适宜农牧业生产。在马格达莱纳河盆地和考卡河流域，有肥美的牧场。本省的主要作物有棉花、甘蔗、烟草、水稻、玉米、木薯、山药、香蕉和油料作物。渔业资源也很丰富，鱼是当地居民的食品之一。近30年，工业发展较快，主要有肥皂、香水、榨油等部门。大工业集中在卡塔赫纳，那里有著名的石油化工厂和炼油厂，有输油管直达布卡拉曼加，同东北部油田相连接。1995年实际产值2878.5万比索（1975年不变价格），居全国第6位。马格达莱纳河和西部公路干线，把该省同各地联系起来。卡塔赫纳是著名的历史文化名城，也是南美洲北部的重要旅游胜地，每年吸引众多的国内外旅游观光客。

六　苏克雷（Sucre）省

处加勒比海沿岸平原。西北濒临加勒比海，北面和东面连接玻利瓦尔省，南部毗邻玻利瓦尔省，西南同科尔多瓦省接壤。面积10917平方公里。人口772010人（2005

---

① http://www.Presidencia.gov.co/Bolivar.

第二章 各省、特区及主要城市

年），人口密度 70.71 人/平方公里。居民主要是混血种人。首府辛塞莱霍。

苏克雷省原属玻利瓦尔省，根据 1967 年议会通过的法令，正式从玻利瓦尔省分出，成立一个省，并以南美独立战争中爱国将领安东尼奥·何塞·德苏克雷（Antonio José de Sucre）将军的名字命名。目前，全省有 24 个市[①]。

苏克雷省位于圣豪尔赫盆地，有广阔的平原和山丘，山丘不高，平均海拔在 200~500 米之间。这里土质肥沃，气候炎热潮湿，年平均气温在摄氏 27℃~30℃，北部年降雨量在 1000 毫米，南部圣豪尔赫盆地降雨量超过 3000 毫米。河湖众多，灌溉便利。南部是一片大草原，有饲养大牲畜的大畜牧庄园。苏克雷省的畜牧业产值仅次于科尔多瓦省和塞萨尔省，居全国第 3 位。辛塞莱霍是全国重要的畜产品贸易中心，定期举行牲畜博览会。苏克雷省只有 7% 的土地用于农业，种植玉米、高粱、木薯、甘蔗、香蕉和可可等。土地平坦，便于机器耕作，但目前仍未充分利用。近十几年，棉花种植得到发展。工业有饮料、水泥、金属机械、木材加工等部门。马格达莱纳河谷地是重要石油储藏地，已开始勘探。该省有公路同内地各省联系。

七 科尔多瓦（Córdoba）省

地处加勒比海沿岸平原地区。北面濒临加勒比海，东部与苏克雷省和玻利瓦尔省相连接，东南和西南与安蒂奥基亚省为邻。面积 25020 平方公里。人口 1467929 人（2005 年），人口密度 58.67 人/平方公里。全省有 5 个印第安人保护区。首府蒙特里亚。

殖民统治时期，属于卡塔赫纳省。1744 年建成蒙特里亚城。

---

① http://www.Presidencia.gov.co/Sucre.

哥伦比亚

1886年后划归玻利瓦尔省管辖。1951年从玻利瓦尔省分出，正式成立一个省，以独立战争爱国将领何塞·玛丽亚·科尔多瓦（José María Córdoba）将军的名字命名。目前，全省有26个市[①]。

科尔多瓦省由平原和山地组成。北部和东部是辽阔的平原区，南部是山地，圣豪尔赫河谷是一片尚未开发的处女地，土地肥沃，适宜发展畜牧业。全省以畜牧业为主，畜牧业产值居全国第1位。牲畜主要有牛、猪、马、山羊和骡。农业用地只占10％，主要在北部和中部，作物有木薯、香蕉、稻谷、棉花、玉米、菜豆、甘蔗、高粱、芝麻、可可。20世纪70年代以来，土地改革委员会把30多万公顷土地分配给无地农民，组成共有企业集体经营。

矿产资源有石油、煤、镍、金、铁、钴、石膏和石灰石等，工业生产受到重视。1973年建立西努和圣豪尔赫地区自治公司，加快了本地区的开发。1979年以来，政府加紧矿业和动力的建设工程。20世纪80年代初，与外资合作的塞罗马托索镍矿工程已投产，其产品主要用于出口。目前，政府正实施面向未来的发展计划，促进本地区的社会经济发展。西努河上游与外资合作的乌拉1号和乌拉2号水电工程正加紧施工，这些工程一旦完工，必将大大加快科尔多瓦省经济的发展。1995年全省的实际产值1552.6万比索（1975年不变价格）。

八　圣安德烈斯和普罗维登西亚群岛（Archipiélago de San Andrés y Providencia）省

地　处卡塔赫纳西北720公里的加勒比海上，北纬12°28′到12°35′，西经72°29′到81°44′之间。包括圣安德烈斯群岛、阿尔布开克群岛、普罗维登西亚岛、圣卡塔里纳岛、塞

---

① http：//www.Presidencia.gov.co/Cordoba.

拉纳浅滩、基塔苏埃尼奥和尤卡多尔岛以及一些小珊瑚礁，长达13公里，宽约3公里，面积约25平方公里，是哥伦比亚最小的一个省。人口70554人（2005年），人口密度2822人/平方公里。首府圣安德烈斯。

据说，1492年哥伦布第一次航行美洲时，"发现"了这些岛屿。1664年和1670年荷兰海盗袭击并占领了圣卡塔里纳岛。1806年，这些岛屿被英国人占领。1808年后归西班牙王室统治。1822年西班牙殖民者撤出，成为哥伦比亚的领土，划归玻利瓦尔省。1912年建立圣安德烈斯和普罗维登西亚地区。根据1991年宪法规定，改为省。该省只有1个市①。

圣安德烈斯岛北部是低山，南部较平坦，东北部有圣安德烈斯湾，首府圣安德烈斯就在这里。普罗维登西亚岛有13平方公里，居民大部分是黑人。这里气候炎热，年平均气温在摄氏27.4℃，年均降雨量约1900毫米。这里主要种植热带经济作物，有可可、芒果和甘蔗，除供应本地区外，有部分可出口。1953年，政府在这里设立自由贸易港，规定进口任何商品者豁免关税，大大推动了本地区商业繁荣和旅游业的发展。1984年，政府制定该地区的发展计划，积极发展捕鱼业，加快旅游基础设施的建设，并计划把它建设成国际贸易中心，以进一步推动这里经济和社会的发展。美丽的自然景色，吸引着国内外众多游客来这里休闲度假。

第二节　太平洋沿岸各省

太平洋沿岸地区包括安蒂奥基亚、乔科、考卡山谷、考卡、纳里尼奥等5个省。

---

① http：//www.Presidencia.gov.co/San Andrés y Providencia.

哥伦比亚

一 安蒂奥基亚（Antioquía）省

地处哥伦比亚的西北部。西北濒临加勒比海，北部与科尔多瓦省和玻利瓦尔省相连，东部同玻利瓦尔省、桑坦德尔省和博亚卡省为邻，南部与卡尔达斯省和里萨拉尔达省接壤，西部与乔科省相望。面积63612平方公里。人口5682276人（2005年），人口密度89.32人/平方公里。首府麦德林。

安蒂奥基亚省成立于1830年，1858年改为州，1886年重新改为安蒂奥基亚省。目前，全省有124个市①。

西科迪勒拉山脉和中科迪勒拉山脉从南向北穿过本省；马格达莱纳河、卡考河和阿特拉托河从南向北流经本省。因此，它们把安蒂奥基亚省分成五个不同地区。全省85%是山地，其余是河谷平原，海拔在300～4100米之间不等。安蒂奥基亚省土地肥沃，物产丰富，是哥伦比亚经济最发达的省份之一，全国第二大工业中心。1995年的实际产值12842.8万比索（1975年不变价格），居全国第2位。工业主要有纺织、食品、机器制造、运输设备、制鞋和服装、饮料、制烟、化工、玻璃等工业。矿产资源十分丰富，主要有黄金、白银、石油、铁、镍、煤、水银、铜、铅、锌、盐、大理石、滑石等。采矿业在经济中占有重要地位，其中黄金、白银主要分布在中西部，其开采量居全国首位。

全省有一半人口从事农牧业，农牧业产值居全国第3位。中部是咖啡区，安第斯山区还种植土豆、小麦、玉米、木薯；在河谷和平原地区种植烟草、甘蔗、水稻、可可。西北部乌拉瓦地区是全国著名的香蕉产地。西部是重要的热带林区，有木材加工和造纸业。在麦德林、马格达莱纳河谷平原、考卡河谷地和西北部，有大畜牧场。

全省交通发达，有铁路、公路和航空线同全国各地相连。马

---

① http://www.Presidencia.gov.co/Antioquía.

第二章　各省、特区及主要城市

格达莱纳河和考卡河是同内地联系的重要渠道。1995年，全国第一条地铁在麦德林市建成。安蒂奥基亚省境内有兰花天然国家公园，邻近科尔多瓦省边境处有帕拉米略天然国家公园，在邻近乔科边境处有卡蒂奥斯天然国家公园。

二　乔科（Chocó）省

地处哥伦比亚的西北部。北部面对巴拿马共和国和加勒比海，东与安蒂奥基亚、里萨拉尔达省相邻，东南同考卡山谷省接壤，西濒太平洋。面积46530平方公里。人口454030人（2005年），人口密度9.75人/平方公里。有82个印第安人保护区。首府基布多。

这里最早的居民是印第安土著居民乔科人。殖民统治时期建立乔科省，1858年划归考卡州；1947年重建乔科省。目前，全省有21个市①。

乔科省地处边陲，战略地位十分重要。西科迪勒拉山脉从南向北穿过乔科省。在南美洲山脉和中美洲山脉之间，形成乔科平原，气候湿热，年平均气温在摄氏28℃～30℃，年降雨量高达9000毫米。由于所处的地理位置和气候条件，乔科省的植物资源十分丰富。乔科省有乌特里亚天然国家公园，在邻近安蒂奥基亚边境有卡蒂奥斯天然国家公园，在邻近里萨拉尔达和考卡山谷省边境有塔塔马天然国家公园。

乔科省是印第安人居住的主要地区之一，经济比较落后。地下矿藏丰富，主要有黄金、白金和银矿，还有磷、锰、铜、铁、铅、锌、煤和石油等矿藏。居民以采矿和渔业为主。乔科的白金产量居全国第1位，黄金产量仅次于安蒂奥基亚省，居全国第2位。农业不发达，畜产品只能满足本地区的消费。1968年，政府

---

① http：// www.Presidencia.gov.co/Chocó.

成立乔科地区开发公司后,在沿海和沿河一些城市,发展木材加工业和制药业。泛美公路通过本省,目前该省有公路通向安蒂奥基亚省,有能通往全国主要城市的航线。随着太平洋盆地国家经济的发展,哥伦比亚政府作出规划,在乔科省修建连通太平洋和大西洋的陆路通道和运河,以促进同太平洋地区国家的经贸联系。这一计划的实施将对乔科省的经济开发起着十分重要的推动作用。

三 考卡山谷(Valle de Cauca)省

地处哥伦比亚西南部。西濒太平洋,西北与乔科省相连,东北部与卡尔达斯省和金蒂奥省为邻,东南部同托利马省接壤,南邻考卡省。面积22140平方公里。人口4161425人(2005年),人口密度187.95人/平方公里。全省有11个印第安人保护区。首府卡利。

殖民统治时期,这里划归波帕扬省管辖。独立后归波帕扬省管辖,1858年改属考卡州,1908年改名为卡利省,1910年正式建立考卡山谷省。目前,全省有42个市[①]。

由于西科迪勒拉山脉和中科迪勒拉山脉穿过本省,地形明显分成两个山地和两个低地(沿海平原和考卡河谷地区)。这里地处热带,气候炎热,沿海平原潮湿,年降雨量在5000毫米;土地平坦肥沃,便于浇灌和机耕,适宜种植热带作物。1953年,成立考卡山谷地区自治公司以来,经济发展较快。目前该省是哥伦比亚经济比较发达的省份之一。1995年的实际产值1197.78万比索(1975年不变价格),居全国第3位。农业以大种植园为主,集约化程度较高。考卡山谷省是全国著名的甘蔗产地,是全国制糖工业的中心,糖产量居全国首位。安第斯山山坡种植咖啡,还种植玉米、高粱、水稻、棉花、菜豆、木薯等作物。西南部山

---

① http://www.Presidencia.gov.co/Valle de Cauca.

第二章 各省、特区及主要城市

区种植小麦,是全国重要粮仓之一。河谷地区利于发展畜牧业。

矿物资源有煤、石膏、石灰石、黄金、铁和铝土矿。工业发展迅速,除制糖外,还有橡胶、玻璃、饮料、食品、制药、化工和造纸等。卡利是全国的重要工业中心。布埃纳文图拉是哥伦比亚太平洋沿岸的第一大海港。考卡山谷省有公路、铁路和航空线与全国各大城市联系。邻近考卡省边境有法拉约内斯天然国家公园,邻近乔科省和里萨拉尔达省边境有塔塔马天然国家公园,邻近托利马省边境有埃尔莫萨斯天然国家公园。

四 考卡(Cauca)省

地处哥伦比亚西南部。西临太平洋,北面与考卡山谷省为邻,东面与托利马省、乌伊拉省和卡克塔省相连,南部同纳里尼奥省和普图马约省接壤。面积29308平方公里。人口1268937人(2005年),人口密度43.29人/平方公里。印第安人约占20%,黑人占30%,其他是白人和混血种人。首府波帕扬。

殖民统治时期,波帕扬省包括哥伦比亚西南部大部分地区。独立以后,于1821年成立波帕扬省;1905年建立考卡省,以考卡河的名字命名。目前,全省有36个市[①]。

考卡省地处高原,中科迪勒拉山脉和西科迪勒拉山脉穿过本省。在太平洋沿岸有平坦的土地,大部分被浓密的热带森林所覆盖。东部是农业区,雨量充足,适宜多种农作物的种植。作物有玉米、甘蔗、香蕉、咖啡、水稻、小麦、可可、烟草和土豆等。高原地区和帕蒂亚河谷地是牧业区。地下矿藏有黄金、白金、铜、锌、煤、石膏、大理石、瓷土和石英等。考卡省工业以轻工业为主,如制鞋、首饰、食品和瓷砖等。最近30年,制糖工业得到较快发展,集中在波帕扬一带。1983年波帕扬发生强烈地

---

① http://www.Presidencia.gov.co/Cauca.

震后,政府建立考卡发展公司,提出重建波帕扬,实施城市工程,建造住房以及道路、管道等基础设施工程,使这座古老的城市展现了新姿。目前,波帕扬有高速公路同卡利相通,有公路、铁路和航空线与全国各地联系。

五 纳里尼奥(Nariňo)省

位于哥伦比亚西南部。西濒太平洋,西南与厄瓜多尔相邻,东与普图马约省相连,北与考卡省接壤。面积33268平方公里。人口1541956人(2005年),人口密度46.34人/平方公里。首府帕斯托。

这里原是印第安人的居住地。殖民统治时期划归基多检审法庭管辖。独立后划归考卡省。1904年正式建立纳里尼奥省,以独立战争时期新格拉纳达爱国将领安东尼奥·纳里尼奥将军的名字命名。目前,全省有56个市[1]。

纳里尼奥省地形分成三个不同地区:西部是沿海平原,属热带雨林气候;中部安第斯山区,是主要农牧地区;东部是亚马孙坡地,湿热多雨,为森林所覆盖。山区主要农作物有小麦、燕麦、木薯、咖啡、玉米和土豆。帕斯托高原和帕蒂亚河谷地区属于热带气候,适宜种植甘蔗、香蕉、水稻、可可、烟草等。畜牧业受到重视,主要分布在帕蒂亚河谷和苏雷尼亚斯高原。

地下有黄金、白金、铜、石膏、硫磺等矿藏。全省的黄金产量居全国第3位,白金产量居全国第2位。工业以手工业为主,生产的手工艺品闻名遐迩。1995年的实际产值1418.6万比索(1975年不变价格)。西部有图马科港,是哥伦比亚太平洋沿岸的第二大港,是发展进出口贸易的主要港口。帕斯托是农业和商业中心,它以美丽的自然景色和历史古迹吸引着许多国内外游客。

---

[1] http://www.Presidencia.gov.co/Nariño.

第二章 各省、特区及主要城市

第三节 安第斯山区各省

安第斯山地区包括卡尔达斯、里萨拉尔达、金蒂奥、托利马、乌伊拉、昆迪纳马卡、博亚卡、桑坦德尔和北桑坦德尔等9个省。

一 卡尔达斯（Caldas）省

地处哥伦比亚的中部。北部与安蒂奥基亚为邻，东部与昆迪纳马卡省接壤，南面与托利马省相连，西南同里萨拉尔达为邻。面积7888平方公里。人口968740人（2005年），人口密度122.81人/平方公里。全省有3个印第安人保护区。首府马尼萨莱斯。

1849年建立马尼萨莱斯城。1905年建立卡尔达斯省，以新格拉纳达著名科学家、爱国将领弗朗西斯科·何塞·德卡尔达斯的名字命名。1967年，金蒂奥省和里萨拉尔达省从本省划分出去。目前，全省有25个市[1]。

中科迪勒拉山脉从南向北穿过本省，把卡尔达斯省划分成四部分：考卡河河谷地和里萨拉尔达河河谷地区；西科迪勒拉山区；中科迪勒拉山区；东部是马格达莱纳河河谷地区。这里属热带雨林气候，年降雨量在3000毫米，土地肥沃潮湿。中科迪勒拉山区适宜咖啡生长，是哥伦比亚软咖啡的重要产地。20世纪60年代以来，政府鼓励多样化经营，其他农作物如水稻、玉米、菜豆、可可也得到发展。此外，还种植一些香蕉、甘蔗、土豆等作物。在北部和里萨拉尔达河谷地，畜牧业也很发达。矿产有黄金、煤、石油等。80年代以来，工业生产得到重视，主要有电

---

[1] http://www.presidencia.gov.co/Caldas.

力、水泥、食品、制革、木材、纺织、酿酒等。1995年的实际产值为2285.1万比索（1975年不变价格），居全国第7位。首府马尼萨莱斯是个风景秀丽的文化中心，这里有全国最大的教堂。中科迪勒拉山脉有海拔5439米的路易斯雪山，建有雪山天然国家公园，雪山美景吸引着无数国内外观光旅游者。

二　里萨拉尔达（Risaralda）省

地处哥伦比亚中部。北连安蒂奥基亚省，东北与卡尔达斯省为邻，东南同托利马省相连，南面与金蒂奥省接壤，西面同乔科省和考卡山谷省相望。面积4140平方公里。人口897509人（2005年），人口密度216.78人/平方公里。境内有2个印第安人保护区。首府佩雷拉。

1863年建立佩雷拉城。里萨拉尔达原属于卡尔达斯省，1967年从卡尔达斯省划分出来，以里萨拉尔达河的名字命名。全省有14个市[①]。

中科迪勒拉山脉和西科迪勒拉山脉穿过本省，境内有金蒂奥雪山和圣伊萨贝尔雪山。考卡河从南向北流经本省。年均降雨量在3000毫米；全省平均气温为摄氏24℃。海拔1000~2000米的安第斯山坡土质松软，呈酸性，又有适宜咖啡生长的气候，是哥伦比亚软咖啡的重要产地。从20世纪70年代以来，在政府的推动下，积极发展农业多种经营，主要作物有玉米、香蕉、尤卡、土豆、菜豆。在河谷地区发展甘蔗种植和饲养牲畜。畜牧业已粗具规模，成为中部地区的重要畜牧中心。

矿产资源有黄金、白银、铅、锌、煤、盐和大理石等。工业集中在佩雷拉，有纺织、食品、化工和金属制造等。1995年的实际产值为1913.2万比索（1975年不变价格），居全国第8位。

---

① http://www.Presidencia.gov.co/Risaralda.

第二章 各省、特区及主要城市

佩雷拉已成为哥伦比亚中部地区的商业中心,是公路和铁路的交叉点,还有现代化的国际机场,可供大型飞机降落。在西部边境有塔塔马天然国家公园,在南部边境有雪山天然国家公园。

三 金蒂奥(Quindío)省

地 处哥伦比亚中部。北连里萨拉尔达省,东南与托利马省为邻,西部同考卡山谷省接壤。面积1845平方公里。人口534552人(2005年),人口密度289.73人/平方公里。首府阿尔梅尼亚。

1889年建立阿尔梅尼亚城。本省原属卡尔达斯省,1967年正式划分出来,以金蒂奥河的名字命名。目前,全省有12个市①。

金蒂奥省地处中科迪勒拉山脉的中段西坡,全境主要是山区,年平均气温在摄氏18℃～21℃之间,非常适宜咖啡生长,是哥伦比亚重要的农业区,也是咖啡生产中心之一。此外,本省还种植玉米、土豆、菜豆、香蕉、木薯和甘蔗。在中部金蒂奥河河谷地区,畜牧业也很发达,主要饲养马和牛。

矿产资源有金、银、铜、煤、石灰石等。这里是古代印第安金器加工中心之一。印第安土著居民早就在这里开采黄金。首府阿尔梅尼亚建立较晚,但发展很快,被誉为"奇迹城"。目前已成为工商业中心。中科迪勒拉山脉有雪山天然国家公园。

四 托利马(Tolima)省

地 处哥伦比亚中部。北邻卡尔达斯省,东连昆迪纳马卡省,南部与乌伊拉省和考卡省接壤,西部与金蒂奥省、里萨拉尔达省和考卡山谷省相连。面积23582平方公里。人口1365342人(2005年),人口密度57.89人/平方公里。有4

---

① http://www.Presidencia.gov.co/Quindío.

个印第安人保护区。首府伊瓦格。

托利马省原是印第安土著居民皮哈奥人的居住地。托利马来源于印第安语,意思是"冰的国家"。殖民统治时期属于内瓦省。独立后,行政区划多次变化。1886年建立托利马省。目前,全省有46个市①。

中科迪勒拉山脉穿过本省西部,境内有著名的托利马雪山;东南部是东科迪勒拉山区。马格达莱纳河从中部穿过,形成托利马盆地。全省年平均温度为摄氏24℃,年降雨量在1000~2000毫米之间。这里土地肥沃,浇灌便利,发展农牧业十分有利。农业比较发达,是哥伦比亚重要粮仓之一。在平原地区,机器耕作占重要地位,主要作物有水稻、棉花和芝麻。水稻和芝麻的产量分别居全国第1位。安第斯山区种植咖啡,产量居全国第4位。此外,还种植高粱、玉米、土豆等。马格达莱纳河产鱼。

地下资源有石油、金、铁、铅、煤、银、石英、水银等。20世纪80年代以来,工业发展较快,主要集中在首府伊瓦格,以轻工业为主,产品有巧克力、面粉、啤酒、香烟、肥皂、糖果等。此外,伊瓦格有"哥伦比亚音乐城"之称。这里气候宜人,也是旅游胜地。西部边境有雪山天然国家公园,南部邻近乌伊拉边境有乌伊拉雪山天然国家公园,西南部邻近考卡山谷省边境有埃尔莫斯天然国家公园。有铁路、公路同全国各地连接,对发展经济十分有利。

五　乌伊拉(Huila)省

处安第斯山地区南部。北连托利马省和昆迪纳马卡省,东邻梅塔省和卡克塔省,西南与考卡省接壤。面积19890平方公里。人口1011418人(2005年),人口密度50.85人/平方公里。有3个印第安保护区。首府内瓦。

---

① http://www.Presidencia.gov.co/Tolima.

第二章　各省、特区及主要城市　

乌伊拉省原是印第安土著居民的居住地。殖民统治时期划归波帕扬管辖。1610 年建内瓦城。独立后，划归昆迪纳马卡管辖。1858 年建立托利马州，1905 年正式建立乌伊拉省。目前，全省有 37 个市[①]。

东科迪勒拉山脉和中科迪勒拉山脉从东北部和西部穿过，把全省分成四个地区：西部高原，中科迪勒拉山，东科迪勒拉山和马格达雷纳河谷地。境内有著名的乌伊拉雪山。西南部是奥万多河谷地区，适宜发展农牧业。水稻是主要农作物，全省均可种植，其他作物有咖啡、香蕉、玉米、甘蔗、尤卡和棉花。随着浇灌工程的建设和移民的增加，农业发展较快。东部马格达莱纳河谷地区是畜牧业中心。木材资源丰富，但未很好开发。

地下资源有石油、煤、金、银、大理石等。工业以农产品加工为主，主要有稻谷加工、啤酒、饮料、肥皂、香烟、皮革加工、制帽等。1995 年的实际产值为 1652.3 万比索（1975 年不变价格）。内瓦是哥伦比亚南部的农牧业和商业集散中心。西南部的圣奥古斯丁是印第安文化遗址，已建成考古博物馆和人类学研究所。境内有 1 个天然国家公园，另外，邻近托利马省和考卡边境有乌伊拉雪山国家自然公园，邻近考卡省边境有普拉雷国家天然公园。本省有公路同波帕扬等城市联系。

六　昆迪纳马卡（Cundinamarca）省

地处哥伦比亚中部。东北与博亚卡省为邻，东南与梅塔省相望，南部同乌伊拉省和托利马省接壤，西部以马格达莱纳河把它同托利马省和卡尔达斯省隔开。面积 24210 平方公里。人口 2280037 人（2005 年），人口密度 94.17 人/平方公里。首府圣菲波哥大。

---

① http：// www.Presidencia.gov.co/Húila.

昆迪纳马卡省原是印第安土著居民奇布查人的居住地。殖民统治时期，昆迪纳马卡是一个省。1811年独立后，成为昆迪纳马卡州。1821年库库塔制宪会议把昆迪纳马卡划为新格拉纳达的一个省份。1858年改为州，1886年又改为省。目前，全省有115个市[①]。

东科迪勒拉山脉穿过本省，境内形成昆迪纳马卡高原，又称波哥大高原，共和国的首都就在这里。西边是马格达莱纳河河谷区，最东边是亚诺斯平原。昆迪纳马卡省是农业比较发达的省份之一。在安第斯山区的寒带地区，农作物有小麦、土豆和玉米；在温带地区，有玉米、豌豆、香蕉、咖啡和甘蔗；在热带地区，有棉花、可可、烟草和水稻。波哥大平原和乌巴特河谷区是全国著名的畜牧区，主要饲养牛，并采用先进技术，引进优良品种进行杂交选种，在全国推广优良品种。家禽饲养业也很发达。

矿藏资源极其丰富，有煤、铁、铜、锌、石膏、大理石、绿宝石、石油、黄金和白银等，是全国重要的煤炭和盐的产地。煤矿主要分布在圣菲波哥大北面的内莫孔、锡帕基拉、苏埃斯卡等地；盐分布在锡帕基拉、塞斯基莱等地。工业比较发达，有一批传统的食品工业和纺织工业，冶金、化工和机器制造等新兴工业也有较快的发展。1995年实际产值20819.6万比索（1975年不变价格），居全国第1位。本省交通发达，有公路和铁路同大西洋沿岸各省和太平洋沿岸各省相连。圣菲波哥大是全国交通运输中心枢纽。此外，马格达莱纳河是沟通内地和大西洋沿岸各省的大动脉。

七　博亚卡（Boyacá）省

地处中部东科迪勒拉山地。北部与桑坦德尔省和北桑坦德尔省为邻，东部连接阿劳卡省和卡萨纳雷省，南面与梅塔省和昆迪纳马卡省接壤，西部同昆迪纳马卡省和安蒂奥基

---

① http：//www.Presidencia.gov.co/Cundinamarca.

第二章 各省、特区及主要城市

亚省相连。面积 23189 平方公里。人口 1255311 人（2005 年），人口密度 54.13 人/平方公里。首府通哈。

博亚卡省也是印第安土著居民奇布查人的居住地。殖民统治时期属于圣菲检审法庭管辖。独立后，建立通哈省，1858 年建博亚卡州，后几经变化，1886 年又改为省。1911 年又分出一些市。目前，全省有 123 个市①。

东科迪勒拉山脉穿过该省，马格达莱纳河在西部通过。博亚卡省的大部分地区是崎岖不平的东科迪勒拉山区；中部和西部是高原和谷地，是全国最富饶和人口密集的地区之一。博亚卡省以农牧业和采矿业为主。山区是重要的寒温带作物种植区，主要有土豆、小麦、燕麦、菜豆、木薯和咖啡。在河谷地区种植甘蔗、可可、香蕉、棉花和水稻。东部亚诺斯平原是一片大牧场，气候炎热潮湿，牧草茂盛，主要饲养牛、羊和马，是哥伦比亚重要畜牧区之一。

矿物资源丰富，有铁、石油、绿宝石、煤和铜等。帕斯德里奥和贝伦西托是铁矿生产中心，建有帕斯德里奥钢铁联合企业。派帕、穆索、索加莫索是绿宝石生产中心。丰富的矿物资源为该省的发展呈现了美好的前景。通哈是制造业中心，有饮料业、啤酒、纺织（主要是毛织品）、龙舌兰纤维、陶瓷、食品罐头等部门。博亚卡风景秀丽。通哈保留着许多历史古迹，圣拉萨罗教堂保留着许多宗教艺术珍品，供国内外游客观赏。

八　桑坦德尔（Santander）省

地处安第斯地区的东部。北邻塞萨尔省和北桑坦德尔省，东部和南部同博亚卡省相连，西面以马格达莱纳河把它同安蒂奥基亚省和玻利瓦尔省分开。面积 30537 平方公

---

① http：//www.Presidencia.gov.co/Boyacá.

里。人口 1957789 人（2005 年），人口密度 64.11 人/平方公里。首府布卡拉曼加。

1622 年建立布卡拉曼加城。1858 年建立桑坦德尔州，1886 年改为桑坦德尔省，以独立战争中新格拉纳达爱国将领弗朗西斯科·德保拉·桑坦德尔（Francisca de Paula Santander）将军的名字命名。1910 年东北部一部分市划出去，成立北桑坦德尔省。目前，全省有 87 个市①。

桑坦德尔省东部是崎岖的东科迪勒拉山山区，西部是马格达莱纳河河谷地区。气候湿热，年降雨量在 3800 毫米，平均温度在摄氏 29℃，为热带森林所覆盖。本省以农业和矿业为主，80% 的人口从事农牧业。农作物有烟草、咖啡、尤卡、龙舌兰、土豆、棉花、甘蔗和水稻等。烟草产量居全国第 1 位，主要集中在苏亚雷斯河一带。在山区种植水果、玉米、小麦和燕麦。畜牧业也很发达，主要饲养牛，集中在苏亚雷斯河河谷一带。

矿物资源有石油、金、银、铁、石膏等。石油是桑坦德尔省的最重要的矿产资源，在巴兰卡贝尔梅哈建有全国最大的炼油厂，并有输油管同圣菲波哥大、麦德林和卡塔赫纳的马莫纳尔工业区相连。二战后以来，制造业发展较快，布卡拉曼加是全国制烟工业中心，还有现代化的饮料工业、石油加工、食品工业、服装业、纺织和针织业等。1995 年全省的实际产值为 4145.5 万比索（1975 年不变价格），居全国第 4 位。巴兰卡贝尔梅哈是马格达莱纳河的一个重要港口。桑坦德尔省交通方便，有利于本省的经济发展。

九　北桑坦德尔（Norte de Santander）省

处安第斯地区的东北部。北面和东面与委内瑞拉交界，南部与博亚卡省和桑坦德尔省为邻，西部同塞萨尔省

---

① http://www.Presidencia.gov.co/Santander.

接壤。面积 22367 平方公里。人口 1243975 人（2005 年），人口密度 55.61 人/平方公里。有 2 个印第安人保护区。首府库库塔。

西班牙殖民者到达之前，这里原是印第安卡西克部落居住地。殖民统治时期，这里包括库库塔省、潘普洛纳省和奥卡尼亚省。独立以后，于 1858 年划归桑坦德尔州。1910 年从桑坦德尔省划分出来，单独成立一个省。目前，全省有 40 个市[①]。

北桑坦德尔省的地形明显分成两个不同地区：西北部是东科勒拉山脉的支脉莫蒂洛内斯山脉，东北部是平原区。农业是主要经济部门。农作物有咖啡、烟草、土豆、水稻、玉米、小麦、可可、菜豆等。咖啡产量居全国第 3 位，烟草产量居全国第 2 位。20 世纪 80 年代以来，甘蔗种植面积不断增加，小麦、燕麦、玉米、木薯基本能满足本省消费。自然条件适宜发展畜牧业，平原地区以家庭饲养为主，有牛、马、羊等牲畜。库库塔和潘普洛纳是重要畜牧业中心。工业以轻工业为主，包括食品工业、饮料、香烟、肥皂、油脂和纺织业，集中在库库塔、奥卡尼亚和潘普洛纳 3 个城市。煤、铁、铝矿资源丰富，还有待开发。1995 年的实际产值为 1452.3 万比索（1975 年不变价格）。库库塔地处哥、委边界，是哥伦比亚通向委内瑞拉的重要门户，边境贸易很发达。潘普洛纳是商业和文化中心。这里有塔马天然国家公园和卡塔顿博巴里天然国家公园。奥卡尼亚有公路通向塞萨尔和大西洋沿岸各省。

第四节　奥里诺科地区各省

里诺科地区包括阿劳卡、卡萨纳雷、梅塔、比查达、瓜伊尼亚等 5 个省。

---

① http://www.Presidencia.gov.co/Norte de Santander.

哥伦比亚

一　阿劳卡（Arauca）省

处奥里诺科地区的北部。北面以阿劳卡河把它同委内瑞拉隔开，东面与委内瑞拉相邻；南面以梅塔河和卡萨纳雷河同比查达省和卡萨纳雷省分开。面积23812平方公里。人口232118人（2005年），人口密度9.74人/平方公里。有16个印第安人保护区。首府阿劳卡。

阿劳卡省的一部分原属卡萨纳雷地区，另一部分属于昆迪纳马卡省。1955年建立阿劳卡地区，以哥、委的边界河阿劳卡河的名字命名。根据1991年宪法规定，改名为阿劳卡省。目前，全省有7个市[①]。

阿劳卡省西部是东科迪勒拉山区，约占全省面积的1/5，科库伊雪山海拔5380米，是东科迪勒拉山脉的最高峰。在阿劳卡河和卡萨纳雷河之间，是亚诺斯平原，土地平坦，气候炎热，雨量充沛，年降雨量可达4000毫米，这里牧草丰盛，是发展畜牧业的天然场所。第二次世界大战以后，随着移民和外国投资者的到来，经济有了较快的发展。主要种植可可、水稻、玉米、香蕉、木薯、棉花、大豆，满足当地居民的生活需要。20世纪80年代以来，政府积极勘探石油资源。1983年，在东部北克拉沃地区发现了卡诺·利蒙油田，查明储量12.5亿桶，并开始开采。1986～1992年，开采了储量的45%，对解决哥伦比亚的能源供应起到重要作用，使哥伦比亚重新成为石油出口国。目前，这里仍然是哥伦比亚的重要石油生产基地，并已修筑了连接巴兰卡维尔梅哈炼油厂的输油管道。

[①] http://www.Presidencia.gov.co/Arauca.

第二章 各省、特区及主要城市

二 卡萨纳雷（Casanare）省

位于哥伦比亚东部。它北以卡萨纳雷河同阿劳卡省分开，东以梅塔河同比查达省分开，南部以乌皮亚河和梅塔河与梅塔省为界，西部与昆迪纳马卡省和博亚卡省相连。面积44640平方公里。人口295353人（2005年），人口密度6.61人/平方公里。有10个印第安人保护区。首府约帕尔。

殖民统治时期，这里曾建立了80万公顷的耶稣传教区。1897年建立卡萨纳雷特别区。1921年改为卡萨纳雷地区。1951年划归博亚卡省。1973年又从博亚卡省划分出来，重新建立卡萨纳雷地区。根据1991年宪法规定，改为卡萨纳雷省。目前，全省有19个市[①]。

卡萨纳雷省大部分属于奥里诺科平原，只有西部小部分是东科迪勒拉山地，是热带雨林区。平原地区气候炎热，水草丰盛，适宜发展畜牧业。印第安部族主要从事畜牧业。由于土地呈酸性，只有9%的土地用于农业，种植香蕉、棉花、甘蔗、可可。此外，也开采一些木材。

地下资源丰富。1992年，英国、美国和法国的3家石油公司在西部的陶拉梅纳市附近，找到了储量高达20亿桶的库西亚纳油田和库比亚瓜油田。之后3家外国公司与哥伦比亚石油公司签订合同，共同开发库西亚纳大油田，双方共同投资54.29亿美元，解决原油的开采和运输问题。1994年2月正式投产。现是哥伦比亚最大的一个油田，成为哥伦比亚的重要出口创汇产业，对国家的经济发展起着重要作用，也有力地推动卡萨纳雷省的社会经济的发展。1995年2月，投资3亿美元的库西亚纳原油加工厂也已投产。1994年该油田附近发现40亿立方米天然气资源，政府已投资30亿美元实施一项天然气管道铺设计划，将天

---

① http://www.Presidencia.gov.co/Casanare.

然气直接输送到首都圣菲波哥大。此外,还有盐矿,盐的开采主要满足当地居民需要。最近几年,正是由于油田的开发,本地区的人口增长很快。

三 梅塔(Meta)省

地处哥伦比亚中部。北与昆迪纳马卡省相邻,并以乌皮亚河和梅塔河同卡萨纳雷省分开,东连比查达省,南同卡克塔省接壤,并以瓜维亚雷河同瓜维亚雷省分开,西部与乌伊拉省和昆迪纳马卡省相连。面积85635平方公里。人口783168人(2005年),人口密度9.14人/平方公里。全省有16个印第安人保护区。首府比利亚维森西奥。

独立后,这里曾是昆迪纳马卡州的一部分。1867年成立圣马丁辖区,1906年,改称梅塔辖区,以梅塔河的名字命名。1909年改名为梅塔地区,1960年建立梅塔省。全省有29个市①。

梅塔省西部是东科迪勒拉山区,东部为平原,是亚诺斯平原的组成部分。年平均降雨量在2000~6000毫米。与高山毗连的地区是一片适宜饲养牲畜的辽阔草原。梅塔省是进入亚诺斯平原的必经之地,有"亚诺斯地区港口"之称。从1959年起,政府积极推动垦殖计划,大力发展农业生产,种植水稻、非洲棕榈、香蕉、玉米、菜豆、高粱、可可、棉花。随着交通运输业的发展,农牧业有长足的增长,其中稻谷是最重要的农产品。圣马丁地区被称为奥里诺科地区的"仓库"。东部是牧业区,以大庄园为主,牛的存栏数在250万头以上,60%的肉供应首都圣菲波哥大。森林资源丰富。

矿物资源有石油、煤、盐、金、铜、锌矿,但至今尚未开发。首府比利亚维森西奥是经济中心,建有一批制造工业,利用

---

① http://www.Presidencia.gov.co/Meta.

第二章　各省、特区及主要城市

当地原料进行食品加工。1995 年的实际产值为 1605.8 万比索（1975 年不变价格）。为了便于同首都和全国各地联系，航空运输业得到重视。政府计划继续修建公路和土路，向亚诺斯平原延伸，以加快东部地区的开发。

四　比查达（Vichada）省

地处哥伦比亚东部。北面以梅塔河把它同卡萨纳雷省和阿劳卡省隔开，东部和北部分别以奥里诺科河和梅塔河同委内瑞拉分界，南部同瓜维亚雷省和瓜伊尼亚省接壤，西面与梅塔省和卡萨纳雷省相连。面积 100242 平方公里。人口 55872 人（2005 年），人口密度 0.55 人/平方公里。89% 的居民是印第安人，有 41 个印第安人保护区。首府卡雷尼诺。

1903 年以前，这里划归梅塔辖区。1947 年，建立比查达特别区，因比查达河从西向东流过，故以这条河的名字来命名。根据 1991 年宪法，改为比查达省。目前，本省只有 2 个市[①]。

比查达省是一片热带平原区，河川纵横，气候炎热，年平均气温在摄氏 28℃～30℃之间，每年 4～10 月是雨季。北部降雨量不到 1500 毫米，中部降雨量在 1500～2000 毫米之间，南部多雨，降雨量在 2000 毫米以上。动物和花草种类繁多。居民以印第安伊沃人为主，分散居住。在比查达河和托莫河之间是印第安图帕雷诺部族的居住地，他们尚武，主要从事牧业。比查达省是一个天然牧场。农业用地只有 1800 公顷，种植玉米、尤卡、水稻和甘蔗。

五　瓜伊尼亚（Guainía）省

地处哥伦比亚东部。东部以阿塔巴博河、古西里亚河和内格罗河同委内瑞拉分开，南部同巴西为邻，西面与

---

① http://www.Presidencia.gov.co/Vichada.

沃佩斯省、瓜维亚雷省和比查达省相连。面积72238平方公里。人口35230人（2005年），人口密度0.07人/平方公里。全省有18个印第安人保护区，另外同比查达省和瓜维亚雷省边界有9个印第安人保护区。首府奥班多。

这里原属于卡克塔地区，1910年建立沃佩斯特别区。1964年，正式建立瓜伊尼亚特别区，以瓜伊尼亚河的名字命名。根据1991年宪法规定，改为瓜伊尼亚省。目前，本省只有1个市①。

瓜伊尼亚省是一片大平原，属热带雨林气候，炎热多雨，年平均气温超过摄氏27℃，年降雨量达3000毫米。本省河流众多。瓜伊尼亚河发源于本省的西南部，向东流入巴西，注入亚马孙河。伊尼里达河沿东北方向流入奥里诺科河。南部是大森林区，人烟稀少，尚未开发。当地居住着几个印第安部族，分散居住，种植一些玉米、木薯、香蕉、水稻和水果。伊尼里达河下游出产热带鱼，还出产纤维和棕榈。有简易的机场同首都圣菲波哥大联系。土著居民同委内瑞拉有边境贸易。本省有一个塔马天然国家公园。

第五节　亚马孙地区各省

马孙地区包括卡克塔、普图马约、亚马孙、瓜维亚雷、沃佩斯等5个省。

一　卡克塔（Caquetá）省

处哥伦比亚南部，是进入亚马孙地区的重要通道，有"哥伦比亚亚马孙地区的门户"之称。北面同乌伊拉省和梅塔省相邻，东面与瓜维亚雷省和沃佩斯省相连，南面以卡克塔河把它同亚马孙省和普图马约省隔开，西面同考卡省和乌伊

---

① http：//www.Presidencia.gov.co/Guainía.

拉省相望。面积 88965 平方公里。人口 420337 人（2005 年），人口密度 4.72 人/平方公里。有印第安人 2330 人，分属于 10 个印第安种族，有 24 个印第安人保护区。首府弗洛伦西亚。

1858 年，这里划归考卡州管辖。1905 年建立卡克塔特别区，以卡克塔河的名字命名。1912 年改为卡克塔地区。1982 年建立卡克塔省。目前，全省有 15 个市[①]。

卡克塔省的西北与东科迪勒拉山脉毗连，山区海拔 3000 米；东部和东南部是辽阔的平原区。赤道通过本省南部，气候炎热湿润，是热带雨林气候。第二次世界大战后，政府鼓励移民，安第斯地区大批无地农民来到这里垦荒。上卡克塔地区已建设成为重要农牧业中心。以牧业为主，生产大量肉类和奶制品，供应周围几个省。农作物有香蕉、玉米、尤卡、水稻、咖啡、可可、菜豆等。20 世纪 70 年代以来，卡克塔省棉花种植迅速发展，成为国内重要产棉地区。矿产资源丰富，是哥伦比亚储藏石油重要地区，此外，还有沥青、煤、云母、明矾、石膏和花岗岩等。随着大批移民的到来，弗洛伦西亚发展很快，已建立起食品加工等工业。

二 普图马约（Putumayo）省

地处哥伦比亚南部。西面和北面同纳里尼奥省和考卡省为邻，东北部以卡克塔河把它同卡克塔省分开，东南与亚马孙省相连，西南以普图马约河和圣米格尔河作为国境线把它同厄瓜多尔和秘鲁隔开。面积 24885 平方公里。人口 310132 人（2005 年），人口密度 12.46 人/平方公里。首府莫科亚。

1845 年，普图马约划归卡克塔地区。1912 年建立普图马约特别区。1953 年划归纳里尼奥省管辖；1957 年恢复为普图马约特别区。1968 年改为普图马约地区，以普图马约河的名字命名。

---

① http：//www.Presidencia.gov.co/Caquetá.

根据1991年宪法规定，改名为普图马约省。目前，全省有9个市①。

普图马约省西北部是由科迪勒拉山脉的支脉构成的山地，海拔3000～4000米之间；东部是平原，被热带雨林所覆盖。赤道穿过本省，气候潮湿而炎热，平均气温为摄氏28℃，年降雨量3900毫米。这里土地肥沃，适宜各种热带作物生长。本省以农牧业为主，农作物有水稻、玉米、甘蔗、香蕉、尤卡和菠萝等。政府计划在这里发展橡胶种植业。森林和石油资源极其丰富。据估计，这里是南美洲最大的油田之一。目前，政府正在加紧油田的勘探工作。普图马约河是本省的重要航道，有1200公里可通航。

三　亚马孙（Amazonas）省

地处哥伦比亚南部。东面与巴西接壤，南面和西南以普图马约河和亚马孙河作为边界河同秘鲁隔开，西北同卡克塔省和普图马约省相连，东北以阿波波里斯河把它同沃佩斯省分开。面积109665平方公里，是全国最大的一个省。人口67726人（2005年），人口密度0.61人/平方公里。这里有26个印第安人种族，19个印第安人保护区。首府莱蒂西亚。

1912年，亚马孙划归卡克塔特别区管辖。1928年建立亚马孙特别区，以亚马孙河的名字命名。1931年改称为亚马孙地区，1943年重新改为亚马孙特别区。根据1991年宪法规定，改为亚马孙省。目前，全省有2个市②。

亚马孙省地处南半球，首府莱蒂西亚位于南纬4°13′，是哥伦比亚的最南端。地形分为三部分：北部是卡克塔平原，西部是普图马约平原，东南部则是亚马孙平原。大部分土地被热带森林

---

① http：//www.Presidencia.gov.co/Putumayo.
② http：//www.Presidencia.gov.co/Amazonas.

第二章 各省、特区及主要城市

所覆盖。这里是高温多雨地区，年平均气温高达摄氏 30℃，年平均降雨量达 3100 毫米。亚马孙地处边陲，交通不便，疾病蔓延，尚未开发。亚马孙省的印第安部族，主要居住在河岸两边，也有一部分居民是从哥伦比亚内地以及秘鲁和巴西移到这里的垦殖农。首府莱蒂西亚周围是农业区，种植玉米、水稻、木薯和香蕉。木材开采业得到重视。当地居民与秘鲁和巴西有边境贸易，交通靠航空运输。自然资源十分丰富。目前，哥伦比亚政府还没有足够力量对本省进行综合开发。

四　瓜维亚雷（Guaviare）省

地处哥伦比亚东南部。北面以瓜维亚雷河同梅塔省和比查达省为界，东部同瓜伊尼亚省和沃佩斯省为邻，南面与卡克塔省和沃佩斯省接壤，西边同卡克塔省和梅塔省相连。面积为 42327 平方公里。人口 95551 人（2005 年），人口密度 2.25 人/平方公里。首府瓜维亚雷。

1858 年，瓜维亚雷划归考卡州，之后由卡克塔地区管辖。1910 年，瓜维亚雷划归沃佩斯特别区。1977 年又从沃佩斯特别区划分出来，成立瓜维亚雷特别区。根据 1991 年宪法规定，改为瓜维亚雷省。目前，全省只有 4 个市[①]。

瓜维亚雷省位于亚马孙热带冲积平原，河川纵横，森林密布，腹地至今还没有人员到达。气候炎热，雨量充沛，年平均气温在摄氏 27℃～30℃间，年降雨量 2600 毫米。居民主要是印第安部族的瓜伊沃人，从事农业、渔业和狩猎。此外，还有一部分从内地来的移民，居住在河流两岸，种植玉米、尤卡、甘蔗、水稻和香蕉。森林资源丰富，在米拉弗洛雷斯地区种植橡胶，主要供本地消费。首府瓜维亚雷有一些小加工厂和手工作坊。

---

① http：//www.Presidencia.gov.co/Guaviare.

五　沃佩斯（Vaupés）省

处亚马孙地区东部。东面与巴西交界，北面与瓜维亚雷省和瓜伊尼亚省相连，南部以阿波波里斯河把它同亚马孙省和卡克塔省隔开，西部与卡克塔省和瓜维亚雷省相连。面积54135平方公里。人口39279人（2005年），人口密度0.72人/平方公里。有3个印第安人保护区。首府米图。

1910年，沃佩斯从卡克塔地区划分出来，建立了包括瓜维亚雷和瓜伊尼亚的沃佩斯特别区。1964年和1977年，瓜伊尼亚和瓜维亚雷相继划分出去。根据1991宪法规定，改为沃佩斯省。目前，本省只有3个市①。

沃佩斯省大部分是热带冲积平原，西北部有一些小山丘和高地，海拔200~500米。赤道通过本省。气候湿热，年平均温度在摄氏25℃~30℃间，年降雨量为3000毫米。这里的居民主要是印第安人，分散居住，从事粗放农业、牧业和捕鱼。20世纪60年代以来，政府提供贷款，推动发展橡胶种植业。米图是主要居住点和生产中心。

第六节　圣菲波哥大特区及主要城市

一　圣菲波哥大（Santafé de Bogotá）特区

圣菲波哥大既是共和国的首都，又是昆迪纳马卡省的首府，是全国唯一的一个特区。位于东科迪勒拉山脉西侧的苏马帕斯高原、萨瓦纳盆地东部，面积为1587平方公里，

---

① http://www.Presidencia.gov.co/Vaupés.

第二章　各省、特区及主要城市

人口 6840116 人（2005 年）。

圣菲波哥大原名巴达卡，是印第安人奇布查部族首领西帕的居住地，也是古代印第安人的文化中心。1538 年，由西班牙殖民者希门尼斯·德克萨达建为新格拉纳达王国首府，以西班牙格拉纳达城市圣菲命名，后又以奇布查人文化中心巴卡塔，命名为"圣菲波哥大"。这是南美洲北部一座最古老的城市，1540 年被西班牙国王授予"城市"称号，1565 年又获"最崇高、最忠诚的城市"之名。1550 年在此设检审法院，属秘鲁总督管辖。1718 年起成为新格拉纳达总督辖区的首府。1810 年 7 月 20 日爆发人民起义，建立最高执政委员会。1819 年独立后，成为大哥伦比亚共和国的首都，并取消"圣菲"之名，称"波哥大"。1831 年起成为新格拉纳达共和国的首都。之后几经变化，1886 年起，为哥伦比亚共和国首都。1945 年决定设立波哥大特别区，兼为昆迪纳马卡省首府。1991 年恢复称"圣菲波哥大"，为全国唯一的特区。目前，圣菲波哥大包括 7 个市。

圣菲波哥大地处热带，但因海拔高达 2640 米，年平均气温在摄氏 14℃，年降雨量 1050 毫米，气候凉爽，四季如春。圣菲波哥大是全国的经济中心。它聚集了全国工业的 30% 和工人总数的 26%，市区以食品、服装、纺织、制鞋和玻璃等轻工业为主，市郊有大型化工厂、煤炭联合企业、橡胶厂和汽车制造厂。在西南部的波哥大河上有以高达 152 米的特肯达马瀑布为动力的萨尔托·努埃沃水电站，为首都提供充足的电力。圣菲波哥大是全国的经济和金融中心，有 30 多家银行和波哥大证券交易所。萨瓦纳盆地土壤肥沃，气候温和，生产土豆、小麦、燕麦、玉米以及各种不同的蔬菜和水果等。20 世纪 70 年代以来，鲜花种植得到迅速发展，主要供出口，已成为重要创汇产业。20 世纪 50 年代末，圣菲波哥大成立了自由贸易区。为增强出口产品的竞争力,吸引更多的外国企业来哥伦比亚投资,1991年颁布法令,同意并鼓励成立免税工业园区。1993年,在首都西南部的免税工业园区正式建立。该工业园区位于工业和制造业集中区,地理位置优越,实行优惠的税收政策,通过灵活的经营管理,已成为哥伦比亚经济发展和走向世界的重要窗口。

圣菲波哥大是古老的文化中心。全市有70多所高等学校。著名的哥伦比亚国立大学创建于1867年,其前身是1563~1572年成立的11所学校,位于圣菲波哥大的南部。大学附设有一系列学校、研究所和研究中心,有"大学城"之称。哥伦比亚国立大学是哥伦比亚的最高学府。市内有1777年建立的国家图书馆,世界上最大的黄金博物馆,世界上唯一的绿宝石博物馆等。市内保存着众多的教堂、街心广场、公园、名人塑像。圣菲波哥大以众多的古迹和独特的文化遗产,赢得"南美洲雅典"之美称。

圣菲波哥大交通发达,有铁路、公路通向大西洋沿岸的圣马尔塔、巴兰基利亚、卡塔赫纳和太平洋沿岸的布埃纳文图拉、图马科等港口。它有泛美公路和西蒙·玻利瓦尔国际公路沟通国内和邻国各大城市。城东有埃尔·多拉多现代化国际机场,有班机同国内各大城市、南美国家和欧美主要国家联系。

二 卡利(Calí)

伦比亚西南部最大的城市,全国第二大城市,是考卡山谷省的首府。海拔约1003米,年平均气温摄氏25℃,年降雨量1120毫米。人口207.6万人(2005年)。

1536年由西班牙殖民者贝拉尔·卡萨尔始建。位于西科迪勒拉山脉东侧、考卡河支流卡利河谷平原上。1953年成立考卡山谷地区自治公司以来,控制了卡利河洪水,兴建了水电站,开垦了周围荒地,城市经济迅速发展。如今,卡利市是哥伦比亚西南工业重镇,工业发展水平仅次于圣菲波哥大和麦德林,是全国

第二章　各省、特区及主要城市

制糖业中心。除传统的纺织、食品、木材、饮料等工业外，化工、建材、农机制造、电器、化纤、轮胎、金属等新兴工业部门发展迅速。此外，还有水泥和造纸工业。卡利现为考卡河流域甘蔗、咖啡、畜产品等农畜产品的集散中心。卡利是西部公路和铁路交通枢纽。卡利有输油管同太平洋沿岸海港布埃纳文图拉相连。卡利也是宗教和文化活动中心，有考卡山谷大学、卡利圣地亚哥大学、大教堂、博物馆等。卡利作为历史文化名城，每年吸引着国内外众多观光游客。

三　麦德林（Medellín）

哥伦比亚北方重镇，全国第三大城市，是安蒂奥基亚省的首府。位于中科迪勒拉山脉西麓阿布拉山谷、考卡河支流波尔塞河畔，面积387平方公里，人口222.4万人（2005年）。

始建于1616年，1675年命名为麦德林。这里海拔1400米，年平均温度摄氏21℃，年降雨量1440毫米，气候温和，雨量充足，四季如春，风景秀丽，被誉为"永恒的春城"。殖民统治时期，麦德林就是农矿产品的集散中心。19世纪因采矿业（金、银）和咖啡种植业的兴盛，商业繁荣以及交通的改善（1885年修通铁路）而迅速发展。从20世纪20年代起，它因纺织工业的迅速发展，一跃成为全国工业中心，素有"哥伦比亚曼彻斯特"之称。此外，还有冶金、机器制造、化学、水泥、制烟、饮料、家用电器和食品加工等工业部门。如今，政府在麦德林建立了自由贸易免税区，对促进本地区的发展起着重要的作用。麦德林也是全国的文化教育中心，这里有多所大学和高等院校及科研机构，还有维拉克鲁斯庙宇，巴西利卡大主教堂，安东尼奥·乌里比植物园以及众多的博物馆。麦德林交通便利，有国际机场，是公路和铁路交通枢纽。

四 巴兰基利亚（Barranquilla）

哥伦比亚北方重要海港，全国第四大城市，是大西洋省的首府。位于马格达莱纳河口西岸，距入海口16公里，面积174平方公里，人口111.3万人（2005年）。

地处加勒比海沿岸低地，海拔6米。年降雨量750毫米，年平均气温摄氏28℃，气候干燥炎热。巴兰基利亚始建于1629年，由一些移民建立起几个小村庄，从事畜牧和捕鱼维持生活。19世纪中叶它因马格达莱纳河汽船通航而发展成为一个海港城市。由于它靠近海，条件十分优越，1881年建筑了长达2公里的码头，是当时世界上最长的码头。1905年它开始成为省会。1919年，由于斯卡德塔航空公司在这里建立，巴兰基利亚成为拉丁美洲的第一个航空港。20世纪30年代马格达莱纳河口疏浚后，它便成为全国最大的进出口海港城市，承担哥伦比亚大部分国际贸易运输任务，有"哥伦比亚黄金港"之称。

巴兰基利亚既是农产品集散中心之一，也是重要的工业中心和商业中心。腹地是富饶的农牧业生产地区，主要农牧产品有棉花、蔗糖、咖啡、热带水果和牲畜产品等。工业有纺织、油料加工、食品、化工、造船、冶金、精密机械制造、印刷、制烟、炼油、化肥、水泥等部门。1958年，巴兰基利亚成立了自由贸易区，对发展对外贸易起了重要作用。为发展出口贸易，政府积极建设港口基础设施。现有五个轮船靠岸泊位，同世界主要港口有来往。巴兰基利亚是哥伦比亚第一大海港，有现代化的国际机场同国内外通航。

五 卡塔赫纳（Cartagena）

哥伦比亚北方重要海港，是玻利瓦尔省的首府。位于加勒比海卡塔赫纳湾北端，面积92平方公里，它海拔

3米，年平均气温摄氏28℃。人口近100万人（2005年）。

卡塔赫纳始建于1533年，原名圣塞巴斯蒂安·德卡拉马尔（San Sebastián de Calamar），后改称卡塔赫纳·德印第阿斯（Cartagena de Indias）。殖民统治时期，它成为西班牙人进行征服活动的重要据点，16世纪中叶起成为西属美洲殖民地与宗主国进行贸易的三大港口之一，西班牙人掠夺所得财富由此转送回国，并为加勒比地区主要奴隶市场，17世纪初为美洲第三大城市（仅次于墨西哥和利马）。它设有宗教裁判所。1586年它遭英国海盗德雷克劫掠，后修建巨大城防工事，著名的有圣弗利佩·德巴拉赫斯堡。1810年发生独立运动，1811年11月宣布独立，1815年经英勇抵抗后被西班牙军队重新占领，1821年重获解放，被玻利瓦尔称为"英雄城市"。独立后到19世纪中叶逐渐衰落。20世纪初因石油工业兴起而复兴。随着哥伦比亚的发展，卡塔赫纳成为全国第二大海港。这里开辟有工商自由贸易区，工业得到有力推动。在市郊建立了马莫纳尔工业区，兴建了一批化工、炼油、电力、水泥和拖拉机等重型工业。卡塔赫纳炼油厂是哥伦比亚第二大炼油厂。

卡塔赫纳是座历史名城，拉丁美洲地区著名旅游胜地之一。这里不仅有美丽的海滩、古老的城堡，还有殖民时期的大教堂、政府大厦、宗教裁判所、修道院、美洲现代艺术博物馆以及拉斐尔·努涅斯博物馆等。1985年，卡塔赫纳被联合国教科文组织宣布为"世界文化与自然遗产"而得到保护。如今，卡塔赫纳已成为国际知名城市，近年许多重要国际会议都在这里召开。

第三章

历 史

第一节 古代印第安文明
（1538 年以前）

一 历史渊源

哥伦比亚历史悠久。大约在两万年以前，安第斯山区已出现狩猎人，他们使用石器，栖身于岩洞之中，偶尔也在热带平原和河谷作野外露宿。公元前 4000 年，加勒比海沿岸出现了定居部族。在卡塔赫纳附近、迪克运河旁的蚂蚁港，发现一个有贝壳、陶瓷碎片且规模很大的文化层，据测定是公元前 3090 年的遗址，其陶器是在美洲发现的最古老的陶器。公元前 2000 年，印第安人从沿海向内地迁移，其中有些部族在河流两岸或湖泊周围定居，开沟挖渠，种植块茎作物。另一些部族则转移到安第斯山区，开辟小块平地，种植玉米，建立村庄，组成了由酋长统治的部落社会。

从公元 1 世纪开始，在哥伦比亚就居住着奇布查人、加勒比人等部落。6~12 世纪，奇布查人居住在加勒比沿海一带。之后逐渐南下，在东科迪勒拉山脉的谷地和马格达莱纳河流域定居下来。这些部落过着群居生活，从事农业生产，已有劳动分工，并能制作金属工艺品，已出现了等级观念和集权政治。由于人种的不同，加之地理、气候条件的差异，各地区形成了各种不同文化。到西班牙殖民者到来之前，在哥伦比亚有三个比较大的印第安部落，即奇布查人（Chibcha）、加勒比人（Caribe）和阿尔瓦克人（Arwac）。

二 奇布查等部落的社会形态

（一）奇布查人（Chibcha），亦称"穆伊斯卡人"（Muisca）

奇布查是一个人数较多、文明比较发达的部落，属于奇布查语系。居住在哥伦比亚中部和北部的寒温带地区（即现今的昆迪纳马卡、博亚卡和桑坦德尔等3省），面积约3万多平方公里。在西班牙殖民者征服前，已形成若干小国，创造了灿烂的奇布查文化。15世纪末16世纪初，奇布查人已处于部落联盟时期，开始向早期的阶级社会过渡。

奇布查人身材矮壮结实，酷似蒙古人种，主要从事农业生产，使用坚石制成的石斧、石刀、石磨等劳动工具，修筑梯田和灌渠系统；在山坡上种植玉米和马铃薯，在河谷种植基诺亚谷、木薯、豆类、瓜类、西红柿和棉花等，也栽种果树、古柯和烟草，使用木棍翻地。奇布查人还从事狩猎和捕鱼，也采集一些野生果实。

奇布查人是手工业的能工巧匠，会用棉花纺纱，织成优质织物。他们织的布平整结实，用陶制的滚印模或平印模以及刷子把花色印在布上，表现出了灵巧的编织手艺和印花技巧。奇布查人能制作染色陶器，以橙、红、茶等单色较多，几何纹的彩纹陶器较少，有戴鼻饰和首饰的人像和兽形。奇布查人用多种方法加工黄金，黄金制品以平面造型为主，如人像或兽形都是以薄片制成相应的形状。他们的合金技术也很精巧，有相当丰富的金银和金铜加工制品存留下来。奇布查人居住地蕴藏有

丰富的宝石，他们在宝石的镶嵌和雕刻技术方面表现出很高的水准。他们用石料建造庙宇，庙宇内有雕刻精美的神像；还学会用木材、芦苇和黏土建造房屋，并能建筑四通八达的道路和大大小小的城堡。

奇布查人居住在南美洲北部的交通要冲地区，为他们扩大贸易创造了有利条件。他们不但有繁荣的内部货物交换，而且与大西洋沿岸的部落和今秘鲁境内的部落进行货物交换。他们采取以物换物的交换形式，经常用盐、布和绿宝石换取邻近部落的棉花；也进行货币交换。货币有两类，一类是金子、水晶石，一类是布匹，形状分成圆柱和圆盘两种。随着商品交换的发展，他们有自己的度量衡器具。奇布查人有较丰富的天文知识，有20进位的计算方式，已掌握较为先进的数学知识，按照历法进行农耕和庆祝宗教节日，能使用简单的文字。这说明他们的文化达到较高的水准。

奇布查人的社会基础是大家族，每所房屋居住着一个大家庭。实行双系制，职位通过母系继承，财产、土地由父系继承。居民聚居在城镇，房屋呈方形或圆形，房屋外有围栅，还有宫殿和庙宇。部落内部已开始分化，已有显著的阶级划分，出现了特权阶层。部落社会由三个阶级组成：贵族、平民和奴隶。贵族是由联合体的首领、边疆高级将士和祭司三个阶层组成，统治者和各级职官由贵族世袭，但在任职前须经6年以上的独居修行。贵族享有特权，辇和金饰只有贵族才能享用。平民阶级有纳税义务。奴隶来自战俘。他们的社会组织已越过了部落联盟阶段，形成了若干小国。各小国由若干城镇联合组成，彼此间经常征战。在波哥大高原上有瓜内、杜塔马、伊拉卡、通哈和波哥大5个部落联盟。"西帕"（Zipa）是波哥大以及附近几个部落的统治者；"萨克"（Zaque）是通哈的统治者。在他们的统治下，设有若干酋长，称卡西克（Caciques），权力较小，但所掌握的神权则是一样的。为了争夺霸权地位，这两个联合体不断发生战争。

奇布查人最尊敬的神灵是土地和生殖女神"巴楚埃"。"奇布查楚姆"是奇布查人的保护神，也是负责加工黄金和交换的神灵。奇布查人因他而得名。奇布查人崇拜太阳、月亮、瓜塔维塔圣湖、塔肯达马大瀑布和其他神灵。奇布查人对太阳极为崇敬，用黄金铸成的人俑是供奉太阳的主要献祭。奇布查人的圣地是湖泊，而不是庙宇。奇布查人在新首领就职时，要聚集在瓜塔维塔圣湖畔，向地神表示敬意。据他们说，圣母巴丘斯带着一个孩子从水中走出来，与他们共同创造了人类，其后又变成蛇，钻入水里。在节日期间，奇布查人向这些湖泊投入大量贡品、金、银和宝石。

（二）泰罗纳人（Tairona）

居住在圣马尔塔内华达山区一带的部落，创造了泰罗纳文化，兴盛于13世纪至16世纪。他们已能开垦小块平地，从事农业，种植玉米，聚居村落。到16世纪初，已形成部落联盟，由一个首领或首领集团实行统治，形成了由酋长统治的多层社会。在已发掘的大村落普埃布洛·贝略遗址中，发现有3000多间住房，还有神庙、宫殿、卵石道路、贮水池、浇灌水渠和梯田等。他们的房屋呈圆形，建在用石头垒成的基台上，房屋前后都有门。出土遗物有陶器、石臼、石杵等。房屋地下埋有葬尸的瓮棺，有塑成动物和人物像的壶、有把手的环、四脚盆等陶器，以及磨制成的石斧、金耳环、奥卡利那笛等陪葬品。还发现有石制的乐器。有的是群居部落，其技术和社会经济达到很高水平。

（三）加勒比人（Caribe）

主要居住在大西洋沿岸地区，以捕鱼为生。他们以制作的独木舟闻名。社会组织较为简单，阶级差别不明显，首领的权力较小。信仰主要是动物崇拜。

(四) 阿尔瓦克人 (Arwac)

主要居住在东科迪勒拉山脉东侧的亚诺斯平原、亚马孙地区以及普图马约和卡克塔等地。他们的社会组织按母系或父系确立亲缘关系。从事农业、狩猎和捕鱼。但他们的建筑艺术高于奇布查人①。

三 奇布查文化的历史地位

在西班牙殖民征服前,奇布查人创造的文化已达到很高的水平。他们不仅培育出各种农作物,会纺纱、织布、制陶和染色,而且能用石头建筑庙宇和雕刻神像,取湖水提炼食盐,从河里淘金,上山开采绿宝石。奇布查文化虽然没有达到秘鲁的印卡文化、墨西哥的阿兹特克文化和玛雅文化那样高的水准,但是,哥伦比亚古代印第安人的金饰艺术品是举世闻名的。收藏在圣菲波哥大市中心"黄金博物馆"里,有近3万件精美的印第安人装饰品和宗教用品。从这些物品中可以看出,奇布查人等部族掌握了金属焊接、铜器包金、碾压金箔、石制花纹、蜡模铸造等技术。他们加工的金箔薄如纸,金线细如发,生动地反映了奇布查人的高度工艺水平和创造才能,表明了他们文化的发展水平。那精湛的黄金冶炼技术和高超的黄金工艺制品,是奇布查文化的瑰宝。奇布查文化是拉丁美洲古代文化灿烂夺目的奇葩。

大约在1490年,为了争夺统治地位,"西帕"和"萨克"两个部落又进行了一场大规模的战争。两个首领先后被打死,战争未分胜负。以后两个部落又打了40多年的仗。正是由于奇布

---

① 洪学敏、张振洲:《美洲印第安宗教与文化》,中央民族大学出版社,1999,第153~161页;《"黄金国"的黄金——介绍哥伦比亚印第安人的古金器》,中国展览公司《哥伦比亚共和国古代金饰展览》,1982。

查人社会不稳定,1536~1541年间在西班牙人入侵时,奇布查人也没能团结起来,有效抗击外来入侵者。

第二节 殖民统治时期
(1538~1810)

一 哥伦比亚的被征服

15世纪随着西欧资本主义的发展,地理知识的扩大,造船技术和航海术的进步,西班牙和葡萄牙等国积极向外开展探寻新航路的活动。自1492年意大利航海家克里斯托弗·哥伦布(意文 Cristoforo Colombo,西文 Cristobal Colon,1451~1506)"发现"美洲后,在寻找"黄金国"欲望的驱使下,西班牙王室派出探险队抵达拉丁美洲。1502~1504年,哥伦布第四次航行时到达了哥伦比亚的加勒比海沿岸。

哥伦布开辟美洲航线后,西班牙人在较短时间内就控制了加勒比海沿岸一带,开始了对美洲的征服。1509年,曾陪同哥伦布航海的阿隆索·德奥赫达(Alonso de Ojeda,约1468~1514或1515)受西班牙王室派遣,沿委内瑞拉海岸线航行到达哥伦比亚的瓜希拉半岛,开始对哥伦比亚的探险和征服。1525年西班牙殖民者在哥伦比亚北部海岸建立圣马尔塔城。此后,考卡地区发现了许多金块,更加刺激了殖民者与冒险家的贪欲。1533年殖民者建立了卡塔赫纳城。两年后,一个探险队从西班牙来到卡塔赫纳,一个由500多名西班牙人和数百名印第安人组成的远征队,在贡萨洛·希门尼斯·德克萨达(Gonzalo Jiménez de Quesada,1506~1579)的率领下,从巴兰基利亚出发,沿着马格达莱纳河向内地进发。经过一年多的跋涉,到达波哥大一带,并于1538年建立了圣菲波哥大城。与此同时,秘鲁的占领者皮萨罗的部将

塞瓦斯蒂安·德贝拉尔卡萨尔（Sebastián de Belalcázar，约1495~1551）率领的远征队征服基多之后，沿太平洋海岸线抵达哥伦比亚，于1536年建立了卡利城，1537年建立波帕扬城，然后向圣菲波哥大逼进。而殖民者尼古拉斯·费德尔曼（Nicolás Federman，1501~1542）则从委内瑞拉的科罗城出发，历时三年，跨过亚诺斯平原，越过东科迪勒拉山脉，抵达圣菲波哥大。这样，西班牙王室基本上完成了对哥伦比亚的征服，开始实行残酷的殖民统治。殖民者把这个地区称为新格拉纳达（Nueva Granada）。

二　西班牙的殖民统治

自1538年西班牙开始对哥伦比亚实施殖民统治后，他们把欧洲的封建制移植到美洲殖民地。根据1549年7月7日卡洛斯五世签署的一道敕令，西班牙王室决定在圣菲波哥大建立检审法庭，作为新格拉纳达地区的立法、行政和司法机构，归秘鲁总督辖区管辖。1550年建立第一皇家法庭，由3名具有政治和行政全权的法官组成。1564年西班牙王室任命了新格拉纳达王国的第一任都督。为加强对新格拉纳达的统治，于1718年设立新格拉纳达总督辖区（之后于1723年取消，1739年又重建），包括圣菲波哥大、巴拿马和基多三大检审法庭辖区，即当今的哥伦比亚、巴拿马、委内瑞拉和厄瓜多尔这片土地。第一任总督为安德烈斯·贝内罗·德莱瓦（Andrés Venero de Leiva）。总督府设在圣菲波哥大。殖民统治一直继续到19世纪初。

西班牙殖民者在对哥伦比亚的征服过程中，并未找到在秘鲁和玻利维亚所得到的那些财富。然而，殖民者在对印第安人进行野蛮掠夺和屠杀的基础上，实行"委托监护制"，即由西班牙王室将某一地区一定数量的印第安人，授予某一征服者、官吏和其他人管辖，接受者称为"监护人"。他们有权向印第安人征收贡

第三章 历 史

赋，强迫他们进行无偿劳动，并要印第安人皈依天主教。后来实行"分派劳役制"，允许印第安人占有一小块贫瘠土地，但必须为土地占有者服劳役。在中部和西部的黄金开采地，以"米塔制"强迫印第安人劳动。对其他印第安人则以"保留地"方式圈禁起来，强迫他们到庄园和矿山进行强制性的劳动，征收沉重的赋税，如产品销售税和什一税等。1720 年，西班牙国王颁布法令废除"委托监护制"，以大庄园制代之。从此，大庄园主在法律上取得了对土地和奴隶的所有权，而印第安人的地位却没有丝毫改变。因此，在殖民统治时期，哥伦比亚的经济发展缓慢，处于非常贫困的落后状态。18 世纪以前，在哥伦比亚没有工业，没有邮政，水陆交通极为不便，货物运输全靠人背牲畜驮。

西班牙殖民者的残酷摧残和普遍的流行性疾病，导致印第安土著居民大量死亡。据估计，殖民者刚到时，哥伦比亚土著居民约有 200 万人；到 17 世纪初，土著居民锐减到 60 万人，造成劳动力严重缺乏。17 世纪末，殖民者从非洲输入黑人从事黄金开采，在沿海地区盛行以大规模使用奴隶劳动为基础的种植园经济。卡塔赫纳港曾是贩卖黑奴的最大中心之一。到 1810 年，哥伦比亚的印第安土著居民仅剩下 31.3 万人。在殖民统治近 300 年间，印第安人减少了 5/6[①]。

殖民者的征服给哥伦比亚带来了西班牙的文化传统。西班牙征服者建造的城镇，大部分是建在安第斯山地区，这有助于哥伦比亚创造有自己特色的文化传统。哥伦比亚同外界包括本大陆隔离，使得它的西班牙语更为纯正。18 世纪中期，以著名植物学家何塞·塞莱斯蒂诺·布鲁诺·穆蒂斯（José Celestino Bruno Mutis，1732~1808）为代表的西班牙学者到达圣菲波哥大之后，欧洲先进的科学文化知识在这里迅速传播，印第安文明受到了巨

---

① Hno Justo Ramon, *S. C. Historia de Colombia*, Libreria "STELLA", pp. 17-43.

大冲击。1762 年,穆蒂斯主持了罗萨里奥学院的植物学讲座,极大地鼓励了对实验科学方面的兴趣。1783 年,他召集了一批新格拉纳达人,其中有豪尔赫·塔德奥·洛萨诺(Jorge Tadeo Lozano)、弗朗西斯科·安东尼奥·塞亚(Francisco Antonio Zea,1766~1822)、何塞·玛丽亚·古铁雷斯(José María Gutierrez)、弗朗西斯科·何塞·德卡尔达斯(Francisco José de Caldas,1771~1816)等组成"植物考察团",专门考察研究新格拉纳达王国的植物和动物。这个考察团经过 25 年艰苦工作,积累了 2 万多种植物标本、大量的图书、丰富的植物学图片和当地动物的绘画,并造就了一大批科学家①。自 1718 年西班牙王室在波哥大设置新格拉纳达总督辖区后,圣菲波哥大便成了南美洲北部的政治、经济和文化中心。这里有 1572 年成立的大学,1777 年建立的波哥大图书馆,1 座天文台,1 个剧院,4 家印刷厂。当时著名植物学家穆蒂斯的著作就在这里最先出版。

三 西班牙殖民统治的危机

由于地处安第斯山区,交通极端困难,新格拉纳达并没有受到西班牙王室的重视。起源于"委托监护制"的大庄园制严重地阻碍生产力的发展,直到 18 世纪末,多数地区的农民还是用短矛掘地下种,社会经济停滞不前,印第安人和黑人陷于极端贫困落后状态。为反抗西班牙殖民当局的压迫,印第安人和黑人曾进行多次的反抗斗争,其中有 16 世纪中叶以盖塔纳为首的起义,1611 年印第安酋长卡拉尔领导的起义,1781 年 3 月 16 日索科罗市公社社员发起的反西班牙殖民统治的起义等。

---

① Hno Justo Ramon, *S. C. Historia de Colombia*, Libreria "STELLA", 1957, pp. 67 – 73; *Enciclopedia de Colombia* Ⅳ, pp. 347 – 353.

1779年，西班牙与英国发生战争。为征集战争经费，西班牙王室下令增加赋税，派总视察官到新格拉纳达执行这一命令。1780年末，代行总督古铁雷斯·德皮涅莱斯公布了增税货单，提高烟草和酒类专卖价格，引起广大人民普遍不满。1781年3月16日，索科罗市一名妇女勇敢地撕毁了贴在市长官邸的增税通告，得到市民的拥护，市议会被迫暂停增税。此后，抗税浪潮遍及周围广大地区。4月16日，邻近各城市代表在索科罗举行集会，选出以大商人贝尔维奥为首的领导委员会，并宣布按西班牙城市自治传统成立"公社"，起义者称为"公社社员"（Comuneros）。接着，起义者在贝尔维奥率领下向圣菲波哥大进军。途中不断有混血种人、土生白人及印第安人参加进来，人数达3万人。4月底，起义者击败前来镇压的殖民军。面对起义者的压力，代理总督逃出圣菲波哥大前往卡塔赫纳，由大主教代行其职。大主教企图与起义者谈判来争取时间。6月7日双方签订《锡帕基拉协议》，殖民当局同意赦免起义者，撤销古铁雷斯·德皮涅莱斯之职务，废除新税，任用土生白人为行政官员等。起义领导人大商人贝尔维奥同意解散起义队伍。但贝尔维奥的妥协行为遭到激进的何塞·安东尼奥·加兰等人的坚决反对，力争进行社会改革的印第安人也拒绝执行协议，起义者发生分裂。

何塞·安东尼奥·加兰（José Antonio Galan，1742~1782）1781年新格拉纳达索科罗公社社员起义的领导人之一。出身于东北部查拉拉一土生白人家庭。1774年12月，曾领导查拉拉地区的印第安人起义，被殖民当局逮捕，监禁达14个月，后被流放到卡塔赫纳。1781年3月，参加并领导索科罗公社社员起义。6月，大主教与起义者签订《锡帕基拉协议》。8月，正在卡塔赫纳指挥防御英国进攻的总督否定了该协议，并从卡塔赫纳派出大军向起义者进行反扑，索科罗市民再度组织队伍英勇作战。安

东尼奥·加兰领导一支队伍进入东部平原，继续坚持战斗，但不幸受伤被俘。1782年2月加兰被处死。索科罗人民起义震撼了西班牙在新格拉纳达的殖民统治，成为19世纪初拉丁美洲人民独立战争的先声。

第三节　独立战争时期
（1810～1830）

一　独立战争前的社会矛盾

从18世纪起，西班牙殖民统治进入衰落阶段，宗主国与殖民地人民的民族矛盾十分尖锐。为维护宗主国的利益，加强对殖民地的控制，1718年建立新格拉纳达总督辖区。这进一步激化了"半岛人"和土生白人之间的矛盾。所谓"半岛人"，就是西班牙国王派到殖民地的官员，控制着殖民地的政治大权。而出生在殖民地的土生白人，就是殖民地的大地主、贵族和商人，虽然掌握着殖民地的土地和矿山等经济权，但他们在政治上处于无权地位，备受鄙视，对"半岛人"极为不满。他们曾参加了1741年卡塔赫纳抵抗英国侵略的斗争，初步显示了他们的力量。另一方面，"半岛人"和土生白人是新格拉纳达殖民地的社会上层，而广大印欧混血种人、印第安人、黑人和穆拉托人是社会的中下层，受到最残酷的压迫和剥削。因此，各种混血种人和印第安人把反对赋税和什一税的锋芒，黑人把反对奴隶制的矛头，土生白人把反对垄断贸易和要求同"半岛人"有相同权利的斗争，都集中到反对西班牙宗主国的民族压迫和种族歧视上。1781年索科罗人民的抗税斗争，便是哥伦比亚人民反对西班牙殖民统治的一次预演。

1776年美国独立战争和1789年法国大革命对新格拉纳达的

独立运动产生了巨大的影响。出生于圣菲波哥大贵族家庭的土生白人安东尼奥·纳里尼奥（Antonio Nariño，1765～1823），1789年出任市议会法官兼什一税收员；他秘密从欧洲输入哲学和科学书籍，组织自由团体，翻译和出版法国大革命的《人权宣言》，在朋友中间传播进步思想，在圣菲波哥大宣传来自费城和巴黎的颠覆性文艺作品，写书抨击销售税。1794年他被判徒刑，监禁在西班牙卡迪斯监狱。1796年他逃出监狱，翌年回到波哥大继续鼓动起义，反对西班牙的殖民统治。之后再次被捕，一直监禁在卡塔赫纳，直到1809年才获释。

二　新格拉纳达的独立战争进程

18世纪末19世纪初，法国和西班牙的矛盾加剧。1808～1810年，拿破仑的军队开进伊比利亚半岛，西班牙王室岌岌可危。拿破仑侵入西班牙的消息传出后，新格拉纳达地区人民便开始了反对西班牙的革命活动。但最早从事革命活动的一些领导人如卡米洛·托雷斯（Camilo Torres，1766～1816）等，对争取民族独立的目标还不够明确，没有提出脱离西班牙而独立的主张。

1810年5月，卡塔赫纳市民首先起来驱逐市长，使整个城市的管理权完全落到市政议会手中。接着，潘普洛纳和索科罗两市也夺取了市政管理权。7月20日，圣菲波哥大爆发了大规模的反对西班牙殖民统治的斗争。暴动的人们袭击西班牙人的住宅，敲起大主教礼堂的钟声，号召全市居民起义。人们从四面八方拥向总督府，他们驱逐总督，宣布独立，在"政权归市议会"的欢呼声中建立最高执政委员会。胜利的喜讯很快传到全国各地。卡塔赫纳、安蒂奥基亚、索科罗、潘普洛纳、内瓦和通哈等市也相继建立执政委员会。

在圣菲波哥大成立的最高执政委员会上，人们提出了是建立

中央集权政府,还是联邦政府的问题,最后通过的一个折中方案规定在拟议宪法的会议上要照顾到各省,并要求各省派代表参加。1811年3月,联邦派成立了昆迪纳马卡州;4月,颁布宪法,豪尔赫·塔德奥·洛萨诺当选总统。而主张中央集权制的纳里尼奥表示反对联邦制,他于同年9月发动政变推翻洛萨诺,自任昆迪纳马卡总统,并主张新格拉纳达各省在集权制的基础上联合起来。但是,11月卡米洛·托雷斯等签署了关于建立新格拉纳达联合省的法令,安蒂奥基亚、卡塔赫纳、内瓦和通哈等省代表签署《联邦法案》,宣布成立新格拉纳达联合省(Provincias Unidas Neogranadinas)。12月制定宪法,主张把联合省按松散的联邦制组成,置于一个民主政府领导之下,卡米洛·托雷斯担任联合省总统。以纳里尼奥为总统的昆迪纳马卡坚持中央集权制,拒绝加入联合省。1812年双方发生战争。同年7月纳里尼奥失利,被迫签订《圣罗萨协定》,并辞去昆迪纳马卡总统职务。9月,昆迪纳马卡议会又恢复了纳里尼奥的总统职务,并授权其实行独裁,领导抵抗联合省军队的进攻,胜利保卫了圣菲波哥大。托雷斯领导的联合省议会承认纳里尼奥为昆迪纳马卡总统。

1812年底,南美洲独立运动领袖西蒙·玻利瓦尔来到卡塔赫纳,有力地推动了新格拉纳达的独立运动。他率领卡塔赫纳的军队,在马格达莱纳河谷一带打败了西班牙军队。1813年初,在库库塔取得胜利后,玻利瓦尔率领一支数百人的队伍,翻过安第斯山脉,向委内瑞拉进军。纳里尼奥支持玻利瓦尔向委内瑞拉进军。

1813年7月,西南各省被一支来自基多的西班牙军队攻占,北部圣马尔塔城也重新落入西班牙人手里。纳里尼奥担任各省联军司令,率领军队开赴西南部与西班牙军队作战,开始取得一些胜利,1814年5月纳里尼奥在帕斯托城战败被俘。联合省

第三章 历 史

议会强迫昆迪纳马卡加入新格拉纳达联合省。就在这时，玻利瓦尔再次来到卡塔赫纳。12月10日，玻利瓦尔率领联合省军队攻下圣菲波哥大，占领昆迪纳马卡。1815年1月合并昆迪纳马卡。圣菲波哥大成为新格拉纳达联合省议会和联邦政府所在地。

1814年斐迪南七世在西班牙恢复了王位，1815年夏派出巴勃洛·莫里略（Pablo Morillo）将军镇压拉丁美洲独立运动。他首先征服委内瑞拉，接着，又经过106天的战斗，攻克卡塔赫纳城。1816年3月进攻圣菲波哥大，5月圣菲波哥大陷落，新格拉纳达联合省宣告终止。西班牙侵略者实行大屠杀，许多受人尊敬的新格拉纳达爱国者，如豪尔赫·塔德奥·洛萨诺、弗朗西斯科·何塞·德卡尔达斯、卡米洛·托雷斯等被处死。新格拉纳达的独立运动转入低潮。

1816~1817年，新格拉纳达的解放斗争同委内瑞拉的解放斗争密切配合。1817年，新格拉纳达的爱国将领弗朗西斯科·德保拉·桑坦德尔同委内瑞拉的何塞·安东尼奥·派斯（José Antonio Páez, 1790~1873）将军在亚诺斯地区坚持抵抗，而玻利瓦尔带领军队在委内瑞拉境内与西班牙侵略军周旋。玻利瓦尔在委内瑞拉深入群众，创建革命根据地，发动印第安人和黑人参加独立战争。1819年春，在解放了重镇安戈斯图拉之后，他率领爱国军向西进发，经过沼泽地和草地，给敌人以突然袭击。5月，决定乘雨季进入新格拉纳达。6月，在梅塔一带与桑坦德尔领导的部队会合。7月初翻越安第斯山脉，打败了巴雷罗指挥的西班牙军，并于8月5日占领了通哈。8月7日，在通哈通向圣菲波哥大的博亚卡河桥边，与西班牙军队展开决战，这就是著名的博亚卡战役。当时，西班牙军队有2900人，玻利瓦尔有2600人。在玻利瓦尔的指挥下，桑坦德尔率部占领桥头，将敌军分成两段，爱国者向敌军发动猛攻。经过2小时的激战，西班牙军队大败,巴雷罗等1600余人被俘。新格拉纳达总督闻讯后逃离圣菲波哥大。8月10日,玻利瓦尔率领的爱国军进入圣菲波哥大城。博亚卡战役的胜利标志着新格拉纳达获得解放。

三 大哥伦比亚共和国

1819年12月17日,在安戈斯图拉召开的国民议会,根据玻利瓦尔的提议,宣布成立大哥伦比亚共和国。共和国由原新格拉纳达总督辖区的领地组成,分三大行政区:委内瑞拉、昆迪纳马卡(新格拉纳达)和基多(厄瓜多尔)。实际上,大哥伦比亚共和国是在玻利瓦尔率领的爱国军解放了委内瑞拉和基多之后才成为现实。1821年8月30日,库库塔制宪会议颁布第一部宪法,这是一部中央集权制宪法。按照宪法规定,立法权属于两院议会,行政权属于总统。会议还通过了一些具有自由倾向的法令,如规定奴隶生下的子女享有自由权等。在这次会议上,玻利瓦尔当选为大哥伦比亚共和国总统,桑坦德尔当选为副总统。会议确定,圣菲波哥大为大哥伦比亚共和国的首都。

西蒙·玻利瓦尔(Simon Bolivar,1783~1830) 出生于委内瑞拉一个土生白人地主家庭。16岁到欧洲求学,深受启蒙思想家伏尔泰、孟德斯鸠、卢梭等的影响,矢志以解放祖国为己任。24岁回国,参加领导委内瑞拉的独立战争。1811年7月委内瑞拉宣告独立,成立委内瑞拉第一共和国。不久西班牙殖民者卷土重来,玻利瓦尔被迫来到卡塔赫纳,12月发表了著名的《卡塔赫纳宣言》,总结了第一共和国失败的经验教训。1813年再次解放了加拉加斯,建立第二共和国,他接受了"解放者"称号。但1814年委内瑞拉第二共和国再次覆灭,他被迫出走流亡牙买加。在流亡中写下了《牙买加来信》,深信"热爱自由的人民终将获得自由",并明确地勾画出建立西班牙美洲国家联盟

第三章 历史 Colombia

的蓝图。1816年，他返回委内瑞拉，宣布解放奴隶、分配土地给战士等改革措施，获得人民的支持。1817年，攻克安戈斯图拉城后，建立委内瑞拉第三共和国。1818年与派斯合兵，对西班牙军发动进攻，但被莫里略打败。1819年率爱国军队越过安第斯山脉，进入新格拉纳达，在博亚卡击败西班牙军主力，解放了新格拉纳达。12月，大哥伦比亚共和国成立，他当选为总统，并任三军统帅。

当时，玻利瓦尔为实现委内瑞拉、厄瓜多尔和秘鲁的解放继续战斗。副总统桑坦德尔留在圣菲波哥大，着手新国家的组织工作。新格拉纳达便成为解放南美大陆的重要后方基地。1821年6月，玻利瓦尔在卡拉博博战役中获胜，委内瑞拉最终取得独立。1822年，他与苏克雷将军兵分两路直取基多，5月厄瓜多尔获得解放，加入大哥伦比亚共和国。1824年又解放了秘鲁，1825年4月解放上秘鲁，后来这个国家以其姓名命名为玻利维亚。1826年，玻利瓦尔和桑坦德尔再次当选正、副总统。

在争取独立的斗争中，玻利瓦尔和桑坦德尔两人彼此合作，但由于他们在气质、个性和政治哲学方面有许多不同之处，围绕着建立什么样的国家的问题两人发生了争执。玻利瓦尔主张建立强有力的中央集权政府。1826年，在巴拿马举行的第一次泛美国家代表会议上，他倡导拉丁美洲国家成立一个美洲共和国联盟。而桑坦德尔则主张实行联邦制，坚持成立一个由民主政府领导的大哥伦比亚共和国。由于中央集权派和联邦派之间的意见分歧、委内瑞拉和厄瓜多尔分裂活动的加剧，1828年4月在奥卡尼亚国民大会上讨论修改宪法问题时，主张中央集权制的玻利瓦尔派和主张联邦制的桑坦德尔派发生冲突，联邦派退出会议，会议未能取得成果。8月27日玻利瓦尔宣布自己为独裁者。不久发生了企图谋杀玻利瓦尔的"9月密谋"和联邦派反叛，玻利瓦尔镇压了各省的分离活动。桑坦德尔被怀疑参与9月刺杀玻利瓦

尔的密谋,被撤销职务并投入监狱,后又流放到国外。由于各省之间经济上互不往来和政治上矛盾重重,大哥伦比亚共和国并不稳固。1830年4月,委内瑞拉在派斯的领导下宣布独立。5月厄瓜多尔也宣告分离。同年12月,玻利瓦尔在圣马尔塔市病逝。大哥伦比亚共和国彻底瓦解。

第四节 建国初期的哥伦比亚 (1831~1903)

一 建国初期的政治经济状况

哥伦比亚独立后,西班牙的垄断贸易被取消了,开始同英国发展贸易关系,出口黄金和一些农产品,进口一些消费品。哥伦比亚经济逐渐地依附于英国,每年支付独立战争时期所欠债务的利息就占国家收入的1/3,大量的种植园都处在英国资本的控制之下。英国资本对哥伦比亚的原料出口产生了极大的影响。但是,独立战争期间,国家不再控制土地,土生白人上层和军人考迪罗不但把西班牙贵族的大部分土地变为自己的财产,而且没收印第安村社的土地,大庄园所有制得到了发展。国家政权完全落到参加独立战争的土生白人将军和大地主手里,他们竭力维护旧的生产关系,巩固他们刚刚取得的政治地位和特权。这种落后的生产关系严重地阻碍着社会生产力的发展。然而,国内已出现了开采黄金、白银和铂的企业,出现了一些手工作坊和制造业。作为新生产力代表的手工业者和商人,在独立战争中已开始表现出自己的力量。这时,他们强烈要求消灭殖民统治时期遗留下来的大庄园制,取消繁重的赋税负担。

大哥伦比亚共和国解散后,1831年新格拉纳达成为独立的国家。同年 11 月新格拉纳达制宪会议决定，改国名为新格拉纳达共和国。1832 年 2 月颁布新宪法，弗朗西斯科·德保拉·桑坦德尔当选为总统。

弗朗西斯科·德保拉·桑坦德尔（Francisco de Paula Santander，1792~1840） 出生于库库塔的罗萨里奥一个土生白人大地主家庭。1810 年在圣菲波哥大圣巴托洛梅学院读书时参加独立运动，支持联邦派。1815~1816 年指挥爱国军抵抗西班牙军队的进攻，失败后退往东部卡萨纳雷平原地区。1817 年初到委内瑞拉加入玻利瓦尔的爱国军，被授予准将军衔。次年受命回到卡萨纳雷重组爱国军队。1819 年 6 月，在梅塔与玻利瓦尔将军会合，随后翻越安第斯山脉，在 8 月 7 日的"博亚卡战役"中战功卓著，晋升为少将，任昆迪纳马卡共和国副总统。1821 年 5 月，在库库塔制宪会议上被选为大哥伦比亚共和国副总统。之后，由于玻利瓦尔继续率兵征战，便由他代行总统职权，致力于巩固新国家的工作。他实行自由主义改革，组织对玻利瓦尔领导的解放战争的物资和人员供应，被玻利瓦尔誉为"立法者"。1826 年再次当选为副总统。因不满玻利瓦尔对委内瑞拉何塞·安东尼奥·派斯领导的分离运动的妥协以及主张修改宪法，反对建立中央集权制，与玻利瓦尔的分歧日益加深。在 1828 年的奥卡尼亚国民大会上，领导联邦派反对玻利瓦尔的中央集权派。同年 9 月，因被指控涉嫌谋害玻利瓦尔，被撤职和判处死刑，后改为流放，亡命欧洲和美国。1832 年 10 月他才回国担任新格拉纳达共和国总统职务。

任职期间，桑坦德尔制定了一套具有自由思想的法律，确定了一套可行的财政制度；创建了一批学校，并把教育权交给行政当局，发展世俗教育；削弱教会的势力及其对国家政治生活的影响；鼓励研究西方进步思想家的著作，对外与欧洲列强和美国亲善。所有这一切对资本主义的产生和发展十分有利，工业和贸易也取得一些进步和繁荣。然而，在执政期间，国家已开始向联邦制摆动。离职前他支持何塞·马里亚·奥万多竞选总统未能成功。1837年副总统何塞·伊格纳西奥·德马尔克斯当选为总统。

何塞·伊格纳西奥·德马尔克斯（José Ignacio de Marquez，1793~1880） 哥伦比亚法学家。出生于博亚卡省的拉米里吉。参加哥伦比亚的独立运动。1821年以最高法院法官身份主持库库塔制宪会议，后任博亚卡区监政官。1828年任奥卡尼亚国民大会主席，支持桑坦德尔为首的联邦派，曾任财政部长。1832年当选为新格拉纳达共和国副总统，在桑坦德尔就任前代行其职（3~10月）。1836年作为桑坦德尔派右翼首领当选为总统。

任职期间，与委内瑞拉和厄瓜多尔签订了关于分担大哥伦比亚共和国外债的协定；颁布了刑法。之后，军人和文官集团之间关系十分紧张，全国处于内战状态。1839~1841年以何塞·马里亚·奥万多将军为首的一批军官在帕斯托等地掀起反对保守政府的暴动。内战中断了早期的工业发展，破坏了自由贸易的进行。1840年政府军镇压了奥万多的反叛。1841年，佩德罗·阿尔坎塔拉·埃兰（Pedro Alcántara Herrán，1800~1872）将军当选为总统。任期内执行保守主义的政策，1843年颁布一部中央集权制的新宪法，授予总统绝对的权力；采取了许多保守措施，如取消新闻自由，树立教会的权威，召耶稣会会员回国，同天主教紧密地合作，教会重新获得许多传统特权，恢复教会特别法庭和教会对学校的控制。

19世纪40年代，参加独立战争的将领基本上形成两大政治派别：支持联邦主义者桑坦德尔的一派组成自由党，代表新生资产阶级、一部分地主和军官的利益；支持玻利瓦尔中央集权者组成保守党，代表大庄园主、官僚上层和教会的利益。保守党和自由党彼此为争夺政权，不断发生战争。1845年，托马斯·西普里亚诺·莫斯克拉当选为哥伦比亚总统。

托马斯·西普里亚诺·莫斯克拉（Tomás Cipriano Mosquera，1798~1878） 出生于波帕扬的莫斯克拉贵族世家。早年参加争取独立的爱国军。1823年因战功显赫晋升为中校，被玻利瓦尔任命为副官和秘书。1828年任考卡区监政官和驻军司令，支持玻利瓦尔为独裁者。1834年当选为众议员。反对桑坦德尔，支持伊格纳西奥·德马尔克斯竞选总统。1839~1841年任陆军部长，镇压奥万多将军的反叛。拥护埃兰政府的保守主义政策和1843年的宪法。

任职期间他改革货币制度，修筑公路，开办马格达雷纳河汽船航运业，禁止奴隶进口。1846年与美国签订《比德拉克条约》。受1848年欧洲革命影响，他修改了保守党的政策，逐渐倾向自由主义。在手工业者和商人的推动下，1848年政府颁布了《贸易自由法》，实行进出口自由的政策，鼓励欧洲移民等。这最终导致保守党的分裂。1849年，自由党人何塞·伊拉里奥·洛佩斯当选为总统。

二　1850年洛佩斯政府的自由改革

1849年3月，自由党人何塞·伊拉里奥·洛佩斯担任哥伦比亚总统。

何塞·伊拉里奥·洛佩斯（José Hilario López，1798~1869）出生于考卡区的波帕扬市。1811年参加爱国军。1819年参加"博亚卡战役"。1828年支持联邦派，与奥万多一起在波帕扬率兵反对玻利瓦尔实行独裁。曾先后担任卡塔赫纳省驻军司令和陆军部长。为自由党首领。执政期间，进行了一系列自由改革。在经济方面，废除国家对烟草的垄断，规定从1850年起，烟草可以自由种植，取消繁重的赋税和什一税，准许内河免费航行；实行农产品出口政策，鼓励发展本国经济；命令绘制第一幅哥伦比亚地图，开始修筑穿越巴拿马地峡的铁路。在政治方面，实行民主，取消政治犯死刑的规定；实行报刊自由的政策，各省享有更多的立法权和财权;实行省长普选制,废除印第安人"保留地制"。1851年5月颁布的新宪法规定,国家与教会正式分离,主张信教、言论和出版自由,成年男子有选举权。1852年1月废除奴隶制。实行免费教育,驱逐耶稣会教士,禁止宗教特权,打击宗教势力,撤回驻梵蒂冈的外交代表,驱逐波哥大的大主教马克斯,等等。

洛佩斯政府的自由改革给殖民统治时期遗留的旧的生产关系和教会势力以沉重打击,在一定程度上解放了生产力。但是,这次改革并没有改变旧的土地占有制度,奴隶也未能获得真正的解放,他们重新沦为大庄园主的农奴、佃农和雇工[①]。然而,洛佩斯的自由改革受到保守派和教会的猛烈攻击。1853年何塞·马里亚·奥万多将军接任总统。

何塞·马里亚·奥万多(José María Obando,1795~1861)
出生于考卡省的卡洛托。独立战争早期为保王军军官。1822年加入玻利瓦尔的爱国军。在攻占帕斯托以及剿灭保王派的战斗中荣立战功。1828年底,与何塞·伊拉里奥·洛佩斯一起在波帕扬地区率兵反对玻利瓦尔实行独裁,打败考卡区监政官托马斯·西普里亚诺·莫斯克拉。1830年6月苏克雷将军在当地被谋杀,他被指控有牵连。1831年起兵推翻独裁者拉斐尔·乌达内塔(Rafael Urdaneta,1789~1845),在最高法院宣布他与谋杀苏克雷将军无关后,被任命为陆军部长。他带领军队与厄瓜多尔军队作战,夺回不久前失去的南方土地。同年11月新格拉纳达共和国成立,担任副总统职务,后又任代总统到1832年3月。之后又任陆军部长。1839年,在帕斯托领导反何塞·伊格纳西奥·德马尔克斯总统的暴动,次年被打败。后流亡到秘鲁和智利。

[①] Hno Justo Ramon, *S. C. Historia de Colombia*, Libreria "STELLA", 1957, pp. 287-291.

1848年政府宣布大赦后回国。1850年被任命为卡塔赫纳省长。1853年任总统。

担任总统职务期间，颁布新宪法，实行普选制，省长由各省选举；宣布政教分离，提倡信仰自由。自由党内两派斗争激烈，1854年4月为保守党人和教会支持的何塞·玛丽亚·梅洛（José María Melo，1800~1860）将军发动政变所推翻。同年12月，梅洛政府被托马斯·西普里亚诺·莫斯克拉和何塞·伊拉里奥·洛佩斯领导的自由党击败。此后，自由党人继续主张自由贸易，但政府税收急剧减少，国家经济状况恶化。由于政治上采取分权制，削弱了政府的权力。保守党人马里亚诺·奥斯皮纳·罗德里克斯利用这种形势，于1857年重新夺得政权。

马里亚诺·奥斯皮纳·罗德里格斯（Mariano Ospina Rodríguez，1805~1885） 保守党创建人之一。出生于昆迪纳马卡省的瓜斯卡。独立运动中支持联邦派。参与1828年反对玻利瓦尔的"9月密谋"。1841~1845年任内政和外交部长，协助埃兰政府推行保守主义政策。后任安蒂奥基亚省长，创办报纸《文明》。1849年同何塞·欧塞比奥·卡罗（José Eusebio Caro，1817~1853）一起制定保守党党纲。在总统任期内，颁布了1858年联邦制宪法，改国名为新格拉纳达联邦，把全国分成8个州并予各州很大自治权，州长由人民直接选举产生。

1860年，奥斯皮纳·罗德里克斯总统企图操纵总统选举，导致自由党人、考卡州州长莫斯克拉与前总统洛佩斯的反叛，宣布脱离联邦，并得到几个州的支持。经过一年多的战争，保守党人被击败。1861年7月自由党人占领了圣菲波哥大，由托马斯·西普里亚诺·莫斯克拉担任临时总统。他实行激烈的反教权主义政策，宣布解散宗教团体，驱逐耶稣会教士，征收教会财产，关闭修道院。1863年，在里奥内格罗召开制宪会议，颁布联邦制的《1863年宪法》，并正式当选为总统。《1863年宪法》

贯彻自由主义原则，规定个人的贸易、新闻和集会权利不受限制，给联邦各州以更广泛的自主权，废除一切宗教法令，宣布政教分离；宪法授权政府对公众信仰实行最高监督；改国名为哥伦比亚合众国，确立了联邦制的统治形式。同年12月，在夸斯普德打败厄瓜多尔的军队。次年任期满后卸职。1866年莫斯克拉再次当选总统，因试图实行独裁统治与国会发生冲突，1867年被推翻。

之后，1866~1867年、1876~1877年、1878~1885年保守党和自由党又多次发生内战。国内政局也因美、英两国的经济和政治影响而变得复杂起来。在开凿巴拿马地峡运河问题上，哥伦比亚成了英、美两国争夺的对象。落后的经济结构和长期的政局不稳，大大削弱了国家实力，使哥伦比亚更加依附于外国资本。早在1846年，美国就强使新格拉纳达接受一项条约，美国根据这项条约有权免税通过巴拿马地峡，在新格拉纳达港口进行免税贸易。1867年，美国同哥伦比亚签订了关于经营巴拿马地峡铁路的不平等条约。根据自由党人通过的《1863年宪法》，国内确立了联邦制。1880年，自由党温和派拉斐尔·努涅斯当选为总统。

三　保守党政府的独裁统治

（一）拉斐尔·努涅斯的独裁统治

拉斐尔·努涅斯（Rafael NúNez，1825~1894）出生于卡塔赫纳。20岁获法学博士学位，后从事新闻工作，撰文抨击教会。1851年当选为众议员，1853~1854年任内政部长，1854~1857年先后任陆军部长和财政部长。支持1860年莫斯克拉领导的反对保守党政府的斗争。1861年再次担任财政部长，拥护征收教会的财产。1863~1875年先后任驻法国勒阿弗尔和驻英国利物浦领事，研究欧洲国家的政治制度，接受了

第三章 历 史

斯宾塞的实证主义思想,改变了早先的自由主义观点。回国后,成为自由党温和派(后称独立派)的领导人。1876 年参加总统竞选失败。1880 年在独立派和保守党人支持下当选总统。任职期间,致力于国家经济发展,创办国家银行,实行保护关税;对外解决与哥斯达黎加和委内瑞拉的领土争端,并获得西班牙对哥伦比亚独立的承认。努涅斯厌倦内战,认为稳定政局乃当务之急。

1884 年拉斐尔·努涅斯再次当选总统后,采取保守措施。1884~1885 年镇压自由党激进派领导的起义,并同自由党彻底决裂。1885 年着手组织国民党,其成员大多数来自保守党。凭借着保守党人的支持,宣布实行独裁统治。1886 年 8 月召集全国代表大会,废除《1863 年宪法》,制定《1886 年宪法》,加强了总统权力,把国名改为哥伦比亚共和国。《1886 年宪法》是一部中央集权制宪法。宪法授予总统无限权力,规定总统实行间接选举,任期 6 年;决定把州改为省,中央、省和市的管理大权属于总统;议会由参、众两院组成,议员由公民直接选举产生;宪法授予国民议会指挥省议会的大权,使中央的控制权进一步加强;司法部门隶属于行政当局,最高法院和地方法院的法官由行政当局任命。宪法确定天主教为国教,恢复天主教会在国家生活中的统治地位。1887 年努涅斯又自任总统(任期 6 年)。实行所谓"振兴民族新纪元"政策,奖励农业和发展工业,改变人民和士兵从事职业政治的兴趣。同梵蒂冈教廷签订契约,恢复教会的一切特权,把被没收的教会财产归还教会。事实上,人民在自由党政府时期所得到的一点民主权利完全被剥夺了[1]。1888 年离任,居住在卡塔赫纳,由卡洛斯·奥尔金(Carlos Holquín)执

---

[1] Hno Justo Ramon, *S. C. Historia de Colombia*, Libreria "STELLA", 1957, pp. 317-333.

政，但仍指导国家政策。1892年再次当选总统，由副总统米格尔·安东尼奥·卡罗代理，一直掌权到1894年。

米格尔·安东尼奥·卡罗（Miguel Antonio Caro，1843～1909） 保守党人。出生于圣菲波哥大，他是浪漫主义诗人何塞·欧塞维奥·卡罗之子。早年曾受耶稣会教育。他是著名语言学家，精通语言学，兼长哲学和法学。1870年参加创建哥伦比亚语言研究院，曾任院长。1871～1873年创办并主编《传统主义者》报。反对自由党的改革，主张取消联邦制和恢复天主教会的统治地位。1885年加入拉斐尔·努涅斯创建的国民党，为其领导人之一。次年参与制定《1886年宪法》。1892年当选为副总统。1892～1894年代努涅斯任总统。1894年努涅斯死后继任总统。然而，努涅斯宣扬的"振兴民族新纪元"的主张，并未能解决哥伦比亚深刻的社会经济矛盾。

（二）1899～1902年的"千日战争"

1884～1885年自由党激进派起兵反对拉斐尔·努涅斯政府失败之后，自由党人就失去权力，领导人被迫害、流放、监禁，甚至被处死。1895年自由党人再次暴动，但未能取得成功。1898年8～11月由副总统何塞·曼努埃尔·马罗金（José Manuel Marroquín，1827～1908）代年迈的桑克莱门特（Manuel Antonio Sanclemente，1814～1902）行使总统职权，进行某些改革，对自由党人实行宽容政策，引起一些保守党人的不满，桑克莱门特复出亲自掌权。自由党人经过短暂准备后，于1899年10月在激进派领导人拉斐尔·乌里维·乌里维和本哈明·埃雷拉（Benjamín Herrera，1850～1924）将军的领导下，发动了反对保守党政府的战争。

拉斐尔·乌里维·乌里维（Rafael Uribe Uribe，1859～1914） 自由党领导人。出生于安蒂奥基亚省的瓦尔帕蒂索。曾获博士学位。多次当选众议员、参议员，是自由党激进派领导人之一。曾参加 1876 年、1885 年和 1895 年自由党和保守党之间的内战。1899 年他与埃雷拉将军一起，集结大量兵力，利用总统曼努埃尔·安东尼奥·圣克莱门特和副总统何塞·曼努埃尔·马罗金的不和，向保守党政府开战，开始取得一些胜利，但未能推翻保守党政权。1900 年 7 月 30 日，副总统马罗金领导部分保守党人逮捕并废黜了桑克莱门特，自任国家元首，对自由党人进行严厉镇压。持续 15 天的帕洛—内格罗战役死伤数万人。战争一直延续到 1902 年才结束，史称"千日战争"。1902 年初，自由党人本哈明·埃雷拉率领一支军队进入巴拿马地区，马罗金政府要求美国海军陆战队在巴拿马登陆，以限制埃雷拉将军的军事行动。由于保守党政府得到美国的支持，由于力量悬殊，乌里维将军失去了信心，于 7 月停止了战斗，后被迫于 11 月 21 日在美国"威斯康星"号巡洋舰上签订和约。在这次战争中，据称全国死亡人数达 10 万人，耗去财富 2500 万比索，工农业生产、商业和交通运输业遭到严重破坏。为解决财政困难，1903 年 1 月被迫同美国签订《海—埃兰条约》。1903 年 11 月巴拿马在美国策动下脱离哥伦比亚而独立。

四　1903 年巴拿马省的分离

在大哥伦比亚共和国解体后的 1831~1903 年间，巴拿马是哥伦比亚的一个省。1878 年，由斐迪南·马里·德雷赛布领导的一家法国公司，从哥伦比亚取得巴拿马运河开凿权，并于 1881 年正式开工。后因管理混乱、贪污舞弊，资金困难，1889 年这家公司宣告破产，开凿权又转到另一家法国公司手里。该公司同样没有成功，1903 年初同意以 4000 万美元的价格出售。当时美国国会力图得到运河修筑权，一方面与法国公司达成协定，另一方面授权西奥多·罗斯福总统同哥伦比亚政府谈判，缔结《海—埃兰条约》。条约规定：法国公司将其权利和财

哥伦比亚

产售予美国，美国取得穿越巴拿马地峡宽 10 公里地带的全部控制权，租期为 99 年；而哥伦比亚可得到 1000 万美元的租金，条约生效后，每年还可得到 25 万美元租金。美国参议院立即批准了该条约。但哥伦比亚参议院未予批准，决定拖延到 1910 年再解决。哥伦比亚参议院的这一决定触怒了巴拿马省上层人士，特别是持有法国公司股份的那些人。而美国通过法国代理人布诺—瓦里亚，暗中支持巴拿马省上层人士曼努埃尔·阿马多尔·格雷罗和美国铁路公司代理人阿兰戈在巴拿马搞分离活动。

曼努埃尔·阿马多尔·格雷罗（Manuel Amador Guerrero, 1833～1909） 出生于卡塔赫纳，后迁至埃斯平沃尔（今科隆）定居。曾任巴拿马铁路医疗中心主任。1868 年竞选总统获胜，但遭军人反对未能任职。1886 年任巴拿马省长。1903 年在美国的策动下，发动了脱离哥伦比亚的"独立革命"。9 月阿马多尔潜往纽约商订行动计划。10 月，美国接管了法国运河公司开凿运河租让权后，通过法国人布诺—瓦里亚，向阿马多尔提供了 50 万法郎经费、军事行动计划、密电码、独立宣言、新宪法草案和巴拿马国旗。11 月 2 日，美国下令将四艘军舰开抵科隆和巴拿马城，控制巴拿马铁路，切断哥伦比亚援军的去路。11 月 3 日，阿马多尔和阿戈兰等人发动政变，逮捕省长和哥伦比亚军队指挥官，组成临时政府。4 日宣布成立巴拿马共和国，由阿马多尔任临时总统。6 日，美国立即宣布承认巴拿马共和国，18 日强迫巴拿马签订《海—布诺—瓦里亚条约》（即《美巴条约》），保证维护巴拿马共和国的"独立"。美国获得了巴拿马运河的开凿权和对运河区的永久租借权。1904 年 4 月，阿马多尔当选为巴拿马共和国总统。直到 1914 年 4 月，哥伦比亚才同美国签订《汤姆森—乌鲁迪亚条约》。条约规定：美国向哥伦比亚提供 2500 万美元的补偿费，哥伦比亚承认巴拿马独立；哥伦比亚和美国在运河使用上机会均等。

第五节 20世纪前期的哥伦比亚
(1903~1945)

一 20世纪初的政治经济状况

(一) 保守党政府内外政策的调整

1. 对自由党实行宽容的政策

"千日战争"结束后,为了医治战争创伤,缓和国内矛盾,几届保守党政府进行了一些政策调整,同意进行某些政治改革,允许在沿海和北部地区的自由党力量存在,并交出若干省的控制权;准许一些自由党人参加国民议会和政府。1904年,拉斐尔·雷耶斯·普列托将军当选为哥伦比亚总统。

拉斐尔·雷耶斯·普列托(Rafael Reyes Prieto, 1850~1921) 保守党人。出生于博亚卡省的圣罗萨。1884~1885年参加镇压自由党激进派的起义,晋升为将军。先后担任拉斐尔·努涅斯政府的发展部长和内政部长。1895年指挥政府军再次打败在考卡和巴拿马暴动的自由党人。任职期间,在政治方面,给自由党人选举权,在内阁中任命了两名自由党人部长;修改宪法,取消了《1886年宪法》中容易引起政治冲突的一些条文;试图把任期延长至10年,1905年与国会发生冲突,下令解散国会,宣布实行独裁;1906年制定了一条法律,确定自由党人在国民议会和内阁的代表权。鉴于两个传统政党长期争斗、军队经常干预政治的现实,1907年实行军事改革,决定创建高等军事学校,培养脱离党派之争、忠于祖国、保卫宪制政府的职业军人。1909年一批专门培养高级军官的军事院校相继成立。在经济方面,加强国家对经济的干预,恢复金本位制,减少纸币发行量,修筑连接圣菲波哥大与加勒比海沿岸的铁路。1909年他决定以承认巴拿马独立为

条件换取美国给予的巴拿马运河建成后最初十年的25万美元年金,引起国内强烈抗议,最终被迫辞职。1909年拉蒙·冈萨雷斯·巴伦西亚(Ramon Gonzalez Valencia)临时接任总统。1910年卡洛斯·埃米略·雷斯特雷波当选为总统。

卡洛斯·埃米略·雷斯特雷波(Carlos Emilio Restrepo,1867~1937) 出生于麦德林。律师,保守党人。曾参加"千日战争"。1909年联合部分自由党人组成"共和联盟",反对拉斐尔·雷耶斯总统的独裁统治。在雷耶斯辞职后,1910年5月召开了全国制宪会议,修改《1886年宪法》,规定每年举行一次国民议会,取消了副总统的设置,将总统的任期由6年缩短为4年,选民在识字、财产和收入方面应具备条件。在任期内,他实行不同党派和睦相处的政策;经济上加强国家对经济的干预,促进和保护工业发展;举借外债,克服通货短缺和出口下降造成的危机;大力发展运输业、公共事业和其他企业,欢迎美国的投资。1914年4月,同美国签订《汤姆森—乌鲁迪亚条约》。条约规定,美国向哥伦比亚提供2500万美元的补偿费,哥伦比亚承认巴拿马独立;哥伦比亚和美国在运河使用上机会均等[1]。

2. 外交上实行亲近美国的政策

随着美国投资的增加,特别是巴拿马省丧失之后,哥伦比亚政府深感北方邻国美国的威力,在外交上实行加强拉美国家团结、对美国亲近的政策。1914年,法学家何塞·维森特·孔查当选为总统。

何塞·维森特·孔查(José Vicente Concha, 1867~1929) 出生于圣菲波哥大。法学家,保守党人。曾任最高法院检察官、哥伦比亚大学校长和内政部长等职务。1902年曾任驻美国大使,

---

[1] Hno Justo Ramon, *S. C. Historia de Colombia*, Libreria "STELLA", 1957, pp. 340-355.

因反对政府与美国签订关于巴拿马运河的条约而辞职，后反对拉斐尔·雷耶斯独裁和 1914 年《乌鲁迪亚—汤姆森条约》。担任总统期间，保持哥伦比亚在第一次世界大战中的中立立场。1916 年与厄瓜多尔签订友好条约，解决了两国边界冲突。1918 年马尔科·菲德尔·苏亚雷斯当选为总统。

马尔科·菲德尔·苏亚雷斯（Marco Fidel Suárez, 1856~1927） 著名的哥伦比亚外交家，保守党人。出生于安蒂奥基亚省的贝略。家境贫寒，曾在麦德林神学院学习，后刻苦钻研人文学科、政治学、国际法和管理学。进入社会上层后，曾先后担任公共教育部长、外交部顾问委员会成员、外交部长（1914~1917）等职，参与同美国的《乌鲁迪亚—汤姆森条约》的谈判和 1916 年同厄瓜多尔的边界划定工作。曾任参议员和保守党主席。

在任期内，热心公共事业，重视发展石油业、交通邮电事业，铺建太平洋铁路，建设布埃纳文图拉港码头，发展无线电报站，发展航运服务业。创建全国兽医学校推动农牧业发展，并通过劳工立法。考虑到美国的实力，哥伦比亚不可能收复巴拿马，提出著名的"看北方星行事"的政策（Política de "Respíce Polum"）。根据玻利瓦尔的联合思想，强调拉美国家特别是安第斯地区国家的团结，而对北方年轻的大国（即美国）应实行向美国倾斜的政策。外交上实行追随美国的政策，并友好解决同厄瓜多尔和秘鲁的边界纠纷。1921 年他接受美国参议院对《乌鲁迪亚—汤姆森条约》中致歉之词的修改，批准了该条约。苏亚雷斯这一外交主张后来成为哥伦比亚的外交方针。1922 年佩德罗·内尔·奥斯皮纳当选为总统。

佩德罗·内尔·奥斯皮纳（Pedro Nel Ospina, 1858~1927） 出生于圣菲波哥大，前总统马里亚诺·奥斯皮纳·罗德里格斯之子。他曾留学欧洲，回国后任麦德林矿业学校校长。保守党人，

曾先后任众议员和参议员。参加"千日战争",晋升为将军,1901~1902年任陆军部长。后参加与美国谈判巴拿马问题。1910年任驻美公使。在总统任内,新铺设铁路800公里,设立中央银行共和国银行、农业抵押银行,鼓励美资流入。他是安蒂奥基亚省的大纺织厂主,并拥有本国最大的咖啡种植园和畜牧场。

(二)经济和社会结构发生变化

从独立初期,咖啡就开始传入哥伦比亚。19世纪末20世纪初,随着西部安第斯山区的开发,特别是安蒂奥基亚和卡尔达斯的垦殖,咖啡种植业迅速发展。哥伦比亚的经济结构发生了显著变化,开始出现咖啡单一作物经营。之后咖啡逐渐成为哥伦比亚的主要出口产品,有力地推动了出口贸易的发展。1920年,咖啡出口占哥伦比亚总出口值的50%,1927年增加到65%。国家出口能力的扩大,为民族工业的发展创造了有利的条件。

20世纪初,以纺织业和酿造业为代表的加工工业开始发展起来,全国有小型企业100多家。第一次世界大战期间采取的限制进口政策以及战争对国际贸易的影响,进口外国商品大大减少,使哥伦比亚出现了一批民族工业。随着国内投资的增加,1925年,工业企业已增至375家,并出现一批大企业。资本主义的生产关系得到发展,工业资产阶级和无产阶级力量也不断增强。随着工农业生产的发展,交通运输、对外贸易和人口也有相应的增长。1906年全国铁路只有700公里,1925年已增至1448公里。1919年还建立了第一家航空公司。而美国资本加紧向哥伦比亚渗透,尤其是1916~1918年哥伦比亚发现石油后,美资渗透更加明显。1920~1929年,美国向哥伦比亚的投资增长了9倍多,美资排挤英资,占领了哥伦比亚经济的主要领域。

生产关系的迅速变化推动了国内阶级关系的深刻变化,哥伦比亚同帝国主义的民族矛盾,工人、农民、工业资产阶级同封建大地主寡头的阶级矛盾也日趋尖锐。20世纪20年代，石油工人、河运工人、香蕉和烟草种植园工人纷纷罢工。1926年保守党人阿瓦迪亚·门德斯上台后，社会矛盾尖锐，危机四伏。1928年11月，北部圣马尔塔地区的3.2万香蕉种植园工人举行大罢工，抗议美国联合果品公司对哥伦比亚农业工人的残酷剥削。大罢工遭到了保守党政府的血腥镇压。1929年6月，首都圣菲波哥大爆发了反对美国垄断资本和保守党政府的盛大游行示威。在工人罢工和人民游行的斗争中，1926年，建立了社会主义革命党，1930年7月在该党的基础上组建了哥伦比亚共产党。

1929~1932年世界经济大衰退，进一步激化了哥伦比亚的国内矛盾。出口下跌，进口锐减，出口总值从1928年的1.305亿美元下降到1933年的4750万美元。财政收入减少，生产出现衰退，失业不断增加，人民困苦不堪。人民群众同封建大土地所有制的矛盾激化，统治阶级内部也出现分裂，政治局面极不稳定。从1886年以来处于在野的自由党人，利用人民群众的不满情绪和保守党内的分裂，猛烈抨击保守党的腐败。1930年，自由党人恩里克·奥拉亚·埃雷拉当选为总统。

恩里克·奥拉亚·埃雷拉（Enrique Olaya Herrera，1880~1937） 生于博亚卡省。曾参加"千日战争"。1909年他与保守党人卡洛斯·埃米略·雷斯特雷波一起组织"共和联盟"，迫使独裁者拉斐尔·雷耶斯下台。后任外交部长。20世纪20年代又接受保守党政府委派的外交使命，先后担任驻智利、阿根廷和美国大使。1930年作为自由党候选人当选总统，结束了40余年保守党人垄断总统职位的局面。

尽管自由党人取得了政权，但保守党人仍控制着国民议会，国家无论在内政还是在外交政策上，都没有出现明显的变化。以豪尔赫·埃利塞尔·盖坦为首的自由党左翼分子要求修改1886年宪法关于中央集权和教会特权的条文，提出了一个调整农民与大地主关系的法案,遭到保守党人控制的议会否决;敦促自由党政府采取社会改革措施,又遭到攻击。1933年4月,盖坦等一批主张改革、对政府感到失望的自由党人在圣菲波哥大集会,成立"全国革命左派联盟"(UNIR),提出了对外反对帝国主义、对内实行国有化的口号,主张分配土地给农民,强调要对现存社会进行激烈的改革,赢得了人民群众的广泛支持。在人民群众的压力下,埃雷拉政府被迫进行了微小的社会经济改革,如缩减政府的开支,举办一些公共工程;1931年颁布新石油法,对外资加以一定限制。1932年哥伦比亚同秘鲁发生了"莱蒂西亚争端",后经国际仲裁于1934年与秘签订《里约热内卢条约》,解决了这场边界纠纷。1935年国民议会批准了该条约。

1934年,代表工业资产阶级利益的自由党人洛佩斯·普马雷霍当选为哥伦比亚总统。

二 洛佩斯·普马雷霍政府进行的改革

方索·洛佩斯·普马雷霍(Alfonso Lopez Pumarejo, 1886~1959) 出生于托利马省翁达的一个大银行家和咖啡巨头家族。早年在英美学习经济,后在纽约经营其父开设的分公司。1915年当选为众议员。1918年在圣菲波哥大出任美洲商业银行第一任行长。1931年出任驻英公使。"莱蒂西亚争端"发生后,代表哥伦比亚政府与秘鲁谈判。1933年,出席在蒙得维的亚召开的第七届泛美会议。1934年提出了"3月革命纲领",并当选为哥伦比亚总统。

任职期间,为了克服世界经济危机带来的影响,采取了发展民族工业的新举措,起用一些年轻部长,进行了一系列政治、经济和社会改革。在政治上,修改《1886年宪法》,使之具有更多自由化色彩,明确采用"三权分立"的政治制度,规定议员和总统由选民直接选举产生,实行男子普选权;废除天主教的国教

地位，限制并剥夺教会对教育的控制；小学改为义务教育，规定外来公民可享有公民权。在经济上，进行税制改革，对不动产征收直接税，增加财政收入；组织股份公司，吸引私人在工业部门投资；加强国家对经济的干预，积极支持工农业生产的发展，扩大国内市场；给农业特别是咖啡业以技术、资金扶助；制定土地改革法，规定耕种小块土地达10年的农民有权获得该土地，国家有权没收大庄园闲置土地；把有关财产的社会义务等规定写进宪法等。在社会方面，颁布劳工法，实行8小时工作制，每周工作48小时；工人有权建立工会，发给工人补助金，实行失业救济，改善工人生活状况等。上述改革措施的实行，使社会矛盾有所缓和。1936年建立了哥伦比亚工人联合会。但是，《1886年宪法》维护大地主和大资产阶级利益的原则性条文，则丝毫没有触动。然而，洛佩斯·普马雷霍总统的政策引起了保守党人和右翼自由党人的激烈反对，改革暂时停止。1938年右翼自由党人爱德华多·桑托斯当选为总统。

爱德华多·桑托斯（Eduardo Santos，1888~1974） 出生于圣菲波哥大。自由党人。1913年起为《时代报》所有人和社长。1915年当选为众议员。1930年任自由党政府的外交部长。次年改任桑坦德尔省省长。1931~1933年任哥驻国际联盟使团团长。1935年当选为参议院议长。1938年任自由党全国领导委员会主席，作为自由党总统候选人当选为总统。任职期间，他继续执行前任的改革政策，积极扶助农工业生产，修筑公路，建设港口，兴办教育，发展科学文化事业。1939年，取消了德资斯卡德塔航空公司对哥伦比亚航空业的控制，建立哥伦比亚国家航空公司。同美国签订一系列协定，美国资本加紧渗透到各个关键经济部门。1940年，建立了工业发展委员会，国家作为企业的股东，积极参与工业发展，促进新工业部门的建立。同年成立了全国咖啡基金会，支持它向工业投资。1941年珍珠港事件后，

断绝了同轴心国的外交关系。1942年同罗马教廷缔结新协定，修改1887年的契约，结束了教会对教育的控制，规定主教必须由政府批准的哥伦比亚公民担任。

1942年，洛佩斯·普马雷霍再次担任总统。他加速土地改革，促进工农业发展，试图限制美国垄断组织的活动。实行新教育法。1943年11月，哥伦比亚对轴心国宣战。在战争期间，一系列工业部门发展起来，农业生产欣欣向荣。1945年全国工业产值达6.4亿比索，占国内生产总值的13.4%。他试图限制美国垄断资本，加速发展民族工业和进行土地改革，引起本国寡头势力和美国政府不满。1944年曾一度被在帕斯托发动政变的军人拘捕。1945年9月主动辞职。由自由党人阿尔维托·耶拉斯·卡马戈继任总统。耶拉斯为了稳定局势，建立"全国团结"政府，在内阁中吸收3名保守党人担任部长职务[①]。

第六节 "十年暴力"恐怖时期（1946～1957）

一 二战后初期保守党政府的专制统治

第二次世界大战加快了哥伦比亚政治力量的分化，各派政治势力进行了激烈较量。以保守党人劳雷亚诺·戈麦斯为首的右翼势力，向自由党改革派发动猛烈的进攻。在这种形势下，1943年盖坦辞去劳工部长职务，决定参加1946年总统大选。1944年3月，"盖坦运动"作为一支强大的民主力量，提名盖坦为总统候选人。盖坦针对保守党势力抬头，提出"恢复

---

① Hno Justo Ramon, *S. C. Historia de Colombia*, Libreria "STELLA", 1957, pp. 372-380.

共和国道德和民主"的口号，揭露两党政治集团同人民的尖锐对立，指出当权的政治寡头只是一小撮富人的代表，而大多数人民却处于无权地位。盖坦一方面利用一切群众集会和活动，宣传改革的主张，以求得到人民的支持；另一方面改变斗争策略，努力争取自由党人的支持。全世界反法西斯同盟的胜利，扩大了哥伦比亚民主力量的影响，工会和农民组织得到巩固，共产党的力量有所发展，传统政党之间和党内各派的矛盾加深。但是，1946年5月自由党人在总统候选人上意见出现分歧，左翼提名豪尔赫·埃利塞尔·盖坦为总统候选人，右翼则提名加夫列尔·图尔瓦伊为总统候选人。由于得票分散，自由党在大选中失败。保守党人马里亚诺·奥斯皮纳·佩雷斯当选为总统。

（一）奥斯皮纳·佩雷斯政府的专制统治

马里亚诺·奥斯皮纳·佩雷斯（**Mariano Ospina Pérez, 1891~1976**） 出生于麦德林市。其祖父马里亚诺·奥斯皮纳·罗德里格斯和叔父佩德罗·内尔·奥斯皮纳曾任总统。早年留学美国和比利时。曾任麦德林国立矿业学校校长，并经营其家族产业。1923年当选参议员。1926~1931年出任公共工程部长。1946年利用自由党分裂当选为总统。大选中保守党获胜促使大资产阶级和地主寡头势力重新结盟。任职期间，组成联合内阁。由于得不到牢固的支持，便向自由党人和一切民主派别施行暴力，实行高压政策，建立独裁统治，1947年在博亚卡、北桑坦德尔等省的一些地区实行戒严，国内矛盾进一步激化，群众的抗议活动此起彼伏。以保守党人劳雷亚诺·戈麦斯为首的右翼势力，向自由党发起猛烈进攻。他领导由军人、警察和暴徒组成的恐怖组织，残酷屠杀手无寸铁的农民，迫害反对派领袖。在对外关系上，保守党政府实行一切追随美国的政策。1947年劳雷亚诺·戈麦斯出任外交部长，参加了西半球"联防"公约。

总统选举失败使自由党陷于混乱之中。盖坦看到了自由党的

哥伦比亚

软弱，决心继承自由党精神，提出"为夺回政权而战"的口号，决心以强大的人民运动对付大资产阶级和地主寡头势力的联合统治。盖坦积极团结自由党人，于1947年1月召开盖坦运动大会，通过组成政府的最低纲领，积极争取群众的支持。在3月的议会选举，自由党左翼取得大部分议席，盖坦当选参议院议长和国民议会议长。6月，自由党温和派承认盖坦为自由党唯一领袖。10月，盖坦又在圣菲波哥大市政选举中再次获胜。这时，自由党国会议员通过决议，宣布盖坦为下届总统候选人。这一决定使保守党政府恐慌不安。佩雷斯政府陷于危机之中。

盖坦领导自由党继续向保守党进攻。1948年2月，5万群众在首都玻利瓦尔广场集会，抗议政府实行暴力。盖坦在会上呼吁政府停止迫害活动，重申将为哥伦比亚人的自由、和平与安宁而斗争。接着，他召集自由党议员开会，决定同保守党政府公开决裂；自由党人退出内阁导致联合内阁倒台。3月，第九届泛美会议在圣菲波哥大召开前夕，盖坦揭露美国加紧控制和奴役拉丁美洲各国的阴谋，指出佩雷斯政府是帝国主义和大地主、大资产阶级的代理人，号召人民团结起来，坚持斗争。盖坦向帝国主义和国内保守势力进行的不妥协斗争，严重地威胁着它们在哥伦比亚的统治地位。4月9日，盖坦在圣菲波哥大街头惨遭杀害。

豪尔赫·埃利塞尔·盖坦（Jorge Eliecer Gaitan, 1903~1948） 出生于圣菲波哥大一小资产阶级家庭，其父是自由党人、"千日战争"的老兵。1920年他进入哥伦比亚大学攻读法律，毕业后任律师。1925年当选省议员。1926年去意大利罗马大学深造，获法学博士学位。1928年回国任刑法和犯罪社会学教授。1929年当选为众议员，他利用议会讲坛，指责保守党政府镇压工人群众的罪行。1933年4月，一批自由党左翼党员组成"全国革命左派联盟"，形成一个以知识分子、工人、农民和中产阶级等参加的政治运动，即"盖坦运动"。盖坦被推举为领袖。1935年当选为参议员,同年"全国革命左派联盟"重新回到自由党内。之后,曾先后担任自由大学校长、圣菲波哥大市市长、教育部长和劳工部长。1946年5月,作为自由党左翼总统候选人竞选失败。1947年1月,他召开"盖坦运动"代表大会。主张实行代议制民主制度,建立民主国家,反对寡头统治;强调由国家管理经济,反对经济垄断;要求进行社会改革,保障工人、农民和妇女的权利;反对外来干涉,谴责美国垄断资本的剥削和对哥伦比亚内政的粗暴干涉。盖坦的这些主张得到人民群众的支持,但也引起了保守党政府的不安和仇视。

(二)"波哥大事件"(El Bogotazo)

1948年4月9日,盖坦在圣菲波哥大街头惨遭杀害。消息一传开,全国掀起了声势浩大的抗议浪潮。4月9日当天,圣菲波哥大爆发了大规模的人民起义。起义群众夺取了政府军的武器,打开监狱大门,袭击并焚烧了保守党的世纪报社、戈麦斯等人的官邸、大教堂等公共建筑物,占领电台、一些政府部门以及举行美洲国家组织会议的国会大厦,一度包围了总统府。起义很快波及其他省份,政府出动大批军队进行残酷镇压。经过三天的战斗,圣菲波哥大才恢复了平静。之后,"盖坦运动"停止了活动,但盖坦的政治主张及其领导的运动对哥伦比亚政治进程产生了重大的影响,对人民群众的斗争起着促进作用[①]。

"波哥大事件"使哥伦比亚陷入极度混乱之中,从此哥伦比亚进入1948~1957年的"十年暴力"恐怖时期。为了维持其摇摇欲坠的统治,奥斯皮纳总统被迫允许自由党人入阁。1949年5月又组成保守党人内阁。自由党人在1949年6月的议会选举中再次获胜。在自由党人的压力下,议会通过提前大选的决定,但被奥斯皮纳总统否决,而自由党人占优势的最高法院又否决

---

① J. Cordell Robinson, *El Movimiento Gaitanista en Colombia*, Tercer Mundo, 1976.

了总统的决定。接着,自由党和保守党的武装冲突日益频繁。11月政府宣布戒严法,解散自由党人占多数的国会,提前举行总统大选。由于保守党人不断枪杀自由党人,自由党人宣布抵制总统选举。奥斯皮纳总统解散议会,宣布全国戒严令。同年11月27日,保守势力头目劳雷亚诺·戈麦斯在戒严情况下当选总统。

劳雷亚诺·戈麦斯(Laureano Gómez, 1889~1965) 出生于圣菲波哥大。曾在哥伦比亚大学攻读工程学。1909~1916年任《统一报》编辑。1911年当选为众议员。1923~1925年任驻阿根廷大使。1925~1926年任公共工程部部长。1931年任驻德国大使。1931~1934年当选为参议员。1936年参加创办保守党主要报纸《世纪报》,并任社长。1936年起为保守党右翼领导人。反对自由党政府的社会改革,崇拜德、意法西斯独裁者希特勒和墨索里尼。1947年任保守党政府的外交部长,领导由军人、警察和暴徒组成的恐怖组织,屠杀农民,迫害反对派议员和领袖。1948年因"波哥大事件"而辞职。1948年11月当选总统。

在总统任期内,戈麦斯操纵议会和最高法院,解散工会组织,压制新闻自由,实行独裁政策,残酷镇压游击运动,迫害政治反对派和人民群众。据哥伦比亚作家萨拉梅亚揭露,戈麦斯执政3年多中,全国被杀害的人数有10万人,至少有30万人被迫流亡国外。1950年6月,还派遣一营士兵到朝鲜战场充当美国帮凶,成为拉丁美洲唯一派兵参加朝鲜战争的国家。10月因患病,由罗伯托·乌达内塔(Roberto Urdaneta Arbeláz, 1890~1972)代任总统。1951年保守党政府与美国签订了《友好、通商和航海条约》;1952年又与美国签订了《双边军事协定》。1953年,陆军司令古斯塔沃·罗哈斯·皮尼利亚将军发动军事政变,推翻了戈麦斯的暴力统治,自任总统。

二 罗哈斯·皮尼利亚的军事独裁统治

古斯塔沃·罗哈斯·皮尼利亚（Gustavo Rojas Pinilla，1900~1975） 出生于博亚卡省通哈市。保守党人。1920年毕业于波哥大军事学院，后到美国进修工程学。1949年获中将军衔，同年任邮电部长。1950年任陆军参谋长，1951年改任陆军总司令。1953年，自由党人和保守党温和派欢迎罗哈斯上台，期望他结束动乱局面。在执政初期，罗哈斯采取了一些蛊惑人心的措施，如取消了新闻检查，释放政治犯；宣布对游击队实行大赦，鼓励一些游击队员放下武器；效法阿根廷的庇隆政府，成立全国社会协调处，由其女儿玛丽亚·欧亨尼娅·罗哈斯任主任，向穷人施舍食品和衣服，以笼络人心；着手兴建几项大型公共工程，推行向小庄园主贷款的计划。哥伦比亚的动乱局面一度有所缓和。

然而，罗哈斯军事独裁者的面目很快就暴露了。1954年6月他操纵议会"当选"总统，任期4年。12月成立新党全国行动运动，支持政府，宣布要建立"新秩序"，由驻地的卫戍部队指挥官掌管地方政权。他不断扩大个人权力，下令查禁报纸，实行新闻检查，宣布共产党为非法，实行军事独裁。1956年5月，宣布成立以军队和劳工为基本骨干的"第三种力量"，派遣军队讨伐游击队，出动飞机狂轰滥炸。1956年又宣布停止议会活动。1957年初，他违宪擅自宣布自己的总统任期延长到1962年。为了披上合法外衣，1957年3月罗哈斯亲自任命30名议员，召开立宪议会，宣布废除宪法中有关总统不得连任的规定和总统必须由普选产生的条款，并策划召集立宪议会选举他为1958~1962年总统。当自由党—保守党联盟宣布吉列尔莫·莱昂·巴伦西亚为反对党候选人参加竞选时，他下令逮捕莱昂·巴伦西亚。罗哈斯这一行径，激起各阶层的强烈反对，工人举行总罢工，商人罢市，全国工商业完全陷于停顿状态。5月10日，陆军总司令拉斐尔·纳瓦斯·帕尔多将军强迫他把政权交给五人军事委员会。

三 《希特赫斯协议》（Pacto de Sitges）

针对罗哈斯的军事独裁统治，1956年7月，自由党领袖耶拉斯·卡马戈前往西班牙，同流亡在那里的保守党领袖劳雷亚诺·戈麦斯会晤，自由党和保守党就联合反对罗哈斯军事独裁政权取得一致意见，签署了一项《贝尼多姆公约》（Acuerdo de Benidorm）。公约的主要内容有：①两党必须共同采取行动，尽快恢复文人民主政府；②两党一致谴责暴力，恢复被破坏的政治秩序；③军队的作用应限于保卫国家、抵抗外来侵略和防止内乱；④恢复代议制民主，建立联合政府；⑤哥伦比亚不再是独裁的沃土。由于当时保守党温和派领导人奥斯皮纳仍在同罗哈斯合作，因此两党还难以采取联合行动。

1957年3月奥斯皮纳派被排挤出政府后，便同自由党签订《3月20日协定》（Pacto del 20 de Marzo），内容同《贝尼多姆公约》相似，内容更加具体，语气上略有不同。同年4月底，罗哈斯下令在卡利逮捕反对党候选人巴伦西亚，引起了社会各界的强烈不满。5月，自由党和保守党联合领导了反罗哈斯军事独裁的示威游行，宣布全国总罢工。罗哈斯不得不把政权交给一个由5名军人组成的执政委员会，他本人流亡西班牙。7月，耶拉斯·卡马戈前往西班牙同保守党领袖劳雷亚诺·戈麦斯协商，在巴塞罗那省的希特赫斯达成建立"全国阵线"共识，签署了《希特赫斯协议》（Pacto de Sitges）。协议规定：在今后12年（1960年改为16年）内，总统将由两党轮流担任，每任4年，两党将平分在各级政府中的职位和议会中的议席；"全国阵线"第一届总统将由保守党人担任。协议还规定，在公民投票通过后修改宪法。1957年12月1日，哥伦比亚举行公民投票，绝大多

数哥伦比亚人投票通过了宪法修正案，肯定了自由党和保守党所达成协议的主要内容，从而保证了政权控制在自由党和保守党两党手中，防止军人干政。

由于保守党内3个主要派别意见分歧，难以推选统一的候选人，因此，保守党各派领导人同意自由党人担任联合政府第一届总统。1958年5月的大选中，由"全国阵线"提名的候选人、自由党温和派耶拉斯·卡马戈当选为总统，成为"全国阵线"的第一任总统。"全国阵线"政府的成立标志着"十年暴力"恐怖时期的结束。据估计，整个暴力时期，全国约有30万人被杀害。

第七节 "全国阵线"时期
(1958～1974)

战后初期，哥伦比亚仍是单一咖啡生产和出口国。咖啡成为国家经济支柱，是国家财政和外汇的主要来源。国际市场上咖啡价格上涨，国家的外汇收入就增加，支付能力就得到加强；反之，国家的外汇收入就减少，进口能力就受到限制。通常纽约市场每磅咖啡价格下跌1美分，哥伦比亚就要损失700万～800万美元的外汇收入。为了克服单一咖啡经济的脆弱性，"全国阵线"政府接受了联合国拉美经委会提出的发展主义主张，决定实行进口替代工业化发展战略，逐步改变国家的经济结构。

"全国阵线"时期的4届政府是：自由党人阿尔维托·耶拉斯·卡马戈政府、保守党人吉列尔莫·莱昂·巴伦西亚政府、自由党人卡洛斯·耶拉斯·雷斯特雷波政府、保守党人米萨埃尔·帕斯特拉纳·博雷罗政府。各届政府重视任用有威望的政治家和经济专家，革新政治，进行经济改革，缓和社会矛盾。"全国阵线"政府的建立使哥伦比亚进入政治稳定的时期,有利于社会经济的发展。

一 阿尔维托·耶拉斯·卡马戈政府(1958~1962)

尔维托·耶拉斯·卡马戈(Albeto Lleras Camargo,1906~) 出生于圣菲波哥大,曾就读于圣菲波哥大罗萨里奥学院。1930年任自由党的《时代报》编辑,当选为众议员。1930~1933年任自由党秘书长。1932年担任众议院议长。在洛佩斯·普马雷霍执政期间,曾先后担任总统府秘书长、教育部长、内政部长,协助总统推行自由党的改革纲领。1938~1943年创办《自由报》。1943年当选为参议员,出任驻美国大使,后又任内政部长。1945年改任外交部长,并出席查普尔特佩克会议和旧金山会议。同年洛佩斯总统辞职后,接任总统职务。1947~1948年任泛美联盟理事长,1948~1954年任美洲国家组织秘书长。1954~1958年,任安第斯大学校长,并担任自由党全国领导委员会主席,领导反对罗哈斯独裁统治的斗争,曾两次赴西班牙与流亡在外的保守党领袖劳雷亚诺·戈麦斯谈判,签订了《希特赫斯协定》。1958年5月,当选为"全国阵线"第一任总统。

任总统期间,致力于协调各党派的关系。1958年成立"国家经济政策和计划委员会",采取关税保护等措施,大力促进制造业的发展。1959年颁布法令,规定官方银行必须把活期和定期储蓄的15%用于促进工业发展。为了限制进口,政府颁布法令,实行进口检查和价格监督,提高关税率,建立新的外汇和进口制度。1960年宣布新的税收改革,对新兴的煤炭、化工、金属机械等产业豁免税收10年,建立鼓励制成品出口制度。颁布《1961~1970年经济和社会发展总计划》,提出了总投资700亿比索、国内生产总值年均增长率为6.5%的战略目标,并制定了

具体的目标和措施。

哥伦比亚土地占有极不合理。1960年全国占地5公顷以下的农户占总农户的67.7%，只占有全国6%的土地；而占地100公顷以上的大土地所有者占总农户不到3.2%，却拥有59.3%的土地。为了改变农村落后的生产关系，加速本国资本主义的发展，1961年12月颁布《土改法》，成立土地改革委员会，其任务是：（一）征用大块私有地，将土地划成小块分配给无地和缺少土地的农民；（二）充分利用闲置土地，鼓励农民垦殖公共土地；（三）从事土壤平整、造林和修建水利排灌工程；（四）修筑乡村公路，通过技术援助和农业贷款等活动，鼓励农民组织合作社，发展农业生产。但这次土改收效甚微。1962~1967年只有5.4万农户分到土地，共分配了88.9万公顷土地，其中大部分是购买和转让的公共土地，只有7.4%是征收大庄园主的土地。到1970年，全国无地农民约有80万户。

1962年5月，保守党人吉列尔莫·莱昂·巴伦西亚当选为"全国阵线"第二任总统。

二　吉列尔莫·莱昂·巴伦西亚政府（1962~1966）

吉列尔莫·莱昂·巴伦西亚（Guillermo Leon Valencia，1908~1971）　出生于波帕扬的一个贵族世家，是吉列尔莫·巴伦西亚之子。毕业于考卡大学法律系。1939~1949年当选参议员，曾任外交部长。1950~1953年任驻西班牙大使。参加反对罗哈斯军事独裁统治的斗争。1957年参加组织保守党—自由党联盟，并被推选为总统候选人。1962年作为"全国阵线"候选人当选为总统。

任职期间，实行与上届政府相似的经济政策。由于国际市场咖啡价格下跌，出口收入锐减，国家面临着严重的支付危机，国际储备枯竭，国内财政混乱，投资计划不能兑现。为推动制造业的发展,1963年将工业发展委员会改组为金融公司,大力支持私人企业发展;确定银行系统实行债券投资制,以解决投资面临的困难;建立国家货币委员会,加强对短期金融的管理,对汇率和税收做了一些调整;在外贸方面,实行出口自由和限制进口的政策,试图缓和因咖啡国际价格下跌所造成的支付危机,解决进口与外汇短缺的矛盾。1966年,同委内瑞拉莱昂尼总统签订《阿劳卡河反游击队同盟协议》。

由于政府的大力推动,制造业有了较快的发展,1958~1966年年均增长率达7.5%;建立或扩建了一批大型企业,如帕斯德里奥钢铁厂、哥伦比亚石油公司、卡塔赫纳煤油厂和哥伦比亚汽车制造厂等。20世纪60年代初,由于国家面临支付危机、通货膨胀上升和农民分化等困难,职工的实际收入减少,群众生活十分贫困,失业不断增加,工农运动进一步高涨,资产阶级代议制民主陷入危机。

1966年5月,自由党人卡洛斯·耶拉斯·雷斯特雷波当选"全国阵线"第三任总统。

三 卡洛斯·耶拉斯·雷斯特雷波政府(1966~1970)

洛斯·耶拉斯·雷斯特雷波(Carlos Lleras Restrepo,1908~1994) 经济学家。出生于圣菲波哥大。就读于哥伦比亚大学法律系,1930年获法学和政治学博士学位。1933年当选众议员,1935年任众议院议长。1938~1944年间,两次出任财政部长,曾任哥伦比亚大学公共财政学教授。1941年任《时代报》社长。1942~1952年任参议员。1941年、1948~1950年两度任自由党主席,多次出席国际会议,曾任常驻联合国代表、联合国经社理事会副主席(1946)。1948年"波哥大事件"后,领导自由党反对保守党政府。1952年遭迫害流亡国外。1957年回国后复任参议员、自由党领导人。

在担任总统期间，为解决支付危机、通货膨胀、农民分化和大量失业等问题，对国民经济进行全面的调整，采取逐步开放经济的发展模式，实行出口产品多样化方针。1967年3月颁布了第444号法令，主要内容有：（一）鼓励非传统产品出口，促使出口产品多样化。规定出口非传统产品的出口商可领取出口值15%的补贴金，可以在发补贴证的一年后支付税款。成立促进出口基金会，大力促进非传统产品出口。（二）加强对外资的管理。规定凡超过10万美元的外国直接投资，必须到国家计划局提出申请，经批准后再到共和国银行外汇管理处登记，按规定的投资方式和份额进行投资，并保证外资企业汇出利润和抽回资本的权利。（三）改固定汇率为浮动汇率，实行比索对美元的逐步微小贬值，增强出口商品的竞争力。第444号法令是哥伦比亚第一个促进非传统产品出口、发展对外贸易、鼓励外国投资并加强管理的法令，它表明国家经济从"进口替代"模式转向以"进口替代"和"促进出口"相结合的模式，标志着哥伦比亚经济发展到一个新的阶段。

为控制人口增长，1966年总统签署了《联合国关于人口问题宣言》，哥伦比亚是当时唯一签署这一文件的拉美国家；成立了计划生育协会，开始执行控制人口增长的政策。1968年初政府颁布第1号法令，即"新土改法"，其目标是促进商品农业的发展，增加了对非传统出口产品的生产贷款，并在税收上给予优惠待遇。同年宣布进行宪法改革，加强了国家对经济的干预，同时修改了"全国阵线"原协议的某些规定，一切政党都有参加市政机构选举的权利。此外，政府还建立和健全各种财政基金会，如农牧业财政基金会、工业财政基金会、城市财政基金会和地区发展基金会等，负责向私人企业提供贷款，推动各方面力量向出口生产部门投资。

1966年8月16日，在政府积极倡议下，哥伦比亚、委内瑞拉、智利三国总统及秘鲁和厄瓜多尔的总统代表在波哥大签署了

《波哥大宣言》，决定加强五国经济合作和小地区一体化进程。1969年5月，哥、智、厄、秘、玻等五国在哥伦比亚的卡塔赫纳市签署了《卡塔赫纳协定》，正式成立安第斯集团（又称安第斯条约组织）。之后，哥伦比亚历届政府为推动小地区一体化，做出了积极的努力。

1970年5月，保守党人米萨埃尔·帕斯特拉纳当选"全国阵线"第四任总统。

四 米萨埃尔·帕斯特拉纳·博雷罗政府（1970～1974）

萨埃尔·帕斯特拉纳·博雷罗（Misael Pastrana Borrero, 1923～1997） 出生于乌伊拉省内瓦市，曾在耶稣会创办的哈维里亚纳大学攻读法律和经济，1945年获博士学位。1947～1949年任驻罗马教廷使馆秘书。1949～1950年任奥斯皮纳·佩雷斯的私人秘书。1960年任经济发展部长。1961年先后任公共工程部长和财政部长。1966～1969年任驻美国大使。1970年作为"全国阵线"候选人参加竞选，以微弱多数击败全国人民联盟的候选人罗哈斯，当选总统。

任职期间，继续执行上届政府有关促进非传统产品出口、控制人口增长和推进安第斯小地区一体化等政策，公布了1970～1973年经济发展计划，积极推动出口部门的发展。针对国内严重的失业问题，采纳国际劳工组织的建议，公布了"争取完全就业的计划"；提出"四点战略"发展计划，把建筑业和出口部门作为国民经济的优先发展部门，通过发展建筑业特别是都市住宅建筑业，带动其他部门的发展，以便安置大量非熟练劳动力就业。为了解决住宅建设资金不足的困难，1972年，政府倡议发行以不变价格计算的"保值储蓄与贷款制度"（UPAC），鼓励私人储蓄，通过储蓄和住宅公司增加建筑业的投资。居民储蓄的利率除固定利率外，还有补贴通货膨胀的保值利率。由于采取这种

方法，银行私人储蓄迅速增加。1973～1976年参加保值储蓄的金额从46亿比索增加到175.5亿比索。后来，这种保值做法又推广到贷款、抵押、保险、奖金、工资和价格等方面，使哥伦比亚经济生活许多方面都"保值化"。保值化和由于对建筑业的大量投资所引起的经济过热，加剧了通货膨胀，1974年哥伦比亚的通货膨胀率达27%。

1973年，政府颁布第1800号法令，开始实施安第斯条约组织第24号关于外资的决议，积极鼓励外资同本国资本合资经营。法令规定，合资企业必须有利于促进出口、社会就业和采用本国生产的零部件，外资必须在股份、技术、财务和经营管理等方面逐步退居次要地位，对外资的利润汇出和再投资也做了限制性规定[1]。

五 "全国阵线"时期的成就与问题

从"全国阵线"四届政府执行的政策看，两党的基本主张没有太大的不同，都致力于实现政治制度的稳定，促进民族经济的发展，并取得了一定的成绩，主要表现在：①基本上贯彻了自由党和保守党所达成的两党协议，建立起相对稳定的资产阶级代议制民主，结束了两党长期互相敌视、武装冲突的局面。②经济有了较快的发展。1960～1969年国内生产总值年均增长率达5.2%，接近《1961～1970年经济和社会发展总计划》中提出的5.6%的目标。1970～1974年国内生产总值分别增长6.7%、5.8%、7.8%、7.1%和6%，超过1960年代平均增长率。③经济结构发生了可喜的变化。为改变咖啡单一结构，政府实行的经济政策得到延续，积极推动非传统产品出口，生产

---

[1] Carlos Caballero Argaez, *50 Anos de Economia: De la crisis del Treinta a la del Ochenta*, 1987, pp. 93–124.

和出口结构开始发生变化。

但是,随着经济改革和调整的深入,国内也出现了一些新的问题。首先,国民收入分配不合理的情况并没有随着经济发展而得到改善,贫富差距更加悬殊。据世界银行1971年统计,哥伦比亚占人口5%的富人占有国民收入的40%,而占人口60%的穷人只占有国民收入的16%。1973年有92%的农业工人、86%的服务业劳动者和60%的工人月收入低于40美元(即1000比索)。其次,"全国阵线"期间,两个传统政党平分议会和行政的公共职务,其他政党和政治派别被排除在外,人们对选举普遍缺乏兴趣,使总统选举和议会选举的弃权率上升。总统选举的弃权率高达50%~66%。议会选举的弃权率达40%~70%。在这种新情况下,各政党、阶级和阶层开始进行新的较量,表现在以下几方面。

1. 传统政党内的派系斗争加剧

"全国阵线"协议排除了两党的竞争,但是每个党内部围绕着由那一派担任总统及其他要职,却开展了激烈的较量,党内分裂总是以这种或那种形式继续下去。当时保守党内有劳雷亚诺派(又称独立保守党派,1965年后由其子阿尔瓦罗·戈麦斯·乌尔塔多领导)、奥斯皮纳派(又称联合主义派)和豪尔赫·莱瓦派等。自由党内有正统派和"自由革命运动"(MRL)。正统派支持"全国阵线"。"自由革命运动"由退出自由党的左翼分子组成,1960年成立,其领导人是青年领袖洛佩斯·米切尔森。它反对"全国阵线"协议,主张得票最多的政党执政,实行比较激进的土改,同情古巴革命。1962年,米切尔森作为"自由革命运动"的候选人参加总统大选;1963年"自由革命运动"内部又分成温和路线派和强硬路线派;1968年"自由革命运动"解散,米切尔森回到自由党内。20世纪70年代,自由党又分成图尔瓦伊·阿亚拉派、卡洛斯·耶拉斯派和米切尔森派。

2. 前独裁者罗哈斯领导的"全国人民联盟"的影响在扩大

1958年前独裁者罗哈斯回国后曾受到审讯。1961年他成立了"全国人民联盟"（ANAPO），声称要击败自由党和保守党组成的"全国阵线"。1962年曾参加总统选举；在1970年总统选举中仅以3%选票败给帕斯特拉纳·博雷罗。失败后让其女儿欧亨尼娅出任联盟领袖。1971年发表政纲，自称为民族主义政党，表示要为保卫主权而斗争，主张实行哥伦比亚式的社会主义。

3. 工人、农民和学生不断为争取民主权利和经济权益而斗争

1964年和1971年分别成立了哥伦比亚工人工会联合会（CSTC）和哥伦比亚总工会（CGT），打破了由自由党和保守党官办的哥伦比亚工人联合会（CTC）和哥伦比亚劳工联盟（UTC）操纵工人运动的局面。与此同时，农民夺地斗争空前高涨。1970年成立的全国农民贷款使用者协会（ANUC），1972年后趋于激进，主张无偿没收大庄园主和外国垄断资本所霸占的土地，提出"耕者有其田"的主张。在古巴革命影响下，1959年一批学生运动领导人和一部分原哥共党员成立"工学农运动"，领导工人和学生的斗争，1969年成立"革命独立工人运动"（MOIR）。1965年哥伦比亚激进的天主教神甫卡米洛·托雷斯公布了《人民统一阵线纲领》，提出了进行土改、城市改革、公司改造、合作主义、国有化等14点奋斗目标。

4. 游击队活动日趋活跃

20世纪60年代中期，出现了三支游击队：哥伦比亚民族解放军（ELN）、哥伦比亚革命武装力量（FARC）和人民解放军（EPL）。1974年初又出现以城市游击活动为主的"四·一九"运动。从此之后，游击队问题成为哥伦比亚历届政府的心腹之患。

1974年"全国阵线"结束后，根据宪法规定各政党可以自

由参加竞选。同年3月举行了总统选举,自由党人阿方索·洛佩斯·米切尔森击败保守党人阿尔瓦罗·戈麦斯和"全国人民联盟"候选人玛丽亚·欧亨尼娅·罗哈斯,当选为哥伦比亚总统。由哥伦比亚共产党、哥伦比亚广泛运动、基督教社会民主党等组织组成的"全国反对派联盟"也参加了这次总统选举。

第八节 "全国阵线"后的哥伦比亚 (1974~1990)

"全国阵线"结束后的16年间的四届政府是:自由党人阿方索·洛佩斯·米切尔森政府,自由党人胡利奥·塞萨尔·图尔瓦伊·阿亚拉政府,保守党人贝利萨里奥·贝坦库尔·夸尔塔斯政府和自由党人比尔希略·巴尔科·巴尔加斯政府。

一 阿方索·洛佩斯·米切尔森政府(1974~1978)

阿方索·洛佩斯·米切尔森(Alfonso López Michelsen, 1913~) 出生于圣菲波哥大,是前总统洛佩斯·普马雷霍的儿子。先后在巴黎、伦敦和布鲁塞尔读中学;毕业于哥伦比亚罗萨里奥高等学院法律系,后到智利大学留学,获法学博士学位;之后在美国乔治敦外交学院专修民法和宪法。当过律师,曾任哥伦比亚大学宪法系教授。"十年暴力"恐怖时期曾受保守党政府的迫害,1952年流亡到墨西哥,1958年回国。因反对"全国阵线"退出自由党,组成"自由革命运动"。1960年当选为众议员。1962年当选为参议员,作为"自由革命运动"总统候选人参加总统选举,失败。1967~1968年担任塞萨尔省省长。1968年重新回到自由党内。1968~1970年任外交部长。1974年作为自由党候选人当选总统。

为了稳定国家政局,根据宪法第120条有关在大选中得选票占第 2 位的政党有权参加内阁的规定，米切尔森总统沿袭"全国阵线"时期的做法，照顾两大政党各派别利益，组成联合政府。自由党在议会中占多数席位。在经济政策方面，主张稳定经济，遏制通货膨胀；积极维护国家主权，奉行"温和的民族主义"政策，实行改革；曾提出把哥伦比亚建成"南美洲的日本"的口号。采取的主要措施有以下方面。

（一）积极发展工矿业，解决能源供应危机

由于国内石油生产逐年下降，石油消费却迅速增加，1974年，哥伦比亚已从石油输出国变成石油输入国，能源供给已成为经济发展的紧迫问题。为改变这种不利局面，1974年10月，宣布取消外国公司单独开采哥伦比亚石油的租让权，规定外国公司必须同哥伦比亚合资经营。为从根本上解决能源问题，1976年11月成立哥伦比亚煤炭公司。12月该公司与美国埃克森公司的子公司签订合同开发埃尔·塞雷洪北区煤矿。1977年哥伦比亚煤矿公司独自在埃尔·塞雷洪中区开采煤矿。此外，大力兴修水力发电站。1978年哥伦比亚同苏联签订协定，苏联提供4亿美元贷款，帮助哥伦比亚修建乌拉大型水电站。

（二）实行稳定经济政策，遏制通货膨胀

1974年10月宣布"经济紧急状态"，对经济进行应急性调整。为增收节支和减少财政赤字，进行税收改革，提高税收在国民收入中的比例；紧缩投资，取消基本补贴，限制金融信贷活动，对私人企业的贷款实行定量限制；严格控制外债，控制流动资金等。

20世纪70年代中期巴西咖啡遇到霜冻，国际市场咖啡价格上涨，哥伦比亚出现"咖啡繁荣"。咖啡出口收入激增加剧了国内通货膨胀率。为了减少通货膨胀的压力，政府通过实行保留定额、咖啡扣留金、咖啡储蓄券、出口从价税、多样化计划等措施，加强对出口咖啡的管理。政府还减缓比索贬值速度，取消保

护,扩大自由进口,大批商品从预先申请许可证制度变成可自由进口,努力回笼货币,抑制通货膨胀。

(三) 重视吸引外国直接投资,严格控制外国贷款

根据安第斯条约组织第24号决议,1975年通过外国银行"哥伦比亚化"法令,迫使外国银行把51%的股份出售给哥伦比亚人,变成合资银行。1976年安第斯条约组织对第24号决议做了修改,放宽了对外资的限制,政府宣布外资企业每年汇出利润限额从占其直接投资的14%提高到20%,把每年利润再投资限额从其登记资本的5%增加到7%。这一政策收到积极效果。1974~1978年外国的直接投资年均增加5280万美元,比1967~1973年年均增加3600万美元有较大的增长。在1975年后国际金融市场有大量游资的情况下,政府控制石油美元流入,禁止私人企业举借外债。外国贷款在政府的总收入中所占比例从1974年的6.2%下降到1977年的2%,从而躲过了石油美元的借贷热。1975~1978年间哥伦比亚的偿债率(外债还本付息占当年出口收入的百分比)为10%,低于其他拉美国家。

(四) 扩大就业机会,减轻民众的负担

发展工矿业,扩大就业机会,提出缩小城乡之间和贫富之间的差距,改变收入分配不均现象。在税收政策方面,提高了高收入者的所得税,降低了低收入者的税收。但是,在社会政策方面并未取得明显成效,随着经济的发展,国家的财富越来越集中到少数人的手中。据估计,到1976年哥伦比亚的七大财团:大哥伦比亚财团、阿尔迪拉—卢耶财团、圣多明戈财团、咖啡财团、波哥大财团、南美财团和考卡山谷集团控制着全部财政金融、煤气、水和电以及采矿业的90%,工业的75%,邮电的70%,农业的45%,建筑和运输业的40%。而占人口60%的广大劳动人民仅占有国民收入的9%。尽管采取了一些禁止贩毒走私措施,但贩毒走私仍越来越猖獗,暴力活动有增无减。

(五) 实行和平外交政策

哥伦比亚政府尊重各国人民的自决权，奉行不干涉政策；强调加强同安第斯条约组织、中美洲和加勒比地区国家团结合作，支持拉美经济一体化；恢复了同古巴的外交和贸易关系。1978年8月批准海洋法，实行200海里专属经济区。强调哥、美之间友好合作关系的重要性，批评美国与拉美的不平等贸易关系[①]。

1978年6月4日，自由党人胡利奥·塞萨尔·图尔瓦伊当选为总统。

二 胡利奥·塞萨尔·图尔瓦伊·阿亚拉政府 (1978~1982)

胡利奥·塞萨尔·图尔瓦伊·阿亚拉（Julio Cesar Turbay Ayala, 1916~ ）出生于圣菲波哥大中产阶级家庭，是黎巴嫩移民后裔。曾在国立商业学校学习，当过记者和编辑。1943~1953年当选为众议员。"波哥大事件"后，反对保守党政府，创办《民主》报，成为自由党的代言人。之后积极参加反对罗哈斯军事独裁的斗争。1957年5月，罗哈斯下台后，任矿业和能源部长。1958~1961年任外交部长。1962~1970年当选为参议员，曾任参议院议长。1967年任代总统。1967~1969年任常驻联合国代表。1970年任驻英国大使。1974年任自由党领导人，积极支持米切尔森竞选总统。1974~1976年任驻美国大使。他在内外政策方面采取了一系列重要措施。

（一）组成联合内阁，争取各派政治势力的支持

鉴于执政党内外存在强大的反对派的情况，图尔瓦伊继续与保守党进行合作。在内阁中起用5名保守党人，赢得保守党人的支持；对执政党内部的耶拉斯反对派也极力安抚，在内阁中给予

---

① Carlos Caballero Argaez, *50 Años de Economia: De la Crisis del Treinta a la del Ochenta*, pp. 131–169.

一定的席位。

（二）加强对恐怖活动和贩毒走私的打击力度

面对国内恐怖活动和贩毒走私日益严重的局势，1978年9月颁布了《治安条例》，规定参与绑架者将判处长达30年的徒刑；派出治安部队对游击队进行镇压。政府也不放弃谈判方式，对1980年2月"四·一九"运动成员占领了多米尼加共和国驻哥伦比亚使馆，扣留在使馆参加招待会的十几个国家的外交官和哥伦比亚外交部官员作为人质的事件，政府经过2个月谈判，得到和平解决。1981年3月，宣布赦免放下武器的游击队员，同年10月成立了由军方、法律专家和教会代表组成的和平委员会，谋求解决国内治安问题。

（三）制定一系列刺激生产，降低失业率和通货膨胀的经济政策

1978年9月提出了《全国一体化发展计划》，促进地方工业发展，大力修建公路和铁路，开发能源和矿业资源。采取的措施有：①实行"权力下放"，发挥地方积极性，使工业中心逐步分散在全国各地；鼓励发展中小工业，增加贷款并给予技术援助，在税收方面也给予一定的照顾。②加快能源开发工作。1980年5月颁布了发展能源的计划，加强石油资源的勘探，提出在5年内达到石油自给；积极开发天然气和煤矿，继续与外资大规模开采埃尔·塞雷洪煤矿；充分利用水力资源，加速奇沃尔、圣卡洛斯和乌拉等水电站建设。③重视农牧业的发展。增加对农牧业的贷款和投资，成立农牧业经销基金会，提高对玉米、小麦、大米等粮食作物以及芝麻、大豆、甘蔗等经济作物的收购价格，减免了对畜产品的税收。积极促进非传统产品的出口，扩大对非传统商品的税收补贴范围，根据不同情况，分别给予1%～20%的出口补贴。另外，给予生产出口商品的厂家长期低息贷款。④放宽对外资的限制。1978年底起，允许外国公司将不能汇回本国利润的

80%的一半用于再投资，其余一半可用来购买哥伦比亚工业发展委员会的债券。1980年，政府新批准的外国直接投资达13.965亿美元，比1979年的2.35亿美元增加了近5倍。

尽管20世纪80年代资本主义经济衰退对经济产生了不利的影响，但是，由于采取了上述措施，1979~1981年，国内生产总值增长率分别为5.1%、4.2%和2.5%。同其他拉丁美洲国家相比，哥伦比亚经济增长比较平稳。

（四）实行外交多元化方针

强调实行多元化外交，尊重各国人民自决权，捍卫不干涉原则，主张和平解决一切国际争端，拒绝任何形式的殖民主义依附，主张建立国际经济新秩序。在他任职期间，哥伦比亚先后与18个国家建立外交关系，包括1980年2月7日正式同中国建交。实行睦邻政策，改善同委内瑞拉、巴拿马、厄瓜多尔和秘鲁等邻国的关系，全力支持安第斯集团和拉美一体化。1979年5月，在安第斯集团成立10周年之际，图尔瓦伊被选为该集团与西欧共同市场对话的发言人。保持同美国的传统关系，注意扩大同西欧、苏联和东欧国家关系。

1982年5月，由于自由党内部分裂，保守党候选人贝利萨里奥·贝坦库尔·夸尔塔斯当选为哥伦比亚总统。

三　贝利萨里奥·贝坦库尔·夸尔塔斯政府（1982~1986）

贝利萨里奥·贝坦库尔·夸尔塔斯（Belisario Betancur Cuartas, 1923~　）出生于安蒂奥基亚省阿马加镇一个贫苦农民家庭。1947年毕业于麦德林市玻利瓦尔大学法律系，后到美国和法国攻读经济学和社会学。1949年当选为众议员。1951年担任《一周》周刊和《世纪报》主编。1953~1957年参加反罗哈斯军事独裁的斗争。1958年当选为参议员。

1962~1966年任劳工部长。1974年任驻西班牙大使。1962年、1970年、1978年三次作为保守党候选人竞选总统均失败。1982年再度作为保守党候选人当选为总统。

就任总统后,他在政治、经济和外交等方面采取了如下措施。

(一) 组成"团结政府",推行和平计划

实践了组成"团结政府"的竞选诺言,任命了由专家和政治家组成的内阁,除国防部长由军人担任外,保守党和自由党平分秋色,也吸收其他小党担任其他公共职务。强调纪律、责任感和团结三项原则执政,提出了政党制度化、设立政府资助竞争基金、规定在野政党权限和进行改革等10点纲领。向各党派提出旨在建立"新的政治生活基础"的文件,开创新风,树立"民选总统"新形象。

主持成立由36人组成的全国和平委员会,负责同游击队进行对话。颁布大赦法,规定对1982年11月以前犯有"叛乱、暴动和骚乱"罪行的人和与此有联系的人实行大赦,并赦免了在押的"四·一九"运动17名领导人和成员以及其他一些游击队成员。1983年10月亲自同"四·一九"运动最高领导人马里诺·奥斯皮纳等在马德里进行会谈,是近30年来哥伦比亚总统第一次同游击队领导人会晤。1984年3月和8月,全国和平委员会先后同哥伦比亚革命武装力量、人民解放军、"四·一九"运动和工人自卫运动等四支游击队达成"和平和停火协定"。1984年12月总统在墨西哥城再次会见"四·一九"运动领导人马里诺·奥斯皮纳。1985年1月起开始实行全国对话,但11月由于"四·一九"运动成员占领司法大楼事件,国内和平进程中断。

(二) 积极调整经济,促进国民经济均衡发展

在资本主义经济危机的冲击下,工业生产衰退,农业停滞不前，1982年国内生产总值增长率为0.9%，是20年来的经济增长的最低点；通货膨胀率达24%，政府财政赤字和国际收支赤字增加。1982年12月，制定了《1983～1986年全国均衡发展计划》，目标是"理顺经济关系，把恢复生产、整顿财政和促进出口作为经济发展的重点"。政府采取了几项经济调整的政策措施。

1. 奖出限入，逐步实现国际收支平衡

调整了汇率，逐步解决比索定值过高；提高对出口商的税收补贴，鼓励公共部门和私人合作，增加非传统产品出口；全国信用基金增加向中小出口企业提供贷款。1984年6月颁布法令，出口本国产品的出口商可享受20%的免税优惠；扩大向拉美地区出口的商人，可享受20%～35%的免税优惠，同时禁止680种消费品和国内可以生产的原料的进口。

2. 整顿财政，努力减少财政赤字

为扭转税收下降趋势，1982年底宣布实行税收改革；1983年颁布法令，扩大所得税基数，堵塞漏税现象，调整销售税，使这一年所得税和附加税的收入比上一年增加了47.7%。1983年6月冻结公职人员人数，规定公共部门的工资增长不得超过10%。建立银行民主基金会，支持公共部门的投资，同时降低利率，减少银行储备金额，增强银行支付能力。1986年初把哥伦比亚银行和其他三家公司收归国有。在外国贷款减少的情况下，设法增加国内贷款；通过发行国内储蓄金融券等办法，增加国内投资。

3. 放松对外资限制，刺激生产

取消了变外资企业为合资企业的决定；取消对外资在银行、保险业以及在波哥大、麦德林和卡利等三大城市投资的限制；取消对外资企业再投资的限制，给予在边远地区的外国投资减税50%的优惠。政府特别强调发展建筑业，增加城市基础设施工程

投资,作为短期经济发展的战略目标。制定农业发展计划,扩大耕地面积,发放农业低息贷款,提高农产品收购价格,鼓励恢复粮食生产和农牧业产品出口。政府还允许私人企业用本国货币偿还部分到期外债,同意银行以转让支付的方式,解决私人企业债务结算的困难;恢复对私人企业贷款,促进私人企业恢复生产。把稳定物价、减轻人民负担、改善群众生活条件和实施一项大众化住宅计划等作为社会目标,列入宏观经济发展计划。1985年4月,对宏观经济进一步调整,逐步取消出口补贴,缩短出口基金放款期限,逐步开放进口,加速货币贬值,大力发展能源工业和出口部门,促进生产结构和出口结构多样化,力求增收节支,减少财政赤字,稳定国际外汇储备和降低通货膨胀率等。

由于采取上述调整措施,经济形势有所好转。1983~1985年国内生产总值的增长率分别为1.9%、3.8%和3.8%。农业生产开始恢复,制造业有了增长,矿业和建筑业增长较快,外贸逆差缩小,财政赤字减少。1985年与外资合作开发的埃尔·塞雷洪北区煤矿部分投产和出口给国内经济发展开辟了新的前景。同年在阿劳卡地区发现了一个新油田,给经济发展带来了新的活力[1]。

(三) 对外关系方面做了较大的调整

总统表示:"政府在国际领域的立场将是更加独立,进一步团结拉美国家,加强与第三世界的联系。"1983年3月正式加入不结盟国家组织。1983年起,作为孔塔多拉集团四个成员国之一,积极推动这一集团为缓和中美洲局势做出努力,并且同卡塔赫纳债务集团其他国家一道,为缓和拉美债务危机协调立场。贝坦库尔先后出访13个拉丁美洲国家,积极促进拉美国家团结,

---

[1] República de Colombia Departamento Nacional de Planeacion, Cambio con Equidad Plan de Desarrollo 1983~1986; Belisario Betancur, El Compromiso de La Paz-Informe Al Congreso de Colombia 1982~1986.

努力发展同美国、西欧和日本等国的经济贸易关系，同中国、苏联和东欧国家的关系也有所发展。

1986年5月，在哥伦比亚总统选举中，自由党人比尔希略·巴尔科当选为总统。

四　比尔希略·巴尔科·巴尔加斯政府（1986～1990）

比尔希略·巴尔科·巴尔加斯（Virgilio Barco Bargas，1921～　）　出生于北桑坦德尔省的库库塔。1938～1943年先后就读于哥伦比亚国立大学和美国马塞诸塞州理工学院，获土木工程师学位。曾任北桑坦德尔省公共工程局长、财政局长和邮电部秘书。1947年加入自由党。1949年当选为众议员。1950～1954年再次在美国马塞诸塞理工学院学习，获哲学博士学位。1958年当选为参议员，同年8月任圣菲波哥大公共工程部部长。1961年任驻英国大使；1963年任农业部长；1966年9月任圣菲波哥大市长；1977年6月任驻美国大使。曾任大学教授和国际组织的成员，多次出席国际会议。1985年当选为自由党领袖。

巴尔科总统上任后，曾宣布成立一个由9名自由党人、3名保守党人和1名军人组成的联合内阁。由于保守党决定作为"一个真正的反对党"不参加内阁，巴尔科成立了清一色的自由党政府，也是近30年来第一次由自由党单独组阁。任职期间采取的政策措施如下。

（一）继续进行经济调整，实行稳定发展的政策

面对拉美"债务危机"的不利环境，政府实行稳定和持续发展的政策。1987年颁布了《1987～1990年社会经济恢复计划》，规定4年内预算拨款2428亿比索，用于生产投资、道路与农村电力等基础设施和社会福利的投资。该计划要求国内生产总值年均增长率为5%；强调要注意改善国民收入的分配状况，把

提高居民的生活水平作为主要目标；提出要消除绝对贫困、创造就业机会、改善贫苦阶层状况等问题。计划还强调要实行权力下放，扩大人民群众参与公共权力的机会①。在这期间，国民经济取得了较快的增长，1986年国内生产总值增长率为5.8%，是20世纪80年代经济增长最快的一年。1986~1990年，国内生产总值年均增长率达4.5%。1990年，出口额增长16%，进口增长12%，外贸结算盈余19亿美元，国际收支经常项目顺差5.5亿美元，国际储备恢复到45亿美元。

（二）提出和平计划，呼吁实现和解

针对国内仍有六支游击队的情况，把推动和平进程、实现和解放在政府工作的优先地位。1988年9月提出了一项分三阶段实施的和平计划，呼吁游击队同政府对话，实现全国和解。1989年1月政府与"四·一九"运动领导人多次谈判，就停火、脱离军事接触等问题初步达成协议。3月和7月，与"四·一九"运动正式签署了两项和平协议。11月政府、议会、自由党和教会代表同"四·一九"运动代表又签署了《和平民主政治协议》，协议包括政治、社会经济和公共秩序三方面内容。根据协议，"四·一九"运动放下武器，作为一个政治组织参加正常的社会政治活动；政府为"四·一九"运动成员参加1990~1994年的议会选举提供"优待"。政府还同除民族解放军以外的其他游击队组织开始和平谈判。

（三）实行强硬的反毒政策，严厉打击贩毒活动

20世纪80年代以来，秘、玻两国生产的古柯叶秘密运到哥伦比亚加工成可卡因，然后通过麦德林卡特尔和卡利卡特尔两大贩毒集团，贩运到美国和欧洲等地销售。针对贩毒集团的猖獗活

---

① Vigilio Barco, *Hacia Una Colombia Nueva Liberalismo, Democracia Social y Cambio*, Oveja Negra Editorial, 1986, pp. 9 – 21.

动,动员全国开展一场声势浩大的扫毒战。1987年,政府抓获了麦德林卡特尔贩毒集团重要头目之一卡洛斯·莱德尔,立即引渡到美国,被判处150年徒刑。1989年8月,针对贩毒集团的暗杀活动,总统签署一系列法令,采取包括向美国引渡贩毒头目和没收其非法所得财产等措施,坚决回击贩毒集团的挑战。扫毒部队频繁出击,清查了467处贩毒分子的住所,缴获1313辆汽车、346架飞机、28艘船只和1000多件大小武器,拘捕1.1万多名贩毒嫌疑犯,并把麦德林集团骨干成员马丁内斯·罗梅罗和军事头目罗德里格斯·加查的儿子引渡到美国受审。罗德里格斯·加查本人在围歼中被击毙。1990年上半年,哥伦比亚古柯种植面积有所下降。总统这一果断行动赢得了国内和国际社会的普遍赞扬。

第九节 《1991年政治宪法》颁布后的哥伦比亚(1991~2002)

进入20世纪90年代以后,主张国家少干预经济、让企业自由竞争的新自由主义经济理论在全球风行;随着世界经济国际化和政治格局的急剧变化,国际竞争更加激烈。面对严峻的国际环境、国内暴力活动和贩毒势力猖獗等不稳定局势,1990年2月,巴尔科政府提出一项为期5年的《经济国际化和生产资料现代化计划》,表明哥伦比亚坚持走和平发展的道路,对内加强民主,对外实行开放,在民主和社会正义的基础上,争取实现经济持续稳定的增长。同年5月,塞萨尔·加维里亚·特鲁希略当选为共和国总统。

一 塞萨尔·加维里亚·特鲁希略政府(1990~1994)

塞萨尔·加维里亚·特鲁希略(Cesar Gaviria Trujillo, 1947~) 政治家和经济学家。出生于里萨拉尔

达省佩雷斯市一个富有家庭。在美国读完中学后，回国到安第斯大学就读，专攻经济管理和计划专业，并加入自由党。由于学业优秀和出众的活动能力，大学毕业后任里萨拉尔达省计划局长。1970～1974年当选为佩雷拉的市政议员。1974年任国家计划局副局长，当选为众议员。1975年任佩雷斯市市长。1978～1980年任经济发展部副部长。1982年任佩雷拉市《午报》社长；1983～1984年任国民议会议长。1986年出任自由党副主席。1986～1987年任财政部长；1987年调任内政部长，曾九次代理总统职务。1988年被《时代报》评为该年度"哥伦比亚的杰出人物"。1989年辞去内政部长职务，担任自由党总统候选人路易斯·卡洛斯·加兰（Luís Carlos Galan）竞选总统班子的负责人。由于加兰被贩毒集团杀害，他被自由党推举为总统候选人。

1990年8月上任后，提出要使国家制度化和现代化，加快了改革开放步伐，着手实现三大任务。第一，以更加民主的政治宪法代替1886年的集权制宪法；第二，以向世界市场开放的模式代替保护主义的经济模式；第三，以经济契约和社会平等的国家代替实行经济干预的国家。为此，他采取了一系列改革措施。

（一）支持修改宪法，加强参与性民主，同游击队进行对话，严厉打击毒品走私和刑事犯罪活动，为改革开放创造和平安定的国内环境

鉴于两个传统政党长期垄断国家政权，而其他政党被排斥在政治生活之外的现实，为适应新形势发展，顺应民众强烈要求，加维里亚支持宪法改革，加强参与性民主。1990年12月9日通过选举产生了70名立宪代表。1991年2月5日加维里亚总统亲自主持全国制宪大会，7月5日通过并颁布哥伦比亚新宪法，即《1991年政治宪法》。新宪法削弱行政当局的权力，加强国民议会和司法机关的权力；通过建立国家总检察院和最高司法委员会，提高司法机关的办案效率；深化国家制度化建设，大力革新

政治，实行参与性民主制度；采取多种形式对国家官员监督，使之适应哥伦比亚社会经济的深刻变化。

改变了上届政府要求游击队单方面停火政策，开始与游击队无条件对话。继1990年与"四·一九"运动签署了和平协议之后，1991年1~5月，政府先后与劳工革命党、"金廷·拉梅土著人运动"领导的游击队、人民解放军等组织达成和平协议；政府还同其他游击队代表商讨国内和平进程。1993年7月，原属于民族解放军的"社会改革派"500多人归附政府。1994年4月，一支叫"社会党革命洪流"的游击队850人也归顺政府。仅1990~1994年加维里亚执政期间，先后约有4000名游击队员放下武器，恢复正常的公民生活。政府积极同游击队开展对话，和平进程取得新进展。

严厉打击毒品走私和刑事犯罪活动。20世纪80年代以来，历届政府不断出动军警搜捕毒犯，给贩毒集团以沉重打击。为阻碍政府的缉毒斗争，贩毒集团掀起暗杀浪潮，仅80年代末90年代初，就有3位总统候选人、1位总检察长、3500多名军警和250多名记者被贩毒集团杀害。贩毒分子的暴行激起了全社会的极大愤慨，更坚定了政府打击贩毒犯罪的决心。政府对贩毒集团采取新的斗争策略，宣布贩毒分子只要自首，司法当局将从轻处理，并不把他们引渡到美国。这一政策收到一定的效果，1991年政府的扫毒斗争取得突破性进展，全国捕获贩毒分子、刑事犯罪分子共2481人，麦德林卡特尔的首犯埃斯科瓦尔和头目奥乔亚兄弟先后向政府投降。后由于埃斯科瓦尔越狱逃亡，于1993年底被击毙。麦德林卡特尔被彻底摧毁，表明哥伦比亚的缉毒战取得重大的胜利。

（二）大力贯彻贸易自由化方针，加快经济开放步伐

首先，改革外贸管理体制。《外贸商标法》（即1991年第1号法令）规定，哥伦比亚外贸政策遵循的原则是：发展货物和

劳务自由贸易，提倡自由竞争和首创精神，提高效益，支持国际一体化进程，推动经济现代化。主要措施有：放松进口许可管理制度；降低关税和进口附加税；实行外汇自由兑换；改革外贸机构，决定设立外贸部，统一管理外贸业务，加强进出口贸易的领导。

其次，加强地区合作，面向国际市场。积极参与安第斯自由贸易区建设，各成员国货物自由流通，不纳关税；与中美洲和加勒比地区的经贸合作也得到加强。1993年12月，哥、智两国总统签署合作协议，为加强贸易和鼓励投资开辟了更加广阔的经济空间。1994年6月，哥、委、墨三国签署了建立三国集团自由贸易区的协定。

与此同时，同美国的谈判也取得进展，美国答应对哥伦比亚实行关贸总协定规定的补偿条件；欧共体决定给哥伦比亚为期四年的贸易最惠国待遇，使哥伦比亚成为拉美地区第一个享受此待遇的国家。

（三）实行国家体制改革，使公共权力制度化

为使武装力量服从政治监督，总统任命文人担任国防部长，军费开支接受国家计划局的控制，同意建立警察改革委员会。根据宪法规定，重新设立公共监察机构等。

总之，新宪法的颁布、经济开放和国家改革给国家发展带来希望。政府实施宏观经济调整计划和积极参与国际经济的开放政策，对经济转轨具有重要意义。由于政府全力以赴地推行国际化方针，哥伦比亚以保护主义为特征的经济模式已向积极参与国际经济的开放模式转变。国民经济实现持续稳定增长。国内生产总值增长率在1992年的3.5%基础上，1993年上升到5.3%，1994年达5.8%。

1994年6月，自由党候选人埃内斯托·桑佩尔·皮萨诺当选为总统。

二 埃内斯托·桑佩尔·皮萨诺政府（1994～1998）

埃内斯托·桑佩尔·皮萨诺（Enesto Samper Pizano 1950～ ） 著名律师和经济学家。出生于圣菲波哥大一知识分子家庭。毕业于哈维里亚诺大学法律系和经济学系硕士研究生班，后赴墨西哥国立金融大学和美国哥伦比亚大学学习。1974 年任全国金融协会会长。1982 年任驻美国大使。1982～1984 年任自由党书记。1984 年任圣菲波哥大市政委员。1986～1990 年任参议员。1990 年 8 月～1991 年 11 月任经济发展部长，是经济改革政策的创始人之一。后任驻西班牙大使到 1994 年 6 月。

接任总统后，强调奉行经济开放和政治改革，主张发展经济，特别要改善企业的竞争条件，使经济开放造福于所有公民。在经济社会发展方面做出努力，强调建设一个新的拉美应找到一种发展模式，使拉美国家达到经济迅速发展，分配更加合理，加强拉美和加勒比一体化；与欧盟和太平洋地区国家建立更加密切的经济和文化关系。

（一）调整社会经济政策，增强国际竞争意识，重视发挥私人部门的积极性

制定了 1994～1998 年《社会跃进计划》，试图实现经济增长和社会公正同步发展。政府把发展对外贸易作为经济发展的动力，强调必须组织好生产，降低生产成本，提高产品的国际竞争力；竞争优势的取得，有赖于先进技术的引进、人员素质的提高、企业活力的增强、基础设施的发展和企业活动环境的改善。为此，政府采取了一系列政策措施，如鼓励投资、促进出口、促进技术的转让和革新、促进生产环节和部门之间的协调发展等。政府吸取亚洲"四小龙"的公共部门和私人部门共同参与经济进程的经验，吸取墨西哥的政府、企业家和工人签署社会契约的

经验,建立了一种私人部门参与基础设施投资的新机制,采取了国家和私人共管过去由国家垄断的服务部门的新形式,使哥伦比亚在参与国际竞争中又向前迈出一大步。

在实施的经济、社会和生态发展计划(即《社会跃进计划》)中,政府把实现社会公正,使所有人都能享受经济发展的成果,作为社会跃进计划的主要目标。决定将社会投资在国内生产总值中所占比重从1994年的10%提高到1998年的13%,以使青年、妇女、印第安人和最贫困阶层在教育、文化、社会保险、居住、卫生和劳动就业等方面的状况不断得到改善。其次,把失业问题作为社会发展计划的中心任务,提出要在1995～1998年创造150万个就业机会,以改善就业不足的状况。再次,把签署社会契约作为社会经济发展的新举措。契约规定:1995年通货膨胀率应下降4个百分点,工资将增长20%,最低月工资为148美元。政府还将通过社会团结网向社会贫困阶层提供具体援助,1000万贫困者可从中受益。

(二)积极推动国内和平进程,坚决打击贩毒活动

政府确定了以和平手段解决游击队问题的方针,强调只要证明游击队有明显的和平、和解和团结的愿望,政府就同它的领导人一起坐下来对话,表示要创造一种新的社会"民主共处的形式,从而最终找到在存在分歧的情况下生活的办法",并指出,反贩毒、腐败及有组织犯罪活动的斗争是政府优先关注的问题。加大肃毒力度,频频出动军警搜查毒贩,推行替代发展计划;大力开展对外交往,谋求改善哥伦比亚的国际形象,在国际和地区事务中发挥更大的作用。

麦德林卡特尔被摧毁后,政府的缉毒斗争转向卡利卡特尔。1994年查获可卡因2.5万公斤。1995年,频频出动军警搜捕贩毒集团头目,司法部门加强对洗钱点的打击,6月卡利贩毒集团大头目希尔伯托·罗德里格斯在卡利被捉拿归案,军事头目亨

利·洛艾萨·塞瓦略斯向军方投降,另一头目帕蒂尼奥·福梅克则向司法部门自首。在短短的一年内,卡利集团的6名主要头目都被关进监狱,卡利卡特尔基本上被摧毁。但是,政府同游击队的和平谈判受阻。尽管政府也加强了军事打击力度,但游击队的绑架破坏活动有增无减,力量有所加强,社会治安严重恶化,暴力犯罪更加猖獗。

但是,1995年5月有关总统选举接受卡利贩毒卡特尔巨额"热钱"案,在哥伦比亚引发了一场政治危机。案情涉及总统本人和不少内阁部长、国民议会议员。总检察长下令逮捕有关人员包括国防部长博特罗和选举班子司库梅迪纳,而外贸部长马苏埃拉和驻英国大使萨宁等保守党人相继辞职。众议院调查和控告委员会依法就贿选案问题进行了调查,在哥伦比亚闹得沸沸扬扬。1996年和1997年,美国接连宣布"不确认"哥伦比亚的扫毒斗争,接着又宣布吊销桑佩尔总统进入美国的签证。克林顿政府的推波助澜使桑佩尔总统信誉骤降。

鉴于选民对桑佩尔政府的不满和强烈要求实行改革的现实,1998年3月,保守党总统候选人安德烈斯·帕斯特拉纳打出了"改革大联盟"旗号,迎合哥伦比亚人希望改革的心理。在6月21日总统选举第二轮投票中,安德烈斯以50%的选票击败了执政的自由党总统候选人奥拉西奥·塞尔帕,当选为总统。

三 安德烈斯·帕斯特拉纳·阿朗戈政府(1998~2002)

安德烈斯·帕斯特拉纳·阿朗戈(Andres Pastrana Arango 1955~) 出生于圣菲波哥大,是保守党前总统米萨埃尔·帕斯特拉纳的儿子。幼年受到其父的政治活动和外祖父自由激进的政治哲学的影响。1977年毕业于哥伦比亚罗萨里奥大学法律系,接着又到美国哈佛大学国际问题中心进

修,获硕士学位。之后,当过其父创办的《指南》杂志社的经理,曾在"今日电视台"新闻部工作,担任过拉丁美洲政党联盟的秘书长。1980~1988年任圣菲波哥大市议员。1988年1月曾被麦德林贩毒集团控制的黑社会团体绑架,他机警地托人将录音带送给《时代报》记者,警察将他营救。1988年当选为圣菲波哥大市长,实施了一些富有创造性的计划,受到人们的好评。1991年他在保守党内组成了"新民主力量派",力量逐渐增强。1991年当选为参议员,支持自由党总统加维里亚的一些政治改革措施,从而积累了雄厚的政治资本。1994年作为保守党候选人参加总统大选失败。拒绝桑佩尔总统的入阁邀请,移居国外。1998年3月参加总统大选。他确信,保守党实力不如自由党,决定不以保守党的名义竞选,而是打出了"改革大联盟"的旗帜参选,迎合哥伦比亚人民希望变革的心理,并吸收从自由党内分裂出来的前检察长瓦迪维埃索参加他的竞选班子,把自由党青年派领袖、前安蒂奥基亚省省长古斯塔沃·贝尔·莱穆斯(Gustavo Bell Lemus)作为副总统候选人,组成竞选的搭档。在竞选中重申:"下届他的政府不是保守党的政府,也不意味着自由党下台。"这一切既得到广大保守党人的支持,又赢得了一部分自由党人的信赖。在6月21日的第2轮选举投票中当选为共和国总统。

事实上,帕斯特拉纳接下的是一个烂摊子,如经济发展缓慢,失业率上升到14.5%,贫困人口增加了27%,反政府游击队等暴力活动频繁,治安情况日益恶化。面对严峻的政治和经济形势,8月7日帕斯特拉纳在就职演说中表示,将竭尽全力实现哥伦比亚全面和平,并努力推进经济改革。上任后,制定了《为了建设和平的变革——1998~2002年的发展计划》,指出"它的中心目标是建设和平,要把哥伦比亚建成一个有利于和平的社会",进行了一系列的和平变革。

(一) 吸收反对派入阁，组成"超党派、民主、联合政府"

他既吸收自由党人出任内阁部长，又同时邀请无党派人士入阁，组成了以保守党为主、自由党为辅、独立人士参与的新政府。在发展计划中提出，政府的第一个战略是要"把国家变成参与性的国家"，"使我们的政治制度和政府适宜于巩固民主，恢复治理，使社会走向和平和发展的共同目标"，让"公民参与政治和国家的改组，使之成为有活力的国家"[1]。

(二) 积极推动国内和平进程

他在竞选时表示，上台后首先解决游击队问题，加紧同各游击队进行谈判，尽快实现国内和平。他当选后于7月9日乘小飞机抵南部梅塔省的密林深处，同哥伦比亚革命武装力量最高领导人曼努埃尔·马鲁兰达·贝莱斯（Manuel Marulando Velez）和豪尔赫·布里塞尼奥进行了会晤，提出实现和平的日程表，并答应划出5个市的区域作为和平过渡区，为和平谈判创造条件。1999年1月7日，前往南部圣维森特市同哥伦比亚革命武装力量进行和平对话，积极推动国内和平进程。政府计划的第二个战略是实行建设和平的改革，通过在文化、教育、卫生和营养等方面的基本协议，同确保产生就业、铲除贫困的力量统一起来，实现对哥伦比亚人的社会机会均等、收入与财富的公正和尊重人权，重新组建社会组织[2]。与此同时，强化社会治安，打击刑事犯罪活动，保障公民的人身安全；维持司法公正，提高破案率；继续执行强硬的反毒政策，建立反对服用毒品的机制，宣传吸毒的危害，加强打击贩毒力度。他提出《哥伦比亚计划》，要求国际社会特别是美国和欧盟国家大力支持，密切合作，使反毒斗争取得更大胜利。

---

[1] Departamento Nacional de Planeacion, *Cambio Para Construir La Paz 1998~2002 Bases*, p. 6.

[2] Departamento Nacional de Planeacion, *Cambio Para Construir La Paz 1998~2002 Bases*, p. 6.

（三）进行经济改革，促进经济增长

政府实行的第三个战略是和平和发展。继续经济结构调整，加快私有化步伐，提高经济效益，打击走私逃税活动，增收节支，减少财政赤字。允诺取消部分税收如对工商业的双重征税，将增值税率由16%降为12%，更多关注民众的利益；重视基础设施建设，大力鼓励私人参与道路、港口、航空、电力和电信等基础设施建设；稳定汇率，争取吸引更多外资；加大对农业的投入，提高农牧业生产水平，逐步减少粮食进口。社会政策方面，承诺每年增加25万个工作岗位；增加住房抵押贷款，争取到2000年每人参加健康社会保险；健全教育制度，保障儿童受教育的权利[1]。

（四）积极开展经济外交

政府实行的第四个战略是把出口作为经济发展的动力，促进国内生产走向国际市场[2]。继续奉行独立、自主、多元化外交政策，积极开展经济外交，努力发展同各国的友好关系。政府的外交重点是改善同美国的关系，努力解决哥、美两国在扫毒问题上一直存在的分歧。其次，增强拉美国家的团结，支持安第斯一体化进程，加强哥伦比亚与南方共同市场的关系。继续发展同欧盟国家的合作，特别要争取吸收欧盟国家的投资；重申将加强同太平洋沿岸国家的经贸合作关系；继续执行对华友好政策。

2002年5月26日，独立派人士阿尔瓦罗·乌里韦·贝莱斯当选为共和国总统。

---

[1] Departamento Nacional de Planeacion, *Cambio Para Construir La Paz 1998～2002 Bases*, p. 6.

[2] Departamento Nacional de Planeacion, *Cambio Para Construir La Paz 1998～2002 Bases*, p. 6.

第四章

政　治

　　在拉丁美洲，哥伦比亚是建立民主制度比较早的国家之一，实行中央集权制，采取总统制政体和依照立法、行政、司法"三权分立"原则建立的政治制度。哥伦比亚的国家机构有：立法、行政和司法三个公共权力部门，以及行使国家其他职能的其他机构。宪法规定，国家的不同部门行使不同的职能，但为了实现国家的目标而和谐地进行合作。

第一节　宪法

一　哥伦比亚的制宪进程

　　哥伦比亚自1819年独立以来，先后制定过4部宪法。

　　1821年5月6日，由昆迪纳马卡（新格拉纳达）副总统安东尼奥·纳里尼奥主持、有21个省57名代表出席的库库塔制宪会议，制定了大哥伦比亚共和国第一部宪法——《库库塔宪法》（即《1821年宪法》）。同年8月30日正式颁布实施。该宪法是以1819年12月安戈斯图拉国民大会制定的《大哥伦比亚共和国根本法》为基础，规定大哥伦比亚共和国为中央集权制国家，

实行立法、行政和司法三权分立原则。议会由参议院和众议院组成,行使立法权;参、众议员任期分别为8年和4年,由间接选举产生。总统行使行政权,对国会负责,在重大问题上要征询国务会议的意见,只有在国内发生危机时总统才被授权使用武力;总统任期为4年。司法权属最高法院,法官由总统和国会任命。地方最高行政单位为区,各区由若干省组成,由总统任命的监政官管辖。制宪会议一致选举西蒙·玻利瓦尔为总统,弗朗西斯科·德保拉·桑坦德尔为副总统。该宪法使总统受制于国会,玻利瓦尔深感失望。1828年奥卡尼亚国民大会试图对此予以修改,但未能如愿。之后,于1832年、1843年、1853年都曾对这部宪法进行了修改。

1857年,保守党人马里亚诺·奥斯皮纳·罗德里格斯担任总统后,于1858年进行宪法改革,决定实行联邦制,把全国划分为8个州,把国名改为新格拉纳达联邦。1861年自由党人托马斯·西普里亚诺·莫斯克拉推翻了保守党政府,1863年在里奥内格罗城召开制宪大会,制定了一部具有自由主义色彩的联邦制宪法——《里奥内格罗宪法》(即《1863年宪法》)。这部宪法进一步确定:哥伦比亚实行联邦制,改国名为哥伦比亚合众国;赋予各州自治权,缩小联邦政府的权限,只保留国家对外关系和对外战争的一些权力;将总统任期缩短至2年。宪法保障个人权利,允许自由贸易,废除一切宗教法令,宣布政教分离,禁止神职人员参加选举。

19世纪80年代,自由党温和派拉斐尔·努涅斯接任总统后,采取保守措施,同自由党决裂。1884年宣布废除《1863年宪法》,恢复教会特权,实行专制统治,着手制定新宪法。1886年8月努涅斯召集国民议会,通过了保守党人米格尔·安东尼奥·卡罗起草的宪法,即哥伦比亚的《1886年宪法》。

《1886年宪法》规定:废除联邦制,恢复中央集权制;改国名为哥伦比亚共和国,将原8个州改为8省。总统和副总统实行间接选举,由议会选举产生,任期改为6年。宪法授权总统行使国家行政管理权,任命内阁部长和各省省长,统帅国家武装部队,有权干预经济生活,下令逮捕扰乱公共秩序者。国民议会由参议院和众议院两院组成,参、众议员任期分别为6年和4年;国民议会指导省议会的活动。司法机关隶属于行政当局,最高法院和地方法院的法官由行政当局任命;但当总统的要求不符合宪法规定时,法院有权进行裁决。宪法规定天主教为国教,确保政教合一,教会财产豁免税负,教育应与罗马天主教教义相适应。宪法规定,全体公民必须履行维护民族独立、保护国家主权的义务;国家设常备军,实行轮换制。宪法规定了很高的选举资格,只有年满21岁、有读写能力并有合法职业、有500比索以上收入或有1500比索以上不动产的男子才有选举权。《1886年宪法》巩固了保守势力的政权。

《1886年宪法》颁布之后,在1910年、1936年、1945年、1957年、1968年和1979年对其进行了多次修改。1910年取消了副总统的设置。1936年在自由党领导下进行修改宪法。修正案规定:立法、司法和行政"各具其单独职能,但在实现国家目标方面进行协调合作";总统和两院议员由选民直接选举产生;国家有权干预经济生活,协调劳资冲突,推动生产发展,促使社会财富分配合理化;废除罗马天主教为国教的规定,取消教会财产的免税权,解除教会对教育的控制;外来移民可以享受哥伦比亚公民的权利,妇女可进入政府机关工作。1968年的宪法改革,旨在强化国家对经济的干预作用,授予政府灵活管理财政、实施国家预算和改革对外贸易制度的权力,使总统、省长和市长成为经济决策的中心人物。1979年的宪法改革,主要是为了进一步加强中央政府的权力,改革地方行政管理体制,改善司法管理,协调国家公共权力之间的关系,以促进社会、经济的全

哥伦比亚

面发展。总而言之，一个多世纪以来，立法机构虽然对宪法进行多次修改，但根本原则没有改变①。

为适应新的形势，顺应民众强烈要求，加强参与性民主。1990年8月自由党人塞萨尔·加维里亚·特鲁希略担任总统后，支持修改宪法。同年12月9日通过选举，产生70名立宪代表。1991年2月5日全国制宪大会正式开幕，并于7月5日通过了哥伦比亚新宪法，即《1991年政治宪法》。与《1886年宪法》对比，《1991年政治宪法》有了较大变化：选民享有更多的权利，可对政府投不信任票，地方长官（包括省长和市长）由选民直接选举产生；增设副总统；各省参议员人数原由地方确定改为由国家确定；恢复议会的首创权力，削减行政首脑的权力；建立国家总检察院和最高司法委员会，以便提高司法部门的效率；突出了共和国银行在管理货币、兑换和信贷政策方面的自主权。此外，宪法还规定财政分权制，增加对地方教育和卫生等服务设施的拨款。应该肯定，《1991年政治宪法》的颁布，特别是通过人民选举产生制宪代表的制度，为那些从未参与决策的社会阶层参与政治提供了机会，扩大了人民参与政治的民主权利。这不仅适应了拉美民主化进程的发展，而且加强了哥伦比亚民主法制建设，对实现国内和平和稳定发展具有深远意义。

现行宪法即是《1991年政治宪法》，除序言外，有13篇，49章，380条，内容包括基本原则，公民权利、保障和义务，人民与国土，民主参与和政党，国家组织，立法部门，司法部门，行政部门，选举和选举机构，监督机构，地方组织，经济制度和公共财政，宪法改革等。

---

① 《哥伦比亚制宪说明》，《世界各国宪法》，青岛人民出版社，1996，第1481页。

二 现行宪法的特点

（一）中央集权制原则

哥伦比亚是一个实行中央集权制的国家，实行分级管理，依照立法、行政、司法"三权分立"原则运作。宪法规定，主权属于国家，一切公共权力由国家授予。国民议会行使立法权，政府行使行政权，法院行使司法权；在实现国家目标方面，三个公共权力部门和谐地进行合作。地方政权有一定的自治权。宪法强调了共和国银行在货币管理、兑换和信贷政策中的自主权。宪法第2条规定，国家的根本目标是：服务于社会，促进普遍繁荣，保证体现在宪法中的原则、权利和义务的实现；保障所有人能参与国家的经济、政治、管理和文化生活；保卫国家的独立，维护领土完整，保障和平共处和对公共秩序的监督。

（二）公民的自由权利不可侵犯

宪法有关公民的权利、保障和义务的条文共有5章84条，占很大篇幅。宪法第2条规定，共和国保护居住在哥伦比亚的所有人的生命、荣誉、财产、信仰和其他的自由和权利。宪法第5条规定，国家承认个人的权利神圣不可侵犯，保护作为社会基层组织的家庭。宪法第13条规定：所有的人不分性别、种族、出身、家庭、语言、宗教和政治信仰，在法律面前享有自由和平等，得到国家相同的保护和待遇，享有相同权利、自由和机会。共和国保证完成国家提供的社会服务和个人服务。国家保障社会和睦相处，保障共同利益，负责保护人身安全、社会安全、公共卫生和公共道德。

（三）法制原则

宪法第4条规定，宪法是国家的根本大法，具有最高法律效力，是制定其他法律和法规的依据；在宪法、法律和其他法规之

间如有不相容的地方，必须服从宪法；尊重宪法和法律，尊重和服从法律是居住在哥伦比亚的本国人和外国人的义务。只有维护法制原则，才能确保法律的尊严，才能对人民实行有效的保护。国家和个人的一切活动必须服从现行法律。法律对政治机构及其官员实行约束和控制。

（四）实行参与制民主制度

宪法第1条规定，哥伦比亚实行的是建立在尊重人的尊严、尊重人的劳动和团结、突出集体利益基础上的参与制的和多元的民主制度。宪法第3条规定，主权完全属于人民，公共权力来自人民。人民直接或通过其代表行使宪法所规定的权利。人民参与行使主权的机制是：选举、公民投票、人民协商、公开市政厅会议、立法倡议和撤换领导人。实行直接、普遍、秘密和自由的选举，取消了财产和收入的选举资格限制。总统、国民议会议员以及省和市领导人均由人民直接选举产生。年满18岁的男女公民享有选举权。每一个省为一个选区。

（五）实行总统制政体

在哥伦比亚政治制度中，总统制占有特别重要的地位。总统领导着国家，既是国家元首，又是政府首脑；既是最高的行政长官，又是国家武装力量的最高统帅。总统对国家负责，由选民直接选举产生，不能连任。现行宪法恢复设立副总统职位。最大的反对党有权参加内阁。2004年3月，乌里韦政府正式向国会提交宪法修正案，要求修改宪法中关于禁止现任总统连任的条款。2004年11月，哥伦比亚国民议会审议并通过了总统可连选连任法案。2005年10月，国家宪法法院正式批准了该法案，使乌里韦的连任成为可能。

宪法第113条规定，国家机关包括三个公共权力部门和其他职能机关。三个公共权力部门是：立法部门、行政部门和司法部门。其他职能机关是：①监督机关，包括共和国审计署和国家总监察院。②选举组织,包括全国选举委员会和全国公民状况登记委员会。③其他机构,包括共和国银行和全国电视委员会。不同的国家机构具有各不相同的职能,但是,在实现国家的目标方面实行和谐合作。

第二节 国民议会

一 国民议会的组成和职权

宪法第114条规定,国民议会由参议院和众议院组成,是最高立法权力机构,行使国家立法权。国民议会的前身是1811年新格拉纳达联合省的联邦会议和1819年安戈斯图拉国民议会。安戈斯图拉国民议会是根据西蒙·玻利瓦尔和弗朗西斯科·安东尼奥·萨亚(Francisco Antonio Zea)的思想而召开。1821年5月6日召开的库库塔制宪会议,制定了哥伦比亚第一部宪法,规定国民议会由参议院和众议院组成。1823年11月第一届国民议会开始工作。

现行宪法第132条规定,国民议会每届任期4年,由年满18岁的公民直接选举产生。国家各级行政官员不能当选参、众两院议员;国家行政官员必须停止公共行政职务一年后,才有资格当选两院议员。任何被法律处以劳役或监禁的公民都不能当选参、众两院议员;因政治犯罪被判刑的人不受此项限制。参、众两院议员任职期间,禁止个人同管理、经营和投资公共资金的有私人权益的自然人或法人签订合同,或经营有关的业务;禁止议员担任各级分散部门或负责税收部门的董事会成员、公共和私人部门的职务。

国民议会每年召集两次会议,第1次会议于7月20日~12月16日召开,第2次会议于3月16日~6月20日召开。如果由

于某种原因不能正常召开，可以由政府召集特别议会，参、众两院应公开并同时开幕和闭幕，由共和国总统本人宣布两院开会和闭会。在会议期间，参、众两院有如下职权：（一）选举议长和副议长。（二）选举秘书长，任期 2 年。（三）向政府提交必要的报告。（四）有权举行预备会议，由议员向部长提出口头或书面建议。（五）根据法律规定，任命专人处理两院内部事务。（六）要求官方技术机构的合作，以便更好地履行职责。（七）组建其内卫警察。（八）以书面形式提出约请部长出席议会会议，但至少应提前 5 天；部长应准时出席约定会议并发言，辩论时应围绕相关问题，不得扩大到与提出问题无关的事务。（九）可就与部长相关的事务对部长提出不信任案，该案应由该院议员的 1/10 的人数提出，并应在辩论结束后的 3～10 天进行投票表决，必须得到该院议员的绝大多数批准；一旦批准，该部长必须调离该职务。

另外，宪法第 136 条对议会的职权做了限制：不允许国民议会及参、众两院通过决议和法令干涉其他部门的事务；不许要求政府提交有关军事训练报告或有保密性的谈判报告；禁止颁发对自然人和法人进行流放和迫害的法令；禁止批准用国库的资金到国外旅游，如有特殊使命，必须有议会的 3/4 的票数批准等。

宪法第 141 条规定，只有在共和国总统移交职务和选举总统继承人时，国民议会才可举行两院联席会议。届时，国民议会的议长和副议长分别由参议院议长和众议院议长担任。议长职权不大，负责主持会议，代表议会出席各种仪式，以及陪同总统视察等行政事务。

宪法第 150 条规定，国民议会负责改革宪法、制定法律、对行政部门进行政治监督。国民议会行使下列职能：（一）制宪职能。通过制宪会议进行宪法的修改。（二）立法职能。制定、解释、修改和废除所有立法部门的法律和法规。（三）监督职能。

敦促和传唤内阁和其他部门官员，了解被提出指控的国家高级官员的情况，对那些不负责任官员可行使不信任案和观察。（四）司法职能。可对渎职的国家官员进行审判。（五）选举职能。选举共和国总审计长、国家总监察长、宪法法院法官、最高司法委员会和纪律法院的法官及人民保卫员。（六）公共检察职能。可以通过指控委员会调查有关的问题，以口头或文字声明传讯任何自然人和法人。（七）礼仪职能。出席接待外国国家元首或政府首脑的仪式。此外，议会授权总统在紧急状态时行使特殊权力，议会根据实际情况可随时取消和改变这种权力。

二 参议院的组成及其职权

宪法第172条规定，出生于哥伦比亚、享有公民权、年满30岁的哥伦比亚人，有资格当选为参议员。参议院议员102名，包括从全国范围内选出的100名参议院议员和全国印第安社团选出的2名参议员。参议员每届任期4年，每4年全部改选，可连选连任。最近一次参议员选举于2006年3月进行，由选民直接选举产生。现任参议院议长是埃尔南·安德拉德·塞拉诺（Hernan Andrade Serrano）。

宪法第173条规定，参议院有如下职权：接受或不接受总统和副总统的辞职；审核政府提议的高级军官的晋升；批准总统出访；在总统出访期间，授权副总统行使总统职权；批准外国军队过境；授权政府向他国宣战；选举宪法法院法官；选举国家总监察长。

宪法第174条规定，参议院受理众议院对共和国总统、内阁部长、高等法院法官、国务委员会法官、宪法法院法官、最高司法委员会成员、国家总检察长的指控案。宪法第175条规定，参议院在对上述官员的审理中应遵守下列规定：（一）凡指控被公

开受理时,被指控人事实上停职。(二)如指控涉及履行职务中所犯过失,或涉及因行为不良的不称职者,参议院只能给予撤职、暂时剥夺或使其绝对丧失政治权利的惩处;如果事实确定他应对需受其他处罚的罪行负责时,应由最高法院对罪犯进行刑事审判。(三)若指控涉及刑事犯罪,则参议院仅宣布是否应予审理;如需继续审理,则应将被指控人移交给最高法院处置。(四)参议院可将对案件的审理委托给其内部的一个代表机构,同时保留审判和最后判决的权力。最后判决应由出席参议员至少 2/3 的票数做出,并在公开会议上予以宣布。

三 众议院的组成及其职权

宪法第 176 条规定,众议院的议员由各省选区和特别选区选举产生。每个省和圣菲波哥大特区各自成为一个选区,每个选区可选出 2 名众议员,在此基础上,凡超过 25 万人的省可增选 1 名众议员。另外,少数民族、政治少数派和侨居在国外的哥伦比亚人组成一个特别选区,可选出 5 名众议员。宪法第 177 条规定,年满 25 岁、享有公民权的公民均有资格当选众议员。众议员每届任期 4 年,每 4 年全部改选,可连选连任。现有众议员 165 名。最近一次众议员选举于 2006 年 3 月进行,由选民直接选举产生。现任众议院议长是赫尔曼·巴龙·科特里诺(German Varon Cotrino)。

宪法第 178 条规定,众议院有如下职能:(一)选举人民保卫员;(二)审核共和国总审计长提交的预算总账目和国库总账目;(三)在具有宪法或法律理由的情况下,向参议院指控共和国总统、各部部长、宪法法院法官、最高法院法官、最高司法委员会成员、国务委员会法官和国家总检察长;(四)处理国家总检察长或个人向它提出的对上述官员的控告,根据总检察长或个人提出的事实证据,向参议院提出起诉等。

四 参、众两院的常设工作机构

宪法第142条规定，参、众两院选举常设委员会，负责处理法律和法令草案的第一轮辩论。法令确定常设委员会的数目、其成员人数以及每个常设委员会负责的事务。参议院和众议院可命令任何一个常设委员会在休会期间举行会议，辩论上届国会悬而未决的问题，并准备提交两院委托有关问题的草案。

参议院有7个常设委员会：

①宪法和法典事务委员会。由33人组成。负责包括实行宪法改革，制定法令条例，行政区划，监督组织条例，行政活动准则，公证和注册条例，中央政府的机构，公民的权利、保障和义务，知识产权等事务。

②外交和军事委员会。由19人组成。负责包括制定国际政策，国防和公共武装力量，外交，外贸和一体化，国际条约，港口政策，国际会议、国际或多国关系，边界，国籍，外国移民，自由区等事务。

③财政和公共信贷委员会。由27人组成。负责包括财政，信贷，税收，货币制度，共和国银行的法规和制度，证券市场，经济调整，国家计划，兑换制度，储蓄和保险制度，金融改革等事务。

④预算委员会。由27人组成。负责包括预算，财政金融监控制度，国家财产的使用和转让，工业资产，商标，国家工业部门的建立、监督、改革和组织，价格和质量的监督等事务。

⑤环境保护委员会。由18人组成。负责包括农牧业，生态、环境保护和自然资源，土地的侵占和恢复，鱼类和海洋事务，矿业和能源，地方自治公司等事务。

⑥运输和通信委员会。由19人组成。负责电话和通信，公

共服务的职能和提供，科学和技术研究，旅游，公共工程，运输，信息工程等事务。

⑦卫生和社会保障委员会。由19人组成。负责包括个人劳动和公共服务条例，工资制度，公共福利，工会组织，社会保险，社会基金，公民服务，文化娱乐、体育、卫生、社区组织，住房，妇女和家庭，支援组织等事务。

另外，参议院还设立2个法定委员会：调查和控告委员会和账目委员会。

众议院设有临时委员会和账目委员会，以及人权、道德、信誉、公共信贷和追踪委员会等。

议员任职期间可出任大使公职，保留议员资格；议员的空缺由相应的未当选议员的候补者、按其名字在有关选举名单上所处位置的顺序依次递补。

自由党和保守党在议会中没有党团组织。宪法规定，议员不是党的代表，而是国家的代表，议员的言论和表决权神圣不容侵犯。议员在辩论时，可自由发表意见，他们仅对其所属的议院负责，他甚至可以发表反对自己的政党或政府的意见。

第三节 政府

宪法第115条规定，政府由共和国总统、副总统、内阁部长和行政管理局长组成，行使行政管理权；而在每项特定事务中，则由总统和某一相关部长或行政管理局长行使政府职权。除关于任命或撤换部长和行政管理局长的命令以及以国家元首和最高行政长官的名义作出的决定，非经相关部门的部长或相关行政管理部门长官的副署并由他们下达，总统的任何命令没有任何效力。这些部长或行政部门长官也应对此事承担责任。

第四章 政　治

一　共和国总统及其职权

宪法第188条规定，共和国总统象征着国家，在贯彻执行宪法和法律的过程中，保证所有哥伦比亚人的权利和自由。当选共和国总统的资格与参议院议员相同，即出生于哥伦比亚、享有公民权、年满30岁的哥伦比亚人。共和国总统由年满18岁的公民直接和秘密投票选举产生；如果候选人得票不超过半数，必须在3周后在得票最多的两个候选人中进行新一轮投票，得票超过半数者当选；任期4年，2005年10月宪法法院批准了哥伦比亚国民议会提出的总统可连选连任的法案后，可以连任。当选总统应在国民议会议长主持下宣誓就职。誓词是："我向上帝宣誓并向人民保证，忠实地遵守哥伦比亚宪法和法律。"

共和国总统作为国家元首，政府首脑，最高行政长官，国家武装部队和国民警察的最高统帅，拥有非常广泛的职责和权力。

①在行政方面：总统有权任命和撤换内阁部长、行政管理局局长、国家公共部门行政官员；负责颁布和执行法律，维护国家的安全和领土完整，维护公共秩序；指挥国家武装部队，有权授予高级军官军衔（须经参议院认可）；有权调整各部、各行政管理局和其他公共部门的机构，根据它们的工作性质，安排和分配它们的业务；根据法律，确定国家的税收、公共财富的保管和批准投资；对金融活动、股票交易、保险及其管理、利用公共资金的人员进行监督和控制；调整外贸，对金融、股票、保险、投资等业务进行干预，对公共福利机构进行检查和监督。

②在立法方面：总统有权宣布国民议会的开幕和闭幕；作为政府的代表，在特殊的情况下，有权召集特别国民议会；向国民议会提出全国经济和社会发展计划和投资计划；向议会提出议案，负责报告工作和提交收支预算报告。

③在司法方面：总统有权对违反宪法和法律的公职人员提出起诉；根据宪法，有权宣布赦免政治犯；向司法部门提交有关其职能实行情况的工作报告。

④在外交事务方面：总统负责制定外交政策，领导对外关系工作，任免驻外使节，接待外国或国际组织的来访者。

⑤其他方面：宪法第 212 条和 213 条规定，凡遇到对外战争，或国内公共秩序遭到扰乱时，在全体部长签署的情况下，总统有权宣布"戒严"和"紧急状态"。通过这一宣布，政府还将拥有宪法授予的战时或公共秩序受到破坏时的权力，以及根据国际公法的准则在国与国之间发生战争时拥有的权力。总统发布命令（须经全体内阁部长签名）必须经参议院认可，众议院可将有关这些法令的期限和法令的合法性问题提交给最高法院。对外战争一经停止或国内动乱一经结束，政府就应宣布公共秩序业已恢复，非常性质的法令即不再有效。

宪法第 198 条规定，共和国总统应对其违反宪法或法律的失职行为负责。在任期内的共和国总统和正在行使行政权的总统代理人，除非由于众议院提出指控并在参议院已经宣布可以立案的情况下，不因犯罪而受控告或审判。

副总统由公民直接选举产生，任期 4 年，其当选资格与总统相同。当总统缺席时，由副总统代行总统职务。

在 2002 年 5 月 26 日进行的总统选举中，"哥伦比亚第一运动"总统候选人阿尔瓦罗·乌里韦·贝莱斯（Alvaro Uribe Velez）以绝对优势，战胜对手自由党候选人奥拉西奥·塞尔帕，当选为共和国总统。弗朗西斯科·桑托斯·卡尔德隆（Francisco Santos Calderon）当选为副总统。

最近一次总统选举于 2006 年 5 月进行，现任总统阿尔瓦罗·乌里韦·贝莱斯获得 63% 以上的选票，成功连任，得票数远远领先于其他 5 位总统候选人。其主要竞争对手左翼民主变革中心党候选人卡洛斯·加维里亚（Carlos Gaviria），得250万张选票，占总票数22.5%。佛郎西斯科·桑托斯·卡尔德隆当选为副总统。

二 内阁组成及各部门的权限

宪法第206条规定，内阁各部和行政管理局的数目、任命和排列顺序，由法律规定。担任内阁部长和行政管理局长官的资格与众议院议员相同，即年满25岁、享有公民权的公民。内阁部长和行政管理局长官，在总统的领导下，制定相关的部门政策，领导该部门的行政工作人员执行法令。内阁各部是政府同议会联系的机构，作为政府的代表，向议会提交法令草案，参加议会进行的辩论。在每届议会召开前15天，向议会提交各自的工作报告以及应当进行修改的报告。参、众两院可要求部长出席。此外，两院常设委员会还可要求副部长、行政管理的局长官以及国家的地方分权机构的经理或领导人、公共权力部门的其他官员出席会议。

行政管理的职能在于对总的利益提供服务，在平等、合理、有效、经济、迅速、公正和公开的原则基础上，通过分权机构设立办事机构，把管理职能分散下去。为了完成国家的目标，行政部门应协调地进行工作。各级公共行政部门实行法令所规定的内部监督。哥伦比亚内阁原有13个部。为适应国家现代化发展的需要，20世纪90年代，新设立3个部（即对外贸易部、环境保护部和文化部）。它们的主要宗旨和职责是：

内政部：根据总统指示，负责处理国内公共秩序，政治事务，和平、公民相处、基本权利和义务，公民参与国家的政治和社会生活，印第安人事务，国家和地区之间的关系，以及与它相关的问题。

外交部：在总统的领导下，负责建议、指导、协调和实施哥

伦比亚的外交政策，管理共和国的对外关系和国际事务。

国防部：根据宪法和法律，领导国家军事武装力量，执行国家的国防政策。

司法部：提出和制定司法方面的计划和政策。

财政和公共信贷部：提出和制定国家在财政、税收、关税、公共信贷、预算、收支、国库、兑换、货币等方面的政策，以及在不影响共和国银行董事会的职权的情况下，根据宪法和法律，干预和调节国家的金融、股票交易、保险和其他有关活动。

农业和农村发展部：根据总统的指令，提出和执行农牧业和渔业的政策。

劳动和社会保障部：负责提出、制定、领导和协调就业政策、劳动政策、社会保障政策。

卫生部：制定卫生体系方面的政策，指导有关方面的资金、活动、计划、法案的实施，以及制定为了促进卫生、预防疾病等方面的科学和管理的法规。

经济发展部：参与国家的经济政策和经济社会发展计划的制定和实施。

矿业和能源部：制定国家在能源和矿业的勘探、开采、运输、提炼加工、收益、分配和改造等方面的政策，发展电力生产以及制定电力分配等方面的政策，合理利用能源和发展能源相互替代，以及根据法律制定有关技术、经济、法律、工业、商业等方面综合利用非再生资源的政策。

对外贸易部：领导、协调、执行和监督对外贸易政策，使之与国家的发展计划相一致。

国民教育部：在总统领导下，制定教育部门的发展目标、政策、计划以及提供完成相关计划的实施措施。

交通运输部：制定、指导和监督在交通、运输和它的基础设施方面的国家政策的实施，提出、协调和监督运输部门各机构的

第四章 政 治

计划和政策的实施。

邮电通信部：根据相关的竞争原则，协调参与通信的部门的不同服务，制定条例以及调节部门职能的法规。

环境保护部：为了增进人和自然的和谐关系，保证可持续发展，制定国家在环境保护和非再生自然资源的保护、管理、利用、安排等方面的政策。

文化部：根据1995年第188号法令所确定的原则，文化部承担协调国家的行动以造就新公民的使命。

此外，还有6个行政管理局，它们是：总统府、计划局、安全局、统计局、公共职能局和合作局。

2002年8月7日，阿尔瓦罗·乌里韦总统组阁，他将政府的16个部合并为13个部，其中将内政部和司法部合并为内政和司法部，将卫生部和劳动保障部合并为社会保障部，将外贸部和经济发展部合并为贸易工业旅游部。2006年8月组成新的内阁。任期内，内阁部分部长多次进行过调整，现任内阁部长名单如下。

内政和司法部长：法维奥·巴伦西亚·科西奥（Fabio Valencia Cossio）；

外交部长：海梅·贝穆德斯·梅里萨尔德（Jaime Bermudez Merizalde）；

国防部长（代理）：费雷迪·帕迪利亚·德莱昂（Freddy Padieea de León）；

财政与公共信贷部长：奥斯卡·苏卢阿加（Oscar Zuluaga）；

农业与农村发展部长：安德烈斯·费利佩·阿里亚斯（Andres Felipe Arias）；

国民教育部长：塞西莉亚·玛丽亚·贝莱斯·怀特（Cecilia Maria Velez White）；

社会保障部长：迭戈·帕拉西奥·贝坦库尔（Diego Palacio Betancourt）；

矿业与能源部长：埃尔南·马丁内斯·托雷斯（Hernan Martinez Torres）；

邮电通信部长：玛丽亚·德尔罗萨里奥·格拉（Maria del Rosario Guerra）；

交通运输部长：安德烈斯·乌列尔·加列戈·埃纳奥（Andres Uriel Gallego Henao）；

贸易工业旅游部长：路易斯·吉列尔莫·普拉塔·派斯（Luis Guillermo Plata Paez）；

环境保护部长：卡洛斯·科斯塔·波萨达（Carlos Costa Posada）；

文化部长：保拉·马塞拉·莫雷诺·萨帕塔（Paula Marcela Moreno Zanata）。

第四节　司法机关

宪法第116条规定，宪法法院、最高法院、国务委员会、最高司法委员会、国家总检察院、各级法院和法官组成哥伦比亚的司法系统，行使司法权。宪法第229条和230条规定，司法机关的职能是保护全体人民的权利；法官在任职期间只服从法律，根据法律行使裁决权；公正、依法、尊重事实和教育是完成司法业务的准则。司法机关的决定是独立的，司法职能的行使是分散的和自主的。除法律的特殊规定，司法诉讼是常设的和公开的，诉讼应保持快捷。在哥伦比亚，司法权分为普通司法权、宪法司法权、特殊司法权和行政诉讼司法权。

一　最高法院

宪法第234条规定，最高法院是最高普通司法机关，行使普通司法权。根据法律，将最高法院分成为若干法庭，规定每个法庭应当分别处理的事务。最高法院由法律规定的单数法官组成。当选最高法院法官的资格：必须是出生于哥伦比亚、享有公民权、无刑事违法行为、在司法和检察机关任职10年以上的律师，或有良好声誉的律师，或官方承认的机构从事法学教育的教师。最高法院法官由最高立法委员会提名，由相应的机构任命，任期8年。最高法院的大法官，只要保持良好行为，有令人满意的政绩，而且未到必须退休的年龄，即可保持其职位。现有29名大法官。

宪法第235条规定最高法院的职能是：（一）作为普通司法机关的终审法院；（二）负责审理众议院对总统、高级官员和法官的指控；（三）负责调查和审理国民议会议员的违法案件；（四）审理国家总检察院指控的内阁部长、总检察长、人民保卫员、检察机关官员、各行政管理局领导人、共和国总审计长、地方高级官员、法院法官、武装部队司令和将军的违法案件；（五）审理外交人员诉讼案件；（六）制定自己的章程；（七）行使法律赋予的其他职权等。

二　宪法法院

宪法法院行使宪法司法权。它的职责是保卫宪法，确定法律、法令和条例草案是否可行，研究"戒严条例"和"经济紧急状态"是否合法等。宪法第239条规定，宪法法院由法律规定的单数法官组成，应照顾到不同法律专业的法官。当选宪法法院大法官的资格是：必须是出生于哥伦比亚、享有公民权、无刑事违法行为、在司法和检察机关任职10年以上的律师，或有良好信誉的律师，或在官方承认的机构从事法学教育的教师。宪法法院的法官由总统、最高法院和国务委员会提名，由参议院选举产生，任期8年，不能连任。宪法法院由9名大法官组成。先前担任过内阁部长、最高法院和国务委员会的法官的人，不能当选宪法法院的法官。宪法法院法官在行使宪法司法权期间和离任当年，不能担任行政职务。

宪法第241条规定，宪法法院担负着维护宪法尊严和完整性的神圣使命。为此，它行使如下职能：（一）有权就程序的合法性，对公民提出的违宪要求进行裁决；（二）有权就改革宪法而召开制宪代表大会的合法性做出裁决；（三）有权对公民投票、人民咨询和全民投票的合法性做出裁决；（四）有权就公民提出的内容及其提出程序，对公民反对法律的违宪审查要求做出裁决；（五）有权就公民提出的内容，对公民认为政府根据宪法第150条第10项和第341条提出的法令的违宪审查要求做出裁决；（六）有权对宪法第137条的解释做出裁决；（七）有权对政府根据宪法第212条、213条、215条颁布的法令的合法性做出裁决；（八）有权从内容以及提出程序，对政府认定是违宪的法令草案的合法性做出裁决；（九）根据法律规定，有权审查与宪法监护权有关的法律，并做出裁决；（十）制定内部法规等。

三　特殊法院

宪法第246条规定，印第安人当局根据印第安人自己的规定和方式，可以在他的辖区内，在不违反宪法和法律的情况下，行使特殊司法权。这种特殊司法权与全国司法体系的协调形式，由法律确定。法院可以设立公正解决个人和集体冲突的和平法官，同时可以通过人民投票把他们撤换。

四　国务委员会（Consejo de Estado）

国务委员会既是政府行政事务的最高咨询机构，又是行政诉讼最高法院，行使行政诉讼司法权。宪法第236条规定，国务委员会分为咨询服务庭和行政诉讼庭，每一法庭的职能、组成、法官人数和它们的内部组织由法律规定。国务委员会由法律规定的单数法官组成。当选国务委员会的法官的资格是：必须是出生于哥伦比亚、享有公民权、无刑事违法行为、在司法和检察机关任职 10 年以上的律师，或有良好声誉的律师，或在官方承认的机构从事法学教育的教师。国务委员会的法官由最高立法委员会提名，并由相应的机构任命，任期 8 年。国务委员会的大法官，只要保持良好行为，有令人满意的政绩，而且未到必须退休年龄，即可保持其职位。现有 29 名大法官。

宪法第 237 条规定国务委员会的职能是：（一）根据法律规定的准则，履行国务委员会行使行政诉讼案件方面最高法院的职能；（二）识别政府颁布的法令（但又不属于宪法法院的行为）是否违宪；（三）充当政府在行政方面的最高咨询机构，如在外国陆军通过领土、外国军舰和飞机通过领海和领空的情况下，政府应事先向国务委员会咨询；（四）准备向立法议院呈交的宪法改革、法律和法典草案，对各类法规提出适当的修改意见；（五）根据宪法和法律了解国民议会议员的失职情况；（六）制定自己的规章；（七）行使法律规定的其他职能。

五 国家总检察院（Fiscalía General de La Nación）

宪法第 249 条规定，国家总检察院是哥伦比亚司法系统的组成部分。"国家总检察院由一名国家总检察长、由授权的区检察官和法律指定的其他检察官组成。"国家总检察长是从共和国总统提出的 3 名候选人中由最高法院选举产生的，任期 4 年，不能连任。其当选资格与最高法院大法官资格相同。国家总检察院应捍卫国家利益，推动对法律、司法判决和行政措施的实施，监督公共职员的公共行为并对扰乱社会秩序的罪行和违法事件提出控告；负责在相应的法庭和法官面前指控违法行为。国家总检察院负责调查犯罪事实（现役军人及其所犯的罪

行不属此项规定)。宪法第253条规定，法律确定国家总检察院的机构设置和职能，确定它的下属官员的晋升、撤换、任命、资格、报酬、社会福利、纪律和规章制度。

国家总检察院的职能是：(一)必须采取切实措施保证犯罪者出庭；采取必要措施，恢复当事人的权益和赔偿犯罪者所造成的损失。(二)评估和宣布进行调查的结果。(三)领导和协调司法警察和法律所规定的其他机构的工作。(四)保护该案情的受害者、证明人和见证人。(五)完成法律所确定的其他职能。

国家总检察长在全国行使检察权。国家总检察长的专门职能是：(一)负责对享有宪法保障的最高官员的调查和指控；(二)根据法律规定，任命和撤换下属机构的官员和工作人员；(三)参与国家刑法政策拟订和提交有关法律草案；(四)在职权范围内，完成司法警察职能和给予公共实体临时职权；(五)负责向政府提交有关公共秩序的调查报告。

六 最高司法委员会（Consejo Superior de La Judicatura）

最高司法委员会负责：管理司法部门业务，提出司法官员的候选人名单，选派司法官员（军事法庭除外）；检查司法官员的行为，制裁犯错误的司法官员和律师；监督司法部门的收入和效率；向政府提交司法部门的预算草案，并根据国民议会批准的预算实施；调解司法区之间的诉讼纠纷。

宪法第254条规定，最高司法委员会分为两个庭：(一)行政法庭。由6名选举法官组成，任期8年。其中有最高法院大法官2人，宪法法院大法官1人，国务委员会大法官3人。(二)纪律法庭。由政府提名、国民议会选举产生的7名大法官组成，任期8年。当选司法委员会成员的资格是：出生于哥伦比亚、享有公民权、年龄在35岁以上、有律师执照、从事律师事务10年或有好的信誉的律师。高级司法委员会成员不能在同一法院的法官中挑选。最高司法委员会现由 13 名大法官组成。

根据法律，最高司法委员会必须履行如下职能：（一）确定司法区的划定，确定和分配司法部门的设置；（二）有建立、撤销、合并和调动司法行政机构的职权，在行使这一职权过程中，最高司法委员会不能超出已批准用于相应服务总经费的费用；（三）制定必要的条例，提高司法行政的效率；（四）提出与司法行政相关的法律草案；（五）执行法律规定的其他职能。

第五节 其他国家机关

一 监督机关（Los Organismos de Control）

（一）共和国总审计署（La Contraloria General de República）

宪法第 267 条规定，监督公共财政是共和国总审计署行使的一项公共职能，负责监督政府以及对掌管国家资金、财富的个人和部门的财政管理工作。这种对国家财政管理工作的监督，包括金融监督、经营管理的监督，以及对建立在对效率、经济、公正和环境代价的评估基础上效果的监督。共和国总审计署是享有行政和预算自治权的技术监督机构，可对国内任何一个单位的账目进行审计。这种监督是根据法律确定的程序、制度和原则在事后和有选择地进行的。

共和国总审计长是从宪法法院、最高法院和国务委员会提出的 3 名候选人中由国民议会选举产生的，任期 4 年，不能连任。国民议会有权准许总审计长辞职并填补辞职后的临时空缺。担任共和国总审计长的资格是：出生于哥伦比亚、享有公民权、年龄在 35 岁以上、有大学文凭、至少担任大学教授 5 年以上者，或法律所要求的资格委任状者。国民议会议员和国家机构官员，不能担任共和国总审计长；有过刑事犯罪行为者也不能担任共和国

总审计长。

宪法第268条规定，共和国总审计长有如下职权：（一）规定负责管理国家资金和财产的人的簿记方式和方法，确定对财政、经营和所得的效果的评估标准；（二）检查和审核国库负责人的账目；（三）掌管国家和地方公共债务的账簿；（四）要求国家、省、市的官员，经营国家财产的所有公共和私人机构，提供财政经营情况的报告；（五）确定财政经营的责任，对违犯法规的人征收重税，给予强制性处罚；（六）确定国家机构的内部金融审计的质量和效益的标准；（七）向国民议会提交关于自然资源和环境状况的年度报告；（八）在权威部门面前提供刑法调查和相关的证据，对造成国家利益损失的人进行刑事调查和处分；（九）提交有关财政审计制度的法律草案，提交与总审计署的组织和职能有关的法律草案；（十）规定对审计署官员的挑选、提升、撤换的特殊制度，但不准参与审计署人员招聘的挑选工作，不准为下属单位推荐人员；（十一）向国民议会和总统提交完成自己职能的工作报告，根据法律提交对国家财政状况的评估报告；（十二）制定总的标准，以便协调国家和地方所有公共机构的财政审计制度。此外，还须向众议院提交预算和国库的总账目的报告，向国民议会提交财政结算的评估报告。宪法第270条规定，法律将安排公民监督各级行政部门完成公共经营情况的制度和方式。总审计署进行的调查结果，在国家总检察长和法官面前有法律效应。

另外，宪法规定，对省、特区和市的财政经营情况的监督有相应的审计机构，实行事后和有选择的审计。省、特区和市的审计长，由司法区的最高法院提出的2名候选人和行政诉讼法院提出的1名候选人组成3人候选人名单，由省、特区和市代表大会选举产生。成为省、特区和市审计长，必须是出生于哥伦比亚、享有公民权、年满25岁、有大学文凭和法律规定的其他资格的公民。任期2年，不能连选连任。

（二）国家总监察长（El Procurador General de la Nacion）

国家总监察长是全国监察组织的最高领导人，由参议院从共和国总统、最高法院和国务委员会提出的3名候选人中选举产生，任期4年。宪法第277条规定，国家总监察长本人或通过其代理人，可行使如下职能：（一）监督宪法、法律和司法的实施；（二）在人民保卫员的帮助下，保护人权和保障人权的实效；（三）保卫社会利益；（四）保卫集体利益，特别是在环境方面的集体利益；（五）对担任公共职务的官员的品行实行最高监督，行使惩罚性的权力，根据法律进行调查，并给予纪律制裁；（六）参与诉讼，保卫司法程序，保卫公共财产，保卫基本权利；（七）每年向国民议会提交工作报告；（八）有权要求公职官员提交必要的报告等。为了完成他的职能，总监察长将行使司法警察的职权，可以采取其认为必要的行动。

宪法第278条规定，国家总监察长可直接行使的职能是：（一）对公开违反宪法或法律的公职官员，对在行使职权时明显损害公共利益的官员，对严重妨碍共和国总检察院、司法当局或行政当局进行调查的公职官员，对下属在调查中粗心大意的官员，有权进行传讯，调离他的职务；（二）对触犯法律官员的惩罚，有权提出处理意见；（三）提交与其职权相关的法律草案；（四）规劝国民议会颁布保障人权法规，并加以执行；（五）任命和撤换下属机构的官员等。法律规定国家总监察长的相关机构的设置和职能，规定下属机构人员的资格、晋升、退职、任命、报酬以及对所有官员和职员的惩罚制度。

（三）人民保卫员（El Defensor del Pueblo）

宪法第281条规定，人民保卫员是监察机关的组成部分，在国家总监察长领导下，行使其职权。人民保卫员是从共和国总统提出的3名候选人中由众议院选举产生的，任期4年，关注人权

法的制定、宣传和实施,通过这些工作来保卫人民。人民保卫员行使如下职能:①指导居住在国内的哥伦比亚人,行使和保卫自己的权利;②宣传人权法,解释和普及人权方面的有关政策;③根据人身保护权法,在不伤害相关人利益的情况下,实行监护活动;④根据法律规定,组织和领导公共辩护;⑤调解与其职能相关事务中的民间活动;⑥提交与主管部门有关的工作法令草案;⑦向国民议会提交完成工作职能的报告等。

除此之外,宪法还规定,除了宪法和法律预先提出的例外,国家总监察长和人民保卫员有权要求提供行使其职能所需的信息。

二 选举机构(La Organizacion Electoral)

选举权是公民的权利和义务,在所有选举中,公民将实行秘密投票。选举组织向选民提供保证公民参与投票的机制,为公民提供自由行使这一权利的更多和更好的保证。共和国总统、副总统、参议员、众议员、省长、省代表大会成员、市长、市政委员会成员、地方管理委员会的成员等由公民直接选举产生。在特定情况下,直接选举制宪代表大会的成员,以及宪法规定的其他机构的成员。人民选举的公职官员不再设立候补成员,空缺将由未当选的候选人、按顺序的先后给予增补。

宪法第263条规定,为了确保各政党的代表按比例分配,当在普选中或在国家机构中为选出两个或更多的人进行投票表决时,实行选票商数制。选票商数是用需填补的席位数除有效票总数得出的数;分配给每个政党的席位,将按照用商数除各自的有效票数得到的倍数。如果仍有需要填补的席位,则按递减的顺序分配给余数。

全国选举委员会(El Consejo Nacional Electoral)专门负责全国选举工作,成员数目由法律确定,通常不得少于7人。选举委员会应反映国民议会的政治构成。其成员从具有法人资格的政党和政治运动中提出的名单中，由国务委员会选举产生，任期4年，不得连任。其资格与最高法院的法官的资格相同。

宪法第265条规定，全国选举委员会的职能有：（一）行使选举组织的最高检查和监督权；（二）选举和撤换全国公民状况登记员；（三）决定对总计票的委任决定所采取的措施，并对选举结果发表声明和颁发证书；（四）作为权威的政府咨询机构，提交选举法草案和推荐法规草案；（五）关注各政党和政治运动的规定以及政治舆论的调查，关注反对派和少数派的权利，关注有充分保障的选举进程的进行；（六）根据法律规定，提供选举运动的资金和保障公民的政治参与的权利；（七）负责全国所有投票的计票，宣布选举结果并授予委任状；（八）检查各政党和政治运动的法人资格；（九）规定政党和政治运动参与国家社会信息的交往；（十）为政党和政治运动挑选候选人进行的内部咨询提供合作等。

全国公民状况登记员由全国选举委员会选举产生，任期5年，不能连选连任；其当选资格与最高法院的法官相同。法律规定全国公民状况登记员的职能，包括领导和组织选举，公民登记和选民资格的识别等。

第六节　地方（省、市）行政机构

宪法第286条规定，全国行政区划的实体是省，首都圣菲波哥大为特区，基层行政单位是市。

一　省（Departamentos）

省是地方行政管理部门。国家通过计划对省级实现领导。每个省设省长1人，是地方最高行政长官和省的合法代表。省长负责维护公共秩序，贯彻国家经济政策，完成国

家与省之间协议的其他事务。根据宪法规定的财政分权制,每年从国家收入中拨一定比例给省,以满足地方发展的需要。每个省享有管理地方事务的自主权。根据宪法和法律,各省有如下权力:(一)独立管理本省的事务;(二)行使宪法和法律赋予的职权;(三)掌管资金,设立必要的税收以保证完成它的职能;(四)参与全国公债发行。根据《地方条例组织法》确定的国家与地方之间的权限,按照法律规定的协调、合作和补充的原则,行使各级地方组织的权限。

每个省设省代表大会(La Asamblea Departamental),其成员由人民直接选举产生,任期3年,人数将根据法律规定并参照各省人口多寡来确定(11~31名)。当选省代表大会成员的资格是:年满21岁、无刑事违法行为、居住在该选区的公民。省代表大会可行使如下职能:(一)制定行使职能的条例以及由本省负责提供服务的规章;(二)确定本省社会经济发展计划和规划,确定对市级的财政支持,确定本省信贷、旅游、运输、生态、公共工程、通信线路和边境地区的发展;(三)根据法令核定用于实施上述社会经济发展计划、公共工程的资源和投资,确定为完成计划和工程所必需的措施;(四)在法律规定范围内决定地方税收;(五)颁布省预算和年收支预算的标准;(六)严格按照法令规定,创建或撤销市,确定市管辖范围;(七)确定本省行政机构、各下属单位的职能以及各不同级别职务应得薪金的等级;(八)制定有关地方警察条例;(九)授权省长签订契约、商定贷款、转让本省财产以及行使省代表大会的某些具体职能;(十)按法律规定,同市一起管理体育、教育和卫生等事务;(十一)完成宪法赋予的公共职能,使本省的发展计划和公共工程计划同国家、地区和市的计划相协调等。

省长由人民选举产生,任期3年,不能连任。法律规定省长的当选资格、是否称职、空缺以及填补空缺的方式。省长有如下职权:(一)在本省执行或敦促执行宪法、法律、政府的法令以及省代表大会的指令;(二)领导和协调省的行政活动,按照宪法和法律,以地方行政长官名义领导和推动地方的发展;(三)在共和国总统授权的条件下,领导并协调省内的全国性服务;(四)及时向省代表大会提交关于社会经济发展计划和规划、关于公共工程的计划和规划以及年收支预算的法令草案;(五)任命和撤换本省公共机构的领导、工商企业的经理以及在这些机构董事会的官方代表;(六)根据国家计划,推动本省的社会、经济和文化事业发展;(七)设立、撤换和合并省级服务机构,规定其职能,根据法令和章程确定工作人员的报酬;(八)有权对违宪和非法人员进行惩处;(九)有权检查市委员会和市长的行为,可根据其违宪或非法情节将其送上法庭;(十)监督下属机构、分散单位和国家转让的收入情况;(十一)在特殊情况下有权召集省代表大会;(十二)行使总统授予的管理职能和宪法和法律赋予的其他职能等。现行宪法规定,在法律规定的特定情况下,共和国总统可暂停或罢免省长的职务。

宪法第309条规定,将阿劳卡、卡萨纳雷、普图马约、圣安德烈斯和普罗维登西亚群岛等4个地区(Intendencias)升格为省;将亚马孙、瓜维亚雷、瓜伊尼亚、沃佩斯、比查达等5个特别区(Comisarias)升格为省。此外,还规定,为了促进相应地区的社会经济发展,两个或更多的省可组成一个拥有自己财产的、自治的、有法人地位的计划和管理区。

全国划分为32个省和1个特区。32个省(Departamentos)是:亚马孙,安蒂奥基亚,阿劳卡,大西洋,玻利瓦尔,博亚卡,卡尔达斯,卡克塔,卡萨纳雷,考卡,塞萨尔,科尔多瓦,昆迪纳马卡,乔科,瓜伊尼亚,瓜维亚雷,乌伊拉,瓜希拉,马格达莱纳,梅塔,纳里尼奥,北桑坦德尔,普图马约,金蒂奥,里萨拉尔达,桑坦德尔,苏克雷,托利马,考卡山谷,沃佩斯,比查达,圣安德烈斯和普罗维登西亚群岛。1个特区(Distrito Capital)是圣菲波哥大特区,即哥伦比亚首都所在地。

二 市(Municipios)

法第311条规定,市作为国家行政的基层单位。全国共有1038个市。根据法律规定,由市负责提供公共服务,推动地方建设工程,安排地方的发展,促进共同参与,改善居民的社会和文化生活,并完成宪法和法律赋予的其他职能。

每个市有一个人民选举的行政组织,称为市政府(Concejo Municipal),任期3年,根据法律规定并参照各自人口多少来确定成员的数目(7~21名成员)。市政府有如下职能:(一)根据规定行使规章,负责为本市提供服务;(二)确定本市社会经济发展计划和规划以及公共工程的计划和规划;(三)授予市长签署契约和暂时行使属于市委员会的某些具体职权;(四)按照宪法和法律,投票表决地方税收和支出;(五)颁布预算标准和年度收支预算;(六)确定市政机构职务、各下属单位职能以及各不同级别职务应得薪金的等级;(七)颁布必要的法律监督,保护本市的生态环境和文化遗产等。

每个市有1名市长,是基层行政长官和市的合法代表,由人民选举产生,任期3年,不能连选连任。在法律规定的特定情况下,总统和省长可暂停或罢免市长职务。市长有如下职能:(一)执行宪法和法律、政府的法令和法规、市委员会的决定。(二)根据法律、总统和省长的指令,维护市的公共秩序;市长是市警察的行政长官;领导本市的行政活动,确保完成由本市负责提供的服务。(三)任命和撤换下属机构官员、公共机构领导、工商企业经理。(四)根据相关法律,撤销和合并市属单位。(五)及时向市委员会提出有关社会经济发展计划和规划、公共工程的计划和规划、年收支预算等草案。(六)设立、撤换和合并下属机构,确定它们的专门职能和担任职务的报酬。(七)按照投资计划和预算,安排市的支出等。

另外,宪法规定,可根据《地方条例组织法》的规定,建立印第安社团。印第安社团一般由两个省或更多省组成,它的行政事务由印第安委员会同相关省长协调安排来实现。印第安委员会的组成及其职能,由宪法和法律规定。

第七节 政党和工会组织

一 主要政党产生的历史背景

19世纪初,新格拉纳达人民开始了反对西班牙殖民统治的斗争。在独立战争过程中,在圣菲波哥大成立最高执政委员会的会议上,曾提出了是建立中央集权政府,还是联邦政府的问题。1819年哥伦比亚获得独立后,围绕着是建立中央集权政府还是联邦政府的问题,以玻利瓦尔为首的中央集权派和以桑坦德尔为首的联邦派进行了激烈的争论。19世纪40年代,参加独立战争的将领基本形成了两大政治派别。支持联邦主义者桑坦德尔的一派组成了自由党,代表新生资产阶级、一部分地主和军官的利益。支持玻利瓦尔的中央集权者组成了保守党,代表大庄园主、官僚上层和教会利益。作为保守党重要支柱的天主教会,占有大量土地,控制着国家的文化和教育机构。自由党则反对教会干预政治和教育,主张进行某些有利于生产力发展的社会改革。之后在很长的时期内,保守党与自由党为争夺政权,不断发生战争。国家政权也一直被这两大传统政党控制着。在哥伦比亚历史上,虽然也曾出现过一些其他政党,但是没有一个能较长时间存在下去。

1958年建立"全国阵线"以来，自由党和保守党的分歧逐渐消失。尽管在大选中两大传统政党也曾遇到竞争对手，但是仍能控制哥伦比亚的选举进程，牢固掌握国家政权。随着民族民主运动的发展，在哥伦比亚政治舞台上涌现出许多新的党派和组织。据不完全统计，20世纪70年代，自称坚持马列主义的革命组织竟达40多个，其中大部分组织不超过几十人，他们以青年知识分子为主。由于他们成分复杂，思想分歧，派系繁多，形不成统一力量，因而得不到人民群众的支持。尽管存在着具有民众特点的"全国革命左派联盟"和"全国人民联盟"等组织，但他们也未能击败两党制度。另外，在哥伦比亚，一直存在着反政府的游击队组织。

20世纪90年代末，两大传统政党不仅拿不出振兴经济的良策，而且腐败之风愈演愈烈，在民众中的影响下降。随着民主化进程不断深入，民众的自主意识日益增强，选民更多地根据对不同候选人的好恶投票，而不再支持本党候选人。在2002年3月的议会选举中，独立候选人异军突起，所获的议席明显增多。接着在5月的总统选举中，"哥伦比亚第一运动"总统候选人乌里韦·贝莱斯以独立人士身份参加竞选，与传统政党保持距离，顺应了当前选民对传统政党政治的逆反心理，当选哥伦比亚总统，从而结束了自19世纪以来一直由保守党和自由党两大传统政党轮流执政的局面。

二　政党组织

（一）国家社会团结党（Partido Social de la Unidad Nacional）

哥伦比亚执政党。2002年，独立人士乌里韦竞选总统成功后，注意加强党群基础建设，在他的号召下，以胡安·曼努埃尔·桑托斯（Juan Manuel Santos）为首的亲乌派人士与之联手于2005年10月成立了社会国家团结党，简称为

"U"党。该党纲领强调代表广大民众利益,尊重政治发展多元化,重视社会民主建设,监督政府机构,逐步恢复人民大众的政治信心。在2006年的议会选举中,以该党为代表的新生政党异军突起,首次在议会选举中超过传统政党夺得头筹。该党于2006年6月对全国领导委员会进行改组,前党内最高领导人、总协调员桑托斯和该党主席苏阿加因在新一届政府中分别出任国防部长(2009年秋已离任)和总统高级助理,不再在党内担任领导职务。何塞·奥普杜里奥(Jose Obdulio)出任党的主席,同时成立由10人组成的全国领导委员会。

(二)哥伦比亚保守党(El Partido Conservador Colombiano)

哥伦比亚的传统政党。成立于1849年。建党初期,支持中央集权制,主张政府应行使广泛权力,天主教会至高无上。代表大农牧业主、大地主、教会和大资产阶级的利益,在中小资产阶级、工农民众中也有影响。成立后一直与自由党交替执政。1987年改名为社会保守党,1992年改回原名。1998年6月,安德烈斯·帕斯特拉纳打出"改革大联盟"的旗帜,击败自由党候选人,当选为共和国总统。

保守党宣称,天主教教义、西方文化、代议制民主和家庭是该党赖以生存的基础。它主张社会正义,实现人的尊严,维护国家与社会、自由与秩序以及各阶级的和谐一致。该党的现行纲领是:在政治上,提出实行代议制民主共和政体,强调国会是代表各政党的政治机构,提倡政治权力集中,行政权力下放;保障在合法范围内从事活动的个人的公民权利和政治组织的政治权利。在经济上,主张政府为了社会的共同利益和发展计划的协调,对经济活动进行干预;让劳动者、企业主和消费者参与制定经济计划;经济发展要有利于生产部门,有利于扩大就业和改善中下层群众的基本生活状况;强调引进外资要有利于国家的工业化和民族工业的发展,不能造成通货膨胀和对外依附关系;主张和支持整个拉美及各小地区经济一体化。对外关系上，主张民族独立和领土完整；建立以自由、人类尊严和社会正义为基础的国际合作关系；尊重各国人民的自决权，反对干涉别国内部事务；申明不依附任何国家和政党，不做他国的卫星国；主张拉美团结，重视发展同拉美国家的关系①。

2002年5月，保守党内部矛盾激化，总统候选人临阵退出。保守党自成立153年来第一次无候选人参加总统竞选。从同年8月起，保守党遂成为在野党。自称有党员160万人。最高权力机关是全国代表大会，每两年举行一次。最高领导机构是全国领导委员会，由全国代表大会选举产生，任期2年。全国领导委员会执行主席由委员轮流担任，任期3个月。该党下属的主要群众组织是哥伦比亚民主工人联合会。

（三）哥伦比亚自由党（El Partido Liberal Colombiano）

哥伦比亚第一大传统政党。成立于1848年。代表大工商资产阶级的利益，在工农民众和小资产阶级中也有影响。自成立后与保守党交替执政。1986年，自由党人再次在大选中取胜，组成一党政府；1990年和1994年自由党连续取得大选胜利。1998年和2002年大选中失败，成为最大的在野党。

自由党自称是人民的政党，是哥伦比亚各阶级忠实的政治代表。在政治上，主张意识形态多元化，强调通过完善代议制民主，逐步扩大政治民主。在经济方面，主张促进民族经济的发展，保护和合理开发自然资源，鼓励国内外私人投资，改变依靠咖啡生产的单一结构。在社会方面，声称本着社会正义的原则，逐步消除权力和财富集中造成的特权和不平等，改变收入分配不合理的状况；寻求国家、企业主和劳动者之间的合作和谅解，缓

---

① 中共中央对外联络部钟清清主编《世界各国政党》，贵州人民出版社，1994，第844页。

和社会矛盾。在对外关系方面，提出互不干涉内政与尊重人民自决的原则，认为与不同社会制度的各国普遍建立友好关系是哥伦比亚对外政策的准则；主张以和平方式解决国家间的冲突；在保持与美国的传统关系的同时，对美国与拉美国家间不平等的贸易持批评立场，主张拉美各国联合与之抗衡[1]。

自由党自成立以来，一直存在着派系斗争。1989年6月加入社会党国际。据报道，该党有党员400万人。自由党最高权力机关为全国代表大会，每年举行一次；最高领导机构是经全国代表大会选举产生的全国领导委员会，任期为2年。自由党控制着拥有35万会员的哥伦比亚工人联合会和2万成员的哥伦比亚自由青年联合会。

（四）民主变革中心党（Polo Democratico Alternativo）

哥伦比亚的在野党。2002年哥伦比亚议会选举后，部分独立政党团体合并成立独立民主中心党，以对抗哥伦比亚两大传统政党——自由党和保守党。该党当年总统候选人是加尔松，后被选为2004~2007年度波哥大市市长。2006年议会选举前，独立民主中心党与传统左派政党民主变革党合并成立民主变革中心党。在2006年5月的总统选举中，该党的总统候选人卡洛斯·加维里亚（Carlos Gaviria）得票250万张，居第二位。该党作为左翼政党的代表，成为哥伦比亚政坛第一大反对党，并得到工会、企业行会和中下层人士的支持和拥护。该党成立时间虽短，但发展迅速，群众基础不断巩固，力量逐步增强，已成为哥伦比亚政治生活中一支重要的政治力量。该党主席是海梅·杜桑（Jaime Dussan）。

（五）激进变革党（Cambio Radical）

1998年"激进变革运动"宣告成立。2002年5月总统大选

---

[1] 中共中央对外联络部钟清清主编《世界各国政党》，贵州人民出版社，1994，第843页。

后,"激进变革运动"力量发展迅速。之后与参议员、前总统卡洛斯·耶拉斯的孙子赫尔曼·巴尔加斯·耶拉斯领导的"哥伦比亚生生不息运动"合并,成立了激进变革党,并推举赫尔曼·巴尔加斯为主席。该党支持乌里韦政府,拥护乌里韦政府推行的内外政策。

三 工会组织

哥伦比亚的工会力量较小,参加工会的人数也比较少。1986年8月成立了工人统一工会,吸收了全国80%的工会联合会的成员。另据劳工部估计,未参加任何联合会的独立工会组织有756个。据估计,全国工会组织成员大约有200万人。

(一)哥伦比亚工人联合会(la Confederación de Trabajadores de Colombia)

成立于1936年,是世界工联和拉美劳联创始者之一,受自由党控制。1950年退出"世界工联",加入"国际自由工会联合会"和"美洲区域工人组织"。坚持反动立场,实行反民主措施,不支持工人争取民主和生活权利的斗争。1958年同"劳工联盟"达成协议,强调所谓"战斗的反共精神"。

(二)哥伦比亚劳工联盟(la Unión de Trabajadores de Colombia)

成立于1946年。1949年得到保守党政府的承认。政治背景较复杂,长期推行改良主义路线,主张以"和平方式"解决劳资纠纷。加入"国际自由工会联合会"和"美洲区域工人组织"。

(三)哥伦比亚工人工会联合会(la Confederación Sindical de Trabajadores de Colombia)

成立于1964年。为哥伦比亚共产党控制的全国性工会。主张通过群众斗争和议会斗争实现工人阶级掌握政权,支持古巴革命。加入"世界工会联合会"。

(四) 哥伦比亚总工会(la Confederación General de Colombia)

成立于 1970 年。受基督教民主党控制。主张通过工人参加政治、经济管理来建立"公社社会主义"。加入"世界劳工组织"和"拉美工人中央工会"。

第八节 非法武装集团

一 哥伦比亚暴力频仍的社会历史背景

(一) 传统政党长期结盟,其他政治派别被排斥在政治生活之外

第二次世界大战后,保守党政府对外追随美国,对内执行独裁统治,迫害反对派,镇压农民运动,国家陷入极度混乱。国家经历了"十年暴力"恐怖时期。1957 年通过了宪法改革,决定恢复代议制民主制度。在 1958~1974 年间,自由党和保守党组成"全国阵线",两党轮流执政,控制着国家政权。1974 年"全国阵线"结束后,哥伦比亚根据宪法第 120 条规定,在大选中得票占第二位的政党有权参加政府,自由党和保守党基本上沿袭"全国阵线"时期的做法,继续组成联合内阁,照顾两大政党各派的利益,使政局相对稳定。尽管哥伦比亚是西半球最古老的民主国家之一,但并不是一个实行真正的参与制民主的国家,其他政治派别和阶层都被排斥在政治生活之外。20 世纪 70 年代中期以后,随着拉美民主化进程迅速发展,工人、农民、学生和社会各阶层为争取民主权利和经济权益的斗争持续不断。

(二) 游击队活动加剧,政府受到游击队、准军事组织和城市暴力活动的困扰

由于哥伦比亚的土地和财富占有不均,国民收入分配不合

理，城乡和贫富差距更加悬殊，贫困化趋势日益严重。从1946年起，保守党和自由党的对抗是农村暴力的主要因素。1948年4月9日，自由党左翼领袖盖坦在首都街头惨遭杀害是暴力开始的信号。在首都和许多城市爆发了人民起义，许多地区出现了游击队活动。在20世纪40年代中期到50年代末，广大农村地区陷入战争状态。广大农民遭受到军队、准军事组织和游击队的迫害。无数民众惨遭杀害，土地和财产被掠夺，庄稼和牲畜被抢劫，房屋被烧毁，迫使农民流离失所。20世纪60年代中期，"哥伦比亚革命武装力量"和"哥伦比亚民族解放军"先后成立，1968年又出现"哥伦比亚人民解放军"。1974年起"四·一九"运动也公开活动。他们在全国建立秘密据点，进行绑架、暗杀、抢夺等恐怖活动。80年代前期，这4支游击队组织同政府谈判，曾签署了停火协议。1985年，除"哥伦比亚革命武装力量"参加"爱国联盟"外，"四·一九"运动同政府军重新开战，在大城市进行恐怖活动；同年12月，它的一支突击队攻占政府的司法大楼。"哥伦比亚人民解放军"也重新拿起武器，坚持既对话又打仗的斗争策略。"哥伦比亚民族解放军"拒绝同政府进行和平对话。

20世纪80年代末，哥伦比亚有6支游击队。政府提出了和平计划，呼吁进行对话，实现全国和解。1989年"四·一九"运动同政府签署了《和平民主政治协议》。1991～1992年，加维里亚政府同游击队展开新一轮和平谈判。1991年1～5月，政府同劳工革命党、"金廷·拉梅土著人运动"、"哥伦比亚人民解放军"等组织先后达成和平协议。1993年7月和1994年4月，原属于"哥伦比亚民族解放军"的"社会改革派"和一支叫"社会党革命洪流"的游击队放下武器，恢复正常的公民生活。然而，"哥伦比亚革命武装力量"和"哥伦比亚民族解放军"则继续坚持游击活动。他们表示要改变战略，已不再梦想夺取中央政权，而是千方百计地把警察从村镇赶走，以政治收买传统政党的地方官员的办法，占有地方政权，巩固其控制地盘和扩大其政治影响。之后，这两支游击队的力量有了较快的发展。目前，哥伦比亚是南美地区唯一存在着游击队的国家。对政府来说，拥有约1.5万名武装成员的"哥伦比亚革命武装力量"和约5000人的"哥伦比亚民族解放军"，是其在共和国50%以上国土上所遇到的一个正面挑战。与此同时，政府当局还要面对极右势力控制的准军事组织的暴力活动。

(三) 非法作物种植迅速发展，毒品走私活动猖獗

20世纪60年代，由于西方资本主义国家尤其是美国吸毒之风蔓延，也由于哥伦比亚政府对广大农村缺乏有效的管理，因此，从20世纪70年代起，非法作物大麻的种植在哥伦比亚大西洋沿岸悄然兴起。1978年哥伦比亚变成了生产和向美国出口大麻的大国。据估计，当时哥伦比亚种植大麻面积2.5万~3万公顷，主要分布在大西洋沿岸的圣马尔塔内华达山区和贝里哈山区一带。面对毒品的蔓延，政府出动大批军警在大西洋沿岸围剿大麻生产；20世纪80年代初，政府又通过除莠剂销毁大麻。1984~1986年，哥伦比亚销毁大麻面积约2.5万公顷，向美国出口大麻也从占80%下降到25%。但是，哥伦比亚的大麻种植从大西洋沿岸转移到考卡省，以合法种植作掩护，种植面积增加，产量大大增加。1988年向美国出口8000吨大麻，哥伦比亚重新成为大麻生产国。与此同时，古柯、罂粟的种植和加工迅速发展。1979年哥伦比亚的贩毒分子开始从玻利维亚和秘鲁进口古柯叶进行加工。从1983年起，古柯的种植迅速在考卡、卡克塔地区以及东部奥里诺科平原蔓延开来。1984年在东部瓜维亚雷地区的亚里河畔，破获一个可卡因加工厂，仅这个厂月产4万公斤可卡因，年收入19.2亿美元，高于全国咖啡全年出口值。1983年罂粟开始在托利马省种植，而且迅速扩大到全国12个

省。1992年《时代报》报道,据政府官员断定,罂粟种植面积2万公顷,分布在17个省113个市。

自20世纪80年代以来,哥伦比亚成为国际毒品走私的热点和主要供应地。据官方不完全统计,全国毒品种植面积有9万多公顷,20万人从事毒品生产和走私活动,120多万人直接或间接依靠毒品收入为生。美国人服用的80%的可卡因来自哥伦比亚。随着毒品非法活动的发展,吸毒人数急剧增加。据埃菲社1987年报道,哥伦比亚吸毒人数占全国总人口的25%,仅首都圣菲波哥大就有50万人,妇女和青少年吸毒者越来越多,直接影响到青少年的成长和下一代的健康。贩毒分子组成强大的贩毒组织,其中最大的有麦德林卡特尔和卡利卡特尔,其势力已渗透到国家政治、经济和社会生活的各个角落。贩毒集团拥有自己的飞机、船只、汽车和现代化通信工具,还建立起职业武装组织,雇用大批刺客和保镖,组织了与国家政权平行的私人权力机构,形成"国中之国"。贩毒集团还用重金贿赂司法和军警要人,腐蚀政府官员。贩毒分子甚至直接混入军警部队、社会团体和政府部门,一些贩毒分子曾当选众议员或省市议员。毒品问题影响着国家的政治、经济和社会稳定。此外,毒品问题不仅直接影响到哥伦比亚的国际声誉,而且成为哥伦比亚与美国关系的一个新的摩擦点。

二 主要武装组织

(一)哥伦比亚革命武装力量

哥伦比亚革命武装力量(Las Fuerzas Armadas Revolucionarias de Colombia,缩写 FARC)。在20世纪40~50年代进行游击斗争的是哥伦比亚共产党领导下的一支游击队组织。1964年4月,正式成立了"哥伦比亚革命武装力量"。该组织以分田地和夺取政权为纲领,主要在马格达莱纳河中游地区活动,后来逐渐发展到北部，经常袭击政府军巡逻队，进行绑架活动。1984年3月，它与政府签订不定期停火协定。1985年参加了"爱国联盟"。1986年首次单独参加总统大选。1987年同其他5支游击队组成"西蒙·玻利瓦尔协调委员会"，建议同政府谈判，寻求解决国内冲突的政治出路。同年10月同政府会谈，还积极推动其他游击队同政府对话。

20世纪90年代初，随着世界格局的变化，该游击队的战略发生了新的变化，它积极参加地方政府的选举，争取控制地方政权，不断积蓄力量和扩大影响。90年代中期以来，美国就缉毒问题不断干涉哥伦比亚内政，该游击队宣布在哥伦比亚的美国间谍为其军事目标。哥伦比亚革命武装力量除了进行绑架、从事暴力活动外，还涉足毒品交易，在毒品种植地征收"革命税"，年收入约5亿~6亿美元。1998年6~7月间，曾同当选总统安德烈斯·帕斯特拉纳有过接触，同社会各界代表曾在国外举行会谈。但是，他们坚持不放下武器，采取同政府边打边谈的两手策略，旨在扩大政治影响，争取同情，谋求适当的政治空间，巩固自己在南部卡克塔、梅塔等省的地盘，发展军事和经济实力。据报道，哥伦比亚革命武装力量于2000年4月29日建立了玻利瓦尔运动党，其宗旨是要打破自由党和保守党轮流把持哥伦比亚政局的两党制。该组织成为哥伦比亚游击队中力量最强大、装备精良、训练有素、基础较牢固的一支，也是拉美地区一支最强大的反政府武装力量。据称，该组织有成员1.5万人，控制了哥伦比亚南部的卡克塔（司令部所在地）、梅塔和普图马约等地区，在全国500多个市中进行活动。该组织分为7个集团，有63个阵线，每个阵线大约有40~150名游击队员，其余成员分布在全国各大都市[①]。哥伦比亚革命武装力量年收入大约有7亿美元，其中大部分来自所谓"保护毒品"的"革命税"

---

① 〔西班牙〕《改革16》杂志第1463期，1999年12月20日。

收入，其余来自绑架的赎金。该组织声称在今后五年使其人员数量翻一番①。其最高组织领导机构是书记处，最高领导人是号称"神枪手"的曼努埃尔·马鲁兰达（Manuel Marulanda），军事领导人是曼努埃尔·布里塞尼奥。

（二）哥伦比亚民族解放军

哥伦比亚民族解放军（El Ejército Liberación Nacional de Colombia，缩写 ELN）。在 1959 年古巴革命的影响下，1964 年 7 月成立的一支游击队。最初在农村开展游击活动，实行游击中心主义。1976 年遭到政府军沉重打击，领导人牺牲，元气大伤。后分裂成两派：一派坚持游击中心主义；另一派主张加强工会和农民的群众工作。1981 年该游击队表示拒绝大赦，坚持武装斗争。1984 年 8 月有部分阵线同政府签订停火协议，其余部分拒绝同政府和平对话。1989 年，"哥伦比亚民族解放军"举行第二次全国代表大会，决定不参加任何停火谈判，并制定新的战略。由埃梅尔·罗夫莱斯领导的东北战线的"多明戈·莱因阵线"，是其中最强硬的一支。该组织大约 50% 的武装活动都是由这条战线负责。由于哥伦比亚石油的开采、提炼和运输都集中在东北部地区，破坏国家输油管成为它的首要军事目标。1998 年 6～7 月间，该游击队与政府和各界代表会谈，希望通过和谈扩大政治影响，在议会中争得一定席位。哥伦比亚民族解放军主张石油等工矿企业国有化，发展民族经济。据报道，哥伦比亚民族解放军共有 41 个阵线，分布在全国 13 个省区，成员约 5000 人。领导人是尼古拉斯·罗德里格斯，惯用名阿利亚斯·加维诺，以实行铁一般的纪律而著称，但他不具备他的前任佩雷斯（1998 年 3 月去世）的那种领导才能②。

---

① 〔西班牙〕2000 年 7 月 28 日《世界报》。
② 〔西班牙〕2000 年 7 月 28 日《世界报》。

（三）极右派的准军事组织（Los Paramilitares）

准军事组织最初是分散的私人武装，主要是毒品加工厂老板、大农场主和绿宝石矿场主雇用的保安人员。从1996年开始，在"哥伦比亚联合自卫军"（Autodefensa Unidas de Colombia，缩写AUC）的旗帜下，现任总司令卡洛斯·卡斯塔尼奥（Carlos Castaño）将分散的私人保安人员纠集起来，建立了一支有组织的军事队伍。人们称它为极右的准军事组织。由于它代表着右翼有钱人的利益，因而有"富人军队"之称。其成员包括大农场主、贩毒分子、绿宝石贩子、商人、农民，甚至有前游击队员。它宣称：游击队是不共戴天的敌人，把游击队和平民大众作为主要攻击目标。该组织以消灭科尔多瓦和乌拉瓦地区的游击队起家，其大本营也就设在科尔多瓦省的帕拉米约。它发誓要消灭境内的所有游击队组织。其口号是：打入到所有游击队的地方去。准军事组织的这一立场曾一度得到政府军的纵容和庇护。正因为如此，准军事组织发展迅速。由于有贩卖毒品的收入，再加上雇主们的资助，"联合自卫队"的财力雄厚。"哥伦比亚联合自卫军"是一支有组织的、装备精良的雇佣军，在各自的指挥官的指挥下，经常向政府提出自己的不合理要求。准军事组织既破坏政府法治，对平民百姓也是威胁，通过经常的报复性进攻，给国家和平民大众带来越来越严重的后果。它主要活动中心在北部，特别是在科尔多瓦省、塞萨尔省、桑坦德尔省和安蒂奥基亚的乌拉瓦地区，并在全国各地区进行活动。如卡洛斯·卡斯塔尼奥领导的准军事组织已赶走在卡塔通博等地区存在了30多年的游击队，控制了可可贸易，并通过毒品以及牧场主和商人缴纳的钱财获得资金。1997年和1998年在中马格达莱纳地区进行残酷的战争，给该地区带来破坏性的后果。据统计，1998年头9个月，准军事组织制造的暗杀和恐怖活动占全国暴力活动的76%。1999年1月7日起在短短的5天内，准军事组织在北部杀害了

200多名手无寸铁的平民百姓。21世纪之初,这个武装团伙的人数增加了52%,约有1.05万人,控制着哥伦比亚的15%的国土。该团伙拥有相当充足的武器装备,有供其主要领导人使用的直升机,可以在许多重要地区开展行动。领导人卡洛斯·卡斯塔尼奥原是一牧场主的儿子。其他知名的领导人很少,因为他们大多隐姓埋名。

第九节 非政府组织

一 非政府组织(Los Organizaciones No Gubernamentales)的一般情况

同其他拉美国家一样,从20世纪60年代起,随着现代化进程加快,一些以共同利益为基础的民间社团组织(即非政府组织,又称"非营利的志愿公民组织")在哥伦比亚大量涌现。这些非政府组织包括生产者联合会、合作者联合会、人民文化行动、共同行动委员会、基层工会、居民小组、家长联合会、企业主联合会和基金会等等。它们通过各自组织表达它们的愿望,反映它们切身利益和要求。近几十年来,这种非政府组织呈现出迅猛发展之势,成为哥伦比亚社会发展中一支新的重要力量。事实上,这些非政府组织为长期被排挤在政治生活之外的人们开辟了新的活动空间,建立起新的社会关系和组织关系。人们通过这些非政府组织能够看到,千千万万的哥伦比亚人在为创造更多的就业机会、争取得到更多的教育和福利、建立更加合理和公正的社会而斗争。

根据《非政府组织》一书的介绍,哥伦比亚的非政府组织包括如下三类组织。

(一)基层组织

通常是以共同利益而联合,为争取改善生活状况而组织在一起。这类组织有：共同行动委员会、合作者联合会、印第安人组织、家长联合会、市镇组织、文化小组、生产者联合会（咖啡、棉花、水稻等）、手工业者联合会、微型企业主联合会等。这些基层组织成员主要是低收入阶层，有广泛的群众基础。据报道，在哥伦比亚的各类生产者联合会全国就有 257 个。其中，哥伦比亚咖啡种植者联合会是建立最早、力量最强大的一个独立的民间社团组织。又如，印第安人组织是为保卫印第安人权利、居留地和文化而建立的组织，最早出现在考卡等省，接着在其他地区也相继成立了印第安人组织，1982 年已联合成全国印第安人组织。这些基层组织都具有法人资格，它们不仅有地方组织机构，而且有全国性的组织机构。如共同行动委员会有市级联合会。合作者联合会都有基层、地区和全国三级组织机构。

（二）人民运动

这是 20 世纪 70 年代末 80 年代初在哥伦比亚出现的新组织形式。通常它们是为某一特定的目标而建立，公开讨论人们的生存状况，尤其是人们特别关注的问题，诸如人民民权运动、土地运动、妇女运动、人权运动、生态环境保护运动、争取和平运动、争取改善生活基础设施（如自来水、下水道、电灯、道路等）运动等。其中，如哥伦比亚农民贷款使用者联合会（ANUC）原是 1968 年政府创办的组织，但是从 1972 年起开始分裂，成为独立的民间组织，继续为农民的权利和分配土地而进行斗争。又如，哥伦比亚妇女为争取选举权而斗争，以美国妇女选举联盟为榜样，建立了妇女组织，终于在 1957 年被允许参加选举，1959 年在工人和农民中组成了妇女核心组织，1963 年建立了第一个协调机构，把分散的妇女组织联合起来。之后在国际妇女组织的推动下发展壮大。从 20 世纪 80 年代起，哥伦比亚妇女组织在公共部门占有重要地位，是人民运动中的一支重要力量。

人民运动通常具有较多的政治色彩，成员来自不同的社会阶

层。人民运动并不都具有法人资格,这些组织集中分布在一些省和地区,如大西洋沿岸地区、纳里尼奥省和桑坦德尔省等。

(三) 支持组织

通常是由为下层群众利益而工作的中产阶级和中上层人士,包括从业人员、技术干部、学者、知识分子、前公共部门官员和爱国民主人士组成。其组织形式为基金会、公司、调研中心、志愿小组、专业联合会和俱乐部等。它们同情下层群众的疾苦,为基层组织和人民运动提供咨询、技术援助、贷款、培训和道义援助。另外,几乎所有的支持组织都具有法人地位。它们主要集中在首都圣菲波哥大、卡利和麦德林三大城市,但在全国各地也能看到它们的活动情况[1]。而支持组织通常保持自主和个体的特点。但为了推动不同的支持组织之间的合作,1987年提供不同服务的24个支持组织正式筹划建立了基金会联合会。

据1989年哥伦比亚哈维里亚诺大学进行的调查,全国登记的非政府组织有5.8万个。在基层组织中,有4万个共同行动委员会,但不包括没有登记的农民协会和居民委员会,它们的数目成千上万个。登记的合作组织有5000个,支持组织有1.2万个[2]。据哥伦比亚情报中心的最新材料,全国市一级的非政府组织有5436个,分布在全国的350个市[3]。据报道,登记的5000个合作组织在全国的会员有200万人,受其影响的人口达1000万人。如果把全国所有非政府组织考虑进去的话,那么,直接间接受益于非政府组织的人数将达总人口的一半。非政府组织活动正在影响着哥伦比亚的社会生活和政治状况,成为哥伦比亚社会中一支重要的力量。

---

[1] El arte de asociarse, *Los ONG y La Sociedad Civil en Colombia*, pp. 29–30.
[2] El arte de asociarse, *Los ONG y La Sociedad Civil en Colombia*, p. 33.
[3] http://www.CCONG.ORG.CO.

第四章 政　治

二　非政府组织进行的主要活动

在哥伦比亚，非政府组织从事的是一种民间社团行为，它以从事社会救助为目标，为下层民众提供服务。非政府组织进行的主要工作如下。

（一）从事社会救济活动，努力改善下层群众的生活条件

如1961年建立的卡尔巴赫尔基金会（La Fundación Carvajal），最初是为帮助城市贫民改善生活条件，尤其关注城市经济住房的建设和增加就业而建立。20世纪70年代初，它得到国际机构的认可，被确定为向微型企业提供贷款和进行培训的组织。卡尔巴赫尔基金会得到美国国际发展署的大量资助，已成为拉美地区非政府组织的样板。又如1964年在卡利建立的"高等教育基金会"（La Fundación para la Educación Superior，缩写 FES），是由一些杰出的企业家、爱国者和学者所创办。最初得到美国福特基金会的资助，作为促进社会发展的基金会，在卫生、教育、家庭福利、环保和自然资源等广泛领域都有投资和捐赠。在促进社会发展方面，"高等教育基金会"在公共部门、私人部门和非政府组织之间的合作上起着促进作用。再如"社会基金会"（La Fundación Social），是由耶稣会推动而建立的一个组织，其宗旨是帮助劳动者及其家庭。由它推动的教育计划、住房计划、微型企业计划以及其他社会发展计划，均得到储蓄和贷款机构的支持。"社会基金会"还推动基层组织交流，在学校、卫生、教育和基层组织中形成网络，同时赞助非政府组织社会福利方面的情报中心工作。

（二）为帮助贫困阶层参与社会创造条件

除了努力改善下层群体的生活条件外，非政府组织还有更广泛的目标，它们积极参与公民社会，促进民主文化的发展。新一代的非政府组织的目标已超出了慈善机构的施舍行为。它们认

为,其职能不只是为贫苦居民提供食品和住宿,还为穷人提供实际参与社会创造条件。它们在使用社会资源和权力中施加影响,在实施参与性民主中提供实际经验,为被排斥在政治生活之外的阶层参与政治提供了空间和机制。在基层社会中,非政府组织有广泛的群众基础,积极促进社会网络的形成,它们通过协商,实现它们的目标,改善群众的待遇。在同国家和公民社会的相互活动中,非政府组织扮演着对话者角色,向社会的方方面面传递下层群体的声音,并向社会各方面施加影响,关注下层群众的要求,同时积极提出改革的建议,着手解决下层群众长期以来难以解决的问题。

(三) 成为国际组织发展援助的合适渠道

非政府组织的活动资金,一部分来自国内非宗教团体、大工业家、企业集团的赞助,另一部分来自国外基金会和国际机构的捐赠,其中包括洛克菲勒基金会、福特基金会、凯洛格基金会(Kellogg)、美洲基金会以及欧洲、加拿大等的捐赠组织。哥伦比亚非政府组织的社团活动能力及其服务于被排斥的下层人民群众的能力,得到了国外基金会和国际机构的认可,认为非政府组织是它们进行发展援助的合适渠道。20世纪80年代初,美洲开发银行对卡尔巴赫尔基金会所采取的微型企业发展模式提供了50万美元转让贷款,并给这个基金会和从事类似计划的其他基金会提供700万美元的贷款。1988年世界银行对哥伦比亚非政府组织所进行的工作做了评估,认为同它开展合作是可行的。世界银行和美洲开发银行表示将为它们提供更多的资金。

(四) 是政府在公共部门方面的重要合作伙伴

由于非政府组织在社会发展方面成为越来越重要的一支力量,也由于非政府组织采取一种积极参与协调的态度,在实施铲除绝对贫困计划中,巴尔科政府采取史无前例的措施,积极寻求同非政府组织的合作。这表明政府态度的重要变化,在公共部门发展方面，政府把非政府组织作为重要的合作伙伴。1987年8月在联合国发展计划的资助下，哥伦比亚政府社会发展委员会发起在麦德林召开非政府组织代表大会，向500个非政府组织发出邀请信，有400个非政府组织的代表2000人出席会议。在这次代表大会上，哥伦比亚政府和联合国的官员在讲话中，充分肯定了近20年来哥伦比亚非政府组织所开展的工作，激起了政府同非政府组织合作的兴趣。在会上，政府官员介绍了政府铲除绝对贫困的政策，为非政府组织与地方和中央政府之间开展交流和合作创造了条件。1988年在政府的支持下，非政府组织建立"非政府组织联盟"和"非政府组织全国委员会"，规定非政府组织的地区联合会可以参加联盟，有17个联合会（其中有哥伦比亚咖啡种植者联合会、石油基金联合会、人民住宅基金会等）参加联盟，代表着800个组织[①]。"非政府组织全国委员会"接纳全国性非政府组织和地方机构，代表着全国1500个非政府组织。在这之后，政府部门同非政府组织的联系得到加强，公共部门同非政府组织在开展幼儿保健、教育、卫生、公共工程、对印第安人的援助计划等方面的合作大大增加。

20世纪90年代，政府对非政府组织采取一种积极参与协调的态度，在《1991年政治宪法》允许的情况下，《公民参与法》保证非政府组织开展活动。"非政府组织联盟"作为非政府组织的代表积极参与国内和国际的重要协商活动，它是内政部各种团体参与委员会的代表，是1996年在伊斯坦布尔召开的第二届自然环境保护会议筹委会的代表，也是世界银行反贫困联盟领导委员会的成员。1994～1997年间，非政府组织参与社会发展计划，为劳动者提供再就业服务，得到美洲开发银行等多边机构的资助。20世纪90年代末，非政府组织积极参与哥伦比亚和平与公

---

① http://www.CCONG.ORG.CO.

民和睦相处问题的协调活动,就发展民主提出建议,在推动社会发展方面,非政府组织积极加强同政府和国际技术合作机构协调行动做了大量工作,为哥伦比亚的和平和发展作出了贡献。

第十节 政局

一 哥伦比亚面临严重的政治经济形势

(一) 国内暴力活动猖獗,政府以和平谈判解决武装冲突的努力宣告失败

伦比亚是拉美地区唯一没有结束武装冲突的国家。由游击队、贩毒分子和极右翼准军事组织构成的"恐怖三角",不仅困扰着哥伦比亚政府,而且威胁着整个拉美地区的安全。现存的两支游击队"哥伦比亚革命武装力量"和"哥伦比亚民族解放军",力量强大,装备精良,经常袭击政府军和警察哨所,从事绑架和凶杀恐怖活动;极右翼准军事组织日趋猖獗,暴力活动层出不穷。20世纪90年代末,哥伦比亚成了拉美地区暴力活动最严重、最不安全的国家,是世界上绑架案件发生最多的国家。据官方统计,90年代后期,有3.5万人在武装冲突中丧生,120万人无家可归,流亡者达50多万人,国家经济损失150亿美元。国家社会治安每况愈下,形势之严峻是20世纪50年代以来从未出现过的,民众怨声载道。

帕斯特拉纳总统上台后,于1998年10月,政府与哥伦比亚革命武装力量进行谈判,接受了游击队的要求从东南部五个城镇4.2万平方公里的地区撤出,将其划为"非军事区"作为双方和谈地点,期限为3年。尽管帕斯特拉纳总统抓住广大民众渴望和平的心理,提出实现国内和平作为政府的首要任务,按照游击队的要求建立了军事缓冲区,但游击队自恃装备精良,能与政府军抗衡,

第四章 政 治

谈判时要价很高。三年来,政府与哥伦比亚革命武装力量的和谈时断时续,非军事区的期限也随之多次延长。游击队还利用政府为和谈所设立的"非军事区"训练游击队员,藏匿被绑架者,种植毒品,而政府对游击队的所作所为束手无策。在谈判中,双方虽在谈判大目标、议程等方面达成了一些协议,但在有关实现停火、停止敌对行动等主要问题上并未取得实质性进展,更未涉及游击队成员放下武器回到社会中来这个根本问题。

和谈之所以没有取得实质性进展,其原因是:(1)双方在谈判内容上出现分歧。1999年5月双方达成一项包括12点内容的议程,其中谈到必须进行"全面的土地改革",包括分配、信贷、鼓励农民增加生产和帮助他们用合法作物取代古柯和罂粟等。但在2000年1月谈判时,游击队提出先谈判"经济模式"问题,主张建立一种公共的、有管制的经济,不再实行私有化和新自由主义;要求解散军队和警察,用"玻利瓦尔式的民主的武装力量"取而代之。政府不同意游击队的主张,坚持将土地政策作为第一议题。(2)实现和平模式上存在根本分歧。政府根据美国的意图,想依照"中美洲模式",要求哥伦比亚革命武装力量放下武器,回归社会,参加国内政治生活。鉴于1984~1990年的惨痛经历(当时游击队与政府达成了一项和平协议,游击队支持"爱国联盟"参加选举,结果该联盟三位总统候选人和许多积极分子惨遭杀害),游击队表示拒绝交出武器。(3)美国政府向帕斯特拉纳总统的"哥伦比亚计划"提供一揽子援助,游击队表示坚决反对;2001年"9·11"事件后,美国宣布哥伦比亚游击队为恐怖组织,加深了政府和游击队的对立。由于政府和游击队在如何实现和解和重建国家等问题上存在原则性的分歧,和谈彻底破裂就在所难免了。

2001年10月7日,帕斯特拉纳总统决定将非军事区的期限延长至2002年1月20日,同时宣布部署2.4万人的兵力以及军用侦察机,在非军事区上空和周围地区进行安全检查,以遏制这一

地区的毒品和武器走私活动,防止国外恐怖组织人员渗透到非军事区内。此举遭到哥伦比亚革命武装力量的强烈反对。游击队认为,政府的军事核查对到非军事区内参加和谈的游击队代表的安全构成威胁,如果同意政府的军事核查,即意味着投降。和谈于 2001 年 1 月 9 日中断。后经联合国特使和国际组织的斡旋,双方于 1 月 14 日同意重开谈判。然而,2 月 20 日哥伦比亚革命武装力量成员在乌伊拉省劫持一架小型客机,绑架了机上的 3 名乘客,其中包括反对派参议员赫切姆。游击队在安蒂奥基亚省炸毁一座公路桥,造成两辆汽车坠河和 4 人溺水。游击队的行为迫使帕斯特拉纳总统当晚向全国发表电视讲话,宣布从午夜起中断与该游击队的和谈进程。内战再度爆发。

2002 年 6 月 26 日,哥伦比亚革命武装力量向全国各市市长发出通牒,要求他们在当天午夜前辞职,否则将随时遭到处决或绑架。此后,在将近一年半的时间里,共有 10 名市长和 60 多名市政官员拒不从命惨遭杀害,大约有 220 名市长迫于威胁而辞职。与此同时,它与当地右翼准军事组织联合自卫军展开激战,炸毁在帕拉西奥市一座暂时用作难民收容所的教堂建筑,造成在教堂内躲藏战乱的平民大量伤亡。同年 8 月 7 日,在乌里韦总统举行就职典礼时,哥伦比亚革命武装力量猛烈攻击首都圣菲波哥大,给国家政权的交接制造困难,给乌里韦总统施加压力。

(二)经济出现全面衰退,国家陷入 20 世纪以来最严重的一次经济困难

在 1997 年经济增长之后,1998 年哥伦比亚经济形势开始恶化。1999 年,经济部门出现全面衰退,其中建筑业下降 22.3%,工业生产下降 13.5%,服务业下降 3.5%,农业生产下降了 2.5%。由于原油产量增加,矿产增长 8.1%,但增长率仍比前两年要低。国内生产总值增长率为 -4.5%。由于经济出现衰退,进口下跌,国家税收减少,公共财政状况恶化。1999 年中央政府的财政赤字

达88680亿比索,占国内生产总值的5.3%,迫使政府到国内外资本市场寻求更多的资金。据统计,1999年原计划发行国库券7.2万亿比索,实际发行国库券11.5万亿比索,比原计划增加58.2%;原计划借外国贷款3.8万亿比索,实际借贷4.7万亿比索,比原计划增加23%。[1] 1999年12月底,七大城市失业率为18.1%,全国就业人数585.5万人,失业人数达129.5万人。失业率如此之高,给下层人民群众生活带来巨大困难。因此,1990年代末,"哥伦比亚面临着本世纪以来最为困难的时期"(前总统米切尔森语)。

鉴于经济全面衰退的形势,1998年11月15日,帕斯特拉纳总统宣布全国进入"经济紧急状态",采取了耗资16亿美元的特别措施,政府还用国际多边银行提供的6亿美元贷款,设立金融机构保障基金,用于保障抵押不动产贷款,便于金融机构的资金回笼。为了实现宏观经济稳定和恢复经济增长,政府提出经济调整计划,同意与国际货币基金组织合作。经济调整计划包括:企业的改组协议,纠正宏观经济的不平衡,重新修订宪法规定的向地方的转让制度,建立地方债务基金,改革劳工制度、社会保障制度和退休制度等。政府要求国际货币基金组织提供27亿美元的贷款。之后,世界银行、美洲开发银行和拉美储备基金又增加42亿美元的贷款,使政府的宏观经济调整计划得以实施。

随着政府各项调整政策的实施,哥伦比亚经济停止下滑。然而,哥伦比亚贫困化趋势日益严重。据统计,全国有67%的人口生活在贫困线下,2002年七大城市的失业率高达17%;2001年底外债高达371.01亿美元,占国内生产总值的45%。[2] 另外,哥伦比亚是世界上最大的古柯和可卡因生产国,据报道,仅可卡因的年

---

[1] Revista de Colombia, *Coyuntura Economica*, 1999.12.
[2] Revista de Colombia, *Revista del Banco de La República*, 2002.7, pp. 297, 381.

产量就达580吨,占世界总产量的90%。因此,消除贫困、铲除毒品和期待经济振兴是哥伦比亚人的一致愿望。

二 传统政党威信下降,独立派人士异军突起

(一)自由党和保守党人在选举中严重受挫

19世纪中叶以来,哥伦比亚自由党和保守党长期把持着国家政权,其他党派和广大民众被排挤在政治生活之外。20世纪90年代"总统贿选案"已使自由党威信扫地,帕斯特拉纳的保守党政府试图通过和平谈判解决国内武装冲突的努力也告失败,2002年初内战再度爆发。连绵不断的战火造成数千无辜平民伤亡,民用设施遭到破坏,暴力活动日益猖獗。内战已经成为哥伦比亚人面临的首要威胁。广大人民对帕斯特拉纳政府的和谈立场感到失望,主张通过军事打击解决国内武装冲突的势力上升。两大传统政党治国无方,不仅拿不出解决国内武装冲突和振兴经济的良策,而且腐败之风愈演愈烈,内部矛盾激化。

哥伦比亚物产丰富,自古有"黄金之国"的美誉,其咖啡、鲜花等产品也享誉世界。然而,哥伦比亚人民饱受近40年的暴力蹂躏。贫困、毒品和内战这三大"毒瘤"长期困扰着这个南美国家。消除贫困、铲除毒品和结束内战是渴望和平、期待经济振兴的哥伦比亚人民的一致愿望。大多数哥伦比亚人认为,由于战乱持续不断,社会治安恶化,国家和公民的人身安全问题已经超过了消除贫困和扫毒,成为哥伦比亚亟待解决的首要问题。他们认为,和谈既然走入死胡同,军事打击可以成为解决国内武装冲击的重要选择。

2002年的总统选举是在"9·11"事件后美国加紧在全球反恐怖、哥伦比亚和平进程破裂、国内武装冲突不断升级的背景下举行的。随着民主化进程的不断深入,民众的自主意识日益加强,选民希望出现一名独立于传统政党的、强有力的领导人拿出治国良策,给国家带来新面貌。在这种形势下,一贯主张对反政府游击队实

第四章 政　治

行强硬路线的乌里韦获得了广泛支持。在 2002 年 3 月的议会选举中,执政党保守党和在野的自由党严重受挫,在议会中所占席位大幅度下降,独立派人士异军突起,在议会选举中赢得了更多席位,哥伦比亚政坛的格局发生了重大变化。议会选举后,执政的保守党一蹶不振,许多保守党政要倒向"哥伦比亚第一运动"的乌里韦,保守党候选人雷斯特雷波因此被迫退出总统竞选。自由党内部也有不少人明里暗里支持独立派人士乌里韦,使乌里韦在大选中声威大震。在这个战乱连绵的国家里,乌里韦本人也曾遭受到游击队 15 次暗杀。在竞选总统时,阿尔瓦罗·乌里韦·贝莱斯领导的"哥伦比亚第一运动",打出了"铁腕雄心"的口号,强调以"铁腕"手段对抗暴力、惩治政治丑闻和腐败;对经济发展和老百姓要胸怀"雄心",致力于消除贫困和重建社会公正。乌里韦一贯主张对反政府武装实施强硬路线,主张通过严厉的军事手段打击反政府武装。他认为,即便政府同反政府武装谈判,也应以反政府武装放下武器、放弃暴力活动为前提。因此,在 5 月 26 日的总统选举中,他以绝对的优势战胜其主要竞争对手、自由党候选人奥拉西奥·塞尔帕和"振兴哥伦比亚运动"总统候选人萨宁女士,顺应民意,赢得民心,当选为总统。2002 年哥伦比亚的选举打破了两个传统政党轮流执政的格局,从而结束了自 19 世纪以来一直由保守党和自由党垄断政权的局面。

阿尔瓦罗·乌里韦·贝莱斯(Alvaro Uribe Velez,1952～) 出生于安蒂奥基亚省的麦德林市。早年以成绩优异被保送到安蒂奥基亚大学法律系读书。毕业后获律师资格,后到美国哈佛大学攻读经营管理专业。1976 年任麦德林市国有公司财产总管。1977～1978 年任劳动部秘书长。1980～1982 年任国家航空总局局长。1982 年当选为麦德林市市长。1984～1986 年任麦德林市议员。1986～1994 年两次当选参议员,并荣获"明星参议员"、"最佳参议员"和"最佳建议参议员"称号。1995～1997 年任安蒂奥基亚省省长,曾推行了一系列改革措施,在裁减冗员、推行教育和福利、改善基础设施等方面业绩不俗,赢得选民尤其是青年人的广泛支持。1998～1999年曾被英国牛津大学聘为客座教授。他曾是自由党员,2001年退出。2002年作为"哥伦比亚第一运动"的总统候选人当选为哥伦比亚总统。

(二)乌里韦总统的治国之道

乌里韦在首轮选举中以高票当选,在国会中拥有多数议员的支持。据当时一项民意测验,民众对他的支持率达到70%。多数哥伦比亚人认为,乌里韦有能力使哥伦比亚摆脱危机,对这位意志坚强、素有"铁腕雄心"的新总统寄予厚望。2002年8月7日,阿尔瓦罗·乌里韦上台后,开始着手解决国内武装冲突升级、经济衰退和毒品泛滥等问题。在就职演讲中他强调,实现哥伦比亚和平和民族和解是新政府的当务之急,因为实现社会稳定是保证经济发展的前提。他希望全国人民团结起来,为尽快结束内战和恐怖暴力,为振兴国家经济而努力。

1. 采取强硬措施,打击暴力恐怖活动,改变目前社会动荡局面,逐步实现国内和平

乌里韦总统最初选择一条加强军力和寻求和谈相结合的道路。他在谈到新政府未来解决国内武装冲突的政策时指出,政府与游击队谈判的先决条件是游击队必须首先停火、停止袭击民用目标,并放下武器。新政府愿意通过联合国和其他国际组织与游击队进行对话。游击队不但拒绝了这一建议,而且不断制造流血冲突和暴力事件,造成了数百人死伤,还继续通过威胁、暗杀等手段强迫全国所有市长辞职。

在通向和平的大门已关闭的情况下,乌里韦总统召开内阁紧急会议磋商。首先拟定了一系列计划:提拔了一些强硬军人担任军队高层将领;将反游击队的部队人数从5.5万人扩充到10万人,将警察从10万人增加到20万人;提高职业军人比例,延长义

务兵役期;组建由100万人组成的民兵,把农民训练成为"田野卫士";形成海陆空三军紧密合作的城市预警机制;向美国政府提出援助要求,加强军力,改变政府军在同游击队作战中的不利局面。

接着于2002年9月12日决定宣布全国进入为期90天的国家"紧急状态",以遏制反政府武装的恐怖活动。在"紧急状态"期间,国家实行战时法律,国会暂时休会,总统的权力得到扩大,军方将对涉及战争的报道进行新闻检查,公民的自由受到限制,国家有权在必要时候征用私人财产。政府还将征收总额为2万亿比索(约7.8亿美元)的特别战争税,用于扩大政府军兵力和购买军事装备,打击反政府游击队和右翼准军事组织。总统要求美国向哥伦比亚提供更多的军援,用于加强哥伦比亚政府军的作战能力。

2. 实行税收改革,减少公共开支,争取国际组织的援助,逐步振兴经济

为了解决经济停滞、贫困和高失业等问题,乌里韦总统组成了一个强有力的经济专家班子,强调新政府通过实行税收改革、铲除腐败、争取美国和欧洲以及国际金融机构援助等措施,逐步增加就业机会,减少贫困人口,实现经济恢复和振兴。他期望在未来的4年任期中,将失业率降至8%。

为减少公共赤字,政府宣布了一系列节约开支的计划,以树立政府清廉和有效率的新形象。计划包括:①通过精简政府机构,通过合并政府部门和优化行政手段裁减数以百计的冗员。将政府的16个部合并为13个部,并关闭部分海外领使馆,本人带头减少自己的工资;将国会参、众两院议员的268个议席削减至150个。②取消议员轮换制度,避免将大笔资金浪费在支付挂名议员的退休金上。大幅度降低议员的工资和任职补贴。他认为,哥伦比亚议员拿的钱太多,是西班牙议员的两倍。③打击企业逃税,修补法律漏洞,并向企业发行战争公债,以及冻结大多数与战争无关的开支。这些措施可争取到每年10亿美元的资金。④政府争取欧美

国家和国际金融机构的援助和贷款,逐步实现经济振兴。他还承诺新政府将采取一系列措施,改善低收入者的工作和生活条件,提高就业率,减少贫困人口,振兴国家经济。

3. 政府将斥巨额资金,实施用其他作物替代毒品作物计划

在扫毒问题上,总统表示将继续执行上届政府制定的在2004年之前彻底铲除14万公顷毒品作物的计划。政府将改变上届政府主要通过飞机喷洒化学药剂灭除古柯的办法。这种喷洒化学药剂灭除古柯的方式容易造成环境污染,古柯种植者也得不到任何补偿。新政府将斥巨额资金,实施用其他作物替代毒品作物的种植计划,从根本上切断毒品的来源。根据这项计划,每个完全放弃种植古柯和罂粟等毒品作物的农户,将得到政府2000美元的补偿,同时会得到政府在种植棕榈、橡胶、咖啡等经济作物上的技术指导和市场销售方面的扶助。乌里韦总统希望通过扫毒和替代种植的双管齐下政策,使毒品不再成为哥伦比亚的公害并最终在境内消失。

三 乌里韦总统任职期间政绩显著,国内安全形势有所好转

乌里韦总统执政以来,大力推行改革,精简政府机构,削减公共开支,减少公共财政赤字,努力发展经济,积极吸引外资,创造就业机会和缓解贫困问题。从2002年起,哥伦比亚的国内生产总值实现了持续稳定增长,超过了拉美大多少数国家的经济增长率。在国家安全方面,乌里韦总统通过军事打击的手段,采取以战促和的策略,解决内乱问题。美国也通过"哥伦比亚计划"和"安第斯地区计划",增加对哥伦比亚的军事援助,打击毒品生产和贩运活动。随后,哥伦比亚政府以反恐怖名义,将该项计划扩大到军事领域,加紧扩充军备力量,增强对反政府武装的打击力度。2004年5月,哥伦比亚革命武装部队总司令卡洛斯·奥

斯皮纳将军宣布,全国25万名政府军官兵进入戒备状态,加强在全国13个大城市以及重要民用设施的安全保卫工作。与此同时,政府宣布哥伦比亚联合自卫军为暴力犯罪组织,美国也把它列入国际恐怖组织的黑名单,冻结其在美国境内的资产。在这种情况下,哥伦比亚联合自卫军被迫于2003年11月声称在全国实行单方面无限期停火,开始与政府进行和平谈判。

在缉毒方面,哥伦比亚政府用巨额资金,实施用其他作物替代毒品作物计划,加强打击贩毒力度。2003年,仅哥伦比亚海军就查获了70多吨毒品。2004年7月,哥伦比亚卡利贩毒集团的重要头目路易斯·埃尔南多·戈麦斯·布斯塔门特在古巴被警方抓获。12月3日,卡利贩毒集团另一重要头目希尔韦托·罗德里格斯·奥雷胡埃拉以贩毒和洗钱罪名,被引渡到美国受审。12月28日,哥伦比亚警方在麦德林展开的扫毒行动中,抓获卡利贩毒集团负责走私武器和毒品的一名重要头目。

总之,乌里韦总统在反恐、禁毒、改善国内安全局势和经济发展等方面取得了积极成效,政绩显著,得到民众的广泛支持。因此,在2006年3月的议会选举中,国家社会团结党以及支持乌里韦政府的自由党和保守党,在参众两院中分别占有55席和94席。2006年5月,乌里韦在总统选举中,获得了62%的选票,成功地蝉联哥伦比亚总统。

为了实现国内和平,乌里韦政府加强对非法武装力量的军事打击力度。2007年以来,政府重点加强对哥伦比亚革命武装力量的军事打击。2008年3月,哥伦比亚革命武装力量第2号人物劳尔·雷耶斯在哥伦比亚南部与厄瓜多尔的边界地区被政府军打死;其最高指挥官曼努埃尔·马鲁兰达也已经死亡。据国防部报告,2008年又有3352名反政府武装人员缴械投降。另外,政府对准军事组织也已成功地实施了多批遣散。

解救人质行动是哥伦比亚政府在和平道路上迈出的重要一

步。2007年8月,乌里韦政府通过"人道主义交换"计划,希望哥伦比亚革命武装力量释放被扣押的40多名人质。但哥伦比亚革命武装力量拒绝了这一要求,双方谈判陷入僵局。2008年7月,哥伦比亚军方解救出了包括前总统候选人英格丽·贝当古在内的15名人质。2008年12月,乌里韦总统呼吁所有反政府人员放下武器,并承诺只要他们缴械投降和释放人质,政府将按照"人道主义交换"原则,给反政府武装人员以物质奖励,并保证他们的自由。目前,哥伦比亚的反政府武装人员主要在深山或边远地区活动。

总之,乌里韦总统执政期间政绩显著,国民经济持续稳定增长,哥伦比亚的国内安全形势趋于好转,但仍然面临一些挑战。

1. 打击非法武装力量取得重大进展,但哥伦比亚革命武装力量仍然存在

在中短期内,政府要结束武装冲突,实现国内和平仍困难重重。2008年12月,阿劳卡省发生非法武装人员伏击警车事件,造成8名警察死亡。必须指出,哥伦比亚国内冲突错综复杂,外国主要是美国对哥伦比亚国内和平进程的介入,加大了哥伦比亚国内和平进程的难度。

2. 反对党(主要是"左派"政党激进变革党和保罗替代民主党)揭露执政联盟与准军事组织有牵连

2007年,最高法院开始调查支持乌里韦总统的执政联盟与准军事组织的关系,同年5月最高法院和最高检察院下令逮捕因涉嫌与准军事组织有牵连的20名政界要员,其中包括4名参议员、1名众议员、15名前国会议员和前市长。到2008年10月,至少有80名前任、现任的国会议员和政府官员(其中包括乌里韦总统的表兄),因涉嫌与准军事组织有牵连而被逮捕,或被调查和传讯,因而导致政府陷入政治危机。与此同时,2008年11月4日,因涉嫌直接或间接非法处决平民百姓,陆军司令马里奥·蒙托亚宣布

辞职,多名高级军官被解除职务,等待司法调查。

3. 总统试图修改宪法以实现第2次连任面临困难

乌里韦总统的执政联盟试图通过全民公决来修改宪法,以确保乌里韦总统于2010年实现第2次连任。有消息说,如果采取全民公决,乌里韦总统有可能获胜。这是因为民众盼望政府能进一步打击非法武装力量,改善国内治安状况,实现经济的持续增长。目前,乌里韦总统的支持率大大提高,2008年3月高达84%。然而,2008年10月,众议院却表示拒绝乌里韦总统第2次连任。在遭到众议院否决后,乌里韦总统只能寄希望于通过全民公决来实现第2次连任的梦想。

第五章

经　济

第一节　经济发展综述

19世纪初以前，哥伦比亚遭受了西班牙近300年的殖民统治。1819年独立后，它又经历了党派之争、内战、帝国主义的掠夺，经济相对比较落后，生产发展畸形，是个单一咖啡生产和出口国。20世纪初期，开始建立了以纺织业和食品加工业为代表的民族工业；从30年代起，加快了民族工业的发展势头。第二次世界大战后，政府制定了进口替代工业化的经济发展战略，根据本国国情采取了一系列政策措施，经济取得了持续稳定的增长。哥伦比亚已成为一个中等程度的发展中国家。

一　国民经济发展历史进程

西班牙殖民者入侵以前，土著居民主要从事农业生产，土地为集体所有。西班牙人入侵后，在野蛮的征服和屠杀基础上，实行"委托监护制"和"分派劳役制"，强迫印第安人和黑人到矿山开采黄金，农业生产十分落后。残酷的压迫和奴役严重阻碍着社会生产力的发展。

1819年哥伦比亚获得独立后，封建的大庄园制没有触动，殖民统治时期遗留下来的社会经济结构并没有改变。1850年何塞·伊拉里奥·洛佩斯总统进行的自由改革，为工农业生产发展创造了条件。之后，由于自由党和保守党为争夺政权进行了长期的、激烈的争斗，社会生产力遭到严重破坏。内战和政局不稳定使经济停留在非常落后状态。然而，资本主义的自由贸易和国际分工给哥伦比亚经济打上深深的烙印，外国商品主要是英国工业制成品在哥伦比亚市场上出现，扼杀了民族工业的发展。哥伦比亚只能以出口黄金和初级农产品，同外国工业制成品进行不等价交换。

19世纪末20世纪初，随着西部的垦殖和咖啡种植的迅速发展，咖啡出口不断增加，给哥伦比亚旧的生产关系以猛烈冲击，为民族工业的产生创造了有利条件。第一次世界大战期间，外国制成品进口骤然下降，哥伦比亚建立起一批轻、纺工业，进行日用品生产，满足国内人民大众的消费需求。20世纪20年代，美国资本对石油开采业和香蕉种植园进行了大量投资，美国逐渐取代了英国的地位，成为哥伦比亚最大的国际剥削者。随着石油工业的发展，铁路、公路、港口等基础设施的建设，国内市场逐步形成，推动了民族工业的发展。20世纪30年代，代表工业资产阶级利益的自由党执政。面对经济衰退和社会危机，洛佩斯·普马雷霍总统进行了一系列改革，采取了发展民族工业的有力措施，加快了民族工业的发展步伐。到1945年，工业总产值达到6.41亿比索，约占哥伦比亚国内生产总值的15.3%。

第二次世界大战后，政府实施进口替代工业化经济发展战略，1967年又采取了"促进出口"和"出口产品多样化"结合的方针，采取了一系列符合国情的政策措施，国民经济取得了持续稳定的发展。

第二次世界大战后，哥伦比亚经济经历了以下六个发展阶段。

（一）战后初期到1967年是民族工业迅速发展阶段

第二次世界大战后，政府实施进口替代工业化发展战略，目的是减少国外消费品进口，增加中间产品和资本货进口，发展本

国制造业，逐步改变国家落后的经济结构。40年代末50年代初，由于传统产品咖啡出口收入成倍增加，政府加大了工业的投资，从国外购买大量机器和设备发展民族工业；建立了经济发展委员会和工业财政公司，负责研究经济发展和引进外资事宜。1958年成立国家计划局。1961年宣布实施《1961~1970年经济和社会发展总计划》，强调集中力量发展制造业。1963年政府将工业发展委员会改组为金融公司，执行资助私人企业的方针。同年建立了货币委员会，加强对金融业的管理。1958~1967年间，哥伦比亚工业年均增长率7.5%。在1950~1966年的16年间，制造业产值增长了11倍，国内生产总值年均增长率为4.7%。

(二) 1967~1974年是经济快速增长阶段

20世纪60年代初，国际市场咖啡价格下跌导致哥伦比亚出现外汇危机。1967年3月政府颁布《第444号法令》（即《外汇条例》），对经济战略进行全面调整：采取经济逐步开放的发展模式，鼓励非传统产品特别是制成品的出口，促进出口产品多样化；实行比索对美元的逐步微小贬值，增强出口商品的竞争力；积极吸引外国投资，加强对外资的管理。1968年初政府颁布第1号法令，增加对出口农业的投资，在税收上给予优惠，促进经济作物的发展。同年进行以宪法改革为中心的体制改革，加强国家对经济的干预。与此同时，政府还建立和健全各种财政基金会，如农牧业财政基金会、工业财政基金会、城市财政基金会、地区发展基金会等，负责向私人企业提供贷款，鼓励各方面力量向出口部门投资。1969年参加了安第斯条约组织。1970年公布《1970~1973年经济发展计划》，积极推动出口部门的发展。1972年政府倡议发行以不变价格计算的"保值储蓄贷款"（UPAC）鼓励私人储蓄，通过储蓄和住宅公司增加建筑业的投资。由于工业生产和出口得到有力的推动，这一阶段，工业年均增长率为9.2%，工业产品出口年均增长率20%，国内生产总值年均增长率达6.3%。

（三）1974～1983年为经济紧缩阶段

由于受到1973年发达国家经济危机的影响，1974年哥伦比亚经济出现困难，政府被迫宣布"经济紧急状态"。与此同时，石油生产下降，国内燃料消费迅速增加，1975年哥伦比亚由石油出口国变成石油进口国。1976年巴西咖啡遭受霜冻，国际市场咖啡价格上涨，哥伦比亚出口收入猛增又引起了通货膨胀。1978年政府提出《全国一体化发展计划》，旨在使工业生产多样化，促进地方工业发展，大力修建公路和铁路，开发能源和矿业资源，促使国民经济稳定增长。1979年又出现了能源供应危机，经济发展遇到了不少困难。为此，政府实行稳定计划，增加对交通运输、能源和矿业等薄弱环节的投入，通过刺激生产来降低失业率和通货膨胀率。1974～1982年间，国内生产总值年均增长率为4.5%。由于出口贸易迅速发展，从1976年起，对外贸易连年顺差，国际收支出现了盈余，1981年国际储备达56.3亿美元，创历史最高水平。

（四）1983～1990年为经济调整阶段

20世纪80年代初由于受到资本主义经济危机的影响，以美国为首的发达国家实行贸易保护主义和高利率，恶化了哥伦比亚的外部条件。哥伦比亚的经济增长减缓，工业生产出现衰退，农业面临危机，出口收入锐减，国际收支出现逆差，政府的财政赤字增加，企业投资减少。1982年国内生产总值只增长0.9%，为二战后经济增长的最低点。经济困难加剧了社会动荡，失业率上升，贩毒、走私、刑事犯罪活动加剧。政府宣布"经济紧急状态"，把整顿财政、限制进口和鼓励出口、振兴经济作为经济调整的中心环节，并制定了《全国经济社会均衡发展计划》，努力恢复和发展经济。

经过经济调整，1983年国内生产总值已停止下降，工农业生产得到恢复。1986年国内生产总值增长率达5.8%；财政赤字减少，外贸顺差16亿美元；石油也恢复自给，还出口创汇4亿多美元；国际储备逐渐恢复到34.78亿美元。1986年政府强调

经济目标和社会目标均衡发展,加强宏观经济调控,恢复公共部门的积累能力,增强对外部门的活力,鼓励企业投资和发放生产贷款,促进工业发展,力争实现国内生产总值平均增长率不低于5%的战略目标,同时实施以消除贫困为目标的发展计划,把社会目标放在突出地位,使低收入阶层生活逐步改善。经过努力,1986~1989年国内生产总值实现了年均4.5%的增长速度。

(五) 1990~1998年为经济开放阶段

为适应世界经济变革潮流,1990年,政府提出《经济国际化和生产资料现代化计划》,采取的改革措施有:①实施贸易自由化方针。政府放弃进口许可限制,降低关税和进口附加税,实行外汇自由兑换;改革外贸管理体制,建立外贸部和外贸银行,鼓励本国产品走向国际市场。②积极参与地区一体化合作。大力推动安第斯自由贸易区的建立,实现了同委内瑞拉、厄瓜多尔和玻利维亚的自由贸易。③对国家经营的企业实行私有化。政府把国家经营或靠国家补贴维护运转的企业以拍卖,或以出售股权方式与国内外私人企业合营,纳入自由竞争的市场经济机制。1991年将3家银行拍卖给了委内瑞拉银行财团,对大部分公共服务业、50%的工厂、部分电力公司、全部铁路、炼油厂、造纸厂等实行私有化。1992年又将全部港口、电信业、大部分银行和部分煤炭企业私有化。④改善投资环境,鼓励国内外投资。鉴于国内暴力活动的不利环境,政府采取弹性处理办法,修改外国投资法,放宽对外国投资的限制,使外国投资者享有与本国投资者同等优惠待遇。随着经济开放计划的实施,大量利用国内外资金,生产有了较快的发展,1994年国内生产总值增长率为5.8%,但也产生了一些不良后果。其一,取消了对本国产品的补贴,使中小企业无法与外国企业竞争;成本昂贵的农产品在国际市场上失去竞争力,农业陷入危机。其二,国有企业私有化使大量工人被解雇;公共服务业私有化导致国家在卫生、教育、就业、社会安全等方面的投入减少，加剧了贫富两极分化。

1994年桑佩尔政府实施《社会跃进计划》，大力改善基础设施，加大社会投资，把解决失业问题作为发展计划的中心任务。1995～1998年哥伦比亚投资年均增长率为18.8%，高于1991～1994年的平均增长率16.4%和1965年以来的平均增长率16.3%。但是，投资增加导致实际利率攀升和政府的财政赤字增大。为稳定经济，1996年重新调整计划，放慢经济增长速度。1997年石油出口增加和咖啡国际市场价格相对稳定，生产有所恢复。1998年受到"厄尔尼诺"气候的影响，农业生产下滑，出口收入减少，亚洲金融危机使流入的外国资本减少。1995～1998年国内生产总值年均增长率为2.7%，低于20世纪80年代以来哥伦比亚的经济增长率。此外，政府在控制通货膨胀方面是有成绩的，总的趋势在下降。但存在的主要问题是：经济增长率连续下降；1998年中央政府的财政赤字69408亿比索，占国内生产总值的5%；国际收支经常账户赤字达58.2亿美元，占国内生产总值的4.4%；农矿初级产品出口受到国际市场价格波动的影响；失业率上升，1998年七大城市失业率达15.6%。所有这些对哥伦比亚经济稳定是不利的。

（六）1999年起，进入宏观经济调整阶段

1997年起亚洲、俄罗斯和巴西先后爆发了金融危机，国际市场初级产品价格特别是1998年石油价格下降，给哥伦比亚经济带来巨大冲击。邻国厄瓜多尔和委内瑞拉的经济衰退，也给哥伦比亚的出口带来不利的影响。从1998年第二季度起，经济增长速度下滑，个人和企业负债率提高，私人企业被迫大量裁员，大城市失业率高达19.8%。1999年1月，中部咖啡区发生一场特大地震，政府宣布"经济紧急状态"，国家财政收入严重减少，国内需求猛跌，金融部门陷入危机，经济经受着20世纪30年代以来最严重的危机。同年6月政府提出宏观经济调整计划，7月

恳求国际货币基金组织提供 30 亿美元的财政援助，9 月被迫放弃有控制的兑换政策，实行自由浮动兑换率。1999 年国内生产总值增长率为 -4.5%，全国就业率只达到 52.6%。

随着 1999 年国际市场原油价格的回升，地区贸易的恢复，有利于哥伦比亚的经济调整。哥、美关系有所改善也为经济恢复创造了条件。经过宏观经济的调整，经济形势已出现好转。2000 年 1 月出口贸易比 1999 年同期增长 42.4%，2 月初政府就工业和商业的恢复进一步采取措施，第一季度经济出现 2.2% 的增长率。政府采取了有竞争力和灵活的兑换率，降低了利率，通货膨胀率降为 9.2%。2000 年国内生产总值增长率为 2.8%。随着生产投资恢复，出口收入有了较大提高，国内消费也逐渐增加。国际贸易结算和国际收支好转情况得到巩固，有助于恢复和提高哥伦比亚的国际信誉；国内实际利率逐渐降低，也有利于 2001 年经济前景的进一步好转。

2002 年乌里韦政府上任后，大力推行政治机构改革，采取适当的经济政策，并在禁毒和打击非法武装等方面取得了积极成果，为促进经济持续增长创造了有利条件。近些年来，建筑业、零售业、制造业和运输通信业增长较快，对经济增长贡献率最大。2004~2006 年，中央银行实施通货膨胀目标制，实现了把通货膨胀率控制在 3.4%~4.5% 的目标。但是，由于食品和能源价格居高不下，以及内需旺盛，通货膨胀压力明显增大。从总体上看，交通运输和食品价格上涨，价格指数化和汇率波动都给控制通货膨胀带来一定的压力。

二　国民经济实现持续增长

自 20 世纪 30 年代以来，哥伦比亚实现了经济持续稳定的增长，是拉美地区经济发展相对稳定的国家之一。

（一）1932~1998 年间，经济发展从未出现过负增长

从 20 世纪 30 年代到 70 年代末，国内生产总值年平均增长率

接近5%；1981~1996年，哥伦比亚国内生产总值平均增长率为4.1%，仅次于智利，高于其他拉美国家经济增长率。20世纪80年代拉美国家经历债务危机，经济平均增长率为1.7%，而哥伦比亚经济增长率为3.4%，高于拉美地区国家平均增长率。1990~1997年，哥伦比亚国内生产总值年平均增长率为4.1%，高于拉美国家经济平均增长率3.3%。1998年遭受世界金融危机的影响，1999年哥伦比亚国内生产总值出现下降，之后经济稳步回升。从2002年起国内生产总值实现了持续性的增长，超过拉丁美洲大多数国家的经济增长率。2007~2008年哥伦比亚年均经济增长率超过5%，2007年实际经济增长率达到7.5%（参见表5-1、表5-2和表5-3）。

表5-1 哥伦比亚的主要经济指标

单位：%

	2006年	2007年	2008年
国内生产总值（增长率）	6.8	7.7	3
人均国内生产总值（增长率）	5.3	6.3	1.7
消费价格指数（增长率）	4.5	5.7	7.7
平均实际工资（增长率）	3.7	-0.5	-1.8
M1供应量（增长率）	18.2	11.9	5.6
实际有效汇率（增长率）	-1.3	-10.7	-5.5
贸易条件（增长率）	3.8	8	13.1
城市失业率	12.9	11.4	11.5
中央政府财政收支余额占GDP比重	-3.8	-3	-2.7
名义存款利率	6.2	8	9.7
名义贷款利率	12.9	15.4	17.1
商品和劳务出口（百万美元）	28558	34213	41832
商品和劳务进口（百万美元）	30355	37416	42912
经常账户（百万美元）	-2982	-5859	-6442
资本和金融账户（百万美元）	3005	10572	9053
国际收支余额（百万美元）	23	4714	2611

资料来源：ECLAC, Preliminary Overview of the Economies of Latin America and the Caribbean 2008, December 2008; 2008年为初步估计数。

哥伦比亚

表5-2 哥伦比亚的主要经济指标变化

单位：亿美元

	2004年	2005年	2006年	2007年	2008年*
GDP	977.8	1252.1	1303.4	1720.6	2144.6
人均GDP(美元)	2156.4	2540.7	2583.4	3664.1	4610.8
GDP实际增长率(%)	4.7	4.8	6.8	7.5	2.5
通货膨胀率(%)	5.9	5.1	4.5	5.7	7.7
商品出口(FOB)	172.5	217.2	251.8	305.7	385.4
商品进口(FOB)	158.7	201.3	248.5	311.7	375.5
经常账户余额	-9.06	-18.8	-29.8	-58.38	-67.6
外汇储备	135.37	149.55	154.37	209.52	236.70
外债总额	379.1	376.5	396.9	413.17	399.18
偿债率(%)	27.0	33.1	26.4	24.9	
汇率(比索/美元)	2628.4	2284.2	2238.8	2014.8	2243.6

* 为初步估计数。

资料来源：Economist Intelliene Unit Limited Colombia: Country Report, April 2009。

表5-3 哥伦比亚国内生产总值及各部门的增长率

单位：%

	2004年	2005年	2006年	2007年	2008年
农牧业	1.8	2.4	3.9	3.9	2.7
采矿业	-0.9	1.7	3.2	2.9	7.3
制造业	5.3	5.4	6.8	9.5	-2.0
电、水、煤气	2.9	3.0	3.1	3.7	1.2
建筑	13.4	12.8	13.5	11.5	2.8
商业	6.0	7.3	8.7	8.7	1.3
运输通信业	5.0	8.7	9.2	11.0	4.0
金融保险	3.9	5.5	6.7	7.3	5.6
社会服务业(公共与个人)	3.6	4.6	4.7	4.7	2.1
国内生产总值	4.7	5.7	6.9	7.5	2.5

资料来源：DANE，共和国银行的统计。

第五章 经 济

(二) 自20世纪50年代以来，哥伦比亚的通货膨胀尽管曾出现过波动，但控制在较低水平

1990年，哥伦比亚通货膨胀率为32.4%，为最高的一年。1991年拉美国家年均通货膨胀率在200%~800%之间，而哥伦比亚的通货膨胀率为26.8%，是拉美国家通货膨胀率最低的国家之一。《1991年政治宪法》赋予共和国银行管理金融、货币的独立自主权和降低通货膨胀率的使命。由于中央银行采取措施，通货膨胀率逐年有所下降。1970~1995年间，哥伦比亚通货膨胀变化指数为0.27%，是拉美地区变化最小的国家。1983~1995年哥伦比亚的消费价格指数年平均增长率为23.5%，略高于智利（18%），低于其他拉美国家。自1999年以来，哥伦比亚的通货膨胀得到了控制，通货膨胀率维持在一位数，从未出现恶性通货膨胀。近年，哥伦比亚的通货膨胀率又有下降，2004~2008年分别为5.5%、4.9%、4.5%、5.7%和7.7%，表明哥伦比亚在控制通货膨胀方面成绩显著。

(三) 经济发展趋势相对稳定，未出现大起大落

从20世纪60年中期到90年代中期，哥伦比亚的国内生产总值变化指数为1%，而工业化国家为2.2%，东南亚国家为3.4%，拉美地区国家为4.7%。哥伦比亚既是世界上经济比较稳定的国家之一，也是拉美地区经济最有活力的国家之一。20世纪80年代拉美国家经历债务危机，哥伦比亚是拉美地区唯一没有进行延期还债谈判，能按期还本付息的国家[1]。正是由于哥伦比亚经济发展相对稳定和有较强的偿债能力，被权威的国际公司和国际机构评为低风险国家。1991~1997年外国在哥伦比亚的总投资年平均增长率为61%，对哥伦比亚经济发展起到积极

---

[1] Presidency of the Republic of Colombia, *Economic Guide 1997~1998*, 1997, pp. 33-36。

促进作用。进入21世纪以来，哥伦比亚的宏观经济指数和财政制度有良好表现，重大机构改革方案的实施、经济增长率预期的提高以及安全状况的改善，使哥伦比亚长期外债等级评定得以提升，2008年最权威的风险评估公司S&P将哥伦比亚长期外币债务评定为BB+级。

第二次世界大战后，哥伦比亚经济发展的道路并不平坦，经济却取得了持续稳定的增长。其原因是多方面的，除了世界经济较快发展为哥伦比亚创造了有利的国际环境外，经济政策的连续性是经济发展的内部重要条件。更重要的是，政府能根据本国的国情，先后采取了"进口替代"和"促进出口"发展模式，把经济逐渐引向国际市场，实行严格的经济管理，对经济发展中的薄弱环节和困难，能及时地通过法令不断加以调整，进而增强了克服困难的能力，使之更能适应不断变化的外部情况。

第一，根据国内政治经济情况，制定经济发展战略。

二战后初期，为克服咖啡单一种植的经济结构，改变国家落后面貌，哥伦比亚政府实行替代进口工业化发展战略。尽管当时未提出明确的战略目标，但是，政府把出口咖啡所得的外汇，积极向工业部门投资，使制造业有了较快的发展。

从20世纪50年代后期起，国际市场咖啡价格暴跌导致哥伦比亚国际收支严重恶化。针对当时存在的问题，"全国阵线"政府吸取拉美各国经济发展的经验教训，利用60年代有利的国际环境，对本国的经济战略进行了全面调整。1967年《兑换条例》的实施，标志着哥伦比亚经济进入一个新的发展阶段。这次战略调整从根本上说就是把战略重点由"进口替代"转向"促进出口"，努力促进经济多样化，扩大非传统产品出口特别是本国制成品出口，推动民族工业和国民经济的发展。

20世纪90年代，随着世界经济国际化和区域经济集团化的发展，政府加快开放进程，实施国际化竞争战略。为使改革开放

第五章 经 济

取得成效，政府强调如下四个方面问题：①在竞争方面，加强国家、企业主和工人的合作，为建立牢固的经济国际化基础共同努力；②在社会发展方面，把经济开放的成果惠及全体哥伦比亚人；③在生态方面，强调国土开发和资源利用，建立经济持续发展的基础；④在制度化方面，加强政治权力分散化，实现《1991年政治宪法》所倡导的在经济、政治和生态等方面的参与机制[①]。哥伦比亚的这种国际竞争战略，充分调动国家、企业家和劳动者三方面的积极性，努力使经济发展适应复杂多变的外部环境。

第二，实行连贯的经济政策，把稳定发展作为长期追求的目标。

1957年罗哈斯军事独裁统治结束后，哥伦比亚两党达成建立"全国阵线"的协议，恢复了代议制民主。在之后的16年内，两个传统政党轮流担任总统，平分公共部门职务，国家进入了相对稳定时期。1974年"全国阵线"结束后，两党基本上沿袭"全国阵线"时期的做法，组成联合政府。各届政府聘用有威望的政治家和经济学家，在革新政治、进行经济改革、与游击队开展对话争取实现和平、严厉打击毒品走私活动等方面执行连贯的政策，并取得积极成果。1991年颁布的新宪法使选民享有更多的民主权利，并使那些从未参与决策的社会阶层获得了参与政治的机会。总之，近40年来哥伦比亚经济政策的连续性，保证了经济持续稳定向前发展。

然而，哥伦比亚经济发展也遇到一些困难，如20世纪60年代的国际支付危机，70年代的财政困难和能源供应危机，80年代初的支付困难，90年代初的经济衰退以及20世纪末的经济危机等。针对这些问题，历届政府进行了一系列的调整和改革。其

---

① Presidencia de la Republica Departamento Nacional de Planeacion, *El Salto Social*: *Bases Para el Plan Nacional de Desarrollo*, 1994 – 1998, p. 14.

中有：20世纪60年代中期的战略性调整、1974年的财政改革、80年代前期的应急性调整、90年代初的结构调整和1999年的宏观经济调整等。在进行经济调整和改革中，政府始终把稳定发展作为长期追求的目标，加强宏观经济的调控，促进国民经济能正常运行。为保证发展计划的实施，政府十分重视宏观经济的平衡，通过专门机构对宏观经济进行调控。国家计划局负责制定全国经济发展计划、审定和控制外国直接投资。政府委托货币委员会对国际汇兑、信贷、利率、金融经纪人的作用等进行总调节，使兑换政策、货币政策和金融政策能同国家发展计划相一致。随着国民经济的发展和各项经济机制的逐步完善，《1991年政治宪法》重申，国家对经济实行总的领导，负责自然资源的开发、土地的使用、物资的生产和分配以及对公共服务和基础设施建设的干预，以保证经济更加合理、有序地发展。国家还以特殊的方式，对人力资源配置和人民基本生活需求进行干预。政府能充分利用经济手段进行干预，完善市场机制，促进国民经济正常运行。

第三，大力发展出口贸易，促进经济对外开放。

在实施进口替代工业化发展战略阶段，政府多次进行关税改革，对本国工业实行保护。随着工业化的迅速发展，要求农业提供更多的原料和粮食，满足制造业和城市人口不断增加的需要；国家的现代化要求增加出口换取外汇，满足进口中间产品和资本货的需要。面对20世纪60年代的国际支付危机，政府采取经济逐步开放的发展模式，实行出口产品多样化方针。1967年颁布的《外汇条例》是哥伦比亚第一个促进非传统产品出口、发展对外贸易、鼓励外国投资和加强对外资管理的法令，表明哥伦比亚经济从"进口替代"的发展模式向"促进出口"和"出口产品多样化"的发展模式转变。随着世界经济国际化的发展，政府实行经济开放的政策，大力贯彻贸易自由化方针，大幅度降低关税，加强地区一体化合作，促进本国经济国际化。当前，哥伦比亚经济已从以强有力的保护主义为特征的经济模式向积极参与国际经济的开放模式转变。

哥伦比亚是个有强烈的向外出口意识的国家。政府认为，要把对外贸易作为经济发展的动力，单靠有利的行情是不够的，还必须组织好生产、降低生产成本、提高本国产品的竞争力。1991年制宪大会把"经济自由竞争"写进了新宪法。为解决熟练劳动力缺乏、科技力量不足和基础设施不完善等问题，政府实施国际化竞争战略。政府认为，竞争优势的取得，有赖于先进技术的引进、人员素质的提高、企业活力的增强、基础设施的建设和生产环境的改善。总之，竞争优势不是靠单个企业的活动，而是靠经济部门整体的共同努力。为此，政府采取了一系列政策措施，如鼓励投资、推动出口、促进技术转让和革新、加强各生产环节和部门之间的协调发展等。这些政策措施的实施，不仅提高了劳动生产率和经济效益，而且为实现向真正的国际竞争战略过渡奠定了基础。

第四，重视谨慎的财政管理，实行积极引进和加强管理的外资政策。

首先，哥伦比亚经济相对稳定得益于谨慎的财政管理，政府的理财技艺主要表现在管理税收的能力上。哥伦比亚政府十分重视财政收支平衡。众所周知，国家的财政状况是国民经济各种活动的综合反映，国民经济的综合平衡主要通过财政收支来实现。税收是财政收入的主要来源，但税收并不能经常维持政府的财政稳定。为此，政府不断通过税收改革，以堵塞漏税和逃税来减少财政赤字。经过多次税收改革，哥伦比亚的税收结构已发生了很大的变化。1970年所得税占47%，销售税占10%，关税占21%，其他税占22%。到1986年，所得税占34%，销售税占29%，关税占22%，其他税占16%。由于公共支出大幅度增加，20世纪90年代中期以来，政府财政赤字不断扩大，1998年中央

政府的财政赤字 69408 亿比索，约占国内生产总值的 5.3%。1999 年的经济危机是与哥伦比亚的财政支出分不开的。国民议会已讨论税收合理化法令草案，以便使税收制度更加透明、公正、合法和有效，进而保证发展计划所需要的资金。尽管有人认为，哥伦比亚的税收管理手段相对落后，但是，近 25 年其税收体制有利于经济稳定也是国际社会所公认的事实。

其次，实行积极引进和加强管理的外资政策。1967 年颁布的《外汇条例》规定，外国投资必须先提出申请，经批准后再到共和国银行兑换处登记，按规定方式和份额进行投资。1973 年实施安第斯条约组织制定的《第 24 号决议》，对外资实行限制，鼓励外资同本国资本联合经营。之后，政府实行积极引进外资的政策，鼓励外资向能源、矿业和急需资金的部门投资。20 世纪 90 年代外国直接投资迅速增加。1990 年外国直接投资只有 4.31 亿美元，到 1997 年增加到 43.74 亿美元；1990～1997 年外资直接投资年均增长率为 62%。与此同时，哥伦比亚根据国家的实际需要举借外债。1975 年在国际金融市场有大量游资的情况下，政府控制石油美元流入，禁止私人企业举借外债；80 年代初哥伦比亚外债数额相对低些，是拉美地区唯一未进行外债延期偿还谈判的国家。20 世纪 80 年代后期外债逐年有所增加。从 1992 年起，由于国内需求日增，政府鼓励私人举借外债，外债增长较快，从 1992 年的 172.7 亿美元增加到 1997 年的 304.9 亿美元，几乎增长一倍。1997 年，外债占国内生产总值的 32.8%。尽管 90 年代末哥伦比亚国际收支经常账户赤字占国内生产总值的 5%，但哥伦比亚国际储备充裕，外债政策谨慎，对外部门前景仍然看好。

第五，大力扶持私人企业，在国民经济中发挥私人企业的主力军作用。

考虑到生产发展水平较低、商品经济不发达和市场发育不完善这一现实，哥伦比亚政府采取混合经济体制，大力扶持私人资本发展。在哥伦比亚的经济总体中，国营企业所占比重并不大。为提高产品的竞争力，早在20世纪70年代，政府就把一些重要工业企业变成公私合营的股份公司，把经营管理权交给私人，使企业成为独立经营、自负盈亏的经济实体。政府向私人提供贷款，鼓励私人办企业；对某些亏损和濒临破产的企业实行国有化，经过国家投资恢复生产后，重新卖给私人经营。据统计，1966～1976年间，中央政府购买私人企业商品，从占中央政府支出的31.8%上升到36.2%；地方政府向私人生产性投资从占地方政府支出的42.8%上升到68.8%，从事制成品生产、能源、电话通信、广播电视、港口、铁路、航空、建筑、销售和金融的35个企业占地方预算的66%[①]。之后，政府鼓励公共部门与私人合作，支持私人企业出口非传统产品；政府允许私人企业用本国货币偿还部分到期外债，同意银行以转让支付的方式，解决私人企业债务结算的困难。

由于国家的大力扶持，私人投资有了显著增长，并出现了控制经济主要部门的财政寡头。其中较大的有圣多明戈财团、咖啡财团、阿尔迪拉—卢耶财团、波哥大财团、大哥伦比亚财团、南美财团和考卡山谷农业集团。据胡利奥·席尔瓦的估计，1976年，上述集团已控制着国家全部的财政金融业，煤气、水和电，采矿业的90%，工业的75%，邮电的70%，农业的45%，建筑和运输业的40%[②]。全国最重要的500家企业都在15个财团控制之下。

20世纪90年代，政府实施国际化竞争战略，致力于公共部门和私人部门在技术、生产、贸易和基础设施方面的协调发展，

[①] 胡利奥·席尔瓦·科尔梅纳雷斯：《国家在哥伦比亚经济中的作用》，《政治文献》1978年7～8月号。

[②] 胡利奥·席尔瓦·科尔梅纳雷斯：《国家的真正主人：在哥伦比亚的垄断和寡头》，波哥大，1977，第303页。

使其更广泛、更深入地参与国际竞争。随着改革开放的深入,政府把国家经营或靠国家补贴维持运转的企业实行私有化,通过拍卖或出售股权方式与外国或本国私营企业家合作,纳入自由竞争的市场经济机制。哥伦比亚吸取亚洲"四小龙"的公共部门和私人部门共同参与经济进程的经验,吸取墨西哥的政府、企业家和劳动者签署社会契约的经验,建立了一种私人参与基础设施投资的新机制,采取了国家和私人共管过去由国家垄断的服务部门的新形式。这表明,哥伦比亚在参与国际经济竞争中又向前迈出一大步。

三 国家的经济实力和经济结构

随着国民经济的持续发展,哥伦比亚的经济实力不断增强。按 1975 年的不变价格计算,1995 年的国内生产总值为 1970 年的 3 倍。从 1996 年起,由于利率上升、比索高估和"贿选案"引发的政治危机,哥伦比亚经济增长逐渐减缓,2000 年,国内生产总值为 813 亿美元,人均国内生产总值 1920 美元,经济实力仅次于巴西、墨西哥、阿根廷和委内瑞拉,居拉美地区第 5 位。与此同时,哥伦比亚经济结构发生了重大的变化,物质生产和劳务更加多样化和现代化。一些采用先进技术的部门得到加强,各经济部门在国内生产总值中的比重也发生了明显变化。1986 年,第一产业(农业和矿业)占国内生产总值的 20%,第二产业(工业加上建筑)约占 26%,第三产业(包括商业、运输、通信、现代公共服务、金融财政等)占 51.4% 左右。到 2001 年,第一产业占国内生产总值的 16.7%,第二产业占 18.2%(其中制造业占 14.9%),第三产业已有了长足的发展,上升到 65.1%。到 2007 年,哥伦比亚的经济结构发生了明显变化,农业占国内生产总值的 9.4%,工业占 36.2%,服务业占 54.4%。经济结构已能适应现代社会发展的需要。此外,哥伦比亚各地区的经济活动有很大的不同。农作物种植业主要分布在安第斯山区一带，畜牧业主要分布在大西洋沿岸省份和东部亚诺斯平原地区。制造业主要集中在麦德林、波哥大、卡利、巴兰基利亚和卡塔赫纳等城市。服务业集中分布在全国13个大中城市（参见表5–4）。

表5–4 2007年拉美主要国家的经济指标比较

	哥伦比亚	委内瑞拉	巴西	墨西哥	智利
国内生产总值(亿美元)	1720.0	2281.0	13137.0	8934.0	1639.0
人均国内生产总值(美元)	3664	8359	6938	8219	9876
通货膨胀率(%)	5.5	18.7	3.6	4.0	4.4
国际收支经常项目结算(亿美元)	-59.0	200.0	17.0	-55.0	72.0
占国内生产总值的比例(%)	-3.4	8.8	0.1	-0.6	4.4
货物出口值(FOB,亿美元)	306.0	692.0	1606.0	2719.0	676.0
货物进口值(FOB,亿美元)	-312.0	-455.0	-1206.0	-2819.0	-440.0
外债(亿美元)	414.0	433.0	2294.0	1798.0	548.0
支付外债和利息(%)	24.9	8.2	26.7	15.6	10.0

资料来源：Economist Intelligence Unit., Colombia, Country Profile, 2008。

第二节 农牧业

农牧业是哥伦比亚国民经济的基础，是实现国内政治稳定和经济持续增长的重要因素。全国有可耕地3700万公顷，约占国土面积的32%。土地肥沃，阳光充足，雨量丰沛，农业生产的自然条件优越。沿海平原和安第斯山区是主要农作物种植区，气候温和湿润，适宜于各种农作物的生长。东科迪勒拉山麓以东是天然牧场，再往东是辽阔的亚诺斯平原，至今尚未开发，发展农牧业的潜力很大。

哥伦比亚是一个热带农产品出口国。由于受到气候、地形、技术、运输和大庄园所有制等因素的制约，农牧业生产经历了漫长的发展过程。1819年独立以后，土地仍掌握在大庄园主地主阶级手中。1850年洛佩斯政府进行的自由改革，在一定程度上解放了生产力。农产品如烟草、金鸡纳、靛青和棉花的生产迅速发展，先后成为哥伦比亚的出口产品。19世纪末，随着西部安第斯山区的垦殖和移民，咖啡种植在安第斯山地区迅速发展。之后由于国际市场的需求，咖啡逐渐成为重要出口产品。据统计，1880年咖啡出口仅占出口总收入的20%，1915年增加到51.5%，1925年上升到76.9%以上。咖啡成为国家的经济支柱，是国家财政和外汇收入的主要来源，咖啡被人们誉为"绿色的金子"。咖啡生产的迅速发展，给哥伦比亚的封建经济以猛烈的冲击，咖啡出口为国家赚得外汇，为经济发展积累了资金，为民族工业的出现和发展创造了有利的条件。

一 当前农牧业发展概况

（一）当前农业生产的特点

1. 农业仍是以开发自然资源为基础

随着农村经济发展多样化方针的实施，近30年，香蕉、蔗糖、水果、鲜花等非传统产品出口迅速增加，传统产品咖啡在出口中所占比重逐渐下降。目前，哥伦比亚的出口产品中，以农矿初级产品为主，深加工的农产品出口并不多。哥伦比亚的农业仍是以开发自然资源为基础，向国际市场出口初级产品的生产模式还没有改变。

2. 现代农业和传统农业并存的二元经济结构

随着工业化的发展，在商品经济的刺激下，农民家庭经济发生了激烈的分化，在哥伦比亚农村中出现了传统农业和现代农业不平衡发展，传统农民经济和现代商品农业两种经营方式并存的局面。

现代商品农业的特征是:①分布在交通发达、利于机耕、土地较肥沃的平原地区。②掌握比较先进的生产技术,使用农机、化肥、农药等农用生产资料,实行现代的经营管理方法,进行规模生产,形成了专业化的生产中心。③根据经营的需要雇用农业工人。④为工业和出口而生产。

传统农民经济的特征是:①分布在安第斯山区,拥有小片土地,以个体劳动为主,生产力水平较低。②以家庭为经营单位,家庭成员依照年龄、性别和文化素质的不同进行劳动分工。③随着商品经济关系的发展,建立在土地和劳动二元结构上的家庭关系逐渐被土地、资本、劳动三元结构的新型家庭关系所代替,改变了过去的为自我消费而生产、少量剩余产品转向市场的特点,把产品大部分供应市场。④农民经济比较脆弱,个体劳动难以抗拒天灾人祸;加之与市场联系较密切,易受到价格波动的影响,农民的生活仍很贫困[1]。

3. 农业生产呈现出下滑趋势

20世纪80年代初,由于农用生产资料的价格上涨,国际市场农产品的价格下跌,加之农村游击队活动频繁,哥伦比亚的农牧业生产出现危机。经过几年的调整,国家增加了对农牧业的投入,1986年农牧业生产开始恢复,1986~1989年实现持续增长(年平均增长率为4.2%),1990年农业生产增长率达到5.8%,创近10年的最高纪录。20世纪90年代以来,由于国家取消了农产品的价格补贴和减少了对农业的保护,加之国际市场农产品价格的波动以及气候的变化,直接影响到农作物的种植和生产发展。从1992年起,主要农作物的种植面积缩减,产量也明显下

---

[1] Absalon Machado C. (coordinador), *Problemas Agrarios Colombianos*, CEGA 21 siglo editores, 1986, pp. 373~382.

降。1996～1997年，受到"总统贿选案"引发的政治危机和经济紧缩的影响，农业生产分别增长0.5%和-0.7%；因此，整个90年代农业出现下降趋势，1990～1997年，农业年平均只增长2%。1998年，农业受到厄尔尼诺气候和国际初级产品价格下跌的冲击，农业只增长0.6%。1999年由于雨季周期的变化，年初阿梅尼亚地区的强烈地震和暴力活动的破坏，农业减产0.2%。

（二）农牧业生产在国民经济中的地位

首先，农牧业是国民经济的基础。尽管农牧业在哥伦比亚国民经济中所占比重有所下降，但是，农牧业在国内生产总值中所占比重在安第斯地区乃至拉美地区仍是最高国家之一。1997年拉美国家农业产值占国内生产总值的8.1%，委内瑞拉农业只占4.8%，而哥伦比亚农业却占13.6%[1]。农业仍是哥伦比亚的重要传统产业。1990年农作物收割面积476.5万公顷，到2004年减到370.85万公顷，其中季节性作物种植面积170.37万公顷，而多年生作物种植面积为190.24万公顷。近10多年来，粮食生产未能受到重视，粮食作物逐渐减少。目前，农业能提供全国消费粮食的90%和国内工业所需的主要原料。

其次，农业是增加就业的重要部门。全国农业人口有900多万人，从事农业劳动的人口占全国劳动总人口的24.7%。1988～1995年，农业的就业率年平均增长率为1.5%。随着产业结构的调整，农业新增加的就业比例有所下降，从1988年的61%下降到1995年的55%。1988年，全国拥有拖拉机24328台，机耕面积约110万公顷，约占农业用地面积的1/4。

再次，农业仍是国家最重要的出口部门。当前主要农作物有咖啡、棉花、甘蔗、香蕉、烟草、可可、水稻、玉米、大豆等，来自农业和农业加工业的出口占有重要地位。近20年来，由于

---

[1] 哥伦比亚驻华使馆资料《哥伦比亚：深藏拉丁美洲最好的宝藏》，2000。

国际市场需求量的增加，鲜花和水果的种植面积逐渐增加，出现了鲜花和水果的种植、加工、出口一条龙的农工贸企业，成为国家新的创汇增长点。1990～1997年农产品出口年平均增长率为10.7%，出口值从25.04亿美元增加到43.87亿美元，占总出口值的比例从37.2%上升到38%[①]。总之，农业作为哥伦比亚国民经济基础的地位没有变，农业仍是哥伦比亚实现国内政治稳定和经济持续增长的宏观经济战略的决定性因素。

二 政府发展农业的政策措施

第二次世界大战后，随着进口替代工业化发展战略的实施，政府采取了一系列发展农业的举措。

（一）提供贷款和技术援助，推动商品作物的发展

为适应工业发展的需要，1947年，哥伦比亚建立了农业部，制定了可可、烟草、棉花、小麦、甘蔗和非洲棕榈等的种植计划，建立了奶粉厂和肥料厂等第一批支农工业，并在全国建立了5个农业试验站，出现了一批从事商品作物生产的新式庄园。20世纪50年代，国家资助修建了一批灌溉工程和公路设施，推动大庄园主在平原地区发展经济作物。从1963年起，政府实施了5个农村经济发展多样化五年计划，把发展商品作物生产、提高农村劳动生产率放在优先地位。为了促进农业生产多样化、提高农业集约化程度，1966年建立的土地财政基金会，增加了对商品作物的投入；同年国家投资9.02亿比索，1973年增加到28.9亿比索。1967年颁布的《外汇条例》积极鼓励非传统产品出口，同年建立的促进出口基金会定期向出口农业提供低息贷款。1968年，国家和私人银行发放的农牧业贷款48亿比索，1979年增加

---

① Departamento Nacional de Planeacion de Colombia, *Cambio para Construir la Paz 1998～2002 Bases*, pp. 176–177.

到460亿比索。政府通过农业银行、农牧业财政基金会等组织，对从事商品农业生产的经营单位发放大量贷款。1973年改组后的农牧业财政基金会，成为专门对商品农业提供贷款的机构，扩大了对农村的生产贷款。

为推动农村生产的发展，政府加强农业科学研究，通过选择优良品种、植物保护、改良土壤、消灭病虫害、采用现代农业机械技术等措施，推动商品作物生产。1968年成立的农牧业委员会，承担农艺、选种、农业工程和农药研究的任务。之后，该委员会在全国生态条件和人力资源不同的地区设有23个试验中心和试验站，主要从事常规农业技术的研究和推广工作，进行各种农作物病虫害的预治，引进抗杂草的新品种，取得显著成绩。政府对咖啡种植区350万公顷土地的使用情况进行可行性研究，提供研究成果，派出技术专家到各省具体指导多样化生产。咖啡区发展和多样化基金会在全国推广造林计划、可可和橡胶种植计划、水果生产计划、家庭养殖计划、养鱼计划和人才培训计划等，鼓励建立商品作物基地，帮助农民克服生产中遇到的各种技术问题。随着商品经济的发展，政府鼓励建立棉花、烟草、燕麦、甘蔗、水稻、香蕉、鲜花等专业生产者联合会，通过它们加强对专业生产的技术指导。在各种专业生产者联合会的指导下，香蕉、棉花、烟草、甘蔗、非洲棕榈、水稻、可可、鲜花等的生产都有显著增加。养蜂、家禽、养猪、奶牛、养兔、养鱼和养蚕等也都得到发展。

由于政府的资助，在各大城市郊区、沿海平原、河谷地区、卡克塔地区和南部平原以及新开垦的东部平原，逐渐采取先进耕作技术，形成了资本主义现代化生产的耕作区。

（二）组织农民垦荒，不断扩大耕地面积

哥伦比亚农村存在着大庄园和小地产并存的土地结构，以大土地所有制占统治地位。1948～1957年的十年暴力时期，地主残酷屠杀农民，土地兼并严重，农村田园荒芜，许多农民流离失所，流入城市沦为失业者。土地问题成为一个尖锐的社会问题。为了缓和社会矛盾，恢复农业生产力，把失地农民稳定在农村，1961年政府颁布土地改革法，国家通过征购和剥夺，或大庄园主自愿转让等办法，把未开垦的荒地和庄园分配给无地农民耕种。1968年，土地改革委员会兴办合作社和共有企业等生产联合体，由政府提供生产设施，帮助缺乏生产手段的农民垦荒，从事生产和交换，根据他们贡献的大小分配劳动果实。1975年，政府宣布《农村一体化发展计划》，以贷款和实行协作的办法把农民组织在合作社或村社企业里。政府将430万公顷水利条件较好的土地划为垦殖区，派出顾问，为缺乏资金的农民提供289亿美元资金，鼓励农民垦殖荒地。政府在垦殖区实行三个专门计划：①兴建公路、水利、电力、饮用水等农村基础设施的工程建设计划；②提供技术援助、活跃市场和人才培训的生产计划；③发展卫生、教育、住宅和营养等方面的社会服务计划。

从20世纪70年代后期起，游击队频繁进行绑架和暴力活动，严重阻碍了农业生产的发展。为此，政府把实现国内和平、帮助落后地区恢复生产列为农村工作的重点。1982年政府提出与游击队实现和解，实现国内和平，在游击队活动地区实施恢复生产计划。与此同时，政府先后建立了17个地区开发公司，积极改善农村交通运输和排灌设施，帮助落后地区开发当地自然资源，恢复农业生产。据报道，这些公司覆盖面积达30万平方公里，约占国土面积的26.3%，人口达1550万人，占全国人口的58%。1987~1989年，政府实施全国恢复计划的投资2428亿比索，其中农村教育、卫生、饮用水等社会福利投资353.5亿比索。20世纪90年代以来，为增强抗拒自然灾害的能力，政府加强对土地的整治工作，鼓励农民贷款使用者协会会员积极参加整治土地的工作。根据政府的计划，1994~1998年投资5140亿比索用于整治 20 万公顷的土地。

（三）改变不合理的生产结构，使农业生产向纵深方向发展

为改变咖啡单一种植，政府在咖啡种植区建立多样化试验中心，推动经济作物和粮食的种植。1963 年，在咖啡银行、农业贷款银行、土地改革委员会和卡尔达斯财政公司的支持下，全国咖啡种植者联合会在卡尔达斯省的首府马尼萨莱斯市，建立咖啡区发展和多样化基金会，作为资助多样化生产的机构。该基金会与美洲开发银行签订了 700 万美元的贷款合同，在外国专家帮助下，制定咖啡区发展和多样化的第一个五年计划，通过技术援助、贷款、组织农产品市场和加工等计划，鼓励咖啡农进行多种经营，发展香蕉、甘蔗、丝兰、可可、木材和牲畜的生产；同时鼓励垦荒，发展粮食生产，减少咖啡生产区的粮食供应，提高咖啡农的生活水平。1977 年政府与全国咖啡种植者联合会达成协议，鼓励其用"咖啡繁荣"所得的收入进口机器设备，支持农村工业的发展。1981 年咖啡区多样化计划投资 35.6 亿比索，为中小工业和造林提供资金。到 20 世纪 80 年代末，咖啡种植区实施了 5 个发展和多样化计划，已种植 80 多万公顷多种作物，已成为香蕉、可可和潘尼拉糖的重要产区。

为适应现代化需要，政府通过可行性研究，决定因地制宜，根据各地区实际情况，发展农业生产。在商品经济的刺激下，一些资本家和出口商把资金转移到购置土地，或租种大庄园主的土地，建立起资本主义种植园，而一些在平原地区或交通方便地区的大庄园，则依靠国家的贷款和技术援助，采取资本主义的经营方式，生产工业原料和国际市场需要的产品，把古老的封建庄园变成资本主义的现代化农业企业。与此同时，国家实行支持小农发展的政策，通过技术援助、补贴性贷款、改善农村基础设施，促进农业劳动生产率的提高。到 20 世纪 70 年代，哥伦比亚农村出现了传统农业和现代农业并存的二元经济结构。随着商品经济

的发展，建立在土地、劳动二元结构上的传统家庭关系逐渐被土地、资本、劳动三元结构的新家庭关系所代替。在咖啡种植区，多样化生产所利用的土地面积增加到211.3万公顷，年产值达2400亿比索。农村多样化发展计划对土地和自然资源的保护，对水利资源的管理和使用也很重视。在安第斯山地区，依照海拔高度不同，依次出现了热带作物种植区、亚热带作物种植区、温带作物种植区和寒带作物种植区。棉花、甘蔗、香蕉、烟草、非洲棕榈、水稻、可可、鲜花等的种植面积和产量都有显著增加。特别是国内工业发展所需的棉花、可可、燕麦、油料、橡胶等经济作物发展更快，在替代原料进口和促进工业制成品出口方面发挥了重要作用。在稳定发展种植业的基础上，牧、林、渔业也得到了发展。在10个省建立林业公司；在9个省实行养鱼计划，投资9900万比索，营造57万平方公里的池塘。畜牧业和家庭养殖业也有较快发展。

（四）提供市场信息服务，发挥专业生产者组织的协调作用，大力促进农产品出口

为了扩大出口贸易，实现出口产品多样化，促进出口基金会积极开展国际贸易行情调研，组织商品到国外展销，制定出口信贷计划和出口行动计划，对出口产品生产给予指导。从1972年起，咖啡区发展和多样化基金会每年发布"系列农产品价格"公报，对于34种农产品的价格及发展趋势进行详细分析，提供市场供求关系的准确信息，以便于生产者安排生产，满足国内市场和出口的需要。与此同时，政府十分重视农产品的收购和出口工作，通过农产品经销委员会对市场进行干预，由农产品国际贸易联合会负责收购和组织出口。1974年又创办生产和消费总公司，在各省大中城市建立起一批超级市场和批发中心，形成农产品销售网络。各专业生产者联合会把农民收获的各种农产品，依照质量的优劣进行分类和包装，供应国内市场和出口。它们得到

政府和相关组织的帮助，建立起122个农产品加工企业，在国内形成了畅通的销售网络。它们的产品能在全国大中城市的超级市场和销售中心出售。

为加强生产的宏观管理，做好生产、销售、出口各个环节的协调工作，根据全国咖啡种植者联合会的经验，在全国成立了多种专业生产者联合会，积极推动商品农业的发展。到20世纪90年代初，全国有专业生产者联合会257个。比如，哥伦比亚全国花卉生产者联合会的主要任务是：①收集来自世界各地花卉生产、销售、科研等方面的最新信息，通过会刊及时通报给所有成员；②保护花卉生产者和出口商的利益，负责聘请律师，帮助解决花卉出口过程中出现的各种纠纷和矛盾；③聘请花卉栽培专家做技术顾问，开展科学研究和技术培训，不断提高花卉生产技术人员的技术素质和业务素质，改善花卉种植环境，提高产量和质量；④制定花卉生产的规划和计划，协调花卉生产者按市场需求安排花卉生产，向花卉生产者和经营者提供全面、细致的服务。正是各专业生产者联合会组织开展的周到系统的社会服务，有力推动了哥伦比亚出口农业的发展。

由于政府采取了积极鼓励垦荒、提供农业贷款和技术援助、发展多种经营、促进农业发展的措施，1950~1980年，哥伦比亚农牧业年均增长率达3.9%，其中70年代前期达到5%，是拉丁美洲地区5个农业发展较快的国家之一。国家的农业用地增长较快，农作物播种面积从1951年的282.6万公顷增加到1973年的466.7万公顷。其中商品粮、工业原料和出口农产品的播种面积占总播种面积的80%。

20世纪90年代末，农业在政府的发展计划中占据优先地位。帕斯特拉纳政府认为，农村是武装冲突的主要舞台，解决农业问题对实现国内和平有决定性的意义；哥伦比亚需要在和平和社会正义的环境中，寻找理智的发展道路达成公民和解，才能实现经济的持续发展。在生产中，应该寻找适宜经济发展的新模式，国家应增加对农业生产的投入，使用相应的技术，使农业生产得到改造和现代化，进而提高劳动生产率，增加社会财富和就业机会。在农村发展方面，必须重新组织社会网络，实行以农业专家为指导，国家、私人企业家和公民社会积极参与，通过协调有效地分配自然资源，推动农村经济多样化发展，增加农产品的出口。这样，政府通过全国农业恢复计划和农牧业销售计划，发放了1.8万亿比索的贷款，扩大了播种面积，农作物产量增加了230万吨，增加了21.7万个就业机会，2000年农业实现了5.2%的增长率。进入21世纪，农业继续保持增长势头。2007年，农业增长率为3.9%，农业增加值占国内生产总值的9.4%。

三　当前农牧业的生产结构

（一）种植业

哥伦比亚有适宜于多种作物生长的气候，种植的作物包括经济作物和粮食作物两大类。经济作物有咖啡、棉花、芝麻、甘蔗、可可、非洲棕榈、香蕉、鲜花等，通常是以资本主义经营方式进行生产，主要分布在平原和山间谷地，形成了专业化的种植区，如安蒂奥基亚省西北部的乌拉瓦香蕉种植区、波哥大平原的鲜花种植区等。而粮食作物主要是小麦、菜豆、玉米、木薯、高粱等，由传统家庭小农户进行耕作。

下面介绍几种主要的农作物。

1. 咖啡

咖啡是哥伦比亚的传统产品，已有100多年的种植历史。全国有35万多个咖啡种植园，面积约有100万公顷，占全国耕地面积的20%，占农牧业就业人口的35%，依赖咖啡为生的人口达400万人。从东北部的北桑坦德尔省到西南部的纳里尼奥省的安第斯山区是咖啡种植区。这一地带土地肥沃，雨量充沛，气候

适宜，排灌方便，特别是中科迪勒拉山区，有深厚的火山岩土壤，矿物质丰富，有世界上最优越的咖啡生长的自然条件。在安第斯山海拔 900~2000 米的山坡上，到处都是郁郁葱葱的咖啡园。咖啡生产以家庭种植园为主，主要是手工操作，咖啡脱粒和分类使用半机械化操作。咖啡的收购和出口管理，主要由全国咖啡种植者联合会（FEDECAFE）负责。该联合会是代表咖啡生产者利益的行业机构。哥伦比亚生产和出口的软咖啡，以营养丰富、品质优良、味道纯正、气味芳香闻名于世。其产量和出口量仅次于巴西，居世界第 2 位。

哥伦比亚的咖啡生产长期受到国际市场价格波动的影响。20 世纪 70 年代后期曾出现"咖啡繁荣"，1980 年出口咖啡 66 万吨，占世界咖啡出口量的 17%。80 年代初由于对外贸易条件恶化，1983 年出口咖啡降为 53.9 万吨，收入仅为 15 亿美元。1985 年，巴西咖啡受干旱影响，国际市场咖啡价格上涨，1986 年哥伦比亚咖啡出口收入达 29 亿美元。90 年代国际市场咖啡供大于求，国际市场价格下跌。而哥伦比亚国内咖啡树老化导致产量下降，加之气候变化和降雨不正常，与其他一些国家相比，哥伦比亚咖啡生产成本较高，使哥伦比亚的咖啡生产出现危机。一部分咖啡园改种其他作物，或被用于畜牧业，咖啡种植面积减少 15 万公顷，产量从 1991 年的 97.2 万吨降到 1999 年的 66.7 万吨，约 40 万咖啡农的生活陷于困境。由于哥伦比亚实行出口多样化方针，咖啡在出口中所占比重下降，2004 年，咖啡种植面积 740030 公顷，产量 619653 吨。从 2005 年起，咖啡出口值逐年上升，2007 年达 17.14 亿美元。

2. 棉花

哥伦比亚种植棉花的历史悠久。随着纺织工业的发展，政府以优惠政策鼓励棉花种植，并规定纺织厂必须使用国产棉花。为推动棉花的种植，全国棉花生产者联合会不仅注意研究棉花栽培技术，而且努力扩大种植面积。棉花产地主要分布在加勒比海沿岸的塞萨尔、玻利瓦尔、科尔多瓦、大西洋、瓜希拉等省，南部的托利马、乌伊拉、卡克塔省以及西部的考卡山谷省。20世纪60~70年代，棉花取得较快的发展，成为重要的出口产品。棉花种植者主要是小农。1978年起，由于自然灾害，政府又缺乏贷款，种植面积减少到16万公顷。80年代初受经济衰退的影响，国际市场棉花价格下跌，1983年棉花种植面积只有8.7万公顷，产量也只有13.7万吨。在政府的支持下，从1984年起生产有所恢复，1988年棉花种植面积20.9万公顷，产量为36.3万吨。近几年，由于国际价格波动，棉花生产不景气。2004年棉花种植面积65992公顷，产量146488吨。

3. 甘蔗

殖民统治时期哥伦比亚就开始种植甘蔗。哥伦比亚的甘蔗分两种：潘尼拉糖甘蔗（Caňa panela）和制糖甘蔗（Caňa de azúcar）。潘尼拉糖是哥伦比亚人的基本食品之一。安蒂奥基亚、昆迪纳马卡、卡尔达斯等省的小农种植潘尼拉糖甘蔗，生产潘尼拉糖。而考卡山谷省、考卡省气候炎热，土地肥沃，适宜大规模种植制糖甘蔗，生产出口糖。20世纪20年代，埃德尔·卡巴尔·凯塞多等家族最先建立起榨糖厂，供应国内市场。从1952年起，哥伦比亚的食糖开始出口。制糖工业垄断程度较高，同外资联系密切，技术设备先进，国家又给予补贴和援助，生产效益较好。20世纪70年代中期制糖业生产有所下降；80年代甘蔗的种植面积和产量逐渐恢复；90年代蔗糖生产有一定的发展。1999年，甘蔗种植面积44.7万公顷，产量317.6万吨；2004年甘蔗种植面积234870公顷，产量764.33万吨。目前，食糖仍是哥伦比亚的重要出口产品。

4. 香蕉

如同蔗糖一样，哥伦比亚的香蕉生产具有两重性：一是供国内消费的食用香蕉（plátano），香蕉园遍布全国，从平原地区到海拔 200 米的坡地都可种植；二是水果香蕉（banana），主要分布在加勒比海沿岸的乌拉瓦湾和圣马尔塔等地区。20 世纪 80 年代，政府扩大香蕉等水果的种植面积，加强对水果产量、质量、保鲜和加工的研究工作，取得了可喜的成绩。1988 年食用香蕉种植面积 35.8 万公顷，产量 219.1 万吨；水果香蕉种植面积 2.5 万公顷，产量 114 万吨。20 世纪 90 年代香蕉生产继续得到推动，面积和产量有较大的增长。2004 年香蕉种植面积 407034 公顷，产量 262.86 万吨，主要向欧盟国家出口。

5. 烟草

从殖民时期起，烟草在哥伦比亚经济中就占有重要地位。19 世纪中叶，烟草种植迅速发展，曾是国家的主要出口产品。第二次世界大战后，烟草生产出现好势头，1950~1960 年间，年平均增长率为 10.4%，烟草产量从 2 万吨上升到 50 万吨。20 世纪 80 年代前期，由于从国外进口黄烟，烟草种植面积和产量在下降，种植面积约 1.7 万公顷，产量 2 万多吨。21 世纪初，烟草生产有一定的增加，但所占出口比例不大。2004 年，烟草种植面积 1.4 万公顷，产量 23199 吨。烟草种植主要分布在桑坦德尔、乌伊拉、苏克雷、玻利瓦尔等省区。

6. 可可

19 世纪后期起，哥伦比亚开始出口可可。随着食品工业的发展，国内需求量增大，1950~1974 年可可年增长率为 2.9%，不足部分依靠进口。1970~1974 年进口可可占国内消费量的 31%。1975~1979 年政府鼓励种植可可，全国可可生产者联合会给予技术援助，并提供良种，可可生产得到大力推动。1981 年国内已能自给。1988 年全国种植可可 11.4 万公顷，产量为 5.47 万吨，主要分布在乌伊拉、桑坦德尔、梅塔、考卡和安蒂奥基亚等省，在东部的比查达省也开始种植可可。1999 年可可种植面积 85995 公顷，2001 年产量 43000 吨。

7. 水稻

水稻是哥伦比亚的主要粮食作物。发展水稻生产是政府改变咖啡单一种植所作的努力之一。政府鼓励扩大水稻种植面积，增加生产贷款，引进优良品种，培训技术人员，产量有了较快提高，主要分布在乌伊拉、托利马、科尔多瓦、苏克雷、玻利瓦尔、梅塔、考卡山谷和瓜伊拉等省。1968~1982 年种植面积由 24.4 万公顷增加到 44.6 万公顷，同期产量从 79.8 万吨增加到 201.8 万吨。从 1975 年起，国内大米能够自给。1980 年哥伦比亚水稻单产每公顷 4155 公斤，是拉美地区产量最高的国家之一。20 世纪 80 年代水稻生产曾出现波动。90 年代末，水稻生产有了较快的发展，全国从事水稻种植的职工 40 万人，托利马、东亚诺斯平原和大西洋沿岸是专业水稻种植区。1999 年，种植面积达 100.3 万公顷，其中灌溉水稻有 27.6 万公顷，机耕旱稻 21.9 万公顷，人工种植水稻 50.6 万公顷。2004 年，稻谷总产量 292.01 万吨。除供应国内市场外，有一部分可出口。

8. 玉米

玉米是哥伦比亚人民的传统食粮，种植历史悠久。玉米、咖啡、甘蔗曾是哥伦比亚农业的三大支柱产品。玉米种植面积仅次于咖啡，居第 2 位，主要分布在安第斯山地区和加勒比海沿岸各省。由于政府对传统农作物缺乏鼓励，生产成本高，玉米生产发展缓慢。玉米大部分作为食粮，小部分用作饲料和酿造啤酒的原料。1988 年种植面积 70.3 万公顷，1999 年种植面积减到 15 万公顷。21 世纪初，玉米种植面积有所增加。2004 年，玉米种植面积 462371 公顷，产量 146.29 万吨。国家必须进口一部分粮食。

9. 鲜花

哥伦比亚的花卉种植历史悠久，但花卉出口是近几十年发展起来的新产业。1965 年哥伦比亚花卉首次出口美国，出口值 1.5

万美元。为发展多种经营,扩大外汇来源,政府大力鼓励鲜花种植和出口。此后,随着国际市场的扩大、花卉出口的蓬勃发展,许多粮农、菜农纷纷改种鲜花,花卉生产迅速发展。种植花卉已成为哥伦比亚人的致富之路。目前,全国花卉种植面积已达到4200多公顷,年产鲜花50多亿枝,其中小部分供国内销售,60%用于出口。当前,鲜花已实现适度规模的专业化生产,全国具有一定规模的花卉生产农场100多个。花卉是高产、优质、高效产业。以玫瑰花为例,就目前的管理水平,每公顷每年可产花约126万枝,产值可达60多万美元。政府努力解决种植技术、鲜花保鲜以及运输等问题,注意研究市场动向;全国花卉种植者联合会充分发挥专业生产组织的协调作用,取得了可喜的成绩。鲜花逐渐代替了棉花和甘蔗的地位,成为哥伦比亚第三大出口产品,是农业最有活力的一个部门。鲜花种植区主要分布在波哥大平原和安蒂奥基亚省,那里不仅气候、土壤、浇灌条件优越,而且种植鲜花的技术基础较好,航空运输条件方便,便于出口。哥伦比亚生产的花卉约50种,以香石竹、玫瑰、绣球、菊花和百合等为主,主要向美国、西欧国家出口。哥伦比亚已成为世界第二大鲜花生产和出口国,1996年鲜花产量15万吨,出口收入达5.1亿美元。哥伦比亚花卉业的发展,不仅增加了外汇收入,提高了国民的生活水平,美化了环境,而且对稳定社会起到了良好作用。仅首都圣菲波哥大地区,现有大小养花场150多个,共安排就业人员7万多人,这对防止郊区农村人口大批拥入城市,繁荣城乡经济都产生了良好作用。

(二) 畜牧业

畜牧业在哥伦比亚国民经济中占有重要地位。1982年畜牧业产值在农业生产总值中占40%。全国牧场面积4452.8多万公顷,占国土面积的39%,经营单位20多万个。牧区集中在平原和热带地区,包括玻利瓦尔、苏克雷、科尔多瓦、马格达莱纳、塞萨尔、瓜希拉、大西洋、考卡山谷、考卡、卡克塔等省，以及安蒂奥基亚东部平原和西部平原、东部亚诺斯平原。据估计，29%的牲畜属于有1~50公顷土地的小经营单位，71%的牲畜由大畜牧庄园饲养。畜牧业仍属于粗放经营，只有9%的牲畜实现机械化饲养，15%的牲畜使用一部分机械，76%的牲畜属于天然放牧。机械化水平低直接影响着畜牧业的发展。

为了促进畜牧业发展，农业信贷银行和畜牧业银行负责给饲养牲畜的农户提供贷款，全国畜牧业联合会负责畜牧业生产的技术指导，哥伦比亚农牧业委员会在全国不同地区建立试验牧场，从英国和荷兰引进新的优良品种，经过繁殖和改良，向全国推广新的优良品种和研究成果。20世纪80年代前期，由于农村暴力频繁和国外畜产品市场销售不景气，影响着畜牧业的生产和投资。从1986年起，畜牧业有了较快的发展，1986~1989年年均增长率达4.93%。20世纪90年代畜牧业的生产形势较农业要好，1990~1997年畜牧业年均增长率为3.7%。近20年畜牧业经历着较大调整，家禽饲养业和奶业有了较快的发展，其中家禽饲养业占牧业的比重从1985年的27%上升到1996年的36%，同期奶业从20%上升到24%，而肉类所占比重有所下降[1]。哥伦比亚牲畜存栏数仅次于巴西、阿根廷和墨西哥，在拉美地区居第4位。2004年，牛的存栏数约2492.1万头。

（三）林业

哥伦比亚森林资源丰富。据统计，1953年森林覆盖面积为6900万公顷，占国土总面积的60%，分布在太平洋沿海地区、卡尔达斯、安蒂奥基亚、卡克塔、普图马约、马格达莱纳河谷地区、梅塔和亚马孙地区。由于无计划开采，森林遭到破坏，水土

---

[1] Departamento Nacional de Planeacion de Colombia, *Cambio para Construir la Paz 1998~2002 Bases*, pp.177, 188.

流失比较严重。1983年，森林覆盖面积降为5598万公顷，约占国土总面积的49%。森林的破坏已引起政府的注意，国家制定法律保护森林、植被和水力资源，控制水土流失。与此同时，政府对木材的砍伐进行干预，并开始注意造林。为了保护自然资源，国家实施全国生态保护区制度。1979年，在全国10个省建立了林业公司，负责天然林的开发和促进工业用材林的建设。全国每年造林3.5万公顷。1986~1989年林业年平均增长率为3.5%。为了实现经济持续发展，1993年，成立了生态环境保护部，负责生态环境的保护和天然资源的开发利用。1990~1997年，林业年平均增长率为9.2%。目前森林覆盖面积为6400万公顷，占国土面积的56%，在南美洲仅次于巴西，居第2位，在世界排名居第10位。森林的储存量60亿立方米，居世界第9位。全国有33个国家公园，2个自然保护区，7个植物和动物保护区和1个特别生态区，面积900多万公顷。为发展生态旅游业，政府对外国投资者实行优惠激励政策，规定从2003年开始，20年内免征所得税。如经营新生林、木材树木种植园和锯木厂，可享受零所得税待遇。

（四）渔业

哥伦比亚濒临太平洋和大西洋两大洋，有98.8万平方公里的海域、2900公里长的海岸线和26万平方公里的河湖水面，发展渔业的潜力很大。从20世纪40年代起，开始组织渔业公司，发展海洋捕鱼业。但捕鱼业仍以内河为主，机械化程度很低，90%是人工捕鱼，主要供应国内市场。为了发展海洋渔业生产，1979年政府同挪威合作，建立了一个捕鱼公司，之后又同日本签订了一项渔业技术合作协定，开发哥伦比亚海域和各种水产资源。1980年政府建立了一支拥有25艘渔舰的捕鱼队。之后，哥伦比亚工业发展委员会又资助建立了4个新的捕鱼公司。最大的捕鱼公司是维金戈斯公司，国家占有38%的股份，有渔船57艘，捕鱼量占全国捕鱼量的66%。1988年中国派技术人员帮助哥伦比亚发展人工养虾业。据统计，1986～1989年渔业年平均增长率为3.8%。但是，20世纪90年代以来，渔业发展缓慢，1990～1997年年平均减产3.1%。目前，哥伦比亚的年捕鱼量为27.5万吨。哥伦比亚的渔业资源丰富，发展渔业的潜力很大。政府正在积极寻求合作伙伴，欢迎友好国家参与合作开发。

第三节 采矿业

采矿业在哥伦比亚既有悠久的历史，又是一个年轻的工业部门。它以生产黄金、白金、绿宝石等著称。自20世纪20年代起，美国资本对哥伦比亚的石油业进行大量投资，石油工业逐步得到发展；70年代中期由于受发达国家经济危机的冲击，石油生产逐年下降，1979年出现能源供应危机。为了解决能源消费困难，增加社会就业，开发自然资源，使国民经济稳定增长，1979年政府实施《全国一体化发展计划》，把能源、矿业和交通运输等作为优先发展的部门，并积极引进外国资本和技术，能源和矿业有了较快的增长。90年代能源和矿业是吸引外国投资较多的部门，生产也有较快的增长。1997年矿业产值在国内生产总值中所占比重上升到9.2%。最近几年，建筑业、零售业、制造业和交通运输业增长较快，对经济增长贡献较大。矿业产值在国内生产总值中所占比重有所下降，2007年只占4.5%。

一 贵金属矿

哥伦比亚贵金属矿资源丰富，是拉美地区最大的白金和黄金生产国之一。在西班牙殖民者到来之前，土著居民的黄金加工技术相当发达。殖民统治时期，从非洲输入黑奴从事黄金开采活动。17世纪哥伦比亚曾是世界最主要的黄金生产中心，产量占世界黄金总产量的40%。20世纪哥伦比亚的黄金

生产以小矿为主,生产规模较小,在国内生产总值中所占比重很低,1976年起受到国际市场黄金价格的影响,产量明显下跌。20世纪80年代哥伦比亚的国际储备逐年下降,共和国银行决定增加黄金储备。为此,政府积极鼓励黄金生产,以高出国际市场30%的价格收购。1984~1986年黄金生产发展迅速,产量仅次于巴西和智利,在拉美国家中居第3位。20世纪90年代黄金产量逐年下降,1994年产量21吨。近几年来,产量继续下降。主要金矿分布在安蒂奥基亚、乔科、纳里尼奥等省。白金开采量居世界第3位,仅次于南非和加拿大。

绿宝石储藏量和产量居世界首位,产地集中在博亚卡省的穆索、考斯库斯和奇沃尔等地,为哥伦比亚绿宝石公司所控制。为消除绿宝石交易中的垄断,1993年在圣菲波哥大建立了第一家绿宝石交易所。1996年出口绿宝石720万克拉,出口收入1.74亿美元。

塞罗马托索镍矿是哥伦比亚的重要镍矿区,位于科尔多瓦省,储量约6200万吨。1979年3月,由哥伦比亚国营镍矿公司、比林顿矿业公司、美国国际矿业公司和汉纳公司三方投资34亿美元(三方投资所占比率分别为45%、35%和20%),开采塞罗马托索镍矿。1982年投产,年产镍矿2.3万吨。产品向美国、西欧和日本出口。1998年镍的产量136768.9吨。2007年镍矿出口值为1.6亿美元。

此外,哥伦比亚有几个铁矿,主要分布在博亚卡省,1997年年产铁矿75.4万吨。之后两年,产量有所下降,2000年生产开始恢复,产量达65.6万吨。

哥伦比亚还有铜、铂、锰、铀、钛、铝矾土、锌、石棉、萤石等矿产资源。为鼓励外国企业投资采矿业,2001年哥伦比亚政府将投资开采的许可期由5年延长到45~50年,并且在投资未获利期间免征企业所得税。政府表示将为外国企业开采矿产资源提供可靠的保证和便利。

二 石油

20世纪20年代，石油开采受到重视。之后，随着产量不断增加，石油便成为哥伦比亚的主要能源和出口产品。主要油田分布在马格达莱纳河谷地、太平洋沿岸、加勒比海沿岸、北桑坦德尔、梅塔河盆地等地区。1970年年产石油8000万桶，除满足国内需要外，部分可供出口。由于石油工业长期被外国公司所控制，它们进行掠夺性开采，不重视资源勘探，从1971年起，原油产量逐年下降，到1979年年产4529万桶，比1970年减少43%。与此同时，国内能源消费需求以年平均60%的速度增加。1975年，哥伦比亚由石油出口国变成进口国，1979年进口原油近2000万桶。

此后，政府采取多种石油勘探合同形式，实行与外国私人公司合作勘探和开发石油资源的政策。1978～1985年，有28个钻井队在全国钻井372口。1983年在阿劳卡省的北克沃克发现了卡诺·利蒙油田，为哥伦比亚恢复石油出口国地位奠定了基础。之后原油生产逐渐恢复，能源供应大有好转，1984年哥伦比亚原油恢复自给，原油出口也逐年增加，1988年年产原油13719万桶，出口原油5286万桶。1992年，英国石油勘探公司、法国托塔尔石油公司、美国的特里顿石油天然气公司在卡萨纳雷省进行勘探，找到库西亚纳和库比亚瓜两个低硫大油田，总储藏量高达20亿桶。1996年哥伦比亚石油公司与外国石油公司在东北部发现了科波罗油田，储藏量超过7亿桶。1999年哥伦比亚年产原油达29761万桶。哥伦比亚是拉丁美洲地区重要的石油生产国和出口国之一，2006年，石油储量18亿桶，总产量1.97亿桶，在拉丁美洲地区仅次于委内瑞拉、墨西哥、巴西和阿根廷，居第5位。2006年，平均每天出口石油和石油制品18.4万桶，出口量仅次于委内瑞拉和阿根廷，居第3位，大部分销往美国。近年来，

哥伦比亚

石油工业已成为哥伦比亚经济增长的主要动力，对扩大出口和增加财政收入起到积极作用。由于近年来勘探投资减少，探明石油储量已大幅减少，政府将发现新油田作为石油开发的重点工作，并为此进行了一系列改革，以吸引国内外投资者参与石油勘探和开发工作。目前，石油工业成为政府吸引外国投资的重要部门，是哥伦比亚的重要出口创汇产业。2007 年，石油和油制品出口值达 73.18 亿美元，占传统出口产品的 27.2%。全国有输油管道 4870 公里。[①]

哥伦比亚全国有 18 个沉积盆地，面积达 103.6 万平方公里，蕴藏着丰富的油气资源。哥伦比亚石油质量较好，国际上承认的 API 比重为 29～40 度，含硫仅 0.15～0.50 度，在国际市场上售价较高。迄今为止，每 1000 平方公里土地只有 2 口井，仍有较大的开发潜力。据专业人士估计，石油储藏量有 370 亿桶。但是，从 1998 年开始，由于受亚洲金融危机、国内经济衰退和自然灾害的影响，哥伦比亚无力在石油开发领域投入大量资金。加之原有石油政策不当以及游击队的破坏，勘探和开采石油的成本较高，与其他产油国相比，在竞争中处于劣势，新油井钻探数量逐年下降，原有油田产量也在下降。

为提高石油工业的竞争力，吸引国外资金和先进技术，政府采取了如下措施：（一）降低国有石油公司在联营合同中的分成比例，提高外资公司的分成比例。先前，石油勘探开采业务都是由国有石油公司负责，在联营合同中国有公司的分成比例占 50%～70%。现在规定分成比例要根据油气田的大小、位置和产量来确定。（二）根据油田产量浮动矿区使用费比例。原来的政策规定不论产量大小，合同联营公司一律要付 20% 的矿区使用费。新条例规定，日产量低于 5000 桶的矿区使用费为 5%，日产量

[①] Revista de Colombia, *Revista del Banco de La República*, 2002.7, p.287.

在 5000~12.5 万桶的矿区使用费为 5%~20%，日产量在 12.5 万~60 万桶的为 20%~25%，超过 60 万桶的为 25%。（三）缩短无形资产偿还期限。改变过去按合同期限逐年偿还办法，允许提前支付，提前支付的投资者税负可减轻 20%。（四）企业所得税降低到 35%，向国外汇出利润征收 7% 的税金，企业在一个财政年度中的亏损可在今后五年中扣除；同一企业在一个项目中的亏损可以用另一个项目的赢利冲销。（五）简化企业申请环保许可证手续，减少审批环节和缩短审批时间。在同一地区打数口井只需申请一次环保许可证，对 90% 的地震勘探不再需要环保许可证。（六）改变合同方式、油井勘探和开发的税金体制及无形资产消耗的计算方法，使投资者的利润翻番。政府希望通过这些政策调整，保证在较长时期内石油自给自足。哥伦比亚已同国内外一些石油公司签订勘探协议；仅 2000 年，与加拿大、西班牙、俄罗斯等国石油公司签订了 13 个合作开发石油的新合同。合同规定，哥伦比亚将 8 个省总面积为 70 万平方公里的土地租让给对方，由它们投资勘探，一旦发现石油，双方再投资共同开发。计划今后六年投资 6.2 亿美元。目前，哥伦比亚建成总长 5000 公里、日输油能力达 120 万桶的辐射全国的输油管道。

三　天然气

伴随着能源勘探工作的开展，哥伦比亚也发现了一些较大的天然气田。继 1992 年在库西亚纳和库皮亚瓜发现天然气田后，1994 年又有重大的发现。天然气生产主要分布在瓜希拉省、巴兰卡贝尔梅哈地区和卡萨纳雷省。天然气产量有了较快的提高，1980 年，天然气产量折合石油只有 281.4 万桶，1997 年前 9 个月，天然气产量折合石油达 788.2 万桶。据估计，哥伦比亚天然气储量约 187 亿立方米，在拉美地区仅次于委内瑞拉、墨西哥和巴西，居第 4 位，约占全球天然气总储量的 0.14%，占拉美地区天然气总储量的 2.8%。能满足哥伦比亚今后 20 年的需要。

20 世纪 90 年代，政府十分重视天然气的开发，提高其在能源消费结构中所占比重。在全国能源计划中，最先决定以公共投资建立天然气供应网。1994 年通过第 142 号法令，允许私人参与公共服务业的投资，许多重要外资企业包括西班牙天然气公司积极参与天然气开采和运输等工程的投资。接着，政府实施"天然气大众化"计划，决定投资 30 亿美元，修建输气管道，安装压缩泵，改造用户设备，到 2000 年天然气消费量达 2265.36 万立方米/日。1996 年 5 月，连接北部瓜希拉省的巴尔加斯和桑坦德尔省的巴兰卡贝尔梅哈的中央输气管道全部建成，并投入使用。这条天然气管道全长 575 公里，耗资 2.15 亿美元，解决了 35 个城市居民燃料供应问题。1997 年政府建立哥伦比亚天然气公司，负责天然气的运输和分配工作。哥伦比亚石油公司与一些私人公司实施一项宏伟计划，加拿大输油管公司已投资 8.6 亿美元，建设中西部输气管道，把天然气输气管道从 1995 年的 2000 公里提高到 1997 年的 4000 公里。到 1999 年建成了长 5000 公里日输气 8 亿立方米的天然气输气管道网络，初步建立起一定规模的油气运输、加工和贸易的基础设施。2000 年天然气用户达 201 万户。此外，政府还将波哥大天然气公司和普洛米煤气公司（Promigas）实行私有化。目前，在天然气的开采方面，哥伦比亚石油公司只拥有 10% 的天然气储藏量，其他储量是通过合同制同私人公司合作开采。①

四 煤炭

哥伦比亚煤炭资源十分丰富，据估计有 400 亿~500 亿吨，已探明储量 67 亿吨，居拉美国家之首。原有的小

---

① Presidency of the Republic of Colombia, *Economic Guide 1997~1998*, p. 170.

型煤矿开采技术比较落后，1973年全国煤炭产量只有330万吨。为了解决能源消费困难，改变能源消费结构问题，增加就业，开发边远地区，政府决定开发瓜希拉省西南部的埃尔·塞雷洪煤矿。该煤矿储量在50亿吨以上，分北、中、南三个区。1979年政府实施《全国一体化发展计划》，积极引进外资，采用先进技术，加强能源和矿业开采工作。1980年政府宣布实行替代石油的能源政策，积极开采煤炭和天然气。哥伦比亚得以实现能源自给，并决定出口煤炭创汇。

埃尔·塞雷洪北区煤矿，煤层厚达200米，煤含硫和石灰比率低，有16亿吨可露天开采。1976年12月由哥伦比亚煤炭公司与美国埃克森石油公司的子公司共投资30亿美元，合作开发埃尔·塞雷洪北区煤矿。其中美资占60%，煤产量的42.5%归美国公司。1982年初步建成。这是南美洲最大的露天煤矿。合作开采23年，全部用于出口。为方便原煤出口，从矿区修建了一条长150公里铁路到北部波尔特港。合同到期后，整个煤矿归还哥伦比亚。与此同时，1982年，国家投资的埃尔·塞雷洪中区煤矿正式投产，对加勒比海沿岸地区工业和发电用煤起了重要作用。1984~1997年间，哥伦比亚煤炭产量年平均增长率达28%。从20世纪80年代末起煤炭出口迅速增长。1996年原煤产量3100万吨，2001年增加到4344万吨。煤炭出口占传统出口产品的比重从1984年的1.6%提高到1997年的14.2%。1997年煤炭出口值达8.86亿美元。哥伦比亚煤的储量240亿吨，居拉美国家首位。2007年，煤炭出口值达34.95亿美元。目前，哥伦比亚年产煤炭5000万吨，已成为世界第五大产煤国，到2010年可达到7000万吨，是世界第四大煤炭出口国，主要向欧盟出口（约占80%），其次是美国（占20%）。

目前，哥伦比亚煤炭的80%用于出口，煤矿生产集中在北部加勒比海沿岸地区，靠近港口，便于运输。哥伦比亚煤炭公司

是国有企业,占有全国煤炭生产的50%的份额。外资参与煤炭的比重也很大,除了美国埃克森石油公司的子公司外,还有澳大利亚和一些欧洲国家的公司。据专业人士称,哥伦比亚煤炭生产前景广阔,煤炭储量足够出口200年。

第四节 制造业

一 制造业发展概况

哥伦比亚制造业起步晚于其他南美洲国家,19世纪末建立起一些工厂。第一次世界大战前后,以纺织业和食品加工业为代表的民族工业开始兴起。20世纪20年代,随着石油业的发展,铁路、公路和港口等基础设施的建设,国内市场逐渐形成,哥伦比亚的工业加快了发展步伐。30年代由于受到经济大萧条的影响,代表工业资产阶级利益的自由党政府上台后,加快了民族工业的发展势头。第二次世界大战后,政府增加工业投资,执行资助私人企业的方针。1968年进行体制改革,加强国家对经济的干预。政府把进口替代和促进出口结合起来,通过贷款和投资,大力扶持私人资本发展,工业生产和出口得到有力的推动。据统计,20世纪50年代哥伦比亚工业年平均增长率为6.8%,60年代为7%,70年代为7.2%。到70年代末,哥伦比亚出口迅速发展,为弥补国内市场商品不足,政府实行自由进口政策。这时,国内资金转到金融部门,工业投资减少,生产下降,私人企业债务不断增加。从1981年起,工业连续两年出现负增长。为了刺激生产,振兴工业,政府提高进口关税,重新实行进口预先许可证制度;在税收、金融和价格政策等方面鼓励增加工业投资;允许私人企业用本国货币偿还部分到期外债,由本国银行支付美元给外国债权银行,帮助私人企业恢复生产,鼓励工业产品出口。工业生产逐渐得到恢复,1984年制造业增长了6%。之后,政府又实行稳定增长计划,努力促进生产投资和增加就业,积极发展加工制造业。

20世纪90年代,政府实行经济开放政策。由于降低了关税,原材料进口成本降低,加上外国资本的引进,在最初几年,制造业取得较快的发展。但是,由于进口产品的竞争,服装、制鞋、制革和烟草等传统工业生产明显下降。1995年,供应国内市场的饮料和玻璃制品有较大的增长,分别增长10.2%和9.6%。之后,国内需求下跌,建筑部门不景气,邻国委内瑞拉和厄瓜多尔经济衰退,都对哥伦比亚经济产生不利影响。1997年受到国内政治危机和亚洲金融危机的冲击,外国投资减少,制造业只增长2.5%。

帕斯特拉纳政府重视吸引外国对工业的投资,把推动制成品出口作为出口战略的支柱之一。为提高劳动生产率和参与国际市场竞争,政府不仅在生产、资金和后勤方面,而且在人力资源方面给予大力支持。政府认为,科学技术是提高效益的重要因素,应该加强企业和教育科研部门之间的联系。同时,政府重视中小企业的发展,发挥其在生产和出口以及增加就业中的作用,以推动整个国民经济发展。2000年年中,政府颁布一项旨在鼓励和扶持中小企业发展的法律,使中小企业成为国家最重要、最活跃的经济成分之一。该法律规定,成立"中小企业技术发展基金会",每年从国家预算中拨出1000万美元用于这些企业的技术改造。国家给新成立的中小企业实行优惠政策,包括在成立的第一年减免75%的税款,第二年减免50%的税款,第三年还减免25%的税款。此外,政府还授权省、市地方财政部门酌情减免中小企业的税款。在资金方面,放宽贷款条件支持年轻的科技人才创业,拓宽中小企业的融资渠道,允许其向工业发展协会和国家保证基金会融资,还可以通过金融中介机构以风险分担形式向外

贸银行融资。对于现有的中小型企业，政府简化各种繁杂手续，减少制约性措施，增强其在市场上的竞争力[①]。此外，20世纪90年代，哥伦比亚的制造业吸收的外资有了较快的增加。1997年制造业的就业人口占城市就业人口的20.5%。

二　制造业的主要特点

战后以来，在政府的大力推动下，制造业逐步得到发展。到20世纪70年代末，初步建立了纺织、食品、制糖、咖啡加工、服装、石油、化工、水泥、造纸、机械制造等多种工业部门。80年代末，90%的国内消费品，包括彩电和汽车等耐用消费品是本国生产的。哥伦比亚生产的热电厂用蒸汽机等重要产品已进入国际市场。20世纪90年代，随着经济对外开放和结构调整的深入，经济发展模式发生了很大的变化，制造业经过改造，吸引了更多外国投资，生产活力大大增加。比如，20世纪80年代，竞争力增长最快的部门是自然资源加工工业特别是食品、印刷和出版、服装等劳动密集型工业；而到90年代，最有活力的部门是饮料、化工、造纸、运输设备和塑料产品等资本和技术密集型的部门，而化工、塑料、运输设备、食品的出口增长更快，主要向安第斯地区国家出口。

根据哥伦比亚法律规定，职工人数少于50人、固定资产少于65万美元的企业为小型企业；职工人数在51~200人之间、固定资产在65万~200万美元的企业为中型企业；职工人数超过200人、固定资产超过200万美元的企业为大企业。当前，哥伦比亚的制造业有四个鲜明的特点：（一）以中、小企业为主。2000年年中，帕斯特拉纳总统在宣布鼓励和扶持中小企业发展的法律生效的仪式上说，工人数不超过200人的中小企业，占全

---

① 《哥伦比亚立法促进中小企业发展》，2000年7月14日《国际商报》。

国企业总数的96%，提供全社会63%的就业机会，创造25%的国内生产总值，其出口量占哥伦比亚制造业出口的25%。（二）所有权为大公司所垄断。在圣菲波哥大注册的89家大企业中，2.45%的股东占有90.83%的股份，而95.83%的股东只占有6.36%的股份。（三）以生产消费品为主。尽管它的结构发生了明显变化。1958年，消费品生产占工业总产值的67%，1989年，在工业总产值中，消费品占49.2%，包括中间产品和资本货的生产资料部门占50.8%。20世纪90年代大量进口工业原料和机器设备（占进口的60%以上）就证明了这一点。（四）地区分布比较集中。60%以上的企业集中在昆迪纳马卡、安蒂奥基亚、考卡山谷和大西洋等4个省。其中圣菲波哥大、麦德林、卡利和巴兰基利亚是4个最重要的工业中心。

三 制造业的主要部门结构

（一）食品、烟草工业

食品工业是传统工业，包括咖啡脱粒、粮食和油料加工、奶制品加工、制糖、罐头、饮料等部门，是制造业中最重要的部门。根据国家统计局1982年统计，食品工业产值约占制造业总产值的34.9%。其中，中小企业设备比较简陋，有的甚至是小作坊，只有咖啡加工、制糖、饮料是现代化的大企业。80%的食品工业集中在考卡山谷、昆迪纳马卡、卡尔达斯、安蒂奥基亚等省，20世纪80年代初出现经济衰退，食品工业生产下降；由于政府鼓励向生产投资，80年代后期食品工业生产有所恢复。90年代随着经济开放政策的实施，加之进口产品的竞争，传统工业受到较大冲击，生产明显下滑。1996年，食品工业产值占制造业总产值的28%，出口值约7.16亿美元。

食品工业中，咖啡脱粒占58%，稻谷脱粒占13.7%，油料加工占13.3%，制糖工业占10.1%，其他占4.9%。以全国咖啡种植者联合会为首的5家大公司控制了咖啡加工业的3/4。稻谷加工主要是一些小作坊。制糖工业使用先进技术进行现代化生产。全国有20家大制糖厂，其中12家被4个家族所控制，主要集中在考卡山谷省。2001年，食糖产量367万吨。乳品加工主要集中在考卡山谷省、昆迪纳马卡省和博亚卡省。

80年代以来，啤酒工业有了较快的发展，以现代化大企业为主。现有3家较大的企业。巴伐利亚公司（Bavaria）是生产啤酒和饮料的最大公司。在圣菲波哥大建有现代化生产工厂，产品除供销全国，还出口到西欧、北美和拉美的一些国家。巴伐利亚公司经济实力雄厚，1989年在全国企业中排名第7位，1996年跃居第1位，总资产42444.24亿比索。阿吉拉啤酒公司（Cerveceria Aguila）总资产5886.32亿比索。联合啤酒公司（Cervunion）总资产4136.65亿比索[1]。

烟草业以生产香烟为主。哥伦比亚生产的鲁比奥牌香烟以质量好销量大著称。由于美国香烟的竞争，生产香烟厂家大大减少。制烟业被大财团控制。1996年哥伦比亚烟草公司（Coltabaco）总资产5151.03亿比索[2]。布卡拉曼加市是哥伦比亚最大的制烟工业中心。

（二）纺织、服装业

纺织服装业包括纺织、服装、皮革和制鞋4个部门。纺织业是传统工业，已有近百年历史。第二次世界大战后，纺织业有了较大的发展，许多产品已打入国际市场，成为哥伦比亚的重要出口创汇产业。据1982年的调查，这4个部门的产值占制造业总产值的12.8%，在制造业总产值中居第4位。20世纪80年代，纺织、服装业受到经济衰退和大量纺织品走私的冲击，不少工厂被迫关闭，出口急剧下降。

---

[1] Presidency of the Republic of Colombia, *Economic Guide 1997~1998*, p.170.
[2] Presidency of the Republic of Colombia, *Economic Guide 1997~1998*, p.170.

由于政府加紧进行经济调整,采取禁止外国纺织品进口和打击走私活动等措施,纺织业的生产逐年有所回升。1996年纺织业总产值占制造业总产值的7%,出口值达3.97亿美元。

纺织业以大生产为主,产值占制造业总产值的7%,其中棉纺占52.8%,毛纺占9.1%,人工合成纤维占8%。麦德林市是哥伦比亚著名的纺织工业中心,圣菲波哥大、巴兰基利亚、卡利、卡塔赫纳等城市也有重要的纺织厂。国内最大的纺织公司是哥伦比亚织品公司(Coltejer)和阿托织布厂(Fabricato)。1996年,哥伦比亚织品公司总资产8462亿比索。阿托织布厂总资产3631.71亿比索[①]。

服装业以中小企业为主。全国有服装厂963家,就业工人近5万人,是劳动密集型的部门。其中不少是手工操作的小厂,但也有能生产各种高档产品的现代服装厂。1996年服装业占制造业总产值的5%。最大的服装厂是哥伦比亚服装公司,为大垄断财团控制,生产服装供应国外市场。哥伦比亚是拉美最大的服装出口商,其中55%产品出口美国市场,13%出口欧盟,其余出口其他拉美国家。

全国有皮革厂和制鞋厂364家。皮革业机械化水平高些,制鞋工业设备较陈旧。哥伦比亚生产的皮鞋以质量优良而闻名。

(三)化学工业

化学工业是新兴工业部门,包括基础化工、日用化工、炼油、石油化工、橡胶和塑料等6个部门。政府十分重视化学工业的发展。据统计,"全国阵线"时期化学工业增长率为257.7%,超过同期工业增长率的139.5%。1982年,工厂增加到784家,产值占制造业总产值的22.3%,仅次于食品工业,跃居第2位。就发展水平而言,在拉丁美洲,哥伦比亚的化学工业仅次于墨西

---

① Presidency of the Republic of Colombia, *Economic Guide 1997~1998*, p.170.

哥、阿根廷和巴西，居第4位。最大的化学企业分布在巴兰基利亚、卡塔赫纳和首都圣菲波哥大等大城市。

化学工业是资本技术密集型部门，垄断程度较高，以大工业为主。全国有7个炼油厂和11座石化工厂。巴兰基利亚、图马科和卡塔赫纳是三大石化中心。巴兰基利亚和卡塔赫纳附近的马莫纳尔厂，生产化肥、氨、聚乙烯等。炼油、石油化工、塑料和一些基础化工产品为国营企业所掌握。哥伦比亚石油公司是1951年在收回外国热带石油公司租让地基础上建立的国营石油公司，经营石油的勘探、开采、炼油和石油化工业务，提供原油和石油化工产品。它积极吸引外资，在合作勘探和开采石油方面发挥了重要作用。但一些产品如润滑油和部分汽油，由外国公司控制，或仍从国外进口。

基础化学工业中，尿素、纯碱、碳酸盐、氨、乌烟、硫酸盐等6种产品，约占化工产品的60%。这些部门基本上被大垄断公司控制。机械设备和部分原料是从国外进口，是外资参与投资的重要部门。20世纪90年代化学工业有了较快的发展。1996年化学工业产值占制造业总产值的15%。基础化学工业是哥伦比亚的重要出口部门，产品主要向南美国家出口，1996年出口值达9.64亿美元。

制药工业、日用化工和橡胶业是垄断程度较高的部门。外国垄断公司通过投资设厂、提供技术和进口原料等手段，基本上控制着这些部门，产品主要供应国内市场。据估计，外资控制的制药企业约占2/3，产值占3/4。近年来，化学工业有了较快的发展，但国内市场狭小，阻碍着这些部门的发展。

（四）金属机械工业

金属机械工业也是新兴工业部门，包括钢铁、有色金属、非电机器、电机和电器、运输设备和科学仪器等，基础比较薄弱。1982年，金属机械工业有1522个企业，产值占制造业总产值的 14.7%。

钢铁工业是二战后发展起来的工业部门。全国有 54 家钢铁企业，炼铁能力 53 万吨，炼钢能力 40 多万吨。但全国年消费钢材近百万吨，必须进口大量平板钢和特种钢。最大的钢铁公司是帕斯德里奥钢铁联合企业（Acerías Paz del Rio），于 1947 年建立。1955 年政府把该企业股份全部卖给私人，成为私营的钢铁公司。99 个大股东持有 42.7% 的股票，主要股份控制在波哥大财团手里。经扩建后它的炼钢能力达 38 万吨。目前仍是全国重要企业之一。1996 年，产值 3340.47 亿比索。此外，还有哥伦比亚铸铁厂、麦德林冶金厂、太平洋冶金厂和博亚卡冶炼厂等。1997 年全国钢产量 26.18 万吨，比 1996 年的 34.4 万吨减产 24.1%。2000 年起逐渐有所恢复，2001 年产量达 33.15 万吨。

机器制造业是在替代进口时期建立的新工业部门。20 世纪 60~70 年代得到迅速发展。据统计，1957~1972 年，机器制造业实际增长 434.9%，超过同期制造业实际增长率（139%）。机器制造业部门多样，产品包括日常非耐用消费品以及汽车和家用电器等耐用消费品。20 世纪 70 年代以汽车装配为代表的机器制造业发展很快，年平均投资额增长 6.2%。全国有 3 家较大的汽车制造厂，与外资合资经营。80 年代初由于国内市场狭小，原材料价格上涨，加上进口汽车的竞争，汽车生产量下跌。之后，政府减少汽车进口，产量逐渐恢复。1996 年哥伦比亚索萨汽车制造厂总资产 3024.30 亿比索。1997 年汽车生产量达 80641 辆，创历史最高水平。由于经济衰退，产量大幅度下降，1999 年只有 31538 辆。2000 年汽车生产量有所恢复，2001 年产量 65092 辆。

其他机器制造业同汽车工业情况大体相同，机器设备和原材料大多从国外进口。机器制造业为垄断财团所控制，与外国资本有千丝万缕的联系。

此外,哥伦比亚纸浆、造纸、制革、木材加工、玻璃等工业部门也比较发达。必须指出,尽管哥伦比亚机械电子工业有一定基础,家用电器普及率较早,但在机械电子技术、质量、品种、式样上仍有差距。进入21世纪后,随着经济形势的逐步好转,政府努力开发机械电子技术,增加生产能力。但是,哥伦比亚家电产品正出现更新换代的消费热潮,国内市场供应紧张,生产供不应求。哥伦比亚必须进口彩电、显示器、电脑主机、手提电脑、打印机、吸尘器、洗衣机、DVD 机、冰箱、摄像机、空调机、微波炉、除草机、煤气炉等。2004年进口各类家电总值为7.06亿美元。

第五节 电力工业和建筑业

一 电力工业

19 世纪末由私人投资开始建立发电厂。20 世纪 30~40 年代,国家垄断着电力部门。"全国阵线"时期以后实行"权力下放"政策,调动各省的积极性,电力工业发展较快。1979 年全国发电厂装机容量 425 万千瓦时,发电量为 178 亿度,其中水力发电占 72%,火力发电占 28%。但是,电力工业是哥伦比亚工业的一个薄弱环节,70% 的装机容量集中在安蒂奥基亚省、昆迪纳马卡省和考卡山谷省。电力供应不足是哥伦比亚工业分布不平衡的一个重要原因。1980 年由于干旱和石油供应短缺,电力供应极为困难,全国实行用电定量供应。为解决电力供应紧张状况,政府实施 1979~1990 年电力发展计划和全国农村电气化计划,投资 7500 亿比索,把国家的发电能力从 1979 年的 425 万千瓦时提高到 1990 年的 1000 万千瓦时,并决定把中部的水力发电和北部的火力发电实行联网输电，解决各地区电力供应不平衡的问题。为了适应经济发展的需要，政府加大了投资的力度，全力保证实施中的电力工程的完成，扩大电力供应的覆盖面，改善输电系统，为用户提供有效服务。经过努力，1987年发电能力已提高到830万千瓦时。在安第斯地区国家中，仅次于委内瑞拉，居第2位。由于电力工业投资大，电力部门外债迅速增加，成为欠债最多的部门。1988年电力部门外债达42.14亿美元，比1980年的8.6亿美元，增加了4倍，占公共外债的1/3。

随着经济改革开放进程的深入，基础设施落后的问题突出起来了。为适应世界经济变革潮流，政府把原来长期亏损、靠国家补贴维持运转的电力企业，以出售股权与私人资本合营方式实行私有化。据1994年的第143号法令，政府积极吸引私人资本参与电力工业的投资，1995年建立能源交易所，公共和私人企业以相同条件参加，保证电力部门管理的透明。在1998～2002年发展计划中，政府给予电力部门优惠政策，鼓励私人参与全国、地区和市级的基础设施建设，通过转让、直接提供服务、购买公共企业等方式，鼓励私人参与电力企业的投资。政府规定，私人资本可参与中部和西南部电力部门的分配和销售业务，私人可通过国家计划局私人参与办公室，直接参与电力工业的投资。1998年，全国发电能力1246.6万千瓦，68%是水力发电，32%是火力发电。近年，电力消费逐年增加，从2002年的349亿度增加到2007年的424亿度。政府鼓励外国投资，规定在能源领域，凡是使用风力生态资源和农业废品提供电力能源的企业，可享受15年免所得税待遇。目前，最大的电力公司有：电力联网股份公司（ISA）、波哥大电力公司（EEB）、大西洋沿岸电力公司（CORELCA）和麦德林公共电力公司（EEPPM）等。

二 建筑业

了增加就业，推动国民经济发展，政府把建筑业作为国民经济优先发展部门。1972年实行以不变值计算的储蓄和贷款制度鼓励私人储蓄，并通过储蓄和住宅公司推动建筑业的发展。1972~1982年通过这种制度获得2000亿比索的储蓄，向私人建筑业投资高达1795.7亿比索，有力地推动了建筑业的发展。但是，由于城市化趋势加快，城市人口迅速增加，住房问题成为人们关注的热点。从1982年起，政府实施平民住宅计划，努力解决城市居民住房问题。1983~1986年城市建设投资3425.3亿比索，其中47%是国家直接投资，53%是用私人储蓄的资金（即储蓄和住宅公司的投资）；平民住宅投资431亿比索，占储蓄和住宅公司总投资的26.8%。

由于政府积极投资，建筑业的设备能力得到加强。1983~1986年新建的住房面积相当于1972~1983年建房总面积的47%，增加就业人数达75.5万人。建筑业在国内生产总值所占比重从1950年的2.6%上升到1987年的3.9%。为了增加就业机会，推动经济发展，政府鼓励国内外私人投资。从1991年起，作为经济优先发展部门的建筑业实现连续四年高速增长。1995年起，由于毒品美元"贿选案"引发的政治危机的影响和利率上升，购房贷款减少2.2%，住房销售减少40%，直接影响到建筑业的投资，建筑业产值下降3.4%。1997~1998年，经济衰退直接影响着建筑业的发展。由于利率居高不下，建筑业缺乏资金，1998年1~10月批准的建筑面积比上一年同期减少9.5%，储蓄和住宅公司批准的新贷款比前一年同期减少36%。1998年10月哥伦比亚出现金融危机，在过去住宅投资中占主导地位的储蓄和住宅公司呆账高达25%，资金额高达3万亿比索。由于缺乏资金，建筑业严重衰退，给城市就业增加了巨大的压力。之

后，建筑业严重下滑，对国家就业造成巨大困难。

随着建筑业的发展，建筑材料工业得到推动，20世纪90年代，建筑材料工业得到快速发展。除满足国内需要外，还有一部分可供出口。全国有大水泥厂17家，其中阿尔戈斯水泥厂、加勒比水泥厂、迪亚门特水泥厂和山谷水泥厂等最著名。

第六节 交通运输和邮电通信业

一 交通运输业发展状况

哥伦比亚90%的人口居住在西部安第斯山地区，道路崎岖不平，陆地交通不便。到第二次世界大战前，货物运输主要靠内河航运，国内没有重要的公路干线，只有几条不相连接的铁路。交通基础设施不足严重阻碍着国民经济的发展。

随着轻纺工业的发展，从20世纪30年代起，政府开始重视对陆路运输的投资。第二次世界大战后，修筑了从首都圣菲波哥大通向北部港口圣马尔塔的铁路干线。60年代政府执行修筑公路的计划，建设一个连接各大城市的公路网。为了加快交通运输业的建设，推动各地区特别是边远地区的开发，1979~1982年政府实施《全国一体化发展计划》，交通运输投资960.9亿比索，其中公路投资占62.5%，机场设施投资占11%，铁路投资占9%。建成了布卡拉曼加市到圣马尔塔港的公路、巴兰基利亚公路网以及圣菲波哥大到麦德林市的高速公路等重要工程。1982~1986年政府通过全国道路基金会，增加对陆路交通投资，大力修建和扩建圣菲波哥大、麦德林、巴兰基利亚、卡塔赫纳等城市的机场和海港工程。哥伦比亚的交通状况有了较大的改善。

20世纪90年代，政府把基础设施建设作为政府的优先目标，在法律上给予私人投资以保护。1993年颁布了第105号法

令（即《运输基本法规》），1996年政府又颁布了《运输总条例》，进一步推动运输业的发展。1992年起政府实施私有化计划，实行改善道路、港口和航空基础设施的转让制度，私人投资有了较大幅度增加。因此，90年代交通运输和邮电通信业有了更快的发展，除1993年增长率在4.3%外，其余年份增长率都在5.1%以上。

目前，哥伦比亚的交通运输由公路、铁路、航空、海运和河运等部门组成，以公路运输为主。

（一）公路运输

哥伦比亚的公路分一级、二级、三级、市镇和一般公路五类。各类公路由不同权力机构经营管理。1982年全国公路网有10.5万公里，其中国家管理的公路23810公里，省营公路48476公里。有三条与安第斯山三条支脉平行的重要公路干线：最西边的一条是从巴兰基利亚市出发，经卡塔赫纳、麦德林、马尼萨莱斯、卡利、波帕扬、帕斯托，直到哥、厄边界的伊皮亚累斯市。第二条是从圣马尔塔市出发，经过奋达雄、拉马塔、奥卡尼亚、布卡拉曼加、巴尔博萨，最后到达首都圣菲波哥大。第三条是从库库塔市出发，经过潘普洛纳、通哈、圣菲波哥大、内瓦，最后到达卡克塔省首府弗洛伦西亚市。另外，还有两条横穿干线：第一条是从奥里诺科地区的比查达省卡雷尼奥港出发，经过梅塔省首府比利亚维森西奥、圣菲波哥大、麦德林、直到乌拉瓦地区的图尔博城，最后通向加勒比海的达连湾。第二条是从圣菲波哥大出发，经过伊瓦格、阿尔梅尼亚、布加、卡利，直到布埃纳文图拉，这是首都圣菲波哥大通向太平洋港口的重要干线。其余都是从各省首府通向主要市镇的支线公路。1990年，哥伦比亚每百万人拥有铺路面的公路310公里，在安第斯地区五个国家中，只高于玻利维亚。

为了促进出口贸易的发展，20世纪90年代，政府颁布法令鼓励私人向公路建设投资，私人投资出现了强劲势头。1994～1996年，政府实施13个承租计划，投资了10.7亿美元，修复公路1181公里，新建291公里。为了降低出口产品的成本，提高竞争能力，帕斯特拉纳政府制定了10个宏伟的发展公路运输计划，投资20多亿美元，其中包括建设加勒比海沿岸各省的公路网、内地各大城市通向沿海港口的高速公路以及各地区内的二级和三级公路。目前全国公路总长118691公里，其中一级公路13459公里，二级公路57775公里，三级公路48334公里。车辆总数308万辆，有400多家货物运输公司和450家汽车公司，年客运量9693万人次，货运量7873万吨。

（二）铁路运输

铁路修筑始于19世纪中叶，主要由英、法等国出资兴建。1850年修筑了巴拿马地峡铁路，接着修筑了巴兰基利亚到出海口萨尔加尔的铁路。20世纪初，政府在咖啡种植区开始修筑铁路，以便于咖啡出口。为加强中部地区和太平洋沿岸地区的联系，又修筑了中央铁路和太平洋铁路。1930年全国有铁路2700公里。1954年铁路运输实行国有化，建立了哥伦比亚铁路公司。1961年建筑了大西洋铁路762公里，从而把大西洋沿岸各重要城市同太平洋沿岸各重要城市联系起来。哥伦比亚铁路公司管辖五个地段：①中央段，连接贝里奥港、内瓦、圣菲波哥大、巴尔博萨和帕斯德里奥等地；②太平洋段，连接亚历杭德罗、洛佩斯、布埃纳文图拉和波帕扬等市；③桑坦德尔段，连接加马腊和库库塔市；④马格达莱纳段，连接加马腊到圣马尔塔港；⑤安蒂奥基亚段，从亚历杭德罗、洛佩斯、麦德林到贝里奥港。

随着公路运输的迅速发展，铁路运输逐渐退到次要地位。火车在崇山峻岭中穿行，大量的急转弯使火车速度受到限制。由于资金缺乏，铁路保养较差，20世纪80年代初铁路运输不景气，客运量从1974年的520万人次降到1982年的115.3万人次；同

期货运量从243.8万吨减少到109.7万吨。1983年政府从世界银行得到一笔贷款，投资1.7亿美元实施四年恢复计划。1988年政府通过第21号法令，决定改组铁路企业，把哥伦比亚铁路公司变为混合公司，负责铁路的管理、维护和运营工作。1990年，哥伦比亚每百万人均铁路只有62公里，在安第斯地区国家中仅高于委内瑞拉，在拉美地区是最低的国家之一。

20世纪90年代，政府把长期亏损靠国家补贴维持运转的铁路企业实行私有化：1991年将全部铁路私有化；1993年通过第105号法令，鼓励私人参与铁路运输投资；1996年又通过《运输总条例》，进一步完善这方面的法规，私人积极参与全长约2181公里的太平洋沿岸铁路网和大西洋沿岸铁路网的修复工程。为推动出口贸易的发展，帕斯特拉纳政府通过租让制，正在修复全长约1484公里的大西洋沿岸的铁路网，使之能够正常运营。

2008年，全国铁路总长3368公里，运行的铁路线1915公里，商业运营1665公里。尽管铁路年货运能力840万吨，但目前只使用10%的运输能力。全国有59个机车，1701个车厢。1997年货运量为199.2万吨。1995年，哥伦比亚第一条地铁在麦德林市建成运营。1996年麦德林地铁公司（Metromed）总资产20926.82亿比索，居全国企业第3位[①]。政府计划在卡利修建一条地铁线，然后在首都圣菲波哥大再修筑一条地铁线。

（三）航空运输

哥伦比亚是南美洲第一个建立航空运输业务的国家，哥伦比亚航空公司（Avianca）是美洲建立最早的航空公司之一。1919年借助德国的技术力量和资本，在巴兰基利亚市建立斯卡德塔航空公司。1939年政府和泛美航空公司购买了斯卡德塔航空公司，成为泛美航空公司的下属公司。1940年改名为哥伦比亚航空公

---

① Presidency of the Republic of Colombia, *Economic Guide 1997~1998*, p.170.

司，美国公司占有64%的股份，1946年美国公司把其股份转让给圣多明各财团，从此成为哥伦比亚独立经营的航空公司，承担国内空运任务，与欧洲、美国、中南美洲各大城市亦有定期航班。该公司是哥伦比亚的大企业之一，在拉丁美洲，仅次于巴西的里约格朗德航空公司和墨西哥航空公司，为第三大航空公司。总部设在巴兰基利亚市。

全国有8家航空公司，空运业务有客运、货运、出租、辅助航运和特种劳务五种。哥伦比亚航空公司是国内最大的客运航空公司，承担国内大部分空运业务。它的子公司有3个：哥伦比亚地区航空公司、麦德林航空公司、哥伦比亚国家直升机公司。1996年总资产4069.41亿比索，在全国企业中排名第35位。最大的货运航空公司是苏克雷航空公司（Aerosucre），占全国货运的25%。随着改革开放的实施，私人也逐渐参与航空运输业务，大大提高了国家的进出口运输能力。1990~1997年哥伦比亚的进口航运能力提高242%，出口运输能力提高202%；国内运输能力提高70%[①]。2001年国内客运756万人次，货运10.28万吨；国际出入境旅客305万人次，货运量371万吨。2004年航空业国内国际客运达1101万人次，国内货运12.9万吨，国际货运50.2万吨。

自20世纪90年代末开始，由于国际燃油价格的上涨和哥伦比亚比索的持续贬值，哥伦比亚航空公司开始陷入巨额亏损，入不敷出。为扭亏为盈，2001年末，该公司同哥伦比亚第二大航空公司合并，成立阿利桑纳萨玛航空公司。此项举措暂时缓解了危机。但在"9·11"事件发生后，保险费用激增，比索再度贬值和飞机租赁费用日益高昂，使该公司再次陷入举步维艰的境

---

① 哥伦比亚驻华使馆资料《哥伦比亚：深藏拉丁美洲最好的宝藏》表11，2000。

地，2003年初由圣多明戈公司和全国咖啡种植者联合会购买，分别控股50%。随后，它又使用美国破产法来进行资产重组。巴西工业家基门·埃福诺维奇的西内尔吉（Synergy）集团收购了哥伦比亚航空公司，占有75%的股份，从此变成由国外航空集团为主要控股人的新型航空公司。埃福诺维奇决定通过自己所控制的西内尔吉航空集团继续收购秘鲁的维拉航空公司、巴西的海洋航空公司、厄瓜多尔的VIP航空公司等。之后，该集团决定在尊重本土化管理模式经营的基础上，以哥伦比亚航空公司为重点，将这四家航空公司紧密结合，以最大限度扩大西内尔吉航空集团的经营规模，简化程序，协调机队数量和健全航线网络。目前，哥伦比亚航空公司已发展壮大成为拉美首屈一指的航空公司。哥伦比亚航空公司引领拉美航空业的变革，决定进一步优化航线网络，将圣菲波哥大建成连接欧洲、拉丁美洲各国、美国、世界其他地区的航空枢纽，大大推动哥伦比亚的经济和旅游业的发展。

全国有机场587个，其中有11个现代化的国际机场，73个属于国家级机场，88个是属于省或市的机场，313个是私人机场，176个机场可供大型飞机起降。1999年政府把卡利市的阿方索·博尼里斯·阿拉贡机场出租给私人经营，租金1.25亿美元；还准备把另两个国家最大的机场波哥大机场和里奥内格罗机场出租给私人企业家。

（四）河运和海上运输

河运在哥伦比亚运输中曾起过重要作用。自19世纪中叶汽船在马格达莱纳河航行起，该河便成为内地城市和加勒比海沿岸港口之间的交通要道，担负着全国河运量的90%。为了便于货物运输，有迪克运河把卡塔赫纳港与马格达莱纳河沟通起来。从20世纪70年代起，河运逐渐被陆路运输所代替。但是，在亚诺斯平原和亚马孙地区，河流仍是重要的交通线。全国可通航的河

第五章 经 济

道有 18225 公里，拥有各类内河船只 2003 艘。内河客运量 665.8 万人次，货运量 348 万吨。海船 23 艘，总吨位 17.7 万吨，海运客运量 8.6 万人次。

主要港口有：巴兰基利亚、圣马尔塔、卡塔赫纳、布埃纳文图拉和图马科。最大的进出口港巴兰基利亚港位于马格达莱纳河入海口处，担负着国家大部分对外贸易的货运任务，被誉为"哥伦比亚的黄金港"。位于玻利瓦尔省的卡塔赫纳港是个天然港口，港湾宽阔而隐蔽，有迪克运河和铁路同内地各大城市联系。圣马尔塔港位于马格达莱纳省，是出口香蕉的重要港口。布埃纳文图拉港位于考卡山谷省，是哥伦比亚通向太平洋地区国家的重要门户。图马科港位于纳里尼奥省，是西南部的重要港口，有输油管直通普图马约油田。

长期以来，由于资金短缺，基础设施不完善，港口经营长期亏损。1991 年政府颁布《海港条例》，对港口的营业、出租和价格作出规定，新组成地区港口公司积极参与港口的投资和经营业务。1992 年颁布的《第 838 号条例》，决定对港口实行私有化。这是哥伦比亚实行私有化最成功的一个例子。1996 年地区港口公司投资了 3051 万美元。1990～1997 年，港口进口能力提高了 387%，出口能力提高了 124%[①]。为了实现规模经济效益，更好地使用港口的基础设施，政府计划在布埃纳文图拉港附近投资 4.38 亿美元（其中 70% 是私人投资，30% 是省和市政府的投资），修建一个新的港口，以便同新工业园连接起来。与此同时，积极促进私人参与港口和运河的疏浚工作。目前，全国有 14 家海运公司。最大的海运公司是 1946 年建立的大哥伦比亚商船队，拥有 60 多条海轮，同四大洲 50 多个国

---

① 哥伦比亚驻华使馆资料《哥伦比亚：深藏拉丁美洲最好的宝藏》表 11，2000。

家通航；它承担哥伦比亚大部分进出口货运业务。此外，还有圣罗萨农牧业海运公司，是哥伦比亚和巴拿马合营的海运公司，拥有十条海轮。

二　邮电通信业发展情况

电通信业包括通信、电话和电报等业务。为适应经济发展和现代化生活的需要，哥伦比亚实施了 1977～1986 年电信发展计划，共投资了 1320 亿比索。1982 年波哥大国际电话局开始提供服务。1985 年国际直拨电话达 42.8 万户，比 1982 年增加 65 倍；长途电话 126.4 万台。与此同时，地方电信事业有很大发展，农村电话服务也有了很大改善。

1990 年政府通过法律允许增值服务和自由竞争，允许国家以出让股权的办法间接运营。1994 年又通过法令，并成立了邮电通信部，通过《电信管理条例》，引入竞争机制，利用先进电信技术，完全放开电话业务的经营权，除广播和电视外，允许在电信服务领域成立外国独资公司和私营电信运营公司。全国有 55 家公司获准经营本地区电话服务，哥伦比亚电信公司、波哥大电信公司和奥尔比特尔公司（Orbitel）3 家公司取得国内、国际长途电话的经营许可。电信业已成为国民经济发展最快的行业，1991～1997 年，电信业的投资从占国内生产总值的 0.77% 增加到 1.48%，年均增长率在 11%。1995 年电信业产值比上一年增长 16%，约占国内生产总值的 2.1%。如今，哥伦比亚是拉美地区电普及率最高的五个国家之一。1990 年全国电话线路 280 万条，1997 年增加到 650 万条。1995～1998 年城市固定电话年均增长率为 17.54%，而同期的手机增长率为 91.54%。1998 年手机用户超过 180 万个，收入达 75.4 亿美元，比 1997 年增长了 81.8%；寻呼电话有 120 个运营商，年收入达 6 亿美元；互联网是电信业中最新业务，有 17 万用户。此外，政府制定了 1999～

2000 年电话共有计划，政府投入 8000 万美元，改善农村的电信服务设施，让全国居民都能享受到电信业务的服务，让无电话户尽快安上电话[①]。到 2005 年，哥伦比亚的固定电话主要被 3 家公司所控制，其中，哥伦比亚电信公司（COL-TEL）占 29%，波哥大电信公司（ETB）占 27%，麦德林电信公司（EPM）占 23%。2006 年 5 月，西班牙电信公司出资 8540 亿比索购买哥伦比亚电信公司的一半以上的股权。2007 年 2 月，由波哥大电信公司和麦德林电信公司组成的哥伦比亚移动电话公司，卖给卢森堡国际电信公司米利康公司（MILLICOM）。2003 年哥伦比亚移动通信公司进入市场后，移动电话用户迅速由 200 万户增加到 1000 万户以上。目前，墨西哥的美洲移动电信公司康塞尔公司（COMCEL）控制 60% 的哥伦比亚移动电话市场，米利康公司控制 10% 的市场，哥伦比亚的电信公司控制了 24% 的市场。2007 年哥伦比亚的固定电话有 804 万台，手机用户 3394.1 万个，互联网用户 652.4 万个。农村电信服务状况得到大大改善。

第七节　财政和金融业

一　财政状况

哥伦比亚的财政年度与日历年度相一致，财政体制与行政体制相适应。公共财政分为中央政府、省政府和市政府三级。中央政府的财政预算由财政部制订，需经国民议会的审核批准。中央政府财政收支由财政部主管，省、市两级的财政分别由省财政厅和市财政局管理。中央、省、市三级政府的财政相对独立，但相互之间又有联系。比如 1984 年，三

---

① 1999 年 7 月 28 日《经济参考报》。

哥伦比亚

级政府的财政比例如下:中央财政占公共财政的73.2%,省级财政占公共财政的12.2%,市级财政占公共财政的14.6%。

税收是公共财政收入的主要来源。从20世纪30年代起,政府开始建立现代税收制度,之后又进行了多次税制改革。哥伦比亚的税收分为两大类:直接税和间接税。外国公司在哥伦比亚所得收入须缴纳所得税,支付的所得税税率为40%;有限公司支付的税率为18%。外国公司或其他企业所得红利须支付40%的股息税。但是,如果原所在国的税率高于28%,在哥伦比亚的所得税率为20%;如果是股份公司,税率则为40%。凡属外国公司的分公司,汇寄利润的汇款税税率为20%。外国公司和其他企业在股份有限公司和类似公司所获分红的汇寄,除了相应所得税外,应分别以先付款后结账的方式支付12%的税率,所得税应在支付此项税收时予以扣留。外国投资的红利不需缴纳汇款税。凡汇寄外国提供的技术援助的服务费,只要受益者不居住在国内,并由特许委员会出具证明这类服务不在国内提供,可免缴纳所得税和汇款税[①]。

根据《1991年政治宪法》规定,中央政府必须为地方财政提供一定比例的经费。地方财政还有地方税收和属于地方国营企业的收入。

哥伦比亚的财政规模相对较小。第二次世界大战后,由于国家的投资增加,公共财政出现赤字,政府实行紧缩的财政政策。1974年国家曾出现财政困难,政府被迫宣布"经济紧急状态",通过税收改革取消了某些人的税收豁免权,上调高收入阶层的所得税。从1975年起,财政状况逐渐好转并出现盈余。但新税收管理制度过于复杂,出现了严重漏税现象,1979年的直接税收入降低到70年代最低点。同年由于实施《全国一体化发展计

---

① 《世界各国商务指南:拉美卷》,中国社会科学出版社,1996,第200页。

划》,巨额投资使财政再次出现赤字。1982年政府再次进行税收改革,堵塞漏税逃税现象,扩大了所得税基数,恢复贸易特殊账户,调整销售税率,减少低收入阶层的税收负担。1983年又改革地方税收,允许省级征收烧酒消费税、印花税、香烟税和汽油税;市级政府可征收土地税、交通税和广告税。之后,地方财政有所改善。

随着对外开放政策的实施,关税收入有所降低,政府改收增值税。《1991年政治宪法》规定实行财政分权制,中央政府向地方政府和国家下属实体转让的资金大大增加。1993年政府颁布了第100号法令,决定提高社会保险资金,中央政府的财政负担进一步加重。1994年,政府实施《社会跃进计划》,增加了社会项目的支出和基础设施的投资。中央政府的财政支出从1991年占国内生产总值的11%上升到1995年的15.6%。由于税收减少,国际市场咖啡价格下跌,以及实施《社会跃进计划》而延误了公共服务价格的调整,影响了公共财政收入。中央政府还要负责对困难部门的投资,加上支付内债的利息,使公共财政赤字进一步扩大。1995年中央政府的现金支出增加11%,财政赤字达19386亿比索。

面对巨额的财政赤字,政府决定加快推行私有化计划,旨在增加政府的收入。1995年12月议会通过法令,对税收制度进行了一些调整。但一些私有化计划被迫推延,未能如愿。与此同时,向地方转让资金的情况难以改变,卫生和养老金等社会保险费用也在增加,公共财政赤字不断增加,1998年,中央政府财政赤字达69408亿比索,约占国内生产总值的4.8%。财政状况的恶化是导致哥伦比亚经济衰退的重要原因。1999年哥伦比亚经济严重衰退,财政支出恶化,2001年中央政府财政赤字达111696亿比索。

表5-5 中央政府的现金收支情况

单位：十亿比索

	2007年	2008年	增长率(%)
1. 总收入(A+B+C+D+E)	64705	75064	16.1
A. 税收	57866	64349	11.2
B. 非税收入	383	649	69.5
C. 特别基金	637	894	40.3
D. 资本收益	5781	9154	58.3
E. 转让收入	38	17	56.0
2. 总支出(A+B+C+D+E)	76318	86131	12.9
A. 支付债务	15016	13923	9.2
B. 行政开支	53411	59345	11.1
C. 投资	8316	10437	25.5
D. 贷款	257	171	33.4
E. 转让支出	682	2255	430.6
3. 结算(1-2)	11613	11067	4.7
4. 周转资金(A+B+C+D+E)	10836	12359	14.0
A. 国外贷款	875	2502	385.9
B. 国内贷款	1463	7026	380.1
C. 共和国银行收益	1186	1415	19.3
D. 私有化收入	2579	2052	20.4
E. 其他	6483	636	109.8
5. 赤字占国内生产总值的比例(%)	2.7	2.3	

资料来源：财政和公共信贷部，转引自《共和国银行董事会向国民议会的报告》，第105页。

公共财政收入分中央政府财政收入和其他公共部门的收入两大类。中央政府财政收入包括直接税、间接税以及非税收入。直接税包括所得税、财产税和财产继承税；间接税包括关税、销售税、增值税、消费税、石油税、金融交易税以及印花税等。非税收入包括特别基金、投资所得、出口咖啡所得的"保留定额"(reintegro)和其他资金等。2006年12月,国民议会通过了税收改革法案:扩大增值税税基,提高一些商品和服务的税率;金融交易税成为长期税种;提高财政税税率并延期至2010年;降低所得税税率(由2006年的38.5%降到2007年的34%,2008年再降至1%)。税收改革增加了政府的财政收入,大大缓解了政府的债务负担。

中央政府的财政支出包括行政费用、公共投资和支付公共债务本息。行政费用又包括公共部门公职人员的工资、行政开支(包括对教育、卫生、科研、国防等开支)和对地方政府的转让。公共投资包括公共部门的生产投资、其他公共服务部门的社会投资以及基础设施的投资。20世纪90年代以来,中央政府向省、市政府提供的资金,给社会保险部门以及电力等基础设施等部门的资金都在增加,这些转让资金占总支出的50%以上,大大增加政府的财政负担。在政府各部门的资金分配上,财政部占的比例最大,为17.9%,教育部占13.6%,国防部占8.1%。由于政府的财政赤字大,只能求助于国内外贷款。2001年,中央政府的内债449535亿比索,公共外债232.31亿美元。鉴于国内经济增长放慢,财政增收节支压力增大,政府的财政调整又受到国际货币基金组织(IMF)的制约,为此,乌里韦政府的政策目标是努力减轻债务负担。这期间,政府财政调整的特点是:精简政府机构,减少政府开支;安全支出增长过快,向美国寻求财力支持;严肃地方财政纪律,加强财政支出责任。IMF于2003~2005年向哥伦比亚提供了21亿美元的贷款,支持哥伦比亚进行经济建设。2005年哥伦比亚公共财政预算盈余超过了IMF确定的占GDP的1.6%的目标和政府所预定的1.2%的目标。2003年以来,经济增长和比索升值使政府公共债务占GDP比重下降至46%。2005~2008年间,由于经济快速增长,石油收入增长较

快和比索升值,财政收入增幅较大,中央政府财政赤字占 GDP 的比重由 2006 年的 3.8% 降到 2007 年的 2.7%。2008 年受世界金融危机的冲击,公共部门赤字占 GDP 的比重有所增大。2008 年 6 月,由于通货膨胀压力上升,比索急剧升值和经济增长放缓,政府开始实施紧缩性财政政策。但是,压缩财政支出的空间非常有限,赤字进一步扩大。2008 年,中央政府的财政赤字约占 GDP 的 2.3%。

二 金融业发展概况

哥伦比亚原是个财政和金融统一管理的国家。《1991 年政治宪法》授予共和国银行自主权,拥有制定金融货币政策和对本国金融部门进行宏观调控的权利。从此,财政和货币金融的管理分开。

金融机构是专门管理货币资金融通的部门,它通过存款、储蓄、投资和信贷等具体业务形成金融信贷体系。哥伦比亚已有一个完整的金融体系,由中央银行(共和国银行)、官方银行、私人银行、储蓄和住宅公司、商业金融公司、专业租赁公司、高级合作组织、全国电力投资公司、中央抵押银行等组成。另外,属于信贷体系的还有通用储蓄所、保险公司和金融公司。私人资本在金融信贷部门占据优势地位,重要的商业银行和金融公司都为私人财团控制着。哥伦比亚的宪法规定,共和国总统有责任全面监督金融机构。实际上,总统委托财政和公共信贷部对全国财政金融事业实行管理,具体业务由国家货币委员会、银行和金融监督局分别执行。国家货币委员会、中央银行、银行和金融监察局是国家整个金融体系的最高监督机构。

哥伦比亚的第一家银行是波哥大银行,建于 1871 年。在以后的 50 年间,全国建立的银行(包括本国的和外国的银行)不少于 50 家,其中有不少银行经营时间不长就关闭了。1924

年全国有商业银行32家。1923年共和国银行（即中央银行）成立后，出现了银行集中化过程。20世纪50~60年代，随着进口替代工业化战略的实施，各种金融公司相继建立。70年代是金融部门迅速发展的时期。80年代初，由于对外经济活动的开展，国际储备逐渐增加，政府对货币控制有所放松，财政金融部门出现定期储蓄多、银行储备金额高的情况，私人银行热衷于高利贷款，金融投机活动增加。为此，政府决定整顿财政，加强对金融系统的控制。政府通过贷款把不法私人银行收归国有，并同合法银行家建立"银行民主基金会"，支持公共部门的投资。同时，决定降低利率，减少银行储备金额，给银行系统以更多自主权，增加银行的支付能力。政府的这项措施收到一定的效果。

20世纪90年代初政府改革金融体制，实行自由化方针，鼓励国内外投资，促进金融部门的竞争。1990年第45号法令规定，实行储蓄利率自由，对1990年9月以前存入国外银行的私人资金给予保护；大幅度削减投资税，确保适量资金流入私人企业；更新具有竞争优势部门的生产设备，使之实现专业化和现代化。1991年决定建立的外汇市场由政府直接管理，中央银行不再直接参与外汇交易；并将促进出口基金会改组为外贸银行，由其承担促进出口业务，恢复兑换证制度。1991年将3家银行拍卖给委内瑞拉财团，社会经济委员会通过第94号决议（即《新的外国投资条例》），取消了对外国投资的限制，允许外资自由进出哥伦比亚，给外国投资者以国民同等的优惠待遇。从1993年起，银行的有价证券快速增长，1994年底金融部门的有价证券年增长率达48.8%，表明国内需求过分膨胀，超过了国家的生产能力。1997~1998年，受到亚洲金融危机影响，国内经济严重失调，生产部门出现衰退。由于受到衰退的打击，个人和企业的收入明显下降，实际利率连续18个月居高不下，使银行和

企业的投资难以实现。与此同时,大批欠债人无法偿还到期债务,终于在1998年10月爆发金融危机。政府被迫宣布"经济紧急状态",同国际货币基金组织谈判,进行宏观经济政策的调整,对金融部门进行调整和改组。

为应对经济危机的冲击,在货币政策方面,哥伦比亚共和国银行继续维持通货膨胀目标制的货币政策框架,为2003年以来的经济复苏和增长创造了良好的政策环境。在乌里韦总统的第2任期间,由于通货膨胀压力较大,中央银行实施了紧缩的货币政策。具体做法是:(1)控制货币供应量增长幅度。狭义货币M1供应量增长率由2006年的18.2%下调至2007年的11.9%。(2)提高准备金率。2006年12月~2007年7月,中央银行提高准备金率,经常账户、储蓄账户和固定存款的准备金率分别提高14%、5.5%和2.5%。(3)上调利率。2006年12月~2007年7月,基准利率提高了3.75%;名义存款利率和名义贷款利率也分别由2006年的6.2%和12.9%提高至2007年的8%和15.4%。但是,2008年9月以来,因世界金融危机的影响,哥伦比亚的流动性资金短缺日益严重。2008年10月,鉴于通货膨胀的压力、国内企业难以获得贷款、成本增加和外部需求减少的情况,中央银行决定放松银根,增加市场流动资金。具体措施是:将结算账户和储蓄账户的存款准备金率从11.5%下调至11%,将18个月的定期存款的存款准备金率从6%下调至4.5%;通过公开市场业务临时购买金融证券为市场注入资金;购买5000亿比索(约2.5亿美元)的政府债券。与此同时,2008年12月,美洲开发银行向哥伦比亚政府提供总额为6.5亿美元的贷款,以缓解哥伦比亚资金需求的压力,促进投资和出口。乌里韦政府宣布,将利用这些资金增加市场融资规模,优先满足当地生产企业的融资需求,推动生产领域和出口行业的发展,保持其竞争力。

三 金融机构

目前,哥伦比亚有1家中央银行(即共和国银行),33家商业银行,17家金融公司,33家商业投资公司,23家专业租赁公司,1家高级合作组织,1家全国电力投资公司,1家中央抵押银行等。

下面,对哥伦比亚的主要金融机构作简单介绍。

(一) 国家货币委员会

1963年为加强对财政金融的管理而建立国家货币委员会。它从共和国银行接过货币和信贷的管理业务。1968年宪法改革加强了国家对经济的干预权。政府委托国家货币委员会对国际兑换、信贷、利率以及对经纪人实行控制和调节,使兑换政策、货币政策、金融政策同国家的发展(主要通过财政政策)相一致,促进国民经济的发展。国家货币委员会由财政部长、外贸工业旅游部长、农业部长、国家计划局长、共和国银行总经理、土地改革委员会主任、共和国总统府经济秘书、银行和金融监督局局长等组成。主要职能是管理货币和信贷,限制各银行对个人的贷款,控制各银行的流动资金,确定对信贷最高限额利率,否决它所认为冒险或其他不可行的贷款和投资。

(二) 共和国银行(即中央银行)

1923年建立。其职能是发行货币,向各银行提供贷款和再贴现,向储蓄所发行债务贴现,收购出口所得外汇和输入资本的贴现,决定外汇兑换率。从20世纪50年代起,共和国银行起着发展银行的作用。1963年国家货币委员会成立后,从共和国银行接过信贷和货币管理业务。1967年通过《兑换条例》,决定在共和国银行内设立外汇管理处,负责对外汇的兑换和管理业务。《1991年政治宪法》完全改变了货币和外汇的管理机制,赋予共和国银行对货币和兑换的管理拥有自主权。由于发展模式的变

化，取消了共和国银行承担的发展贷款业务，控制通货膨胀成为共和国银行的重要职能，保证经济管理稳定成为共和国银行承担的重要任务。

宪法明确规定，共和国银行行使中央银行的职能。它的基本职能有：发行货币；管理货币、国际兑换和信贷；掌管国家的国际储备。共和国银行董事会在信贷、货币和外汇方面有相当权限，它是银行体系的中枢，外汇市场和货币供应的真正调节者。当然，共和国银行这些职能的行使必须与国家总的经济利益和政策相一致。根据宪法规定，共和国银行董事会由7人组成，由财政部长作为政府的代表，任董事会的主席。共和国银行的总经理由董事会选举产生，是董事会的成员，其他5个成员将由共和国总统任命，任期4年，代表国家的利益。共和国银行每年必须向国民议会提交一份工作报告。在外汇方面，哥伦比亚有由金融中介人管理的自由外汇市场，它的供需关系由汇率决定。从1994年起，共和国银行采取振幅带状兑换制，其汇率在振幅带内保持一定的灵活性，以适应国内外经济变化的需要，避免汇率浮动过大给经济稳定带来的压力。为实现宏观经济稳定和控制通货膨胀，共和国银行根据要求决定振幅带的倾斜度。如必要时也可干预兑换市场。共和国银行总部设在首都圣菲波哥大，在全国有28个分行。据哥伦比亚共和国银行董事会向国民议会的报告，2008年12月31日共和国银行总资产有625080亿比索。

（三）商业银行

最早的一批商业银行始建于19世纪70~80年代。20世纪20年代，一批外国商业银行也相继建立。第二次世界大战后，随着国民经济的发展，银行储蓄业迅速增加，又出现一批商业银行。商业银行的职能是：为企业提供贷款，经营储蓄、证券交易、发放贷款、抵押等多种业务。20世纪70年代实施安第斯条约组织第24号决议，限制外资在金融业的新投资。1975年实行外国银行"哥伦比亚化"法令,规定外国银行必须把51%的股份卖给哥伦比亚人,变外国银行为混合银行。20世纪90年代初的金融改革放松了对金融部门的控制,外国银行逐渐增多。到1998年,全国商业银行33家,资产505960亿比索,其中本国私人商业银行15家,外国商业银行14家,公共商业银行4家。

1. 哥伦比亚银行

1875年建立。从20世纪20年代起,先后接收了路易斯银行、太平洋银行和桑桑银行三家银行,70年代又接收了大哥伦比亚银行,并建立起一批投资公司、保险公司、金融公司和在国外的投资公司。哥伦比亚银行被大哥伦比亚财团所控制,与波斯托邦—卢克斯财团关系密切,它在许多企业有投资,是全国最大的一家商业银行。2001年总资产80378亿比索,占商业银行全部资产的20.1%。

2. 波哥大银行

1871年建立。它是较大的私人商业银行之一。在20世纪20年代银行集中化过程中,先后接收了乌伊拉银行、佩雷斯银行、托利马银行、潘普洛纳银行、博亚卡银行、桑坦德尔银行、玻利瓦尔银行和安第斯银行的资本。波哥大银行是波哥大财团的金融中心,外资占有较大比例。2001年,总资产59444亿比索,占商业银行总资产的14.9%。

3. 咖啡银行

它是1953年由全国咖啡种植者联合会和全国咖啡基金会提供资金而建立的银行,为咖啡和其他农作物的生产、收割、运输和出口提供贷款。1968年改革,把咖啡银行作为国家工商企业,划归农业部管辖。实际上,它由全国咖啡种植者联合会管理,是咖啡财团的金融中心。2001年总资产有52045亿比索。

4. 人民银行

它是官方商业银行,专门为中小企业提供贷款。其中中央政府

占有 83.2% 的股份,省政府占有 7.2% 的股份,市政府占有 5.1% 的股份,其他公共部门占有 3.1% 的股份,私人占有 1.4% 的股份。总部设在卡利,全国有 173 个营业所。2001 年总资产 35008 亿比索。

(四)保险公司

从 1874 年建立第一家保险公司时起,保险公司在哥伦比亚已有 130 多年历史。在哥伦比亚资本主义发展过程中,保险公司占有突出地位,起着鼓励私人资本和巩固私人财团发展的作用。第二次世界大战前,60% 的哥伦比亚人居住在农村,保险公司的主要业务是财产和商品保险,作为投资者的作用未被人们重视。1968~1973 年,保险公司只吸收本国储蓄的 2.3%。1973 年总资产 8700 万美元,占国内生产总值的不到 1%。2001 年全国有 40 家保险公司,总资产 33896 亿比索。

(五)金融公司

为了扩大再生产,1952 年政府决定建立金融公司。1959 年建立了第一家金融公司——工业发展金融公司。1963 年政府决定把工业发展委员会变成官方的金融公司,进一步促进国家工业的发展。工业发展委员会决定给私人部门以补贴性贷款,参与需要国家援助的企业的投资。20 世纪 70 年代,工业发展委员会集中为安蒂奥基亚、昆迪纳马卡和波哥大地区的基础化学工业、金属机械工业提供贷款。70 年代工业部门的 60% 的贷款是通过金融公司获得的。近年,金融公司有了较快的发展。全国有 17 家金融公司,2001 年总资产 67030 亿比索。

(六)储蓄和住宅公司

它是 1972 年由政府倡议按不变价格计算建立的一个金融机构,向住房建设发放贷款,解决国民的住房问题,是以确保储蓄不贬值来吸引私人储蓄,投向建筑部门。1972 年 9 月 1 日开业。1985 年储蓄与住宅公司有 404 个营业所。由于实行储蓄保值,利息较高,加之该公司有较高的信誉和清偿能力,吸引了大量国内外私人储蓄。1991年底,储蓄与住宅公司的总资产达26043.8亿比索,国内总贷款为24684.1亿比索,有力地推动了建筑业的发展。1997年储蓄与住宅公司总资产167386亿比索。1998年的金融危机使储蓄与住宅公司的到期债券高达25%,资金额高达3万亿比索。大批债务人无法偿还到期债务,终于使该公司出现危机。针对长期抵押投资制度和储蓄与住宅公司投资制度的危机,1999年12月政府颁布《第546号法令》(即《新住房法》),改革住房贷款制度。该法令经国民议会批准和共和国总统签发生效。《新住房法》取消了原来的以"不变值单位"(Unidades de Poder Adquisitivo Constante)计的"储蓄投资制",以一种新的根据消费价格指数变化的"实际值单位"(Unidad de Valor Real)计的投资方式代之,寻求解决住房投资制度所面临的巨大困难。这是为哥伦比亚人得到住房而采取的一种新的方式,使陷入危机四年之久的建筑部门得以恢复活力,进而减轻国家的失业压力。2001年总资产只有33405亿比索[①]。

四 货币和汇率

哥伦比亚货币经历了一个漫长的发展过程。1821年库库塔制宪会议决定以银比索为货币单位。1845年改实行金银复本位制。1871年又确立了金本位制。之后,由于外汇短缺和连年内战,政府禁止金银出口,决定实行纸本位货币制度。1923年通过一项法律,恢复金本位制,允许黄金和外汇自由进出口,与美元保持固定比价,本国货币可自由兑换美元。1929年世界经济危机爆发后,资本主义世界金本位制崩溃。20世纪30年代初,哥伦比亚放弃了金本位制,实行纸币制度。哥伦比亚法定货币为哥伦比亚比索。目前,1个哥伦比亚比索为

---

① 《共和国银行杂志》2002年7月号,第184~207页。

100分。硬币有50分和1比索、2比索、5比索、10比索、20比索、50比索7种。纸币有50比索、100比索、200比索、500比索、1000比索、2000比索、5000比索7种。2009年6月，2015比索兑换1美元。

长期以来，哥伦比亚比索与美元保持固定汇率。第二次世界大战后，由于国际收支增加，通货膨胀加剧，1948年、1957年、1962年和1965年比索实行多次贬值。1967年政府颁布《兑换条例》，规定实行比索对美元微小贬值，以促进非传统产品出口，增加本国产品在国际市场的竞争力。1988年比索对美元的比价为332.97:1。1988年货币贬值率为25.8%。

1991年第9号法令的颁布，标志着哥伦比亚的外汇管制实行重大改革。哥伦比亚存在两个外汇市场：官方市场和自由市场。个人的劳务收入、旅游收入和惠赠部分可以在自由市场交换。政府允许外汇自由市场存在，由国家货币委员会对外汇实行管理，只要国际储备总额不低于支付3个月的进口额，外汇自由的政策不变。所有外汇按兑换市场规定的汇率进行交易，中央银行负责确定参考汇率。确定参考汇率时，要考虑到三个方面的因素：哥伦比亚主要贸易伙伴国的价格变动情况、本国的外汇储备水平和国际收支状况。自1991年6月起，中央银行不再直接与私人部门进行外汇交易。进行外汇交易的机构只能是商业银行和金融合作机构，其净外汇头寸不得低于相当于其外汇负债的30%的水平。在外汇交易所的净外汇头寸管理方面，没有类似的法规，它们可以向金融机构出售其多余的外汇资产。私人部门的外汇收入必须向金融机构办理结汇，并领取中央银行颁发的外汇券，外汇券可在外汇市场上出售。公共部门的外汇收入可以向金融机构或中央银行办理结汇，并领取外汇券，在外汇券到期前，中央银行随时可以按照参考汇率并以最高不超过12.5%的贴现率将其购回。旅游外汇收入、个人对外劳务收入和价值不超过2

万美元的捐赠不必通过外汇市场进行结汇,但是可以出售给外汇兑换所或金融机构。

政府可按照市场平均汇率,购买用于支付公债和支付包括在国家预算内的其他费用的外汇。中央银行可按1991年第16号中央银行条例,向电子行业的公共企业和全国咖啡种植者联合会提供外汇担保,担保期限为12个月。在特定情况下,担保单可兑换成外汇券,在有效期内,担保单可以按当日市场外汇券买入价,向中央银行兑换成比索。计息担保单的利息与外国贷款的利息相等。但是,使用外国贷款的公共部门持有的担保单的利息,不得高于担保单发出前1个月纽约市场存款利息平均值再减去1%的水平。超过12个月的担保单不能兑换成外汇券,但是,可以按照该12个月最后一天的外汇券市场汇率,将担保单卖给中央银行。在中央银行登记的外汇债务人可购买远期外汇,以避免汇率风险;所有远期外汇必须在中央银行登记。银行与外汇最高监督局是向财政部负责的独立机构,它负责外汇交易的管理和监督,并负责查处那些违反《外汇条例》的行为[①]。近年哥伦比亚的货币供应量的变化参见表5-1。

由于经济形势逐渐好转,短期资本大量流入,2004~2006年比索升值压力增大。为促进出口,控制比索升值,2005~2006年,在央行的连续干预下,比索逐渐转向弱势。2007年,由于外国直接投资和私有化收入增加,比索升值压力再次增大。为此,政府采取了限制短期投机资本流入的措施。但政府的干预未能有效地阻止比索的升值,2007年比索升值10.7%。2008年1~6月,比索仍大幅度升值,名义汇率累计升值14%。为控制投机资本对比索的冲击,2008年5月,乌里韦政府通过一项法

[①] 《世界各国商务指南:拉美卷》,中国社会科学出版社,1996,第206~207页。

令，要求外国投资的存款准备金率由40%提高至50%，外国直接投资的最短期限为2年。面对2008年7月以来比索的贬值和资本外逃，10月政府取消了此项法令。据联合国拉美经委会初步估计，2008年比索仍被高估5.5%。

第八节 对外贸易和国际收支

一 对外贸易的发展概况

对外贸易在哥伦比亚经济中占有特别重要的地位。从19世纪中叶起，哥伦比亚就开始出口农产品，到20世纪初，咖啡成为传统出口产品，为国家积累了发展资金。但是，哥伦比亚经济深受国际市场咖啡价格波动的影响。由于咖啡价格下跌，20世纪60年代前期国家出现外汇危机，迫使政府进行经济调整。1967年3月政府颁布第444号法令，积极鼓励非传统产品出口，发展出口贸易。1969年哥伦比亚参加安第斯条约组织，努力开展小地区国家间的经贸合作。政府发展对外贸易的方针是：在增加传统产品咖啡出口的同时，大力促进非传统产品出口，实现出口产品多样化，尽快改变咖啡单一出口结构和依赖美国市场的局面，为国民经济发展积累资金。为此，采取了如下政策措施。

（一）建立完善的外贸体制

除了原有的对外贸易协会负责管理进出口贸易外，1967年设立促进出口基金会，建立了出口保险制度，改组出口信贷制度等。促进出口基金会定期制定出口信贷计划和出口行动计划，指导出口部门的生产，负责向商品农业、中小企业和出口工业提供长期低息贷款。与此同时，政府还积极组织商品到国外展销，重视发展同第三世界国家的经济贸易关系，开拓新的市场。

（二）调整汇率，促进出口

1967年以前，哥伦比亚实行固定汇率，对产品出口起消极作用。为推动非传统产品出口，1967年起实行浮动汇率，实行比索对美元的微小贬值。哥伦比亚是拉丁美洲地区第一个采取小幅度调整汇率政策的国家。之后，政府有计划地加快比索对美元的贬值，以提高出口产品的竞争能力。

（三）实行出口补贴

哥伦比亚出口补贴有两种：巴列霍计划（Plan Vallejo）和税收补贴证（certificado de abono tributario）。巴列霍计划是1957年为出口多样化所采取的一项措施，它为原料、半成品和机器进口豁免关税，促进制造业发展，增加制成品出口。税收补贴证是根据第444号法令所采取的一项措施，目的也是促进非传统产品出口。它规定：出口商可凭已出口产品证书领取出口值15%的补贴金，用于支付税款。1974年做了调整，把出口值的15%补贴金额改为0.1%、5%、9%和12%四种。1982年面对外部条件的恶化，政府提高对出口商的税收补贴，以补偿国际市场初级产品价格下跌给出口商带来的损失。1983年哥伦比亚加入《关贸总协定》。年底国民议会颁布《对外贸易框架法》，取消了税收补贴证，以退税证制（certificado de reembolso tributario）代之。

（四）建立专门贸易公司，方便中小企业加工产品出口

哥伦比亚的制造业以中小企业为主，1979年政府颁布法令促进中小出口公司联合，推动它们制造的产品出口。之后，政府开始建立免税区，鼓励出口商加工出口产品。

在政府的推动下，20世纪70年代对外贸易得到迅速发展，年平均增长率达17.6%。从1976年起对外贸易连年顺差。1981年国际储备达56.3亿美元。由于80年代初外部条件恶化，出口收入减少，而进口继续上升，外贸结算出现逆差，1982年贸易逆差达23.8亿美元，国际储备迅速下降。为了平衡国际收支，

保护国际储备，促进经济发展，政府调整外贸政策，实行奖出限入，加快比索贬值，增加非传统产品出口，并禁止 680 种商品进口。经过几年的努力，1986 年咖啡和非传统产品出口增加，对外贸易又实现了顺差。

二　20世纪90年代进行的外贸改革

随着经济开放政策的实施，哥伦比亚对外贸易政策做了较大的调整。1991 年第 1 号法令（即《外贸商标法》）的颁布，标志着哥伦比亚对外贸易进入一个新的发展阶段。《外贸商标法》规定，哥伦比亚对外开放遵循的总原则是：发展货物和劳务的自由贸易，提倡自由竞争和首创精神，努力提高经济效益，支持拉美地区一体化进程，推动国家的现代化。为发展对外贸易，政府采取了如下政策措施。

（一）大力贯彻贸易自由化方针，促进本国经济国际化

主要做法是：①放松对进口的限制，除少数几种农产品和危及国家安全的货物外，其他商品的进口不再需要申请进口许可证。②降低关税和进口附加税，把各类进口商品的平均关税从 1990 年底的 16.5% 降到 1994 年的 7%，同期的平均进口附加税从 13% 降到 8%。③建立外贸部，统一管理外贸业务，加强对进出口贸易的领导；成立外贸最高委员会，负责制定进出口贸易政策和关税政策。由于实行开放政策，哥伦比亚的平均关税已从 1989 年的 44% 降到 1997 年的 12%。目前，安第斯共同体实行共同对外关税，除了少数产品的例外，哥伦比亚的共同对外关税税率有 5%、10%、15% 和 20% 四种。另外，哥伦比亚是《关贸总协定》的签字国和世界贸易组织的成员国，在世界贸易组织内享有商品通行权、赔偿权和反倾销权。此外，政府还积极参与世界贸易组织内关于解决贸易争端问题以及有关货物和劳务贸易相关问题的讨论。

（二）加强拉美地区一体化合作，积极参与国际大市场

随着参与国际经济战略的实施，政府积极推动安第斯自由贸易区的建立。为加快小地区一体化进程，1992年1月，哥、委两国首先建立自由贸易区。1992年9月，哥、委、厄、玻4国建立自由贸易区。1994年5月建立了包括玻、哥、厄、秘、委等5个安第斯国家的自由贸易区，五国货物交换实行零关税。1995年2月五国采取共同对外关税，安第斯关税同盟宣告成立。1993年哥、智两国在拉美一体化协会范围内签署自由贸易协定，1999年两国间几乎全部商品实行关税减免。1994年墨、哥、委签署了三国自由贸易协定。根据协定，三国实行关税优惠，到2004年减免全部关税。1994年，哥伦比亚与加勒比共同体签署贸易优惠协定，1997年哥伦比亚单方面给加勒比共同体国家关税优惠。1998年，加勒比共同体4个较发达的国家对哥伦比亚出口产品减少或取消关税。此外，哥伦比亚支持巴西提出的建立南美洲自由贸易区的建议，并积极参加建立美洲自由贸易区的谈判。

（三）积极调整出口政策

随着贸易自由化的实施，哥伦比亚的出口政策也发生了很大变化。政府放弃了原来的部门促进和补贴贷款方式，根据新的发展模式和多边合作方式，促进出口政策突出表现在为出口商提供市场信息和商务机会。在出口投资方面，保证更多使用利息较优惠的资金。促进出口基金会负责促进出口活动，它的主要工作是提供市场信息和商务机会，帮助出口商参加国际交易会和博览会，组织同类部门的生产者到国际市场考察新的商务机会。另外，它在国外设立分会，开拓新的市场，为出口商寻找更多的发展机会。而哥伦比亚外贸银行负责为出口业务提供资金，根据市场的利率和出口的不同阶段，对出口工业、运输和国际贸易提供贷款。它根据对原产国风险的评估，既对哥伦比亚的出口商提供贷款，也向购买哥伦比亚产品的外国商人提供贷款。在短期内，

政府希望外贸银行增加对与外贸相关的基础设施建设的贷款,向中小出口工业发放贷款,使之成为出口部门的重要成员。为了减少出口风险,政府建立了出口贷款安全保险,由哥伦比亚出口保险公司负责。先前促进出口政策中仍然保留的唯一措施是出口退税证制。这是一种为出口者退还他应交纳一定百分比税金的制度,偿还税金的百分比根据产品和市场的不同而有所区别。从发展的趋势看,这一措施仍将会继续使用下去。

(四) 成立免税区(Zona Franca),促进出口

为增加出口产品的竞争力,吸引更多的外国企业到哥伦比亚投资,1991年颁布第7号法令和第2131号法规,同意成立私有或公私合营产业及服务业的免税区,其宗旨是"吸引更多的外资,努力扩大出口"。免税区作为哥伦比亚独立的关税区,对进口用于出口的原料、零配件、半成品免征关税和增值税,生产的货物面向出口,享受豁免所得税。在免税区内可建立生产中心、分配中心、销售中心和旅游中心,在免税区落户的企业分为生产型、服务型和贸易型三种。生产型企业可以进口或在当地采购原材料,经过制造、组装、加工等程序后,成品销往国外。服务型企业为区内或境外企业提供科技、信息、金融等领域的服务。贸易型企业可以提供服务,或在区内租赁、购买仓库,用于仓储、包装、再包装、分销进口或采购来的产品,以便向第三国再出口。

目前,在巴兰基利亚、圣菲波哥大、卡利、卡塔赫纳、库库塔、麦德林和圣马尔塔等市建有12个免税区[①]。免税区吸引了大批国内外的投资者,有力地推动了哥伦比亚的出口,已成为哥伦比亚面向世界的窗口。比如,圣菲波哥大的免税区地处首都的西南部,位于工业和制造业集中地区,距全国最大航空港——埃尔·多拉多国际机场仅2公里,交通运输十分方便。区内干净整洁,

---

① 哥伦比亚驻华使馆提供资料《哥伦比亚:深藏拉丁美洲最好的宝藏》。

第五章 经 济

绿化程度高,环境幽雅。圣菲波哥大免税区管理股份公司对区内的运作,实行独立严格的管理,严禁区内生产的产品以任何非法形式进入国内市场。由于哥伦比亚是世界贸易组织以及多个地区组织成员,与其他成员国签有多项多边或双边关税减让协定,哥伦比亚原产地的商品在向上述国家出口时,可享受不同程度的关税优惠。因此,吸引了越来越多国外企业来哥伦比亚投资办厂或开展对第三国贸易。

(五) 改组哥伦比亚企业,鼓励企业参与国际竞争

面对全球化的竞争,哥伦比亚面临着机遇和挑战。政府认为,为使哥伦比亚经济能融入国际经济体系,参与经济全球化进程,不仅要有效地提高企业在国际市场中竞争能力,而且要不断把国外的产品和技术引进到国内,重新改组哥伦比亚的企业。为了参与国际竞争,企业积极进行设备更新和技术改造。据1993年高等教育与发展基金会(Fedesarrollo)对400家企业进行的调查,22%~42%的企业把更新设备作为增加国际竞争能力的中心战略,21%~28%的企业在扩大生产规模,37%~60%的企业采用新技术,30%~47%的企业积极采取措施保证产品质量,作为增强国际竞争力的手段[1]。20世纪90年代末,哥伦比亚经济处于低速增长期,政府坚持把出口作为经济增长的动力。政府在发展计划中指出,不但要扩大出口,增加出口的供给能力和多样化产品,而且要造就一批国际型的大老板。为此,政府积极鼓励企业提高劳动生产率和产品竞争力,帮助企业提高人力资源的素质,深化金融体系,扩大国家的技术基础和基础设施,特别应加强统一的现代化基础设施,扩大道路交通网络,恢复铁路运输能力,推动国家机场和海港基础设施现代化[2]。

---

[1] Revista de Colombia, *Coyuntura Economica*, 2000, Septiembre, pp. 132 – 133.
[2] DNPC, *Cambio Para Construir La Paz 1998 ~ 2002 Bases*, pp. 244 – 245.

三　进出口贸易及其结构

20世纪90年代政府实行经济开放政策，深入进行结构改革，大大激发了对外贸易的活力。1988年哥伦比亚的出口只占国内生产总值的15%，1997年上升到21.8%，同期进口从占国内生产总值的14.5%上升到32.2%。1997年，哥伦比亚的出口率比拉丁美洲国家的平均出口率高出近2个百分点，而哥伦比亚的进口率比拉丁美洲国家的平均进口率高出1倍，比安第斯地区任何其他国家都高。21世纪初，哥伦比亚的对外贸易保持稳步增长势头，取得了巨大的成绩，但是，经常项目赤字不断增大。2002~2007年间，货物出口总额增加了一倍多，由120亿美元增加到300亿美元，其中高附加值的产业所占比重也有所提高。据共和国银行的报告，2008年的商品和劳务出口额为425.88亿美元，同比增长31.8%；进口商品和劳务总额为447.26亿美元，同比增长19.5%。

必须指出，哥伦比亚的出口产品结构发生了明显变化。1967年传统产品出口占总出口的70%以上，非传统产品出口只占总出口的26.8%。之后实行出口产品多样化方针，非传统产品出口不断增加，1974年非传统产品出口值第一次超过咖啡的出口值。随着工业逐步发展，制成品出口有所增加。传统产品咖啡出口从1980年代初占总出口的40%降到1999年的11.4%。1999年，包括咖啡、石油、煤、镍、黄金和绿宝石在内的传统产品占出口总值的55.8%，非传统产品出口占总出口的44.2%，其中工业制成品占出口总值的32.7%。尽管哥伦比亚出口在拉美地区所占比重从1988年的4.6%下降到1997年的4%，但是哥伦比亚在拉美仍是第六大工业制品出口国。在安第斯共同体中，哥伦比亚是制成品出口最多的国家，几乎是安第斯地区国家平均值的 2 倍。哥伦比亚、墨西哥和巴西是拉美地区国家制成品出口比例最高的 3 个国家。哥伦比亚的出口商品主要有：原油和油制品、咖啡、煤炭、棉花、香蕉、鲜花、化工产品、木材制品、纺织品、食糖等。近十年来，化工产品的出口有了较快的增长，而纺织品出口却呈现下降趋势。到 2007 年，哥伦比亚的传统出口产品（石油、咖啡、镍、塑料制品、钢铁制品、香料等）的出口额为 142.07 亿美元，占出口总额的 47.4%；非传统出口产品（化工产品、纺织品、机械设备、鲜花、烟草等）的出口额为 157.85 亿美元，约占出口总额的 52.6%。2008 年，由于石油和煤炭出口价格上涨，传统产品出口值增加了 57.87 亿美元。另外，安第斯地区国家对纺织品、化工产品、皮革和皮革制品的需求增加，非传统产品出口增加了 19.27 亿美元。

由于哥伦比亚工业基础比较薄弱，科学技术不发达，经济发展所需的各种设备和技术仍靠从国外进口。从 20 世纪 70 年代起，消费品进口大大减少，资本货和中间产品以及工业所需原料的进口明显增加。其中工农业使用的机器、交通运输设备和工业原料占进口值的 80% 以上。近 20 年来，商品农业发展较快，传统农业呈现衰退，粮食生产不能自给，每年必须进口部分粮食。为应对外国进口产品的竞争，工业的投资迅速增加，从 1993 年起，大量进口机器和资本货，哥伦比亚的进口持续增长。从 1994 年起，哥伦比亚成为安第斯共同体的第一大进口国。1997 年，哥伦比亚进口达 144.09 亿美元，其中消费品进口占 19.2%，中间产品占 42.2%，资本货占 38.6%。近十年，因消费需求旺盛和投资的拉动，耐用消费品、交通设备和资本货的进口增长幅度较快。主要进口商品包括机械设备、通信设备、车辆零配件、化学设备等。2007 年，中间产品进口 141.73 亿美元，占 43%；资本货进口 119.31 亿美元，占 36.2%；消费品进口 68.97 亿美元，占 20.8%。

四 国际收支状况

由于哥伦比亚实行对外开放政策，从1993年起哥伦比亚的进口持续增长，而哥伦比亚的主要出口产品价格下跌，从1996年起由于哥、美关系紧张以及委内瑞拉经济不景气，也影响着哥伦比亚的出口特别是非传统产品的出口。因此，哥伦比亚的外贸结算赤字不断增加。由于受到亚洲金融危机的影响，引进的外资有所减少；国际市场初级产品价格下跌，1998年哥伦比亚出口收入下降，国际收支经常项目赤字高达52.7亿美元，而外来资金减少导致国际储备下降到84.8亿美元。从1999年起，由于经济出现衰退，哥伦比亚政府对兑换率进行调整，对出口十分有利，传统产品原油和非传统产品的出口均有较快增长。与此同时，哥伦比亚政府大力压缩进口，积极改善同美国的关系，贸易结算有所好转，国际收支经常账户赤字有所减少，1999年赤字为9.78亿美元，约占国内生产总值的1.4%；国际储备减少到81亿美元。2001年，哥伦比亚的国际储备恢复到101.91亿美元[1]。进入21世纪以来，对外贸易保持稳步增长，因进口保持快速增长，经常项目赤字不断扩大。经常项目赤字占GDP的比重由2003年的1.2%上升到2007年的3.4%。由于经济增长强劲，国内安全形势好转和比索的升值，哥伦比亚吸引了大量外资。2007年资本和金融账户实现盈余103.47亿美元。2007年，哥伦比亚总的国际储备达到209.55亿美元，比上一年增加55.15亿美元。2008年受美国金融危机冲击，比索贬值幅度较大，资本和金融账户的盈余与2007年相比减少了7.96亿美元，国际储备达240.41亿美元，比上一年增长了14.7%。哥伦比亚的国际储备能够满足7~8个月的进口付汇需要。

---

[1]《共和国银行杂志》2002年7月号，第271页。

表 5-6　哥伦比亚的国际收支

单位：百万美元

	2006 年	2007 年	2008 年
经常项目(A+B+C)	2983	5837	6765
收入	35119	41714	50173
支出	38102	47551	56938
A. 货物和劳务结算	1797	3203	2139
收入	28558	34213	42588
支出	30355	37416	44726
1. 货物	322	596	990
收入	25181	30577	38546
支出	24859	31173	37556
2. 劳务	2119	2607	3129
收入	3377	3636	4042
支出	5496	6243	7171
B. 要素所得	5929	7865	10138
收入	1525	1860	1685
支出	7454	9725	11823
C. 转让	4743	5231	5512
收入	5037	5642	5900
支出	293	411	389
资本项目(A+B)	2890	10347	9551
A. 长期资本流动	7183	11466	9965
1. 资产	1097	912	2157
哥伦比亚在国外的投资	1098	913	2158
贷款和其他资产	0	0	0
2. 债务	8328	12398	12124
3. 其他资本流动	47	20	2
B. 短期资本流动	4293	1120	414
1. 资产	4019	3186	46
2. 债务	274	2066	460
错误与遗漏	115	204	149
国联储备变动	23	4714	2638
总的国际储备	15440	20955	24041

资料来源：2009 年 3 月《共和国银行董事会向国民议会的报告》，第 87~88 页。

此外,哥伦比亚的进出口市场也趋于多元化。1950年,哥伦比亚向美国出口占总出口的82%,从美国进口占总进口的70%。随着二战后西欧各国经济的恢复,哥伦比亚同西欧的贸易得到发展,同美国的贸易呈下降趋势。20世纪70年代,政府积极开展小地区经济合作,发展同安第斯地区国家以及拉美一体化协会成员国的贸易,加强同发展中国家的经济往来,贸易额逐渐扩大。80年代初,由于发达国家实行贸易保护主义政策,哥伦比亚同拉美国家、日本和东欧国家等的贸易显著增加,1986年,哥伦比亚向欧共体出口占总出口39.7%,居第1位,向美国出口占总出口29.8%,居第2位。由于哥伦比亚政府积极参与地区一体化进程,使哥伦比亚在国际贸易中处于非常有利的地位。1994年8月,哥伦比亚已与24个拉美国家(包括安第斯集团国家、智利、墨西哥、中美洲和加勒比地区国家)签订了自由贸易协定。另外,根据哥伦比亚同美国和欧共体的合作计划,哥伦比亚的商品可享受免税进入这两大市场的待遇。目前,50%的世界市场都向哥伦比亚开放,这对哥伦比亚扩大国际贸易是非常有利的。1997年,美国是哥伦比亚最大的出口市场,占哥伦比亚总出口的38%;欧盟是第2大市场,占总出口的23%;安第斯共同体占总出口的18%。就进口来说,哥伦比亚从美国进口占总进口的35.3%,从欧盟进口占总进口的17%,从安第斯共同体进口占总进口的14%,从南方共同市场进口占总进口的4%。哥伦比亚向许多国家和地区出口货物和劳务。2007年,美国仍是哥伦比亚最大的出口市场,占哥伦比亚出口总量的30.4%,安第斯地区国家占出口总量的21.4%(其中委内瑞拉占12.3%,厄瓜多尔占5.4%,秘鲁占3.7%),欧盟占14%。就进口来说,哥伦比亚从美国进口占总进口的28.6%,欧盟占13%,巴西占8.6%,墨西哥占8.5%,中国占7.3%(参见表5-7、5-8)。

表 5-7 哥伦比亚进出口货物结构

单位：百万美元

	2003 年	2004 年	2005 年	2006 年	2007 年
1. 出口商品（FOB）	13129	16731	21191	24391	29992
石油和石化产品	3383	4227	5559	6328	7318
煤炭	1422	1859	2598	2913	3495
咖啡	809	956	1471	1461	1714
镍	416	637	738	1107	1680
其他	7099	9952	13165	12582	15785
2. 出口国家（%）					
美国	46.8	42.2	41.8	36.6	30.4
委内瑞拉	5.3	9.7	9.9	11.6	12.3
厄瓜多尔	5.9	6.1	6.3	5.6	5.4
秘鲁	3.0	3.3	3.4	3.7	3.7
3. 进口商品（CIF）	13890	16748	21204	26162	32897
中间产品	6445	8042	9520	11533	14172
资本货	4768	5534	7702	9340	11931
消费品	2676	3172	3982	5289	6897
4. 进口国家（%）					
美国	30.7	30.5	28.5	28.2	28.6
巴西	5.5	5.8	6.5	9.0	8.6
墨西哥	5.4	6.2	8.3	9.0	8.5
中国	4.9	6.3	7.6	6.3	7.3

资料来源：共和国银行，转引自 Economist Intelligence Unit COLOMBIA Country Profile 2008。

表 5-8 哥伦比亚的进出口结构

单位：%

	1995 年	1996 年	1997 年	1998 年	1999 年	2000 年
出口到						
美国	34.1	40.5	37.9	38.3	50.3	50.0
委内瑞拉	9.5	7.5	8.6	10.5	7.9	9.9
德国	7.4	5.8	6.3	6.3	4.2	3.2
秘鲁	5.7	5.9	4.7	3.4	3.1	
厄瓜多尔	4.3	4.0	4.7	5.4	2.8	3.5
比利时			2.9	2.9	2.3	
日本	3.7	3.3	3.1	2.5	2.1	

续表 5-8

	1995 年	1996 年	1997 年	1998 年	1999 年	2000 年
进口自						
美国	39.1	36.2	35.3	32.1	37.4	33.7
委内瑞拉	9.8	9.2	10.4	9.0	8.2	8.2
日本	7.5	6.6	6.2	6.7	4.9	4.6
德国	5.9	5.7	4.9	5.3	4.7	
墨西哥	3.3	3.6	3.9	4.3	4.4	4.7
巴西	2.8	3.0	3.3	3.2	4.0	
法国	2.4	2.5	3.2	3.2	3.7	

资料来源：哥伦比亚国家统计局，EIU Country Profile 2001 Colombia，第 53、38 页。

第九节　外国资本

一　利用外资概况

外国资本在哥伦比亚国民经济中占有重要地位。早在 19 世纪初，外国资本就开始进入哥伦比亚。19 世纪中叶英国资本开始向采矿业投资；之后，外国资本又掀起修筑铁路的热潮。20 世纪初期，美国资本通过租让地在哥伦比亚勘探和开采石油；20 年代美国联合果品公司在圣马尔塔地区投资经营香蕉种植业。到 1945 年，外国主要在矿业、铁路和香蕉出口等方面投资，外国在工业中的投资并不多。

随着进口替代工业化发展战略的实施，国家迫切需要外国资金和技术，这就为外资特别是美国资本提供了投资场所。外资在哥伦比亚直接投资建厂或购买固定资产，建立了一批工业企业。到 1967 年，外国直接投资为 5.5 亿美元，仅美国的 72 家大企业就建有 150 多个公司。

第五章 经济

1967年3月政府调整了经济发展战略，对外资实行积极利用、加强管理、使外资有利可图的政策。根据《外汇条例》，凡超过10万美元的外国直接投资，必须预先向国家计划局提出申请，该局根据法律的规定和经济发展的需要予以批准；经批准后再到共和国银行外汇兑换处登记，按规定的方式和份额进行投资；国家保证外国投资者汇出利润和抽回资本的权利。法律还规定：根据外国投资比例，将企业划分为外资企业（外资占50%以上的股份）、合资企业（外资占20%~50%的股份）和本国企业（外资占20%以下的股份）。1973年哥伦比亚开始实施安第斯条约组织《第24号决议》（即《对待外国资本以及商标、专利、许可证和特许权的共同制度》），取消了外国公司单方面勘探和开采石油的权利，鼓励外资同本国资本联合经营；规定合资企业必须有利于出口、社会就业和采用国产零部件；外资必须在股份、技术、财务和经营管理方面退居次要地位。1975年通过了外国银行"哥伦比亚化"法令，迫使外国银行把51%的股份出售给哥伦比亚人，变成混合银行。

随着建设投资的不断增加，哥伦比亚逐渐放宽对外资限制。1977年1月政府宣布：外资企业每年汇出利润限额从占其直接投资的14%提高到20%，把每年利润再投资限额从占其登记资本的5%提高到7%。之后，政府又规定外资企业利润不能汇出部分，一半可购买哥伦比亚工业发展委员会的债券，另一半可用于再投资，并鼓励外资向采矿业投资。1979年实施的《全国一体化发展计划》，积极引导外国企业家向矿业和能源部门投资。1980年仅国家计划局批准在煤炭工业的投资即达12.9亿美元。与外资合作经营的埃尔·塞雷洪北区煤矿工程正式开工。1981年哥伦比亚议会通过决议同意外资可把不能汇出的利润全部用于再投资，外国投资者享有本国投资者同等待遇。哥伦比亚政府认为，引进与生产活动密切相关的外资是必须的，强调外资在经济

发展中的积极作用,大力开展引进外国投资的活动,把引进外资作为国家发展的长期政策。

20世纪80年代前期,哥伦比亚经济出现衰退。为了刺激生产和增加社会就业机会,1984年颁布新的《外国投资法》,取消了变外资企业为合资企业的规定,取消了外资在银行保险业以及在圣菲波哥大、麦德林和卡利三大城市投资的限制,取消了有关外资份额在本国企业中不得超过49%的限制,以及外资企业再投资的限制。国有企业也可吸收外资,对边远地区的外国新投资给予减税50%的优惠待遇。哥伦比亚政府大力支持国内外共同投资的发展项目,积极举办"投资者大会"等活动,为外国人员与本国人员之间的接触提供方便。为协调这些方面的工作,国家计划局建立了外国投资信息与促进办事处,开展引进外资的工作。政府通过多种渠道吸收外资,努力完成1984~1987年振兴工业的生产计划。到1989年,已注册的外国直接投资达40.3亿美元。

这期间,外国投资有如下两个特点:(一)外资集中投在矿业和制造业。20世纪60年代以前,60%的外资投放在石油业。从60年代起,外国投资逐渐转向制造业、金融业和商业等现代部门。随着吸引外资政策的调整,外资在矿业又有大量投资。1988年底,外国直接投资的47.6%投在矿业,40.4%投在制造业,5.6%投在金融业,5.1%投在商业,其余分别投在运输业、通信、建筑以及其他公用事业上。(二)外国投资主要来自美国。第二次世界大战后,美国成为主要的投资国。《外汇条例》颁布以前,美国私人投资约占外国在哥伦比亚投资总额的70%以上。随着哥伦比亚与欧共体以及同发展中国家经济贸易关系的发展,投资的国家和地区已达30多个。据1986年的统计,在外国直接投资中,美国资本占66.6%,欧共体国家占14.9%,欧洲自由贸易协会占5.9%,中美洲和加勒比地区国家占5.4%,

南美洲国家占 3.1%。美国洛克菲勒财团、摩根财团和美国第一花旗银行分别控制着哥伦比亚的金融、工业、商业、矿业和运输业等许多部门。它们在哥伦比亚开设子公司，或与当地资本开办合资企业。

二 20世纪90年代外国直接投资迅速增加

随着经济改革的实施，吸引外资也是哥伦比亚进行改革的重要目标。哥伦比亚外资法的改革，体现在1990年的第49号法令和1991年第1号法令、第9号法令以及1991年国家计划局的第49号决议上。1991年的第1号法令规定，允许外国资本自由进出哥伦比亚，给外国投资者与国内投资者相同的优惠待遇。1991年国家计划局的第49号决议规定，除了在公共服务业的外国投资外，其余所有外国投资不再需要得到国家计划局的批准，但所有外国投资需到共和国银行外汇兑换处登记；规定外资企业利润的100%可以汇出，外资企业资本可部分或全部抽回；取消变外资企业为混合企业的规定。在税收方面，原有的外资企业的所得税和汇出税，1990~1996年间逐渐从20%降到12%，新外资企业实行12%的所得税和汇出税，利润的再投资的税率降为30%。根据1991年的第1号法令，国家计划局的1991年第49号决议确定了外国在金融部门和能源部门投资的特殊条例，凡在金融部门签署的外国投资超过部门资本的20%，需经银行和金融监督局批准；凡在能源部门的外国投资，需经矿产部批准。另外，哥伦比亚实行私有化和建立免税区，也为外国直接投资提供了新的机会。哥伦比亚法律规定，凡是设在免税区内，能促进销售进程的本国企业、合资企业或外国企业，均可享有如下权利：（一）将用于出口的商品自由引进免税区；（二）在免税区内自由出口制成品；（三）自由兑换外汇（仅限外国企业）；

（四）对引进免税区内的商品或原料进行制作、装配或提炼、加工，并免缴一切赋税；（五）使用特别贸易交换制度。这些优惠政策对外国投资者是很有吸引力的。

此外，哥伦比亚开放资本市场，这也为外资提供了新的投资机会。哥伦比亚有3个股票交易所，即波哥大交易所、麦德林交易所和卡利交易所。其中，波哥大交易所的证券交易额占65%，其余两个交易所占35%。近年来，证券交易有了较快的发展，1997年交易额占国内生产总值的40%。根据法律规定，外国投资者可通过股份、债权变成股票或在证券交易中所得的债券，在哥伦比亚的资本市场进行证券投资。哥伦比亚证券投资大致有两种：在国内市场上的证券投资（inversión en papeles）以及在国际市场上得到的股票如ADRs和GDRs的机制投资（inversión en instrumentos）。

由于哥伦比亚有良好的国际信用评估，有遵守合同的传统，有开放的外国投资制度，有丰富的自然资源，还有向外国私人投资开放的基础设施建设项目，因此，20世纪90年代外国直接投资有了较大幅度的提高。据统计，20世纪70年代，在哥伦比亚的外国投资年平均为6400万美元，年平均增长率为22.4%；80年代外国投资年平均达4.06亿美元，年平均增长率为32.8%；1991～1997年间，外国投资年平均18.96亿美元，增长率为60.9%。[①] 外国投资呈现部门多样化趋势。除了石油业外，外国资本逐渐流向能源、通信、金融业和实行私有化的部门。目前，哥伦比亚是拉美地区3个投资等级最好的国家之一，仅次于智利，和乌拉圭并列第2位。

由于经济严重衰退和国内冲突的影响，1999年外国直接投

---

① 哥伦比亚驻华使馆资料《哥伦比亚：深藏拉丁美洲最好的宝藏》，2000。

资比上年减少13.6亿美元,其中外国从石油业抽回资本5.5亿美元,在煤气、电和水等行业抽回资本3.06亿美元。根据《共和国银行杂志》2002年7月号的资料,1994~2001年底,外国在哥伦比亚的总投资(不包括证券投资)达199.94亿美元。其中来自北美洲的直接投资30.98亿美元(其中美国投资19.64亿美元),南美洲国家投资8.4亿美元,中美洲国家投资28.87亿美元,欧洲国家投资65.16亿美元,亚洲国家投资1.44亿美元。这些外资投在农牧业的有1.32亿美元,矿业19.36亿美元,制造业43.34亿美元,煤、气和水等行业8.43亿美元,建筑业3.46亿美元,商业14.79亿美元,运输通信业21.89亿美元,金融保险业50.65亿美元,公共服务业5.27亿美元,石油业6.95亿美元。

自2003年以来,随着经济形势的逐渐好转,政府采取一系列吸引外资的政策,流入哥伦比亚的外国直接投资逐渐恢复到经济危机前的水平。2004年外国直接投资为31.17亿美元,2005年猛增到102.4亿美元,创历史最高纪录,为前十年外国投资的5倍。2000~2007年间,外国投资年均增长率为16.3%。2008年,外国直接投资为105.64亿美元,再创新高,比2007年的90.4亿美元增长了16.9%。外国直接投资部门分布在制造业(占23%)、石油业(19%)、采矿业(18%)、运输业(10%)和金融业(14%)等。哥伦比亚吸收的外国直接投资主要来源于美国、欧盟、安第斯地区国家和墨西哥等。

三　哥伦比亚的举债情况

为了弥补国家财政赤字,扩大进口能力,推动工业发展,加快现代化进程,哥伦比亚政府也举借外债。哥伦比亚能按国家财力进行建设,从实际需要和可能举借外债。20

世纪60年代中期,哥伦比亚政府拒绝了国际货币基金组织提出的开放金融市场的要求,加强对经济的干预,大力促进出口,努力减少公共部门的外国贷款。1970年哥伦比亚的公共外债只有13.5亿美元,占当年国内生产总值的18.1%,公共外债还本付息1.55亿美元,占出口收入的16.4%。1974年尽管国民经济遇到困难,但是哥伦比亚政府采取应急措施,紧缩投资,限制金融信贷活动,尽量减少对外国贷款的依赖。1975年贯彻安第斯条约组织的第24号决议,在国际金融市场有大量游资的情况下,哥伦比亚政府对外国贷款加以严格限制,禁止私人企业举借外债,躲过了石油美元引起的借贷热。1970年代中期,巴西咖啡遇到霜冻,国际市场咖啡价格上涨,哥伦比亚出现"咖啡繁荣",政府控制流动资金,严格控制外债。到1982年,哥伦比亚公共外债为68.19亿美元,相当于国内生产总值的18.6%,外债还本付息10.24亿美元,占出口收入的18.7%,哥伦比亚的外债还本付息同国际储备的比率为19%,说明哥伦比亚公共外债增长还是比较适度的。从官方公布的材料清楚地看到,哥伦比亚是根据国家的支付能力借债,把举债额控制在国际社会公认的外债还本付息与出口货物和劳务的比率为20%~25%的安全线以内。

20世纪80年代初,在资本主义经济危机的冲击下,哥伦比亚工业生产衰退,农业停滞不前,1982年国内生产总值增长率为0.9%,是近20年来经济增长的最低点,通货膨胀率为24%,政府的财政赤字和国际收支赤字增加。这时,政府进行了应急性调整计划,努力理顺经济关系,把恢复生产、整顿财政和促进出口作为经济发展的重点。同时政府放松对外资的限制,鼓励外资企业进行再投资;政府允许私人企业用本国货币偿还部分到期外债,同意银行以转让支付的方式,解决私人企业债务结算的困难；恢复对私人企业的贷款，促进私人企业恢复生产。1984年，哥伦比亚总的外债占拉美地区总债务的3%，是拉美地区人均债务最少的国家之一。正是由于哥伦比亚实行谨慎的财政政策，对外资采取积极引进、加强管理的方针，哥伦比亚的外债比其他拉美国家要少些。因此，在80年代拉美地区的债务危机中，哥伦比亚成为拉美地区唯一能偿还外债本息的国家。到1989年底，哥伦比亚总的外债增加到163.48亿美元，其中公共外债124.8亿美元，私人外债38.68亿美元。1988年偿还外债本息30.3亿美元。

20世纪90年代初，哥伦比亚外债逐年有所减少。之后，由于受到下列因素的影响：（一）从1993年起，国家的进口持续快速增长；（二）主要出口产品价格下跌，对外贸易出现逆差；（三）由于国内需求日增，政府鼓励私人举借外债。哥伦比亚总的外债有了较快的增加，从1992年的172.14亿美元增加到1997年的316.51亿美元，几乎增长1倍。1991年新宪法规定要逐年降低通货膨胀率，中央银行积极用兑换率来降低通货膨胀率，加剧了货币升值。从1991年起，哥伦比亚的实际兑换率强烈动荡，到1998年降低了20个百分点，导致哥伦比亚国际收支经常账户大大恶化。与此同时，进口较快增长使哥伦比亚的贸易逆差不断扩大，加上外债较快增加，每年支付债务和利息数额较大，导致国际收支经常账户赤字居高不下。1998年哥伦比亚国际收支经常账户赤字高达58.2亿美元，约占国内生产总值的6.3%[1]。巨额的经常账户赤字只能靠当年流入的外国资本和动用国际储备来实现平衡。国际收支经常账户赤字不断上升，使哥伦比亚经济极易受到外部的冲击。从1998年起，哥伦比亚经济出现衰退，

---

[1] Revista de Colombia, *Coyuntura Economica*, 2000, Septiembre, p. 127.

哥伦比亚

1999~2002年间，政府按约定将从国际货币基金组织、世界银行、美洲开发银行等金融机构得到70亿美元的贷款。1999年哥伦比亚总的外债336.26亿美元，占国内生产总值的40%，其中公共外债197.51亿美元，私人外债138.73亿美元，中长期外债305.02亿美元，短期外债32.5亿美元。据报道，2001年哥伦比亚外债371.02亿美元，总的外债占国内生产总值的45%[①]。

21世纪初，由于经济增长缓慢，财政增收节支压力较大，政府的政策目标在于减轻债务负担。2003~2007年政府通过互换回购和提前偿付等方式对债务进行了重组，外债总额占GDP的比重由2001年的45%下降至2005年的27.5%。偿债率总体呈现下降趋势，从2002年的40%下降至2005年的26.4%。2005~2007年，由于石油出口收入增长较快和比索升值，财政收入增幅较大。2007年以来，外国直接投资和私有化收入增加，政府采取了限制短期资本流入的措施。2008年国际权威的风险评估公司S&P对哥伦比亚的评估结果，又大大提升了哥伦比亚的信誉。据2009年3月共和国银行董事会向国民议会的报告，2008年，总的外债为420.63亿美元，占国内生产总值的17.3%。其中公共外债251.01亿美元，占60%，私人外债169.62亿美元，占40%；12.1%是短期外债，87.9%是中长期外债。

[①] Revista de Colombia, *Revista del Banco de La República*, 2001.7, pp.297, 357.

第六章

旅 游 业

第一节 旅游业发展概况

一 丰富的旅游资源

哥伦比亚是个风光绚丽、地形多姿、气候宜人、人民热情好客的国家,也是旅游业比较发达的拉美国家之一。近几十年来,各届政府十分重视推动旅游业的发展。

哥伦比亚的地理位置十分优越。它的国土跨越南北两个半球,是南、北美洲交往的必经之地。哥伦比亚拥有 2900 公里的海岸线,还有许多重要的海港城市,这些海港城市都是通向世界各地的重要航运中心。首都圣菲波哥大交通发达,埃尔·多拉多现代化国际机场每天有航班同南美诸国和欧美国家的主要大城市相联系。

哥伦比亚有 100 多万平方公里的国土,向旅游者展现出不同的姿态:旖旎的热带大自然风光,加勒比海的万种风情,安第斯山区的迷人景色,亚马孙热带雨林的奇异风姿。加勒比海沿岸地区是哥伦比亚美丽、富饶的地区,有热情好客的人民。漫长的海岸线,景色清新,风光绚丽;成排的棕榈树婀娜多姿,树影婆娑,挺拔的椰树点缀其间,迎风摇曳。阵阵的扑面海风,宜人的海洋性气候,令人心旷神怡;这里有宽阔、美丽的海面,湛蓝色的海水碧波万顷。有的海岸由岩石构成,蜿蜒曲折,许多地段更是峭壁悬崖,景象万千;又有许多平直的海湾,洁白光亮的沙滩像一条宽阔的带子,在阳光照耀下,呈现出一幅幅悦目的黛绿色、金黄色、银白色光谱。众多的海湾,迷人的海滩,每年吸引着数以万计的北美和欧洲的旅游观光客。安第斯山地区以其郁郁葱葱的秀色、旖旎迷人的大自然风光、物美价廉的手工艺品、古老朴素的印第安文化传统,吸引着众多的外国旅游者。其中首都圣菲波哥大因保留着西班牙文化而被誉为"南美洲雅典"。东部的亚诺斯平原和东南部的亚马孙盆地,蕴藏着丰富的自然资源和地下矿藏,居住着许多印第安原始部落。那里奇异的热带森林和独特的印第安人风采鲜为人知,其神秘色彩招来许多探险家和国内外众多旅游爱好者。

二 政府推动旅游业发展的政策措施

20世纪60年代以来,哥伦比亚政府努力开发旅游资源,发展旅游业。国家把发展旅游业作为得到外汇、增加就业、促进国民经济和地区发展的重要部门。1968年建立了国家旅游公司。之后,积极发行旅游债券,增加对旅游业的投入,加强旅游业的基础设施建设。政府还通过税收优惠,发放贷款,鼓励私人企业家向旅游业投资,全力推动旅游业的发展。最近10年,政府大力开发西南地区、东部亚诺斯平原、亚马孙地区以及东北部边境地区等的旅游景点,鼓励私人投资参与旅游业的开发,建立旅游休假疗养中心,推动宾馆、饭店、疗养院和娱乐场所的建设,促进边远地区旅游事业的开展,进而推动这些地区社会经济的发展。

与此同时,哥伦比亚十分重视旅游服务人才的培养。为适应迅速发展的旅游业的需要,哥伦比亚的许多大学和中等专业学校

第六章 旅游业

都设有旅游系和旅游专业，开设的课程近 20 种。哥伦比亚走读大学、巴兰基利亚自治大学和哥伦比亚学徒工培训局，是国内最重要的旅游服务人员的教育和培训中心。另外，还为一些相关单位和企业提供旅游咨询服务。

哥伦比亚旅游业大部分由私人经营，主要大旅馆为国内垄断财团所控制。国家旅游公司收取 5% 的所得税。国家旅游公司是国家管理旅游业的机构，负责制定旅游发展计划，登记旅游企业，开展广告宣传，培训工作人员，协调旅游业内部关系，提供技术服务，促进各地区旅游事业的发展。

在政府的积极推动下，私人投资旅游业的积极性大大提高，到哥伦比亚经商和旅游的人员大幅度增加。据统计，1969 年，到哥伦比亚旅游的游客只有 14.2 万人次，1981 年迅速增加到 180 万人次，主要来自北美、西欧、中美洲和南美洲一些国家，来自日本等亚洲国家的游客也日益增多。与此同时，国内旅游业也发展很快，1981 年国内游客达 350 万人次。20 世纪 90 年代以来，国内暴力事件频繁发生，影响着旅游业的发展。1995 年，接待的外国旅游者 140 余万人次，旅游所得收入约占国内生产总值的 2%。

国际投资者对哥伦比亚信任的增加和对哥伦比亚供应能力认知的提高，近年来国内安全环境的改善，大大促进了哥伦比亚旅游市场的繁荣。近十年来，首都圣菲波哥大又获得多项国际称号，诸如"和平之城"、"伊比利亚美洲文化之都"和"世界书城"。2006 年，《洛内利·普拉内特（LONELY PLANET）旅行指南》将哥伦比亚评为"世界上第九大旅游胜地"。2007 年，瑞士旅游节把哥伦比亚首都圣菲波哥大评为"最值得了解的旅游目的地"。2008 年，《国家地理杂志》授予哥伦比亚"最佳探险旅游胜地"的称号。自 2000 年以来，外国旅游者迅速增长，由 100 万人次猛增到 2007 年的 210 万人次，增长了一倍多，其中大部分是海滩度假旅行。2008 年，外国游客达 239.6 万人次。

旅游业极大地推动了餐饮和旅馆行业的发展,仅圣菲波哥大就拥有 7000 多家各类酒吧,有 25 个被高尔夫巡回赛认可的球场,有拉美最大的自行车赛道和诸多著名的旅游景观,这些都大大吸引着外国旅游者。有人估计,到 2010 年,赴哥伦比亚旅游的人可达 400 万人次。

第二节 "南美洲雅典"
——圣菲波哥大

一 圣菲波哥大览胜

圣菲波哥大是一个古老而又美丽的城市,位于东科迪勒拉山脉西侧的苏马帕斯高原谷地上,海拔约 2640 米,年平均气温摄氏 14℃,气候凉爽,四季如春,是全国政治、经济、文化和交通中心。圣菲波哥峰峦叠嶂,山岭环绕,城市顺着山势建造,布局疏密有致,是一座由林阴大道和立交桥交织在一起的现代化城市。市中心恰好在山谷里,众多的高层建筑物,像国家银行、航空大楼以及多家豪华宾馆、大商店和超级市场都集中于此。街道顺着山势走,蜿蜒曲折,好似"河流"。这些"河流"把汹涌如潮的车辆,汇集到市中心区,又经立交桥将车辆分流出去。从高处看,市中心就像波涛翻滚的大旋涡,那些高层建筑则好似挺立在旋涡中的中流砥柱。在现代化的楼房和街道两旁,到处是高大挺拔的棕榈树,树影婆娑,分外妖娆。城北的蒙塞拉特山高耸入云,建在山顶上的白色小教堂,就仿佛是镶嵌在蓝天上的宝石一样。蒙特拉特山海拔 3100 米,山顶是著名的旅游胜地,乘电缆车 10 分钟就可抵达。登高远眺,圣菲波哥大的景色十分秀丽,全市景观尽收眼底。

城外有静穆的青山,抬头便可望见。离城不远的特肯达马瀑布高达152米,是哥伦比亚首都的奇景之一。连绵不断的山峰,飞流直泻的瀑布,蔚蓝的天空,碧绿的牧场,苍翠的咖啡园,烂漫的鲜花,呈现出一派宁静、憩息的田园风光。哥伦比亚是个鲜花盛开的国家,圣菲波哥大是花卉出口基地。在市郊,建有现代化的养花场,采用先进栽培技术。花房是塑料顶棚,分育苗室和生长室。花房内设有自动喷水、光照灯、保温暖气、蒸汽消毒杀菌等装置,用蒸汽散热器向花房通入热空气,使暖室保持适当的温度和湿度,这样,鲜花一年四季均能生长。在市区街头的零售花摊上,摆满丁香、菊花、玫瑰、兰花、石竹……绚丽多姿,香气袭人。当地居民充分利用房前空地,种植各种花卉;即使是住在公寓里的人们,也要在窗台上,或在房间里种上几盆艳丽花草,美化环境,把一个高楼林立的城市,点缀得姹紫嫣红,多彩多姿。在圣菲波哥大市郊的福萨镇,有一个秀丽的兰花公园,兰花品种多达3000种。漫步兰花公园,观赏色彩缤纷、争芳斗艳、千姿百态、竞相绽放的兰花,加之清香阵阵,旅游者为之心醉,流连忘返。

圣菲波哥大既有西班牙古朴典雅的建筑,又有现代豪华的摩天大楼。市区,高楼大厦鳞次栉比;街头巷尾,街心花园比比皆是;一座座喷泉,一尊尊名人雕像,为城市增添了现代文化气息。城北区是老城,1538年始建,古老的建筑物完好地保存着,17~18世纪西班牙建筑风格随处可见。如今的老城区,新兴的银行、豪华的宾馆、建筑别致的高级写字楼等高层大楼拔地而起,成为首都的国际区以及中上层人士的居住区。城中区是繁华热闹的现代都市商业区,购物的人群,车水马龙,络绎不绝。城南区被称为"玻利瓦尔城",是比较简陋的平民区。那里有大片低矮、缺乏公共设施的房屋,从外省来的游民,或从农村出来的农民,大多数就居住在这里。

圣菲波哥大是古老的文化中心,由于地处哥伦比亚腹地,保留有众多西班牙建筑风格的古迹和丰富的文化遗产,赢得"南美洲雅典"之美称,是南美洲北部著名的旅游胜地之一。市内有1777年建的国家图书馆,有考古学、人种学、历史和文化艺术等大小各异的博物馆约300个,其中以民族博物馆、黄金博物馆、玻利瓦尔博物馆、殖民艺术博物馆、手工艺品博物馆、民间传统和艺术博物馆等最为著名,珍藏着丰富的历史文物和上千具木乃伊。总统府是纳里尼奥宫。圣菲波哥大的文化教育事业也很发达。国家科学院、哥伦比亚历史科学院、天文馆和美术馆等都集中在这里。仅市级的公共图书馆就有80多个。全市有70多所高等院校。著名的哥伦比亚国立大学是哥伦比亚的最高学府,位于城南区,附近有"大学城"之称。还有安第斯大学、哈维里亚纳大学、大哥伦比亚大学、自由大学、哥伦比亚走读大学等。此外,科隆大剧院是很著名的一座剧院。

二 首都主要旅游景点

(一)玻利瓦尔广场

位于圣菲波哥大市中心,以南美"解放者"西蒙·玻利瓦尔的名字命名,以表示哥伦比亚人民对这位民族英雄的尊敬和怀念。广场中心竖立着玻利瓦尔骑着骏马的高大雕像,雕像附近设有4座饰着彩灯的喷泉。殖民时期的新格拉纳达总督府原封不动地保留在广场西侧,广场东侧是普里马达大教堂,南面是国民议会大厦,北面是司法大楼。玻利瓦尔广场已成为市民休闲散步的好去处,也是国内外旅游者在圣菲波哥大观光旅游的起点。

(二)普里马达大教堂

它位于玻利瓦尔广场的东侧,始建于1565年,原是一所茅草搭盖成的教堂。哥伦比亚独立后,经过修建而变得富丽堂皇。大教堂有两座尖塔,风姿绰约,异常壮观。教堂里面陈列着殖

民时期最著名画家格雷戈里奥·巴斯克斯·阿尔塞—塞瓦略斯及其他许多画家的宗教绘画，供游人观赏。每逢宗教节日，虔诚的天主教徒们前来这里做弥撒等宗教活动。大教堂后面不远处是拉坎德拉里亚大主教区，是旧城的中心。那里仍保留着殖民地时期的西班牙人房屋、村落和教堂，街道比较狭窄，基本上是属于西班牙建筑风格。如今漫步街头，在那里可以看到殖民地时期的一些显贵的住宅，以及许许多多有纪念性的建筑物，如18世纪钱币制造厂等。

（三）纳里尼奥宫

它位于国民议会大厦南面，原为"解放者"玻利瓦尔的故居。一次，玻利瓦尔为躲避暗杀，曾从临街窗口跃下，至今该窗上还悬挂着一块记载此事的木牌。这里现已成为哥伦比亚共和国的总统官邸。纳里尼奥宫现已成为国家的信息中心，共和国总统府新闻秘书处就在这里向全国发布重要消息。每天下午5时，身穿整齐漂亮制服的侍卫队在这里举行换班仪式，吸引着国内外众多观光旅游者。

（四）桑坦德尔公园

从玻利瓦尔广场沿着第7大道往北，穿过5条街道，便到了桑坦德尔公园。它是为纪念独立战争时期的爱国将领弗朗西斯科·德保拉·桑坦德尔将军而建立。公园内绿树参天，公园建有喷水池和大花坛。花坛里鲜花盛开，姹紫嫣红，争芳斗艳，令游客心旷神怡。公园外围建立起许多高大建筑物，有现代化的哥伦比亚航空大厦、共和国银行大楼、著名的黄金博物馆和殖民地时期的教堂等。

（五）黄金博物馆

它位于桑坦德尔公园东侧。1939年开始修建，1946年正式对外开放，在共和国银行内专门设计的地下室展出。1968年迁入现址，由共和国银行负责经营管理。黄金博物馆墙厚瓦坚，是世界上同类博物馆中最大的一个。博物馆里收藏了从全国各地收

集的古代奇布查等部族的金光耀眼的金器饰品，共计2.9万多件。其中1.5万件为稀世艺术珍品，在特别展览厅里展出。这些金器饰品是哥伦比亚人引以为傲的国宝。凡是到圣菲波哥大旅游观光的外国人，只要参观了那举世闻名的黄金博物馆，都会被奇布查人灿烂的文化所吸引。当你跨步走进黄金博物馆时，仿佛进入了一座金碧辉煌的宫殿。首先映入眼帘的是一尊黄澄澄的尼乌尔特塑像。尼乌尔特是印第安人传说中主宰金银、舟楫和树木之神。他伸着手臂，向参观者表示热烈欢迎之意。

黄金博物馆有4个展览厅。一楼展览厅，主要介绍哥伦比亚印第安人的简要历史、地理环境和陶器应用情况；二楼展览厅通过图表和一些仿制品，向观众展示哥伦布到达美洲前印第安人的淘金和炼金技术；三楼展览厅展出博物馆收藏的上万件金器工艺品；四楼展览厅是特别展览厅，展出了上万件黄金稀世珍品，其中"金巴亚人猿像"、"金巴亚人之盒"、"铁拉登特罗人脸谱"、"穆伊斯卡人小船"等是这座博物馆珍藏的无价之宝，在耀眼的灯光下，熠熠生辉。

展览厅陈列着的金器大致可分为三大类：一是造型别致、精巧美观、玲珑剔透的黄金装饰品，如头上插的金簪和头饰，鼻孔上戴的鼻环，耳朵上戴的耳环，套脖颈上的项链，挂在胸前的金胸罩和腹部的方形金片，以及手镯和脚镯等。这些装饰品上面几乎都雕刻着人头像和飞禽走兽的花纹。二是形状各异、大小不等的生产和生活用品，如镰、刀、斧、棒、铃铛以及部落首领使用过的餐具、烟盒、烟枪和烟壶等。三是千姿百态的人物雕像，反映宗教仪式的雕塑和祭祀器皿，如在祭旗面前虔诚祈祷的形象逼真的男女群像。蟾蜍是神话中智慧的化身，备受印第安人崇敬。用黄金铸成的蟾蜍千姿百态，生动活泼。在展览厅陈列的金器艺术品中，最早的制作于公元前1500年，最晚的制作于16世纪西班牙人入侵之前。这些珍贵的艺术精品反映了不同历史时期、不同地区印第安人的生活,闪耀着奇布查古老文化的灿烂光芒。在参观黄金展厅陈列的各种艺术精品时,人们有如置身于古代的黄金花园里。黄金博物馆生动反映了古代奇布查等部族的灿烂文化、高度艺术水准和创造才能。

(六) 圣弗朗西斯科教堂

它位于共和国银行和桑坦德尔公园西侧,是一所16世纪典型的西班牙式古典建筑。教堂内保留着的原有唱诗班的座位,考究的祭坛和天花板,全都是艺术价值很高的装饰品。在其北面还有拉维拉克鲁斯教堂和拉特尔塞拉教堂等。

(七) 玻利瓦尔别墅

它位于圣菲波哥大东边蒙塞拉特山脚下,是一所典型的农家建筑。别墅周围有高大挺拔的桉树,别墅内有几条弯弯曲曲的小道;道旁花坛鲜花怒放,环境寂静优美。哥伦比亚获得独立后,玻利瓦尔曾在这里度过他的热恋时光。如今,这里已成为供游人参观的博物馆。馆内家具和帘幔保留着当年南美洲"解放者"居住时的老样子,陈列着玻利瓦尔的战袍和制服,还有独立战争时期的历史文献、玻利瓦尔的亲笔书信和当年使用过的武器等。

(八) 蒙塞拉特山

它位于圣菲波哥大东边,海拔3100米,有电缆车直通山顶。山上有座白色的小教堂,曾经过多次地震的破坏,后加以重新修建。教堂里面陈列着古代印第安人的木雕和基督的雕像。据说,基督的雕像是雕刻大师贝德罗·拉巴利亚于1730年完成的。在昔日,这个教堂是圣菲波哥大最大的宗教活动中心,能聚集数百名信徒。每天在这里举行30多次弥撒,游人车水马龙,热闹非凡。随着岁月的流逝,如今教堂内虽仍保留着一些珍贵的名画,但大量的收藏物已丢失了。蒙塞拉特山是当地居民的休闲娱乐场所,也是国内外游客眺望圣菲波哥大市容全貌的观光胜地。在白色小教堂周围,排列着许多出售工艺美术品和风味小吃的小商摊

贩，观光者可以随意选购。

（九）殖民艺术博物馆

它位于国民议会大厦东边的第 6 大道旁边，1606 年建成。该博物馆的底座是用巨块大理石砌成，正中是一座白色钟楼，有石砌的回廊，门前台阶镶嵌着盛开的天竺花。艺术博物馆的第一层，陈列着殖民统治时期许多名贵的绘画和木雕，其中有哥伦比亚著名画家格雷戈里奥·巴斯克斯·阿尔塞—塞瓦略斯的 70 多幅油画和 100 多幅其他绘画，还有加斯帕、巴尔塔萨尔、费尔南德斯·德埃迪亚和安东尼奥·阿塞罗·德拉克鲁斯的作品。此外，还有两幅外国名画。

（十）民族博物馆

它位于圣菲波哥大中区第 7 大道旁边、第 28 街和第 29 街中间。这是一座 19 世纪修建的古堡，是哥伦比亚最大的博物馆之一。它包括 3 个陈列馆：人种学和考古学陈列馆，历史陈列馆和美术陈列馆。①人种学和考古学陈列馆，展现了哥伦比亚圣奥古斯丁的石器文化，以及皮哈奥人、奇布查人、基姆巴亚人和其他部族的文明，再现了古代印第安土著居民的社会生活。②历史陈列馆，内设四个陈列室，分别展出征服时期、殖民统治时期、独立战争时期和共和国时期的历史文物，其中有西班牙征服者冈萨洛·希门尼斯·德克萨达的铠甲，有独立战争时爱国者的旗帜、武器和军服，有苏克雷将军赠送给哥伦比亚的罕见的珍品，还有秘鲁解放运动委托苏克雷将军赠送给哥伦比亚的印卡帝国末代国王妻子的披风等。③美术陈列馆，珍藏着哥伦比亚各个时期的名画等。现在，民族博物馆已成为哥伦比亚进行传统文化和爱国主义教育的重要场所。

（十一）盐矿大教堂

圣菲波哥大北面 50 公里处的锡帕基拉镇，有一座世界上最大的岩盐矿山。这样的岩盐矿山在波兰、奥地利、美国等地都有，但它们都无法与哥伦比亚这座岩盐矿山相比拟。传说，即使每天5万人手工开采，这座岩盐矿山500年也开采不完，足见它有多么大。在离山顶240米处，有一座无与伦比的、从岩盐层中雕凿而成的盐矿大教堂，是一座可与任何世界奇迹相媲美的地下宫殿。相传在600多年前，土著居民就发现了这个盐矿山，经过几个世纪的开采，已挖成很深的山洞。1950年10月，在共和国银行的资助下，开始修饰加工，雄伟壮观的盐矿大教堂于1954年8月15日举行落成典礼，正式向国内外游人开放。

从山洞入口处，沿着一条狭长曲折的甬道朝前行走约十几分钟，宽敞的大厅就展现在眼前。大厅长100米，宽13米，由10根方方正正的石柱支撑着，粗大的钢缆绳从上到下将其严严实实地缚住；石柱之间是一扇扇拱门，每个拱门高达74米；日光灯成双成对地安装在低处的盐石中，发出微弱的光线，使整个大厅蒙上一层奥妙神奇的色彩。在教堂里，拾级而上，居高临下，环视四周，奇景万千，真可谓别有洞天。整个大厅寂静无声，游人在昏暗的空间移动，置身于如此神秘的境地，仿佛进入一个玄妙的梦幻世界。盐工守护神——罗莎女王就坐落在大厅里。盐矿教堂里这种大厅共有4个，由一条长120米的走廊连接起来。教堂总面积5500多平方米，可容纳5000人。这是一个雄伟壮观的旅游胜地，来这里参观的国内外游客络绎不绝。每逢星期日或宗教节日，一批批善男信女蜂拥而至，进行宗教祈祷。

（十二）瓜达维塔湖（又名"黄金湖"）

瓜达维塔湖位于圣菲波哥大东北部，是古代印第安部落酋长卡西克的活动中心。相传，居住在瓜达维塔湖畔的奇布查族的穆伊斯卡人，每逢登基加冕或祭天拜神，酋长总要把全身涂上树脂，再撒满金粉，活像一个"金人"，在旭日的照耀下，浑身金光闪耀。然后，酋长登上特制的木筏向湖中心驶去。仪式就在湖中心举行。在酋长或王子用洁净的湖水把身上的树脂和金粉洗掉

后,向着东方冉冉升起的太阳膜拜。这时,围聚在湖边的臣民们就把事先带来的黄金、珍珠、翡翠、宝石等财宝,纷纷投掷到湖里。如今,黄金博物馆展出了传说中的"镀金人"的制品。在一个长 19.5 厘米的金筏上,站着 11 个黄澄澄的金人,个个昂首挺胸,凝视着东方升起的太阳,形象地再现了穆伊斯卡首领乘木筏到瓜达维塔湖祭神朝拜的情景。人物生动,细腻逼真,把传说中的人物形象描绘得栩栩如生,惟妙惟肖。①

第三节 加勒比海沿岸地区风情

一 "永恒春城"——麦德林

麦德林位于中科迪勒拉山脉的阿布拉山谷里,是安蒂奥基亚省的首府。它距首都圣菲波哥大约有 250 公里。麦德林市海拔 1400 米,气候温和,年平均气温摄氏 21℃。它以花都闻名遐迩,尤其是以兰花栽培最为著名,是一个四季如春、风光秀丽、友好温馨的城市,因而赢得"永恒春城"美称。麦德林的市容与南欧城市相似,给旅游者以舒适宁静的感受。每年 2 月 2 日的圣烛节,全城张灯结彩,热闹非凡。4 月至 5 月间,全市开满馥郁芬芳的花朵;4 月 28 日至 5 月 1 日,著名的国际兰花博览会就在麦德林举行,各种兰花争奇斗艳,千姿百态,美不胜收。在麦德林市西北部的 10 公里处,有世界上最大的兰花公园,面积 300 多平方公里,汇集了来自不同气候的 1000 多种兰花,其中以哥伦比亚国花五月兰最为名贵,它以芳香秀丽而著称。每年 8 月,麦德林举行花的嘉年华会,哥伦比亚农民在此进

---

① 陈芝芸、徐宝华等:《发展中的"新大陆"——拉丁美洲》,世界知识出版社,1990,第 231~239 页。

行尽情展示哥伦比亚各地鲜花的盛大游行。

麦德林市不仅是南美洲北部富有活力的工业中心之一,而且是哥伦比亚最重要的文化中心之一。安蒂奥基亚大学、麦德林大学、比洛托图书馆、塞亚博物馆、自然科学博物馆是该城最突出的文化标志。塞亚博物馆陈列着哥伦比亚丰富的植物标本、大量图书和植物学图版。自然科学博物馆则向旅游者展出最具特色的史前人种学的收藏品。

麦德林市又是个以教堂、公园、纪念碑和雕塑为特色的城市。位于市中心区的首府大教堂,是世界上最大的教堂之一,在高大雄伟的现代建筑物上,雕刻有宗教人物的精美图案,令人叹为观止。进入首府大教堂,气氛庄严肃穆,令人肃然起敬。此外,还有拉坎德拉里亚教堂,每年2月的圣烛节就在这里举行。在努第尔巴拉小山上,有埃尔米塔·德拉·维拉克鲁斯教堂。据说它是用120万块砖瓦盖成的大教堂,非常典雅壮观。麦德林市有众多公园供人们休闲游玩。它们是:安东尼奥·乌里比植物公园、玻利瓦尔公园、贝里奥公园、圣安东尼奥公园、波塔尼卡公园等。在市中心还有马卡雷纳斗牛场。另外,从麦德林市可以到北部乌拉瓦湾游玩,领略那加勒比海滩的绚丽风光;或者到那些保留着殖民时期建筑的一些城镇,如马里尼利亚、埃尔贝诺尔、埃尔·卡尔门·德尔维博拉尔、里奥内格罗和圣菲德安提奥基亚等都是风景如画的古老城镇[①]。

二 "加勒比明珠"——卡塔赫纳

在碧波浩渺的加勒比海西南部卡塔赫纳湾北端,有一座闻名遐迩的旅游城市,它就是玻利瓦尔省首府卡塔赫

---

① Ministerio de Hacienda, Mapa Vial Y Turistico, Elaborado por el Instituto Geografico "Agustin Codazzi", 1982.

哥伦比亚

纳。它是加勒比海边的一颗灿烂的明珠。

卡塔赫纳市是一座历史名城。在殖民统治时期，卡塔赫纳就是一个重要港口城市。西班牙人把从哥伦比亚各地掠夺来的黄金和绿宝石，从秘鲁和墨西哥掠夺来的白银，从马提尼克和圭亚那掠夺来的珍珠，都汇集到卡塔赫纳，然后由船队运回西班牙本土；同时，它又是从欧洲运来的各种货物的集散地。据西班牙皇家制币所记载，1492～1839 年，从卡塔赫纳运往西班牙的金、银器具和珍宝竟达 49 亿件。

卡塔赫纳市是一座英雄的城市。它既是西班牙殖民统治的历史见证，又是哥伦比亚人民英勇斗争的象征。在殖民统治时期，卡塔赫纳人民进行了多次反对西班牙统治和抗击英国海盗的英勇斗争。在争取独立的岁月里，卡塔赫纳又作出了卓越的贡献。1811 年 11 月 11 日，卡塔赫纳市人民举行起义，宣布脱离西班牙的统治而独立。1812 年，玻利瓦尔在加拉加斯领导的起义失败后，来到了卡塔赫纳。他在这里认真积聚革命力量，总结委内瑞拉第一共和国失败的教训，发表了著名的《卡塔赫纳宣言》，表示决心为解放南美洲各国继续战斗。不久，在哥伦比亚人民的支持下，玻利瓦尔再次东征，重返加拉加斯继续战斗，建立了委内瑞拉第二共和国。1815 年，西班牙新国王斐迪南七世派巴勃洛·莫里略将军镇压了拉丁美洲的独立运动。卡塔赫纳经过了 106 天的英勇抵抗，终于寡不敌众，失败而陷落。1819 年，玻利瓦尔指挥博亚卡战役，一举彻底歼灭了西班牙殖民军，解放了哥伦比亚。玻利瓦尔对卡塔赫纳怀着深厚的感情，把它称为"英雄城市"。哥伦比亚人民也非常尊敬这位叱咤风云的英雄，把卡塔赫纳所在的省份命名为玻利瓦尔省，把卡塔赫纳市中心广场命名为玻利瓦尔广场，广场中心矗立着玻利瓦尔跃马举剑、气吞山河的塑像，以寄托对这位"解放者"的怀念之情。如今，卡塔赫纳市是哥伦比

亚的军事、贸易和文化中心。1985年8月17日，卡塔赫纳被联合国教科文组织宣布为"世界文化与自然遗产"，在那里举行写着"卡塔赫纳：世界文化与自然遗产"的铜牌隆重揭幕仪式。从此，联合国教科文组织将负责保护这座历史城市，使它成为全世界最美丽、最富有历史价值的名城之一。

近几十年来，卡塔赫纳市发展非常迅速，工业得到大力推动，在市郊建立起马莫纳尔工业区，卡塔赫纳港是哥伦比亚通向世界的门户之一。尽管它有现代生活的喧哗，但它仍保有风姿绰约、柔情万种的迷人魅力。卡塔赫纳地形像一柄翡翠插在碧波里，南面的两个半岛拦住海水，形成一个长12公里，宽6公里，广阔而又安全的港湾。每年的11月11日，在卡塔赫纳举行全国的选美节，全国各省都选派出美女候选人参加竞逐。届时，五彩缤纷的彩车，响彻云霄的音乐，形彩各异的化装舞会，川流不息的人群，把卡塔赫纳装扮成欢乐的海洋。

卡塔赫纳主要的名胜景点有：

（一）旧城

旧城位于卡塔赫纳城北区，1533年由西班牙殖民者所建。殖民统治时期具有西班牙风格的建筑物完好地保存下来。窄窄的街道，低矮的二层或三层的小楼，墙壁厚实，底层有高大的落地窗，窗棂的细铁条勾画成各种图案；楼上突出的阳台上有木制栏杆，上面雕刻有精巧细致的花纹。考究的房屋都有一方绿草如茵的庭院，院子中央有一个造型别致的喷水池，四周栽满色彩缤纷的花草。旧城周围古城墙环绕，教堂等古老建筑林立，最著名的有1603年修建的圣彼得克拉弗大教堂，有16～17世纪建筑的修道院、1827年设立的大学以及防御海盗的古老炮台和城堡。

在旧城的入口处，有一幢米黄色的典雅钟楼，从钟楼的拱门穿过，便是一个不小的广场，它是16世纪到19世纪初"新大陆"最大的"黑奴交易所"。起初,英国人从非洲大陆抢来年轻的黑人,在卡塔赫纳以低价卖给庄园主。之后,随着北美大陆黑奴交易日益兴旺,对黑奴需求不断增加,卡塔赫纳的奴隶转卖交易迅速发展,经久不衰,历时近300年之久。从非洲贩运来的一批一批黑人,就在这里被卖到矿山和庄园做奴隶,或沦为家奴,人们称卡塔赫纳为"奴隶城"。在广场北面不远处,有一座建于1776年的白色长方形巴洛克式的高雅建筑物,装饰得富丽堂皇。建筑物内外都雕刻有诸多人物和花草的精美图案,大门正上方悬挂着一块椭圆形的牌子,上面绘有西班牙国王的肖像。这就是殖民者设立的举世闻名的"宗教裁判所",是西班牙殖民者统治和奴役拉丁美洲人民的历史见证。在近300年的殖民统治期间,有数以万计的平民百姓在这里丧生。南美洲人民对"宗教裁判所"恨之入骨,把它称为"南美洲的人间地狱"。1818年卡塔赫纳市获得解放时,愤怒的群众砸烂了"宗教裁判所"内的大量刑具,并烧毁了几乎所有的档案。

如今,在旧城的中心,一批旧房子装饰一新,并建立起许多饭店、银行、办公楼和不同式样的商店。在旧城旁边的拉马杜纳区,一座座高大楼房拔地而起,为卡塔赫纳市增添了现代化色彩。在旧城中心市场旁边,面对拉斯阿尼马斯海湾处,建立起一座现代化的建筑物——卡塔赫纳国际会议中心。卡塔赫纳市是"安第斯条约组织"的发祥地。1969年,5个安第斯地区国家代表在这里签署了《卡塔赫纳条约》,为推动安第斯地区一体化作出了贡献。近10年来,每年都有几十次国际会议在卡塔赫纳召开。这座历史名城,在加勒比地区和拉丁美洲地区将发挥越来越重要的作用。它也表明,卡塔赫纳市已是一座国际化的大都市。

(二)圣弗利佩·德巴拉赫城堡

卡塔赫纳旧城墙建筑在海边礁石上,根据地势的不同,高3~4米或7~8米不等,宽2~3米,绵延十几里。城头上每隔

100 米就建有一座古城堡，圣弗利佩·德巴拉赫城堡就是其中最大的一个。城堡里有一条迂回的地道，全长 2700 米，是西班牙殖民者于 1536~1657 年间修筑的最大防御工事。城堡用大石块砌成，据说石块之间的胶泥是用公牛血搅拌而成，其目的是使城堡固若金汤。1741 年，英国海军少将埃德华·弗农率领重兵，围攻卡塔赫纳长达 56 天。当时，西班牙殖民统治者弃城逃跑，但卡塔赫纳人民奋起抗击英国侵略者。在浴血战斗中，一名平民领袖布拉斯·德莱索挺身而出，机智沉着地指挥市民奋勇杀敌，最终打败了英国侵略者。这位平民领袖的英雄行为和光辉业绩，赢得了卡塔赫纳市民和哥伦比亚人民的深深敬仰，称他为"卡塔赫纳的保卫者"。在城堡的入口处，卡塔赫纳人民为这位平民领袖铸造了一尊全身铜像，以缅怀他在 1741 年组织全市人民奋起抵抗并击溃英国侵略者进攻的英雄业绩。

（三）特尔米纳尔·马里蒂莫

它位于卡塔赫纳港湾内的曼加岛东南部，是殖民统治时期的一个码头。当年，这个码头曾迎接来自世界各地的货船和众多旅游者。在这里，风景奇特而秀丽，滨海风光绮丽迷人。这里有漫长的海岸线，金色的沙滩，一望无际的蔚蓝色大海，宜人的气候，环境舒适宁静。如今，这里已成为卡塔赫纳一个重要的疗养中心。

（四）新城区

新城区位于大嘴半岛上，是卡塔赫纳最美妙迷人的地方。现代化的高层建筑鳞次栉比，宽阔的滨海大道——桑坦德尔大道贯穿整个半岛。在新城的贵宾饭店，是拉美地区最宏伟的建筑物之一。新城区街道两边，店堂林立，商业异常发达。在街心公园里，挺拔秀逸的椰子树，迎风摇曳。滨海大道外面是一条绸带似的沙滩，海水轻吻着软沙，卷起细碎的浪花，沙滩边上散落着一些热带林木。在黛绿色的椰林里，隐现出几幢古朴的印第安人草房。风味饭店里飘出阵阵诱人的烤肉香。

(五）波帕山

波帕山位于圣弗利佩·德巴拉赫城堡北不远处，那里也有一座古城堡。据史料记载，坎德拉里亚圣母指令阿方索·德拉·克鲁斯，修建波帕山上的庙宇和修道院。为此，他推倒了旧祭坛。1607 年，修道院建成。由于它地处战略要冲，多次被用作军事要塞。登上波帕山，往外极目眺望，风景如画的卡塔赫纳市容尽收眼底。美丽的海滩，旖旎的热带风光，令人心旷神怡，流连忘返。再往远处看，帆樯如林，挂着各国旗帜的船只穿梭般通过。在波帕山上，可以领略那海风扑面、白浪滔天的诗一般的意境，是旅游观光的理想之地。

此外，在卡塔赫纳湾周围仍有很多令人神往的热带风光，包括罗萨里奥岛、托卢要塞、科维纳斯要塞、拉维尔亨湖，以及马格达莱纳河的拐弯处的巴鲁岛。迪克运河穿过这个岛，把卡塔赫纳湾与马格达莱纳河联系起来，成为卡塔赫纳与内地城市联系的重要渠道之一①。

三 "黄金港"——巴兰基利亚

兰基利亚市位于加勒比海沿岸，在马格达莱纳河的入海口处。19 世纪中期，由于汽船在马格达莱纳河上通行，它便成了哥伦比亚最早发展贸易和旅游的城市。如今，它是哥伦比亚加勒比海沿岸最重要的工业和商业中心，是哥伦比亚最大的进出口港口，有"黄金港"之称。对于参观旅游者来说，巴兰基利亚市是个热情、友好、好客的城市，给人留下愉快的、难以忘怀的记忆。首先，它是一个开放的现代化城市，拥有非常典雅、装饰华丽、独具风格的一流建筑。像阿尔托·普拉多区，

---

① 《发展中的"新大陆"——拉丁美洲》，第 239～242 页；Guia Turistica：El Caribe de Colombia, No. 13, Cartagena Hilton Internacional, 1983～1984。

第六章 旅游业

有众多的巴洛克建筑风格的豪华宾馆，有绚丽多姿的各种鲜花，在高楼旁有参天树木，真可谓花砖甬道，草坪铺地，白墙红顶，绿树掩映。巴兰基利亚市有众多的文化娱乐场所，其中以华盛顿娱乐中心、桑坦德尔娱乐中心和洛斯·丰达多雷斯娱乐中心为最佳。特别是洛斯·丰达多雷斯娱乐中心，有光怪陆离、令人神往的宏伟建筑为拉阿维诺萨区增添了现代化气息。在这里还有玻利瓦尔林阴大道和喷泉。在第72号大街上，有豪华的商业中心、克里斯托弗·哥伦布广场、古老的圣尼科拉斯广场和断了塔尖的哥特教堂，还有一群新的现代建筑，如哥伦比亚电信大楼、商会大厦和自由贸易区。此外，还有巴兰基利亚动物园、人类学博物馆、自然历史博物馆和现代艺术博物馆等。

在城市周围，有供人尽情享受的漂亮的海滩浴场疗养院。到乌西亚古里，可以参观手工艺品制作中心，游人可以随意购买喜爱的手工艺品。参观瓜哈罗湖，可以享用鲜美的鱼虾；还可以坐上滑水板，或者小划艇，享受在湖上嬉水的欢乐。在萨拉曼卡岛，有一个天然国家公园，能够观赏到种类繁多的野生动物。在托杜莫湖附近，有时能够观看罕见的托多火山爆发的情况。如果你站在拉莫哈纳的山洞的阳台上，会有一种别有洞天的感受。每年1月下旬，巴兰基利亚市举行盛大的狂欢节，它以加勒比风情、彩车、假面具和音乐闻名遐迩，是哥伦比亚最著名的群众性的节日。巴兰基利亚有一个现代化机场，也是美洲设备最好的机场之一，旅游观光的游客来来往往非常便利[1]。

四 "香蕉之都"——圣马尔塔

在加勒比海圣马尔塔湾边和内华达山脚下，有另一座海滨城市，它就是马格达莱纳省的首府圣马尔塔。这里

---

[1] Guia Turistica; El Caribe de Colombia Y Mapa Vial Y Turistico.

气候温和，雨量充足。马格达莱纳省是哥伦比亚生产出口香蕉的地区之一，有大批香蕉从这里出口。为此，圣马尔塔赢得"香蕉之都"的美称。这里原是印第安人最早的定居点。它是1525年由罗德里戈·德巴斯蒂达斯建立的一个城市。以前这里几乎每年都要遭到洪水灾害。1789年在这里修起防洪堤坝，城内房屋多以石灰和石块修造。在城区，仍保留着殖民地时期的遗址，如圣多明戈修道院和圣马尔塔大教堂，还有人种学博物馆和18世纪建造的古老教堂。濒临大海，有玻利瓦尔广场；广场两旁，建有繁华的商店和现代化的宾馆。海滨风景秀丽，建有水族馆和游艇专用码头。从广场右边眺望大海，碧波荡漾，对面有一个风景如画的小岛，吸引着众多的游客前往；广场左边是辽阔的白色沙滩，绿色的海湾是进行海水浴的好去处，人们可以尽情领略大海的奇景。临近海滩的城郊山上，有西班牙人修建的圣弗尔南多城堡的废墟，他们曾垒起圣卡洛斯和圣维森特炮台，以抵御海盗。在近郊处，有一座圣贝德罗·阿莱汉德里诺别墅，南美"解放者"西蒙·玻利瓦尔曾在这里度过生命的最后岁月，那里仍保存着一些玻利瓦尔珍贵的遗物。委内瑞拉人和哥伦比亚人喜欢在每年12月到次年1月来此度假。在圣马尔塔，每年举行的嘉年华会，独立纪念日，8月一周的海洋节，都是吸引国内外游客前来旅游观光的好时节[1]。

五 自然生态保护区——泰罗纳天然国家公园

罗纳天然国家公园位于圣马尔塔市东面，在圣马尔塔内华达山脚下。它濒临加勒比海，是哥伦比亚最好的自然生态保护区，整个公园占地面积38.3万公顷。由于地理、气候和大自然诸多因素的影响，它是保留着品种多样的哥伦比亚

---

[1] Guia Turistica: El Caribe de Colombia Y Mapa Vial Y Turistico.

动物和植物的天然公园之一。圣马尔塔内华达山原是印第安部族泰罗纳人的居住地,是泰罗纳文化的发祥地。如今山上仍居住着印第安人。圣马尔塔内华达山山高路险,不易攀登。沿着山坡向上行走,能找到泰罗纳文化考古遗址。山顶终年积雪,神奇的雪山美景、独特的印第安人风采鲜为人知。另外,登山也是旅游观光的一项重要活动。登山可以眺望碧波万顷的加勒比海。山脚下有美不胜收的卡纳维萨尔海滩,山高海阔,风景如画,加勒比海温暖的海水为其洗礼。在海岸边的因德雷纳城周围,辛托、内瓜赫和加伊拉卡都是景色迷人的地方。另一处游览地是圣马丁椰子园,它距泰罗纳天然国家公园有 2~3 小时的路程。在那里,旅游者可以品尝到著名厨师做的美味海鲜。

六　旅游者的天堂——圣安德烈斯和普罗维登西亚群岛

在卡塔赫纳城西北 720 公里的加勒比海上,有圣安德烈斯岛、普罗维登西亚岛以及一些小岛和珊瑚礁。这里地处亚热带地区,受季风影响,夏季无酷暑,年均气温在摄氏 27℃,年降雨量约 1900 毫米。

圣安德烈斯岛是加勒比海上迷人的地方,那里有平缓的小山,岛上布满椰树、可可树和芒果树。它的房屋是用木材修筑而成,具有 18 世纪安的列斯群岛独特的建筑风格。有的海岸线由岩石构成,蜿蜒曲折;有的海岸线比较平直,光亮洁白的沙滩像一条玉带子,近海是旅游观光客游泳的好去处。圣安德烈斯岛有美丽的海滩,建有海滨浴场疗养院。在约翰尼基的一个小岛上,人们能看到天然的珊瑚水族馆。在海恩斯基珊瑚礁地带,海水清澈见底,有各色各样的珊瑚、摇曳多姿的海草以及五颜六色的鱼族和软体动物,这里活像一个以大洞穴和地道连成的水晶宫。普罗维登西亚岛上有蜿蜒曲折的海岸线,既有平缓的山丘,也有奇山怪石的峰峦。

圣安德烈斯和普罗维登西亚群岛不仅展现出如诗如画的美好景色，而且能为游客提供鲜活的海味和可口的美食佳肴。另外，整个群岛也是水上运动的最好练习场所。1953年哥伦比亚政府把圣安德烈斯岛辟为自由港，规定在这里任何商品都豁免关税，可以自由进口。在岛上建有现代化机场，居民饮用的淡水也早已解决。岛内有发达的旅游基础设施，包括豪华的饭店、简朴的茅草屋、不同档次的旅馆、成套住宅、别墅、俱乐部和商业中心，为旅游者提供各式各样的舒适周到的服务。每年的11月28~30日，国际可可王后节就在这里举行。这里有舒适的气候、明媚的阳光，惬意的海风阵阵，令人心旷神怡；旖旎的亚热带自然景色，迷人的细沙海滩，来自世界各地的物美价廉的商品，使之成为吸引国内外旅游者的天堂、美洲地区著名的旅游胜地[①]。

第四节　其他地区的旅游景观

一　西南重镇——卡利

卡利市位于西科迪勒拉山脉东侧、考卡河支流卡利河畔的拉·苏尔塔纳河谷平原上，是考卡山谷省的首府。卡利海拔1003米，年平均气温摄氏25℃，平均降雨量为1120毫米，气候宛如初夏，比较凉爽。它建于1536年，是一座历史文化名城。市区有众多的历史遗址，殖民时期的建筑有梅德罗波里塔诺大教堂、拉梅尔塞德庙宇、圣安东尼奥大教堂、拉埃尔米塔教堂、圣弗朗西斯科教堂和修道院。圣弗朗西斯科教堂保存着穆德哈尔人风格的塔尖。在市中心有拉德尔杜里亚现代艺术博物馆、考古和殖民博物馆、海洋博物馆、自然历史博物馆等。在第6大道和第10大街的交叉

---

① Guia Turistica: El Caribe de Colombia Y Mapa Vial Y Turistico.

处，有圣弗朗西斯科广场，对面是著名的国际中心。

如今，卡利又是一个年轻的、充满活力和开放的城市。这里有著名的考卡山谷大学、哈维里亚纳大学、卡利圣地亚哥大学、自由大学、圣布埃纳文图拉大学等。它有现代的体育场馆，如泛美体育运动中心、埃尔·布埃布洛体操馆等。1971年，泛美国家体育运动会就在这里举行。加之它的热情和好客，它赢得了"体育城"的美称。考卡山谷省是哥伦比亚农业、工业比较发达的省份，这里是种植甘蔗的理想地区，全年都可收割甘蔗。因此，在卡利建有大型制糖厂。卡利周围有茂盛的热带果树和热带植物公园。靠近巴尔马塞卡机场，新建有曼努埃尔·卡尔巴哈尔·西尼斯特拉自由贸易区，它对于卡利以及西南地区的经济开放和发展起着积极的推动作用。卡利市每年从12月25日到次年1月2日举行传统的博览会，盛大的庆祝会吸引来成千上万的国内外游客，其中又以斗牛和跳舞最为著名。在瓜达卢贝林阴道旁，有一个卡纳维拉莱霍斗牛场，最优秀的斗牛士特别是西班牙的斗牛士经常被邀请出席表演。

穿过西科迪勒拉山脉，很快就可到达布埃纳文图拉海港，它是哥伦比亚在太平洋沿岸的最重要港口，也是哥伦比亚同亚太地区国家联系和贸易的重要门户[①]。

二 特具风格的城市——波帕扬

波帕扬市是濒临太平洋的考卡省的首府，是一座最为典型的殖民时期的城市。在马约尔中心广场周围，保留着殖民时代最有名的庭院，院内有一方绿地，中央有一个造型别致的喷水池，低矮的小楼是地地道道的西班牙建筑风格。而整个波帕扬市可以说是一个具有西班牙建筑风格的博物馆。在这里有

---

① Ministerio de Hacienda, Mapa Vial Y Turistico, elaborado por el Instituto Geografico "Agustin Codazzi" 1982.

许多名人纪念馆,比如,吉列尔莫·巴伦西亚国家博物馆,是著名诗人吉列尔莫·巴伦西亚的故居。吉列尔莫·巴伦西亚被认为是现代主义诗歌大师,他的诗歌以韵律工整、节奏鲜明为特点。20世纪60年代曾担任过共和国总统的吉列尔莫·莱昂·巴伦西亚,也是出生在这个贵族庭院里。另一处古老别墅是莫斯克拉家族的故里。殖民时期艺术博物馆就设在这个家族庭院里。1798年,前总统托马斯·西普里亚诺·莫斯克拉就诞生在这座别墅里。此外,波帕扬市还有以石料建成的乌米利亚德罗桥,还有颇有名气的波帕扬钟楼等。在波帕扬市仍保留着殖民地时代的教堂,如圣多明戈教堂、圣弗朗西斯科教堂等。圣诞节是天主教的传统纪念日,那里的教堂装扮得五彩缤纷,教会举行各种宗教仪式,信徒们进行虔诚的膜拜,整个教堂显得庄严静穆。天主教会组织盛大的宗教游行,全城变成了欢乐的宗教音乐狂欢节[①]。

从城郊可以观望到普拉塞火山,火山脚下有一个充满神奇的公园,吸引着众多的游客。旅游观光者在火山脚下,能够找到奇异色彩的火山遗留物。在波帕扬市周围有丰富的温泉,如圣胡安温泉和皮西姆巴拉温泉,在这里建有舒适的温泉疗养院,每年吸引着众多的观光旅游者。在科迪勒拉山脉西侧的西尔维亚地区,以生产印第安人手工织物而著称。

三 考古学遗址——圣奥古斯丁

在乌伊拉省和考卡省边界三条科迪勒拉山脉的汇合处,马格达莱纳河的发源地,曾出现相当发达的圣奥古斯丁文化。公元前5世纪,是居住在这里的印第安部族的文化鼎盛

---

① Ministerio de Hacienda, Mapa Vial Y Turistico, elaborado por el Instituto Geografico "Agustin Codazzi" 1982.

时期。圣奥古斯丁文化是以巨型壮观石雕、丰富的刻在岩石上的浅浮雕以及形象逼真的类人猿和兽类的塑像著称。最常见的雕像是双身像或人兽合身像。这些石雕是用石器工具凿成的。人们还发现有墓葬群以及举行祭祀的平台。在这里的每一个小山上,都有考古发现,而所发现的每一件文物,都保存了 2000 年以上。根据雕像上刻的首饰来判断,这里的金器工艺相当发达。已发现的金器都是用优质黄金锻造而成。此外,发现的大量房屋遗址表明,当时在这里居住的人口相当稠密。如今,这里已建立起考古博物馆,保存这些特别珍贵的宝藏。这里也是人们游览观光的好去处。沿圣奥古斯丁向北面走,即抵达迪埃拉登特罗,这是一个历史古迹已被毁坏的地区。在大山之间或在荒原上,东倒西歪的神像仿佛仍在守护着卡西克酋长不散的梦幻,旅行者用坚实的鞋底践踏它也无动于衷①。

四 闻名遐迩的哥伦比亚咖啡区

这个咖啡区位于中科迪勒拉山脉中段,是哥伦比亚最重要的咖啡种植区之一。在中科迪勒拉山脉的金蒂奥省、里萨拉尔达省和卡尔达斯省一带,有适宜咖啡生长的特殊条件:温和潮湿的环境,适度的雨水,火山岩土壤和充足的阳光,这里生产质地优良、味道芬芳的软咖啡。

马尼萨莱斯市位于北纬 5°以北,中科迪勒拉山脉中段西侧,面积 552 平方公里,是个海拔 3500 米的现代化都市。它始建于 1849 年,是卡尔达斯省的首府,也是安第斯山区一个重要城市。崎岖不平的地形使这里的人民具有开拓进取的品格。由于这里是哥伦比亚软咖啡生产中心,每年 5 月在这里举行世界咖啡博览会。马尼萨莱斯市是个风景秀丽的文化中心,一直保持着安蒂奥

---

① *Enciclopedia de Colombia* IV, p. 307.

基亚人的习惯和传统。城区有全国最大的马尼萨莱斯教堂,有著名的人类学博物馆和卡尔达斯历史博物馆,还有开拓者剧院。东南不远处的路易斯雪山美景吸引着众多的国内外游客。

在马尼萨莱斯市西南不远处,有一个美丽的城市,就是佩雷斯市。它是里萨拉尔达省的首府,建于1640年。这是一个以春天的美景著称的城市,有"奥顿明珠"美称。从佩雷斯市往南前行,便可抵达阿尔梅尼亚市,它是金蒂奥省的首府,建于1898年。阿尔梅尼亚市气候凉爽宜人,年均气温在摄氏20℃左右,是一个充满活力的城市,也是一个开放和好客的城市[①]。居住在金蒂奥和里萨拉尔达南部的印第安部落,以制作金首饰著称。他们制作的金器技术精良、造型富于现实主义、纹饰简朴,备受旅游者欢迎。

五 "公园城"布卡拉曼加和边境城市库库塔

卡拉曼加市是建筑在东科迪勒拉山脉西麓、莱布里哈河畔的一座城市,是桑坦德尔省的首府,建于1662年。其西部是高原,从高原向西延伸到马格达莱纳河旁,是一片平坦肥沃的土地。布卡拉曼加市城区面积249平方公里,海拔959米,气候温暖湿润,年均气温摄氏23℃,年降雨量1500~2000毫米之间。城区公园众多,风景优美,格调清新,拥有"公园城"的美称。这是个有悠久文化的城市。老城区保存着殖民时期风格的建筑物。人们可以参观玻利瓦尔宫和多洛雷斯小教堂等。其周边的城市有圣吉尔、索科罗、巴里查拉和圣胡安德吉龙等,都是历史名城。布卡拉曼加是新兴工业城市,是全国的烟草工业中心。

---

① Ministerio de Hacienda, Mapa Vial Y Turistico, elaborado por el Instituto Geografico "Agustin Codazzi" 1982.

从布卡拉曼加有铁路通向东北面的一个边境城市,它就是库库塔市。库库塔市地处东科迪勒拉山脉以东的平原区,是哥伦比亚东北部重镇、北桑坦德尔省首府,建于1735年,1875年曾遭地震破坏,很快重建。这里气候炎热,干旱少雨。河谷地区是农业区。这里的工业是以轻工业为主。库库塔市是哥伦比亚通往委内瑞拉的必经之路,商业异常发达,并设有一个自由贸易区,对促进哥、委的经济发展具有重要意义。郊区的罗萨里奥镇,是一个非常重要的历史文化遗址。

六　高原省份——博亚卡

博亚卡是哥伦比亚中部的一个省份。东科迪勒拉山脉穿过博亚卡省大部分地区,是个崎岖不平的山区,其西部一小部分是马格达莱纳河谷地。有无数的小溪,或发源于荒无人烟的高原,或是从常年积雪的雪山上流下。它的年均气温在摄氏14℃~19℃之间,气候凉爽宜人。博亚卡省有丰富的历史文化遗址,它的城镇、它的主要景观、它的宗教场所都保存着许多珍贵的历史文物。在这里,仍能看到印第安人穆伊斯卡酋长所遗留下的实物。在图伊塔马、索加莫索和首府吞哈,仍保留着许多珍贵的考古宝藏。博亚卡省的每一个村庄,每一个角落,都充满着诱人的魅力。从莱伊瓦镇出发,穿过荒芜的山谷,可抵达圣埃克塞奥莫修道院。在那里能够感受到天主教传教士虔诚的宗教情怀。

在博亚卡河桥边,有一个战场遗址,1819年8月7日,玻利瓦尔率领爱国军在这里彻底击败西班牙殖民军,从此哥伦比亚获得独立。在山谷周围有几个印第安人居住的村庄,如萨奇卡、苏塔马尔昌和拉基拉,以生产陶瓷著称。在派巴市有著名的温泉,它把索查戈塔湖变得更加完美诱人,在那里可以开展水上运动。托塔湖和科古伊雪山的风光明媚,也是该地区的旅游胜地。

七　东南边陲地区——亚马孙

马孙省位于哥伦比亚东南部,是哥伦比亚最大的一个省。这里地处热带,河流水流量大,属于潮湿的热带雨林气候。这是一个鲜为人知的富有神秘色彩的地方,也是一个国家级的自然生态保护区。在亚马孙的密林里,可以观赏到形形色色的热带动物和植物。成群的猴子在尽情地嬉耍,不时地追逐,发出尖叫声,忽而荡起秋千,从这棵树攀到另一棵树上,矫捷的身手令人叹为观止。在密林里,有毛饰华丽、色彩斑斓的众多鸟类,还有翅膀像阳伞那样独特的大鸟。亚马孙地区是野兽和毒蛇出没的地方。在亚马孙热带雨林里,不仅能看到凶猛的美洲狮子、美洲豹、野猪以及驼鹿,还能看到巨大的爬行动物,或是剧毒的巨蟒,或是小眼镜蛇,以及森蚺和蝮蛇等。在那热带雨林里,人们能听到那迷人的热带雨林的窃窃私语,如同置身于豪华的音乐厅里,聆听到令人心醉的协奏曲。在亚马孙地区的湖泊和泥塘里,可以看到世界上最大的睡莲——王莲。亚马孙地区有很多印第安人保护区,在这里居住着26个印第安人种族。旅游者还可以到印第安人村落中间,参加印第安人举行的欢乐舞会。位于亚马孙河岸边的莱蒂西亚市,是亚马孙省的首府,建于1867年。这是一个好客的城市,街道两旁布满住宅和鲜花,房顶被丁香子果实覆盖。莱蒂西亚市有航班通往首都圣菲波哥大[①]。

[①] *Enciclopedia de Colombia* Ⅳ, p. 307; Ministerio de Hacienda, Mapa Vial Y Turistico, Elaborado por el Instituto Geografico "Agustin Codazzi", 1982.

第七章

教育、文化、新闻、卫生、体育

哥伦比亚文化的形成具有鲜明的特色,它既不属于西班牙文化,也不属于印第安文化,而是由西班牙文化与印第安文化互相交融、相互吸收而产生的一种新文化。这一特色从教育、文学、艺术等方面突出地表现出来。

第一节 教育

一 国民教育发展概况

在西班牙殖民统治时期,教育被天主教会控制着,成为殖民者统治和奴役人民的工具。当时,只有西班牙官员的子女和宗教团体成员才能进入学校读书。

1819年哥伦比亚独立后,教育事业有了很大的发展。1820年副总统桑坦德尔颁布的第一个关于教育的法令指出,无论是在城市和乡村,还是在白人居住的教区,都应该举办公共教育。城乡开始出现了第一批公立学校。1821年库库塔制宪会议颁布法令,把国民教育作为巩固自由和独立的最可靠措施,把修道院改为学校,承担教育儿童的任务。1825年哥伦比亚又颁布了《桑坦德尔计划》,宣布实行教育改革:决定以世俗教育代替宗教神学教育；建立公共教育总局（教育部的前身）及其下属机构，对全国各级教育实行分级管理，负责对教师进行培训，组织家长委员会和开设教育专业；创立了一批大学，如考卡大学、安蒂奥基亚大学、卡塔赫纳大学、中央大学和波哥大大学等；还为下层群众兴建了许多免费学校，并建立民族博物馆，作为向人民群众进行爱国主义教育的场所。为了推动国家农业、艺术和贸易的发展，桑坦德尔还邀请外国专家到哥伦比亚考察，聘请一大批欧洲专家到国内讲学，传授西方哲学、法学和科学知识，推动国家农业、艺术和贸易的发展[①]。

19世纪40~50年代，由于国内战乱频仍，教育事业又被搁置起来了。1863年的宪法改革贯彻自由主义原则，宣布政教分离，教育事业再次得到了重视。1867年，政府决定以中央大学和海外大学为基础，把1563~1572年间建立的包括法律、医学、自然科学、艺术、文学、哲学等专业的11所学校合并为哥伦比亚国立大学。1880年拉斐尔·努涅斯建立了公共教育卫生部，负责组织公共教育事业。1886年保守党政府制定1886年宪法，规定天主教为国教。1887年保守党政府与梵蒂冈教皇签订契约，把教育的最高监督权交给天主教会，规定公立学校由教会领导，教科书由教会审查和出版，世俗教育又被废止了。

20世纪初，随着国民经济的发展，国民教育逐渐受到重视。1904年政府颁布法令规定，教育实行地方分权制，教育的组织和管理权分属于中央、省和市三级。1910年政府重新确定了国家对教育实行监督的制度，指出国家对学校拥有更多控制权，并创办了师范教育学校。1922年自由党人创办波哥大自由大学，进行唯物主义和理性教育，反对宗教忏悔和政治歧视。1928年，政府把公共教育与公共卫生分开，正式建立公共教育部。

[①] 顾明远主编《世界教育大事典》，江苏教育出版社，2000，第493页。

第七章 教育、文化、新闻、卫生、体育

1930年自由党重新上台执政。为满足工业资产阶级发展经济的需要,哥伦比亚议会颁布第12号法令,决定进行教育改革。内容包括:建立全国小学教师名册;实行小学义务教育;准许女子接受中等教育和高等教育;努力发展技术教育和农业教育。1934年政府邀请一个德国教育代表团到哥伦比亚考察,帮助自由党政府对学校进行改组。同年阿方索·洛佩斯总统推行考试改革。1936年修改了1886年宪法,废除教会对教育的控制权,削弱了教会对教育的影响;政府创办高等师范学校,准许大学自治,任命进步思想家担任大学校长职务;同年7月颁布第1602号法令,规定教师级别的评定必须经过考核,把考核成绩作为选拔和评估教师业绩的标准。1942年,爱德华多·桑托斯政府又修改了1887年与罗马天主教教皇签订的契约,完全剥夺了教会对教育的控制权。1945年国民议会通过第97号法令,规定以教学业绩和服务时间作为评定教师级别的标准。同年,洛佩斯·普马雷霍政府再一次修改宪法,剥夺了天主教会对教育的控制权,把教育自由写进了宪法。从此,哥伦比亚的教育进入一个新的发展阶段。

二 第二次世界大战后政府发展教育的新举措

必须指出,脱胎于天主教会控制的哥伦比亚教育,其教育思想、教学内容、教学方法和教育结构都已十分僵化和陈旧。比如,人们认为受教育不是为了学习劳动技能,而是为了不劳动而过上舒适的生活,把上大学作为一种时髦的追求。在教学内容上,学校重视纯学术性的课程,忽视进行职业技术教育。在教育结构上,偏重发展高等教育,忽视初等教育和中等教育的现象十分严重。这就造成了教育与实际生活严重脱离:一方面是学生入学率低,儿童失学率高,国民文化水平低;另一方面是学非所用,教育越来越不能适应经济社会发展的需要。

为适应国民经济发展的需要,哥伦比亚强调教育在劳动生产

过程中的作用,贯彻积极发展教育的政策。第二次世界大战后,政府加强了对教育的领导,增拨公共教育的经费,实行大力发展初级教育、加强中等职业教育和技术教育、积极促进高等教育发展的方针,鼓励私人办学,把正规教育与非正规教育结合起来。政府采取的主要措施有以下几项。

(一) 改组各级教育部门,建立一个协调的教育管理体系

1. 理顺各部门管理教育的权限

经过1945年的宪法改革,教育恢复了自由。但是,由于缺乏统一的领导和管理,各级教育秩序十分混乱。1968年的宪法改革,重申实行教育自由化方针,规定教育部对全国各级教育行使监督权。1975年国民议会通过第43号法令,把开办各类中学的权力收归中央政府,加强了教育部管理和监督全国教育的权力。在总结历年来教育改革经验的基础上,政府发起了教育结构合理化改革运动,决定对从中央到地方的各级教育管理部门进行改组,对教育结构和教育制度进行改革,使之适应本国经济和社会发展的迫切需要。1976年教育部颁布了第102号法令,决定实行教育管理分权化改革。法令确定,教育部是管理全国公立学校的指导和检查机构,而学校的管理、教学计划的实施和教育经费的筹集,则分别由所在的省、地区、特别区和圣菲波哥大特区负责[①]。

2. 改组教育部,增强其管理职能

根据1976年议会通过的第88号法令,决定改组教育部,把教育部划分为指导性部门和执行部门。指导性部门包括部长办公室、副部长办公室和秘书长办公室,负责教育立法、对外联络和教育计划(包括教学大纲、科研体系和教育经费)的制定。部长办公室和副部长办公室则通过秘书长办公室实施指导。执行部

---

① 顾明远主编《世界教育大事典》,江苏教育出版社,2000,第1237页。

第七章 教育、文化、新闻、卫生、体育

门包括教育行政司、教育管理与督导司和教学辅助司，负责培训教学和管理人员，检查教学计划和教学大纲的实施，提供教材、新的教学方法和教育情报，负责全国正规教育和非正规教育的教学计划的实施，等等。

为了适应新形势的需要，1988年2月根据教育部长的建议，国民议会通过第24号法令，对教育部再一次进行改组。改组后的教育部设置：①领导机关：部长办公室、副部长办公室、总秘书长办公室和教育秘书长办公室（新设）。②部长办公室的下属顾问和协调机构：教育计划办公室，下设协调和跟踪处、全国和地区资金分配处、内部效率评审处和资料加工处；国际关系办公室；教育部门质量监督最高委员会；内部行政技术委员会和教育情报委员会。③副部长办公室的下属顾问和协调机构：全国教育、科学和技术繁荣委员会。④总秘书长办公室的下属顾问和协调机构：立法办公室、中央内部管理处、地区协调委员会。总秘书长办公室的下属执行机构：教育专业总局，下设教育人才编制和地区配置处；地区教育设置和协调总局，下设劳动福利处、地区教育管理设计与顾问处、地区教育检查和监督顾问处、教育基金协调顾问处；学校建设总局，下设财产计划处、环境和工程处、课本和教学设备材料配给处。⑤教育秘书长办公室的下属执行机构：课程总局，下设学前教育和基础教育课程计划处、中等教育和职业教育课程计划处、教学方法实施处、教学质量监督处、特别教育计划处；教育发展总局，下设教学训练质量监督处、教学能力评估处；成人教育总局，下设课程试验与协调处、人才选拔处和名册处。此外，隶属于教育部的公共机构有：哥伦比亚高等教育促进委员会、哥伦比亚国外技术培训委员会、全国盲人协会、全国聋哑人协会、国民教育基金会等。

改组后的教育部机构逐步健全，各部门分工明确，协调功能大大增强，工作效率明显提高，为教育制度的改革打下了坚实的

组织基础①。

（二）积极增加教育经费，促进教育事业的发展

首先，建立地区教育基金。自1958年恢复了代议制民主制度后，政府增加了教育预算，规定其不得低于国家总预算的10%。1968年教育改革，决定创立地区教育基金，增加对地方教育的拨款，促进各地区基础教育的发展。1976年政府改组地区教育基金管理委员会，扩大其职能，把全国公立学校的教育资金统一到地区教育基金中去。在国家审计长的监督下，地区教育基金管理委员会主席通过出纳保证教育基金得到合理的使用。教育部及其在地区教育局的代表和地区教育局，是地区教育基金管理委员会的顾问机构。此后，政府的教育投资不断增加。1980年，哥伦比亚教育预算已占国家总预算的20.1%。地区教育基金的建立，在促进地区基础教育发展方面发挥了重要作用。

其次，增加地方教育资金。《1991年政治宪法》规定实行财政分权制。1994年颁布的《第115号法令》（即《教育法》）规定，不论是省还是市应确保教育事业的最低储备金。根据宪法第356条和第357条规定，从中央政府的收入中转让给地方政府用于教育和卫生的百分比越来越大，从1993年的36.5%增加到2002年的46.5%。中央政府转让给省政府的资金中的60%用于教育，20%用于卫生；转让给市政府的资金中的30%用于教育，25%用于卫生。因此，20世纪90年代，地方政府的支出中用于教育和卫生的支出大大提高，1997年比1991年增加了1倍。1997年全国教育支出占国内生产总值的4.4%，大大推动了地方教育事业的发展。

此外，宪法还允许私人办学，规定政府对私人学校给予一定

---

① 顾明远主编《世界教育大事典》，江苏教育出版社，2000，第1519~1520页。

第七章 教育、文化、新闻、卫生、体育

的经济补贴,并实行监督。目前,在各级教育中,私立学校占很大比重,这是哥伦比亚发展教育的一个突出特点。在哥伦比亚,初级教育和中级教育以公立学校为主,高等学校则是私立学校占多数。

(三) 实行开放的和全面的教育,提高全民族的文化水平

随着教育改革的深入,1979年颁布的《教育条例》明确指出,教育是发展民主、文明与和睦相处的基础,是巩固国家主权、推动社会经济发展的最有效手段。为提高全民族的文化水平,改善劳动者素质,繁荣科学技术,推动社会经济向前发展,1982年政府实行开放的和全面的教育方针。政府认为,像哥伦比亚这样的发展中国家,面临着要缩小同发达国家的差距、克服国内发展不平衡的艰巨任务,必须实行"开放的"和"全面的"教育发展方针。所谓"开放的",是指每一个公民不受年龄、性别、籍贯和社会地位的限制,都享有受教育的权利,还应在社会实践过程中,结合劳动生产、家庭生活和社会组织进行学习,或接受培训。所谓"全面的",是指教育是一个全面的、连续不断的人才成长过程,不但要提高居民的文化水平、要掌握生产劳动技能、进行职业道德教育,而且要改善居民的卫生条件和娱乐条件、繁荣国家的科学技术、增进人与人之间的交往能力和提高人们的社会责任心等。换言之,要满足个人和社会的全面发展的要求。

"开放的"和"全面的"教育方针包括以下几项内容:①保证人人有受教育的机会,加强现有的教育机构,建设更多的学校,提高教育服务质量,使无依无靠的穷人均能得到初等基础教育。②大力提高教师的素质,增加学校的教学设备,提高教学服务质量。③教育计划要符合地区发展的要求,培养更多有知识的人才,推动地区的社会经济发展。④教育部门应与其他部门特别是邮电通信部门相结合,通过多种渠道,扩大教育服务的覆盖面,实现全国文化的同一性。⑤繁荣现代科学,鼓励科学研究,提高科研创新能力和全民族的科技水平。⑥推动民族文化的发展,鼓励哥伦比亚人积极参加各种文化娱乐和体育活动。

为贯彻这一教育方针,1982年政府颁布第181号法令,决定采取教区管理制度,把每个省划分为若干个教区,各教区从具体情况出发,制定教育发展计划,调动地方的积极性。各省、各地区(包括圣菲波哥大特区)的教育管理由教区和教育中心组织实施。根据规定,每个教区由7~15个教育中心组成。教育中心根据不同的情况,可分为3种:①提供完全的基础教育,包括学前教育、初等基础教育和中等基础教育;②只设初等教育,包括学前教育和初等基础教育;③只设中等教育,包括中等基础教育和中等职业教育。每个教育中心由公开选拔的领导人进行管理。领导人必须具有证书、职称和有比较丰富的教学经验,经教育部驻省代表的同意,由省政府任命,并接受公开选拔的教区主任的领导。每个教区设若干督导员,深入各教育中心,承担教学指导工作。

(四)进行初等、中等教育结构改革,解决教育不适应社会经济发展的矛盾①

为解决教育不能适应社会经济发展的矛盾,哥伦比亚发起了教育结构合理化运动。1976年国民议会通过第88号法令,规定了新的一体化教育结构:学前教育(6岁以前)、初等基础教育5年(7~11岁)、中等基础教育4年(12~15岁)、中等教育(高中)2年、中等技术教育2年、中等职业教育2年、高等教育4~5年,以及非正规教育和成人教育。该结构的特点在于把从学龄前教育直到高等教育有机地联结起来,成为一个完整的教育体系,同时把中等技术和职业教育纳入正规的教育体系,使中等教育多样化,满足国家经济发展对人才的需要。

---

① 顾明远主编《世界教育大事典》,江苏教育出版社,2000,第1519页。

第七章　教育、文化、新闻、卫生、体育

遵照这一法令，20世纪70年代后期，教育部对各级教育特别是初等、中等教育进行了重大改革：①优先发展初等教育，重点发展农村初等教育。1975~1977年全国社会经济和地区发展规划规定，增加初等教育的经费，要求在3年内，小学教育经费预算应占教育财政预算的60%（教育预算应占国家财政预算的25%）。针对农村教育落后的现实，政府强调把发展农村基础教育放在突出地位。从1977年起，对小学课程内容进行改革，新的课程除传授基础知识外，充实了提高学生生产技能、社会生活能力及心理素质等方面的内容。从1978年起农村实行教育中心制度，规定在5年内建立2500个教育中心；增加投资，兴建学校，调配教师，采用新教学方法，逐步在农村实行完全小学教育，扩大初等教育的覆盖面。从1980年起，规定新教师必须在农村中心小学任教两年，解决农村师资缺乏的问题。②加强中等职业教育，实行中等教育多样化。进行中等教育改革的目的是，为学生劳动就业或进入高等学校深造打下基础，加强中等专业教育和技术教育，实行教育与生产部门的实际需要相结合的方针。1975~1977年的发展规划确定了中等教育的范围，设计了新的中等教育结构，包括普通中等教育、中等技术教育和中等职业教育。它指出了中等技术学校的多样化办学形式，包括农业、商业、技工、艺术、师范、护士等多种专科学校，中等职业教育则包括旅游管理、制图工艺、图书管理、会计等实用性较强的专业。这两类学校修业年限为2~7年不等。另外，为了适应中等教育多样化的要求，使大批中学生受到职业技术培训，教育部中等职业教育处还进行了综合高中的实验，促进高中教育多样化[1]。

经过初等、中等教育结构改革，初等、中等教育出现了一些新的变化：学生入学率提高了，学生学习志向发生了变化，选择

---

[1]　顾明远主编《世界教育大事典》，江苏教育出版社，2000，第1235~1236页。

中等职业技术学校的学生比例相应增加。

(五)建立高等教育促进委员会,进行大学改革,推动高等教育的发展

第二次世界大战后,哥伦比亚实施替代进口工业化的经济发展战略。20世纪60年代中期,政府对国民经济进行了战略调整,实行大力促进非传统产品生产和出口产品多样化方针,积极发展对外经济贸易关系,促进国民经济持续稳定的增长。为适应经济发展的需要,政府大力推动高等教育的发展,1968年建立了哥伦比亚高等教育促进委员会,专门负责全国高等教育工作,设立高等教育基金会,为公立高等学校发展提供资金。哥伦比亚高等教育促进委员会的职责是:①促进高等教育的发展;②受理高等学校的评审工作,向被批准和认可的高等学校的毕业生颁发毕业证书,评定专业技术职称;③推动全国高等学校的教学情报的交流;④协调和领导高等学校之间的科研工作。到1999年,经哥伦比亚高等教育促进委员会承认的高等学校从1968年的30所增加到269所。

与此同时,政府加紧对人才特别是高级人才的培养。1980年政府颁布第80号法令,宣布对高等教育进行改革,强调要注重高等教育的质量和教学效果,要把学生培养成为热爱生活、具有高等文化修养、体魄健全、富有创造精神、具有分析和判断问题的能力、富有社会觉悟和社会责任感的全面发展的人才。鉴于当时哥伦比亚高等学校入学率只有8.3%,明显低于其他拉丁美洲国家,不能适应社会经济发展需要的现实,该法令规定,把原来属于中等教育的中等职业教育学校升格为高等专科学校,培养具有大专水平的人才。一些边远省份和地区可根据本地区经济社会发展的需要建立一批专科院校。1982年,政府还宣布在圣菲波哥大南部设立大学开放和走读教育中心,为经济有困难的青年创造接受高等教育的机会。另外,教育部批准20所大学实行开

第七章 教育、文化、新闻、卫生、体育

放教育，在不同地区实施82个新的教学方案，扩大招生名额，增加青年进入大学学习的机会①。

为引进国外先进科学技术，推动国内科学研究和教学活动的开展，政府接受国际多边和双边机构提供的奖学金，选派学生出国留学，鼓励国营企业和私人企业派人出国学习和考察。1958年成立的哥伦比亚国外技术培训委员会授权建立全国奖学金委员会，对在国外学习的学生提供奖学金。目前，哥伦比亚每年约有650名获得奖学金的留学生。

（六）大力发展非正规教育，不断提高全民族的文化水平

首先，积极开展扫盲活动。在拉丁美洲，哥伦比亚是文盲率较高的国家之一。1980年全国人口2691万人，绝对文盲300万人，半文盲200多万人，文盲率高达18.6%。以前，哥伦比亚曾多次开展扫盲活动，由于缺乏师资和相应的措施，效果不明显。1980年是"解放者"西蒙·玻利瓦尔逝世150周年，政府通过第2346号法令，决定开展以"解放者"的名字命名的全国扫盲运动。1981年成立了全国、省和地区扫盲协调委员会，中央政府统一领导决心开展一场声势浩大的群众性扫盲运动。政府强调，这次扫盲运动要在全国形成扫除文盲的强烈意识，充分调动包括政府机关、工厂、矿山、企业、商店、学校、各工会团体、农民协会等行会组织、农业银行、全国咖啡种植者联合会等各方面力量，确保全国人民积极参加这次扫盲运动。政府要求各公私学校、文化之家、全国学徒工培训局的训练中心、企业、车间、商店为职工参加学习提供上课场所，对参加扫盲学习的人免收学费。全国共设立了8000多个成人训练中心，培训了一大批扫盲教师，派出17万个扫盲小组，到基层以示范教学的方式，教文盲学会拼音识字，向他们传授历史、地理、公民常识、卫生

---

① 顾明远主编《世界教育大事典》，江苏教育出版社，2000，第1237~1238页。

常识和美学知识。在卡塔赫纳、波帕扬、伊巴格、派帕和佩雷拉等城市设立5个扫盲指导中心，检查和帮助各省开展扫盲运动。决定用一年时间，开办3期扫盲学习班，每期4个月，用较短的时间帮助文盲提高听、写、读的能力，提高文化水平。由于政府的决心大，采取相应可行的措施，也由于广大群众的积极支持，踊跃参加扫盲活动，收到了较好的效果。

其次，通过哥伦比亚全国学徒工培训局对职工进行职业培训。成立于1957年的哥伦比亚学徒工培训局是负责对成年人进行职业技术教育的机构。培训对象主要是15岁以上的成年人，提高那些识字不多的成年人的文化水平，对新就业工人传授专业知识和新的专业技能。其具体职责是：①负责对职工进行专业技术的培训。②为全国各类企业提供咨询。③与职业介绍所合作，帮助失业工人寻找就业机会，解决他们的工作问题。

近年，哥伦比亚的公立学校和私立学校大量涌现，教育事业尤其是中等教育和高等教育迅速发展，全国人民文化水平显著提高。教育的公共支出有了大幅度增加。1980年教育的公共支出占国内生产总值的3.2%，1997年提高到4.47%。2007年哥伦比亚的教育经费142114亿比索。由于增加了教育的投入，扩大了教育的覆盖面，人民的文化水平显著提高，成年人识字率从1970年的78%上升到1997年的91.3%。据官方的统计，1961~1997年，在校小学生从179.2万人增至400.2万人，增长了1.2倍；中等学校学生从23.8万人增加到272.1万人，增长了10.4倍；高等学校学生从2.66万人增加到50.2万人，增长了17.9倍。1980年小学的入学率为57%，1997年初级教育入学率达到83%，到2005年上升到92%。而中级教育入学率从1980年的42%提高到1997年的62%，2005年中级教育的入学率增长到77.8%。1997年初级和中级教育入学率占学龄人口（5~17岁）的比例由76%上升到2005年的83.3%。高等教育的入学率从

1980年的8.3%提高到1997年的18.9%,到2005年高等教育的入学率提高到27.1%。

三 哥伦比亚的现行教育制度

哥伦比亚现行教育分为三级:初等教育、中等教育和高等教育。普通教育学制:小学5年,初中4年,高中和职业高中2年,高等专科学校和技术学院2~3年,本科大学4~5年,研究生培训2~3年。正规教育有两种类型:公立学校和私立学校。非正规教育包括成人教育、职业培训和扫盲运动。

(一) 初等教育(包括学前教育和小学教育)

1. 学前教育

近30年来,学前教育已引起重视,成为初等教育的组成部分。1974年政府通过第23号法令建立学前教育中心,推动学前教育的发展。政府和私人机构都增加对学前教育的投入,从事学前教育的单位不断增加。学前教育计划由教育部、卫生部、国家福利委员会和国家情报中心共同制定和实施,主要通过幼儿园和托儿所等形式,招收4~6岁的儿童,以游戏、唱歌、跳舞、数数、拼音、识字为主,结合营养和护理,促进儿童身心健康发展。学前教育机构主要设在城镇,以公立为主。据统计,学前教育机构从1980年的3281所增至1999年的30138所,到2007年增加到43927所。1999年,62.8%的学前教育机构是公立的,37.2%是私立的,到2007年,74.7%是公立的,25.3%是私立的。2007年学前教育教师53971人,5~6岁的儿童入园率为78.1%,仍未能满足儿童入园的需要。

2. 小学教育

教育对象是7~11岁的儿童。宪法规定,7~11岁的儿童有权享受小学义务教育。学生完成5年小学课程后,必须参加毕业考试,以保证小学教育所规定的水平。实际上,小学教育包括2

年制的农村小学、4年制小学和5年制完全小学,还未能实现初等义务教育的普及。其原因是:(1)师资缺乏严重阻碍小学义务教育的普及。如1980年,38%的小学教师没有取得教师资格,直接影响初等教育的质量。(2)小学辍学现象严重,很多孩子由于家庭收入低,不得不中断学业回家参加劳动。(3)农村小学仍不能提供完全5年小学教育。20世纪80年代,由于实施新的教学计划,大力发展农村的小学教育,4年共培训了8800名教师,使30万学龄儿童可以入学。世界银行等组织在10个省投资,用于农村教育计划,建立了2335所学校,培训了4547名教师,增加入学儿童143214人,提高儿童入学率。1999年全国小学校60183所,其中公立学校占83.4%,私立学校占16.6%。教师214911人,小学在校学生5162260人。平均每个注册学生的支出费用为35.8万比索(以1996年不变价格计算)①。2007年,全国初级教育学校59011所,其中公立学校49498所,占学校总数的83.8%,私立学校占16.2%。教师184659人,在校学生4036302人。

(二)中等教育

中等教育包括普通中学和职业中学。教育对象是12~17岁的青少年。普通中学分为初级中学和高级中学,学制分别为4年和2年。中等职业学校形式多种多样,有师范、技工、计算机、商业、农业、护士等专科学校,修业2~7年不等。

1. 普通中学

初级中学为4年,课程设有西班牙语、文学、公民常识、历史、地理、数学、物理、化学、生物、生理学、音乐、体育、美术等;高级中学为2年,主要是为取得进入高等学校学习的资格或就业做准备。综合高中开设课程包括两种外语、经济学、历

---

① http://www.dane gov co.

史、速记、商业、护理、幼儿管理、烹饪、美容、建工、电子、计算机、栽培等20多种专业课程,供学生自由选择。1978年政府颁布第1419号法令,将高中课程分成三大类:科学类(含数学、自然科学、人文科学等专业)、应用技术类(含教育、工业、农牧、商业、卫生等专业)和艺术类(含美术和实用艺术专业),并规定全国所有高中都必须根据所在地区社会、经济、文化发展的需要,选择其中的两类,而且每一类都至少要选择一门以上的专业。1978年,政府决定用3年时间在各城镇的低收入地区建立23个教育服务辅助中心,开设电子、电力工程、建筑、文秘、美术、实用艺术等培训课程。有兴趣的学生每周可在校参加3天的理论课学习,另外2天在中心接受专门的职业培训。学生修完6年中学课程后,经考试教育部向合格者授予学士学位,发给中学毕业证书;取得学士学位证书者有报考大学的资格。

2. 中等师范学校

它包括农村师范学校和中等师范学校。大多数是公立的,由省教育局主办。学生可享受助学金,学业优秀者还可以领取奖学金。政府对私立学校给予资助。农村师范学校招收初中毕业生,学制2年,为学前教育和小学培养师资。教学大纲规定,中等师范学校的前4年课程与初中相似,最后2年增开心理学、教育学、英语或法语课程,最后一学期进行教育实习;毕业授予学士学位,由教育部门分配工作。

3. 技工学校

技工学校招收小学毕业生和部分工人,学制4年,目的是培养技术工人。另外有7年制中等技术学校,前4年学习中等基础知识,后3年学习专业课程。结业考试及格者授予学士学位,到工厂任技术员。艺术学校学制4年,进行专门技术训练,培养工艺部门的技术人才。

4. 商业学校

分短期培训班和商业学校。短期培训班修业1年,进行单科职业训练,结业后到非生产部门任簿记、出纳和营业员。商业学校学制6年,学生经过4年中等基础知识和2年商业管理专门知识训练,毕业后取得学士学位,到企业从事管理工作。

5. 农业职业学校

它是专门培养农业技术员的学校,修业3年,学习一般农业知识,学生主要来自农村。20世纪70年代以来,随着商品农业的发展,农村职业教育发展较快,但仍不能满足农业发展需要。

6. 护士学校

护士学校教授护理知识,为医疗卫生部门培养护理人员。此外,私人机构开设一些护理训练班,对学员进行1~2年的职业训练。

据统计,1999年,全国各类中等学校13421所,中等学校以公立为主,占60.8%,私立学校占39.2%。教师200337人,在校学生3594083人。平均每个注册学生的支出费用为33.6万比索(以1996年不变价格计算)[1]。2007年,全国各类中等学校30617所,其中公立学校20134所,占65.9%,私立学校10483所,占34.1%。教师有196873人,在校学生4865973人。

(三)高等教育

第二次世界大战后,高等教育发展较快。培养对象是18~24岁的青年。1948年全国高等学校62所,学生8252人。1999年,高等学校有269所,私立大学占70.6%,公立大学只占29.4%,教师有52500人,2000年在校学生96.8万人。高等学校有国立大学、省立大学和私立大学,包括本科大学、高等专科学校和教育学院。与此同时,专业设置发生了很大的变化。20

---

[1] http://www.dane gov co.

第七章 教育、文化、新闻、卫生、体育

世纪50年代,学生攻读法律和医学的人较多;60年代,学工程的人数显著增加;近年来,随着社会经济的发展,学习经济学、统计学、企业管理、计算机和国际金融的人数越来越多。1997年全国高等学校开设有240多个专业。另外,哥伦比亚高等学校采取灵活的办学形式,有全日制班、半日制班,还有夜大。教师聘任制也形式多样,有全日制、半日制和学时制,还允许教师在几个学校兼课。2000年,全国高等学校教师有52500人,在校学生96.8万人[①]。2006年,在校的高等学校的学生1301728人。

1. 本科大学

综合性大学和工业大学,一般修业4~5年,医科大学要修业6年,招收取得学士学位的高中毕业生,但入学必须通过全国考试委员会组织的统一考试。学生修完规定的课程和学时后,要完成取得申请学位所要求的论文和通过综合考试,合格者准予毕业和取得担任中学教师的资格,并根据成绩分别授予硕士学位、博士学位和相应的职称。通常情况下,4年制本科大学毕业生授予硕士学位,5~6年制毕业生授予博士学位。但有些学科,如工程学、地质学和地球物理学专业毕业生则授予工程师和地质学家职称,经济学专业毕业生授予经济学家职称。此外,还有研究生培训计划,修业2~3年不等,主要专攻某一专门学科,培养高级技术和研究人才。

2. 高等专科学校

职业和技术专门学校,培养中级专业人才,招收高中毕业生,并给予2~3年的某一职业或技术训练。有的专业,如会计学、细菌学和社会服务学的毕业生,可授予相应的会计师、细菌学家和社会学助理等职称。另外,美学艺术专科学校招收初中毕业生,修业4年,毕业后授予学士学位,成为美学艺术方面的

---

① E. I. U, *Colombia Country Profile*, 2001, p. 13.

专门人才。

3. 教育学院

教育学院有两种，一种培养中学的体育教师，修业3年，毕业后到中学担任体育教师，另一种培养教育行政机构的管理干部，修业期为2年，毕业后到各级教育行政机构工作。到教育学院学习的主要是高中毕业生和中等师范学校的毕业生。

在哥伦比亚高等学校中，最著名的大学有哥伦比亚国立大学、安蒂奥基亚大学、安第斯大学、哈维里亚纳大学、桑坦德尔工业大学等。

哥伦比亚国立大学是一所综合性大学，包括理、工、医、农、艺术、经济、人文、社会等几十个系科，是哥伦比亚的最高学府。校址在圣菲波哥大南部，那里素有"大学城"之称。该校于1867年正式建立，其前身是1563~1572年之间成立的11所学校。它直属教育部领导，校长由总统任命，设有艺术、农学、人文科学、法律和政治学、工程学、社会科学、兽医、护理学、牙科学等学科，70多个专业，其中有45个专业开设攻读博士学位的研究生班。国立大学附设一系列学校、研究所和研究中心。在麦德林、马尼萨莱斯、帕尔米拉市设有分校。藏书有50多万册。出版有《国立大学校刊》、《哥伦比亚文化社会史年鉴》等刊物。一百多年来，国立大学在传播科学文化知识和进步思想等方面发挥了突出的作用，多次荣获国家颁发的"博亚卡十字勋章"。

安蒂奥基亚大学属于省立的综合性大学，位于全国第三大城市麦德林市，前身是1803年创办的弗朗西斯卡诺斯专科学校，1822年正式建校。该校设有50多个专业，为本省和国家培养了许多专门人才。

哈维里亚纳大学是全国最大的私立大学，包括理、工、医、农、人文、经济、社会服务等系科，设在首都圣菲波哥大，1622

年创办。该校以基督精神对青年进行宗教、道德和各种职业训练，设有30多个专业。

此外，比较著名的大学还有安第斯大学、豪尔赫·塔德奥洛萨诺大学、大哥伦比亚大学、桑坦德尔工业大学、山谷大学、玻利瓦尔教会大学、大西洋大学、麦德林大学等。

应该指出，哥伦比亚的正规教育还存在一些问题：第一，分布不均衡，大部分学校集中在大城市，农村和边远地区教育很不发达；第二，低收入阶层入学率较低，这也是长期存在的一个问题；第三，教育经费不足和教育经费分配不均，是制约教育发展的重要因素；第四，由于国内不安全，人才流失很严重。这些问题已引起政府的重视，相信将逐步加以解决。

（四）成人教育

为提高全民族的文化水平，政府十分重视成人教育，采取了正规教育、校外职业和技术训练、职业培训、广播电视教学和扫盲等多种形式，大力发展成人教育。

校外职业训练是全国学徒工培训局采取的一种主要形式。全国学徒工培训局在全国主要大城市设立工业、金属机械、铸造、精密工艺、电子、家具、纺织、石油化工、农业机械、计算机等学徒工训练和指导中心，作为对青年工人进行培训的重要场所。20世纪80年代，该局在全国18个大城市设有上述各类学徒工训练和指导中心。仅首都圣菲波哥大就有9个。在圣菲波哥大南部的金属机械培训中心，是哥伦比亚最大的，也是拉丁美洲最大的工业培训中心。该中心拥有最现代化的机器实验设备，可进行自动装置、工业机械、服装、纺织、制鞋、电子、钟表、内燃发动机、焊接、照相、电器、计算机等专业训练。每个专业都设有由相关企业和经济集团的代表组成的指导委员会，负责制定培养目标和培训计划，并给予具体的指导。按照规定，接受培训的学徒工每周要学习32个学时，每学期要达680学时。最近10年，仅设在波哥大南部的金属机械培训中心培训学徒工就近6万人，培养熟练技术工人达6.5万人。

广播电视教学是哥伦比亚进行成人教育的又一重要手段。它分正规教育和业余教育两种。参加初级基础知识学习者经考试合格，政府发给毕业证书，作为就业或继续接受高一级教育的依据。从1981年起，国家广播电台进行中等基础知识广播教学，规定每周星期一到星期五早、晚各一小时为广播教学时间。国家电视台开辟一个文化电视教学频道，专门进行成人的基础教育，在全国设几十个转播台站，在基层建立收视中心，方便学员收看学习。据人民培训基金会统计，每年接受广播电视教育的人数高达50万人。此外，政府还协同一些企业举办短期训练班，组织职工和农业工人学习业务，提高文化水平。

四 科学技术发展概况

哥伦比亚经济比较落后，现代科学技术并不发达。随着工业化的实施，政府积极引进外国的设备和技术，相继建立了一批科研机构和基金会组织，推动本国科学研究工作的开展。目前，哥伦比亚的科研机构大致可分为三种类型：国家领导的由各部直接掌管的科研机构、各高等院校内设立的科研机构、私人资助或私人基金会创办的科研机构。哥伦比亚的科研经费严重不足，科研力量比较薄弱，全国用于科研的经费只占国内生产总值的0.15%，全国从事科学研究工作的人员不超过2500人，主要从事基础研究和一些应用研究。

（一）哥伦比亚科学委员会

它是负责组织协调国家机关、科研部门和私人生产部门进行科学技术研究的机构。它的主要职能是：制定国家科学研究政策和全国科学技术规划，资助科研项目，组织和协调各级科研活动，负责国际科学技术合作和交流项目的谈判和科学技术协议的

第七章 教育、文化、新闻、卫生、体育

签订。为推动现代科学研究的顺利进行,政府制定的科技政策是:重视科研机构的建立,保护哥伦比亚人聪明才智的发挥,授权科研机构开展对国家重点项目的研究,提供咨询服务;为科研工作的开展创造有利条件,负责宣传和推广新的科研成果;加强基础教育,积极培养科研人才。

(二) 最重要的科研机构

哥伦比亚最重要的科研机构有:哥伦比亚语言研究所(1870年创建),哥伦比亚国家科学院(1937年创建),哥伦比亚国立大学自然科学研究所(1938年创办),卡罗和奎尔沃研究所(1943年创办),全国人类学研究所(1952年创办),哥伦比亚全国咖啡研究中心,哥伦比亚农牧业研究所,热带作物研究所,哥伦比亚核子研究所,弗朗西斯科·何塞·德卡尔达斯哥伦比亚科学研究基金会等[①]。

弗朗西斯科·何塞·德卡尔达斯是著名的新格拉纳达地理学家、植物学家和天文学家。他1771年出生于波帕扬市。1793年在圣菲大学攻读法律。毕业后从事运输业,同时自学数学和天文学,进行科学研究。19世纪初他到厄瓜多尔作植物调查,发现植物随地形高度而分布变化的现象,被认为是植物地理学的先驱之一。为测量山的高度,根据水的沸点因高度而不同的原理,发明了以温度计改制成的测高仪。1801年他发表了关于厄瓜多尔植物分布的报告。1802年在基多结识洪堡和邦普兰,随其一同考察了皮钦查、钦博拉索等火山。后又参加穆蒂斯组织的植物考察团。考察结束后,被穆蒂斯荐为圣菲天文台(南美第一座天文台)台长(1806年)。1808年创办《新格拉纳达王国周刊》,刊载了许多有关新格拉纳达地理、旅行见闻、各地区动植物地图等的科学文献。1810年参加新格拉纳达地区的独立运动,被任

---

① *Enciclopedia de Colombia* Ⅳ, pp. 210~223.

命为爱国军准将、总工程师。1816年10月被西班牙殖民当局杀害于波哥大。

在农牧业方面，为提高农业劳动生产率，20世纪60年代以来，政府积极开展以遗传变异为重点的改良品种科研活动，通过选种、育种、杂交和采用高产新品种，努力提高单位面积产量。哥伦比亚农牧业委员会积极进行试验，培育出适应从温带到热带地区各种自然条件的优质高产品种，探讨国内外农作物病虫害的预防，引进能与杂草竞争的新作物品种。目前，它在全国生态条件和人口条件有代表性地区设立23个试验中心和试验站，从事研究和技术推广工作。近10年，哥伦比亚全国咖啡研究中心推广新的品种，使每公顷咖啡的产量提高了3倍。为满足出口的需要，在鲜花和水果等产品的保鲜研究方面也取得新成就。在工业方面，无梭机车和自动机车的应用，推动了纺织工业的发展。玻璃工业实现机械化生产，胶印术在印刷业中得到了广泛采用。在炼油业方面，分馏法的采用是一项重要的技术革新成果。最近10年，由于国家对通信事业的重视，加大了在这方面的投资，并参加国际通信卫星组织，通信邮电业得到较快的发展，有利于国内信息的传播和民族经济的发展。

尽管哥伦比亚的科学技术取得了一些成就，但总的说来，科学技术水平不高，一些科研领域处于起步阶段，科学技术的发展仍未引起足够的重视，工业发展所需的设备和技术大部分仍需从国外进口。科技人才的培养和现有科技人员的外流等是急需解决的问题，这些问题阻碍着科学技术的发展。近10年来，政府制定了新的科学技术计划，决定从五个方面加强工作：加速科研机构的建立和科研设备的购置；改善生产部门的技术革新能力；加强技术转让，积极引进国外的新技术；重视社会科学的研究，寻求解决社会问题的途径和办法；提供有效的信息服务和技术咨询。

第七章 教育、文化、新闻、卫生、体育

第二节 文学艺术

一 文学

西班牙殖民者入侵前，印第安土著居民的文学水准相对较低。随着哥伦比亚的被征服，带来了西班牙文化，出现了描写"黄金时代"的一些作品。例如，征服者贡萨洛·希门尼斯·德克萨达的著作，记述了他自己进行殖民征服的经历，对重编西班牙征服史是有价值的。历史学家胡安·德加斯特利亚诺斯的著作中，有一部描写一个史诗人物的作品，他力图把这部著作与他的同胞埃尔西利亚的作品《阿劳卡姑娘》相媲美。其实，在殖民统治时期，真正有价值的作家是通哈修女院院长弗朗西斯科·何塞法·德尔·卡斯蒂略（Francisca Josefa del Castillo），她在通哈女修道院熟读阿维拉的作品后，创作了《他的一生》和《精神的苦恼》两部作品，由于她用清新朴素的散文表现形式，至今仍具有特有的魅力。

18世纪末期，开始出现宣传同时代法国新思想的政治著作，如安东尼奥·纳里尼奥翻译的《人权宣言》；卡米洛·托雷斯在波哥大对各种政治著作中所表现的法国革命思想开始进行总结。这些政治著作仅就其完善的古典风格来说，都具有值得注意的文学价值。

独立以后，西班牙文学的影响受到削弱，但是，19世纪流行于欧洲大陆的浪漫主义在哥伦比亚得到传播。在法国和英国文学的影响下，哥伦比亚出现了一批浪漫主义诗人和文学家。哥伦比亚的浪漫主义者都翻译过外国作品，是法国、意大利和英国作品的优秀翻译家。主要代表人物有：

何塞·华金·奥尔蒂斯（José Joaquín Ortiz, 1814~1892）作家，教育家，哥伦比亚浪漫主义诗歌的开创者之一。1836年与

哥伦比亚

何塞·欧塞维奥·卡罗一起创办并主编文学周刊《民族之星》,后曾主编《仁爱》、《乡村邮报》等许多报刊。1856年他创办波哥大格拉纳达学校,为哥伦比亚语言研究院创建人之一,哥伦比亚语言研究院院士,西班牙皇家语言研究院通讯院士,曾当选众议院议员。作品有《休息的时刻》、《特肯达玛布之歌》、《垦殖者》、《贡萨罗·德奥雍》等。《贡萨罗·德奥雍》是一部具有历史小说性质的叙事诗。全诗分14章,描写征服时期一个战士的经历以及他与印第安酋长的"天使"般女儿的恋爱故事。他的叙事诗至今仍被当作他所处时代的那种诗体的典范。他著有长篇小说《玛丽亚·多洛雷斯》、《失去母亲的孩子们》,剧本《苏尔玛》、《回头浪子》,史著《教会史概要》以及《西班牙语文学教材》等。

何塞·欧塞维奥·卡罗(José Eusebio Caro, 1817~1853)哥伦比亚著名诗人,浪漫主义文学的先驱,民族意识的奠基者之一。他早年在波哥大学习法律和哲学,后从事新闻工作。1836年与何塞·华金·奥尔蒂斯一起创办哥伦比亚第一份文学周刊《民族之星》,次年又办《格拉纳达人》报。1841年起为众议院议员,并任财政部长。为保守党创建人之一,曾参与创办保守党报纸《文明》。1849年与奥斯皮纳·罗德里格斯共同制定保守党党纲。次年因反对自由党何塞·伊拉里奥·洛佩斯政府的改革,流亡美国。他翻译了许多外国作品,特别是法国、意大利和英国作家的作品,发表过大量诗作和评论文章。著作有《钦波拉索的颂歌》、《致暴君》、《自由与社会主义》、《致马拉凯沃》、《告别祖国》、《流亡者的斧头》等。卡罗诗作题材广泛,他善于从生活中吸取丰富的文化营养,经过心灵的消化,滋润自己的诗篇。他早期的作品受西班牙诗人金塔纳·加略戈等人的影响,韵律舒展、自由、灵活。他的诗歌感情真挚,闪烁着时代进步思想的火花,富于强烈的感染力。后期的作品有更多英国浪漫主义诗歌的痕迹。他模仿6节音古典诗句,有时和11节的诗句交错使

第七章 教育、文化、新闻、卫生、体育

用,在韵律的运用上,富有探索和创新。他的诗作是西班牙文库中的宝贵财富①。

拉斐尔·庞博(Rafael Pombo,1833~1912) 哥伦比亚杰出诗人。早期受西班牙诗人索里亚的影响,并把雨果和拜伦奉为楷模,后来,又从民歌中吸取营养。写了题为《枯燥》的诗,显示了他浪漫主义的气质。当时哥伦比亚正处于内战,他创作了谴责暴君的作品。1855~1862年,他任驻华盛顿使馆的秘书和驻费城领事。异国的风光,磅礴的激情,现实的感受,都在他笔端凝聚成诗。此外,他还从事音乐和绘画艺术的创作,翻译古典作品,撰写评论文章。他受到英、美诗人的影响,作品具有一定的哲理性。在艺术上,竭力摆脱格律的束缚,尽量将诗歌写得简洁精练;在诗句中使用民间俗语,语言生动活泼。大自然和爱情是他诗作的两个突出主题。作品有《我的爱情》、《阿比萨格》、《空中的夏娃》、《春天的序曲》、《黑暗的时辰》、《致卡罗》、《我们昨天的叙说》、《哥伦布的塑像》、《夜》等400多首诗歌,还创作了不少儿童文学著作。《黑暗的时辰》由61节十行诗组成,对一切折磨人类心灵的问题都提出了深刻的质问,迸发出闪光的思想火花。戈麦斯·雷斯特雷波称他是"哥伦比亚最全面或许是最伟大的诗人"。

豪尔赫·伊萨克斯(Jorge Isaacs,1837~1895) 哥伦比亚著名作家,小说家。出生于卡利城附近一个富商兼庄园主家庭,早年曾受过良好的教育。1860~1863年参加过内战,支持保守党政府。战争中其父的庄园遭毁,萌发了民主思想。1864年参加圣菲波哥大文学沙龙"莫塞伊科"文学茶话会,发表《诗集》。1867年主持出版保守党周刊《共和报》。多次当选为

---

① 中国社会科学院拉丁美洲研究所编《拉丁美洲历史词典》,上海辞书出版社,1990,第107页。

哥伦比亚

众议员。1871年转入自由党，1871~1873年任驻智利领事。1875~1877年任考卡州教育局总监。参加过1876年镇压保守党反叛的战争。后弃政，参加考察瓜希拉半岛和乌拉瓦湾热带雨林。其文学创作受拜伦、雨果等作家的影响，为哥伦比亚浪漫主义文学杰出代表。大自然成为伊萨克斯描写爱情主题的美丽装饰品，其作品长篇小说《玛丽亚》被誉为感伤浪漫主义杰作。此外，还有《致考卡省友人和商人》、《安蒂奥基亚省的激进派革命》等。《玛丽亚》是用浪漫主义传统手法写成的一部优秀作品。他以考卡山谷的诗情画意景色为背景，描写主人公感伤主义的恋爱故事，讴歌了他们对理想爱情的追求，抒发出对坚贞爱情的赞美之情。作者竭力通过作品中的人物，揭示人类的崇高精神和内心世界的美，他借助作品的人物形象和故事情节，向读者表达了他对生活、对人世间一切美好思想和精神所怀有的无限深情。小说《玛丽亚》已被公认为拉丁美洲浪漫主义文学运动的杰出代表作，是拉丁美洲文学的骄傲。

19世纪末20世纪初，哥伦比亚文坛出现了一批现实主义小说家和作家，被称为"世纪学派"。其特点是大量使用习惯用语，对古典论文、爱奥尼亚式圆柱、雅典式门廊表示崇敬。他们的文学俱乐部（如"象征性岩洞"和"哥伦比亚诗坛"）是哲学辩论的中心和诗歌的摇篮。由于他们主要从事报刊工作，"世纪学派"留下的文学作品很少。但"世纪学派"中，产生了一个真正的哥伦比亚诗歌学派，即"巴伦西亚学派"。代表人物有：

何塞·亚森松·席尔瓦（José Asunción Silva，1865~1896）哥伦比亚诗人。出生于波哥大一个富商家庭。13岁弃学随父经商，广泛阅读欧洲古典名著。1884年旅欧，受爱伦堡、邓南遮和波德莱尔的影响。两年后回国。因内战家业败落，1888年终遭破产。1891年其所钟爱的妹妹夭折。1894年任驻委内瑞拉使馆秘书。1895年回国途中，因轮船失事所携带的作品手稿遗失。

第七章 教育、文化、新闻、卫生、体育

他在国外的旅行特别是在法国的旅行,启发了他以一种几乎绝望的悲观主义来表现对美学的欣赏。其作品不拘形式,注意节奏和乐感;多回忆童年生活和抒发爱情的忧伤,具有浓厚的悲观色彩。他被认为是拉丁美洲现实主义诗歌运动的先驱之一。他的作品《夜曲》,在用西班牙语写成的诗篇中被认为是最优美的诗作。遗作经后人整理,出版有《诗歌集》、《席尔瓦散文、诗歌集》和《席尔瓦全集》。

吉列尔莫·巴伦西亚(Guillermo Valencia,1873~1943)哥伦比亚著名诗人,"巴伦西亚学派"的重要代表人物。他出生于波帕扬的一个地主贵族世家。1888年入考卡大学攻读法律。保守党人。1896~1898年为众议员。后任驻外使节。1900~1904年先后任教育部长和财政部长。1908年起为参议员。1914~1918年任陆军部长。他多次代表哥伦比亚出席泛美会议,为哥伦比亚语言研究院院士和历史科学院院士。早期诗作属于古典主义,后受现代主义和法国高蹈派诗歌的影响,他的诗歌以韵律工整、节奏鲜明为特点,被认为是哥伦比亚现实主义诗歌大师,后期致力于诗歌的翻译。他的诗歌正是在法国象征主义派诗人维尔莱恩和鲍狄雷尔的影响下写出来的。他采用协调的表现手法,隐喻特别优美。代表作品《典礼》,以最完美的形式表现了"巴伦西亚学派"的风格。1929年发表的诗集《震旦》,包括了从法文本选译的中国先秦至唐宋的古典诗歌,因此,他是第一个把中国古典诗歌介绍给西班牙语读者的作家。诗集还有《波帕扬颂》、《诗选》、《诗歌全集》等。巴伦西亚代表着从冷酷的、学究式的、严密的"世纪学派"到完全相反的"新思潮"之间的过渡桥梁[①]。

---

① 《拉丁美洲历史词典》,第70页;伍·奥·加尔布雷思:《哥伦比亚概况》,湖北人民出版社,1975,第33页。

哥伦比亚

何塞·欧斯塔西奥·里维拉（José Eustasio Rivera，1889~1929） 哥伦比亚作家和诗人。出生于内瓦。1909年任波哥大高等师范学校教师、托利马教育督导。1917年获法学博士学位。保守党人，曾当选为众议员。1921年出使墨西哥。1922~1923年，参与"哥、委边界委员会"的工作。1924年出使秘鲁。1925年再次受政府委托调查马格达莱纳地区石油工人的情况。他受到现代派诗人鲁文·达里奥的影响。里维拉认为，大自然是中心主题，它是一种非常残忍、毫不宽容的力量。1921年出版诗集《希望之乡》，诗集以哥伦比亚的大自然为主题，写得极其优美。长诗《圣马特奥颂歌》，歌颂哥伦比亚独立战争的英雄安东尼奥·里卡乌尔德的业绩。1924年出版的长篇小说《旋涡》，是以主人公留下手稿的形式，叙述经过草原、深入林莽的种种悲惨遭遇的故事。作者借助故事，尽情地展现在草原和林莽中的见闻和感受，真实地描述了热带密林中橡胶工人的悲惨生活，鲜明地指出招募来的工人成为专横和暴力的牺牲品，揭示了官吏对收购商和监工的纵容行为，对橡胶林里惨绝人寰的剥削和奴役进行揭发和控诉[①]。《旋涡》被誉为"伟大的南美小说"，有的作家把它列为拉丁美洲三大小说之一，认为它可与《堂娜芭芭拉》和《堂塞贡多·松布拉》相媲美。

第一次世界大战后哥伦比亚文坛出现了新的学派。他们一方面把国外思想流派和作品介绍到国内，进行分析和评价，另一方面对前几代文学界主要代表人物的见解和风格进行检验，从而使文学摆脱了19世纪法国诗人以技巧为主格律的严格控制。这个学派中有杰出的小说家、诗人、作家、评论家、历史学家和政治家，他们对哥伦比亚文学的发展作出了贡献。

20世纪20年代末30年代初，在哥伦比亚出现了由一批青

[①] 伍·奥·加尔布雷思：《哥伦比亚概况》，湖北人民出版社，1975，第34页。

第七章 教育、文化、新闻、卫生、体育

年诗人组成的自称为"磨石与天堂"(Piedra Y Cielo)的学派。这是一个抒情学派。他们既从西班牙现代派那里找到他们所需要的思想,又从前人在表达外国文学趋向的自由风格中得到启示,他们的用词显示出西班牙语词的优美。然而,他们的精心之作虽然新奇,富于暗示而有魅力,但对于深深印上先前各学派的严格形式和严密修辞特征的文学传统,很难产生明显而持久的影响[①]。尽管"磨石与天堂"派存在时间很短暂,但哥伦比亚诗人在运用语言和表达形式的潜力方面,应归功于这一学派。主要代表人物有:

豪尔赫·罗哈斯(Jorge Rojas,1911~) "磨石与天堂"派诗人。他强烈地反对"世纪学派"墨守成规的韵律和"新学派"作品中所残存的"世纪学派"的风格,他以细致的暗示代替了占统治地位的古典明喻,以新鲜的丰富多彩的语言代替了陈旧的枯燥无味的语言。他强烈攻击哥伦比亚诗坛上被奉为神圣的人物,首先是攻击《礼仪》的作者巴伦西亚。

爱德华多·卡兰萨(Eduardo Carranza,1913~) "磨石与天堂"派诗人,深受西班牙诗人希梅内斯的影响。他善于将亲身经历融入梦境、怀念和神秘的气氛里,主张写"希望"的诗,理想的诗,赞美"前途的诗"。他的作品没有忧伤,语言细腻,明净,雅俗共赏。作品有《节日开始时的歌》、《姑娘们的身影》、《放声高歌》等。

此外,安东尼奥·加西亚(Antonio García)的短篇小说集《哥伦比亚》,描写了工人的生活。1952年作家和评论家豪尔赫·萨拉梅亚(Jorge Zalamea)出版了《伟大的布隆敦·布隆达之死》,揭露了当年独裁者戈麦斯的血腥暴力统治。他还代表哥伦比亚出席了1952年保卫和平大会,是世界和平理事会的理事。

---

① 伍·奥·加尔布雷思:《哥伦比亚概况》,湖北人民出版社,1975,第35页。

哥伦比亚

文学家和社会活动家巴尔多梅罗·萨宁·卡诺是以批判性作品而著名，1944年曾发表《哥伦比亚文学史》。第二次世界大战期间，他反对法西斯战争，战后成为和平运动积极参加者，曾获"国际和平奖金"。

20世纪60年代，拉丁美洲文坛出现一批题材广泛、思想深刻、表达手法多样的新作品，引起了全世界的普遍注意。哥伦比亚最伟大的作家加夫列尔·加西亚·马尔克斯，创作了格调新颖的著名长篇小说《百年孤独》，荣获1982年诺贝尔文学奖，把哥伦比亚文学艺术推到一个更高发展阶段。

加夫列尔·加西亚·马尔克斯（Gabriel Garcia Marquez, 1928~ ） 最著名的现实主义作家，拉丁美洲当代文学代表人物之一。他出生于马格达莱纳省阿拉卡塔卡镇一个贫寒的家庭；童年是在外祖父家度过，自幼酷爱文学。1940年迁居波哥大后，进入教会学校读书；毕业后进入国立大学攻读法律。但中途弃学，先后在巴兰基利亚和波哥大任《先驱报》和自由党日报《旁观者报》的记者。1954年出任《旁观者报》驻欧洲记者；1957年到加拉加斯任《时代》和《埃利特》杂志记者；1959年任古巴通讯社驻波哥大分社社长。1961年起移居墨西哥从事电影剧本写作，并任新闻记者和时事评论员。1973年智利发生政变后，回国参加政治活动，参与创建左派运动"坚定者"，并主编《选择》杂志。1981年遭受军事迫害，到墨西哥驻波哥大使馆避难。之后长期旅居墨西哥。主张文学应该干预社会，反映拉丁美洲的社会现实。作品表现了外国资本、地主寡头、军人、教会对劳动人民的剥削和压迫，抨击寡头独裁统治，批评社会时弊。创作方法受卡夫卡、福克纳的影响，将真实与虚幻结合起来形成了自己的独特风格。他的作品善于运用喜剧、讽刺、神话与幻想等手法。1982年以长篇小说《百年孤独》荣获诺贝尔文学奖。主要作品还有中篇小说《没有人给他写信的上校》，长篇小

第七章 教育、文化、新闻、卫生、体育

说《恶时辰》、《家长的没落》，短篇小说集《格兰德大妈的葬礼》、《记一桩大事张扬的凶杀案》等。

《百年孤独》以虚构的马孔多小镇为背景，通过布恩迪亚家族的兴衰反映了哥伦比亚近百年的历史变迁：通过对移民开发、党派之争、内战、帝国主义侵略、军事独裁统治、广大群众的爱国民主运动等的描写，再现了哥伦比亚和整个拉丁美洲近百年历史和各个时代的社会面貌。《百年孤独》不同于传统的现实主义小说，作者置历史事实于神话史诗般的气氛之中，以丰富的想象和奇妙的构思，打破了主观世界与客观世界之间的界限，使人物在更广阔的天地间自由翱翔，从而摆脱了传统小说的手法。加西亚·马尔克斯被誉为"当代拉丁美洲最著名的作家之一，也是当代最优秀的艺术家之一"[①]。

达维·桑切斯·胡利奥（Davi Sanchez Julio, 1945~ ）哥伦比亚作家，唱片和录音文学的开拓者。他的作品有《诺亚方舟》、《拉卡·曼达卡的故事》、《在罗里卡镇没有预言家》、《老子仍是王》等。爱情小说《老子仍是王》通过对几对不同类型青年的爱情悲剧的穿插描写，反映了20世纪30年代拉丁美洲带有普遍性的社会现实，对土皇帝似的官僚政客的丑恶嘴脸进行了淋漓尽致的揭露，对大男子主义、重男轻女、金钱至上等腐朽思想做了一定程度的批判。作品构思精巧，寓意深刻，书中穿插民歌民谣，手法独特，拨动了读者的心弦。该小说荣获1983年哥伦比亚"普法萨·简"小说奖。

二 戏剧

哥伦比亚戏剧作品不多。独立时期的费尔南德斯·马德里（Fernández Madrid）和何塞·华金·奥尔蒂斯是民族戏

[①] 朱景冬：《加西亚·马尔克斯》，四川人民出版社，1999。

剧的创始人。他们既用古典的题材,又利用民族的传统进行创作。他们的短篇戏剧作品大部分已遗失。19世纪浪漫主义剧作家中,唯一有作品幸存下来的是圣地亚哥·佩雷斯(Santiago Perez)。

在20世纪的剧作家中,安东尼奥·阿尔瓦雷斯·耶拉斯(Antonio Alvarez Lleras)属于"世纪学派"。作品中的对白和对人物性格的描写,表现了他的真正戏剧创作才能。他的历史剧《索利斯总督》被当作拉丁美洲戏剧的重要作品之一。阿图罗·卡马乔·拉米雷斯(Arturo Camacho Ramirez)的作品《卢纳·德阿雷纳》,富于传奇色彩,有艺术价值。

哥伦比亚现代戏剧没有创作出重要的戏剧作品,但是,戏剧创作已引起广泛注意,圣菲波哥大每年举行戏剧比赛,国家电视台对此给予积极的鼓励。

三 音乐

殖民统治时期,哥伦比亚音乐带有明显的教会色彩。独立以后,世俗音乐才得到发展。到19世纪中叶,出现了作曲家何塞·华金·瓜林(José Joaquín Guarin, 1825~1854),他是抒情诗体的开拓者,创作有《协奏曲》、《畅想曲》和一些民歌,备受现代人称赞[1]。

胡利奥·克贝多·阿尔贝洛(Julio Quevedo Arvelo, 1829~1896) 哥伦比亚作曲家。出生于诗人世家。由于他追求实效和情节过于虚假,他的礼拜仪式音乐并不符合宗教的戒律,他最流行的作品是著名的《黑色的弥撒》、《蓝色的弥撒》[2]。

何塞·马里亚·庞塞·德莱昂(José María Ponce de León, 1846~1882) 哥伦比亚现代派音乐家,胡利奥·克贝多的朋

---

[1] *Enciclopedia de Colombia* IV, p. 87.
[2] *Enciclopedia de Colombia* IV, pp. 87-88.

第七章 教育、文化、新闻、卫生、体育

友。早年从事音乐。1860年革命时曾在政府任职。1867年曾到巴黎音乐学院学习音乐。创作了《和平赞歌》和《你好》。他同时是19世纪哥伦比亚两个歌剧《埃斯德尔》和《弗洛林多》的作者①。

安德烈斯·马蒂内斯·莫托亚（Andres Martinez Montoya，1869~1933） 哥伦比亚音乐家。他的启蒙老师是胡利奥·克贝多。之后进入全国音乐学院，从事小提琴教学工作，培养出一批小提琴演奏家，为共和国争得了荣誉。他曾担任"班达"（Banda）音乐学院的领导职务19年，推动了露天音乐会的繁荣。

豪尔赫·W. 普里塞（Jorge W. Price，1853~1953） 哥伦比亚作曲家。早年留美学习音乐，开始音乐创作，1882年创办全国音乐学院，并担任院长直到1887年。这期间，该校有雄厚的师资力量，有出色的管弦乐队，经常演奏意大利等国家的优秀音乐，培养和造就出一代音乐家。几乎哥伦比亚有成就的音乐家大都出自这所学院。

奥雷斯特·辛迪奇（Oreste Sindici，1837~1904） 意大利作曲家。他跟随埃吉斯托·佩特里利领导的歌剧团来到哥伦比亚，后定居哥伦比亚。在波哥大音乐学院从事音乐教学工作，以拉斐尔·庞博的词创作出一系列儿童流行歌曲。1887年，他把拉斐尔·努涅斯创作的描写哥伦比亚独立战争的史诗谱成歌曲，并在同年11月11日卡塔赫纳独立纪念日上演奏，获得巨大的成功。这支歌曲后被定为哥伦比亚国歌②。

20世纪著名的音乐家有：吉列尔莫·乌里维·奥尔古因（Guillermo Uribe Holguin，1880~1971），著名的哥伦比亚作曲家。年轻时进入全国音乐学校学习小提琴，1907年赴巴黎留学，

---

① *Enciclopedia de Colombia* Ⅳ, pp. 88–89.
② *Enciclopedia de Colombia* Ⅳ, p. 90.

哥伦比亚

是法国音乐家宾森特·德印迪的学生。回国后,曾担任全国音乐学校的校长职务25年。他深受法国音乐的影响,用自由旋律,创作了许多优秀交响乐。其作品有相当高的造诣,他谱写的钢琴曲《人民情感片断》,成功表现了富有乡土气息的节奏和旋律[①]。

安东尼奥·马里亚·巴伦西亚(Antonio María Valencia,1902~1952) 哥伦比亚作曲家、钢琴家。出生于卡利。先后在波哥大国立音乐学院和法国巴黎圣咏学校学习音乐。1933年创办卡利音乐学院,任院长(后该院以他的名字命名)。1937~1938年任波哥大国立音乐学院院长。作品以本国题材为主,主要有钢琴、小提琴和大提琴协奏曲《考卡人的激情》,管弦乐曲《笛号和班布科乐曲》,宗教音乐《安魂弥撒曲》以及许多室内乐和歌曲等。

与其他拉丁美洲国家一样,哥伦比亚拥有富有自己民族特色的音乐。安第斯地区的巴步科舞曲、瓜比纳民间歌谣、托尔贝利诺舞曲、马西略舞曲纯朴优美。加勒比海沿岸的昆比亚舞曲、梅伦盖舞曲、放牛场之歌、波罗舞曲等曲调悠扬。奥里诺科平原的霍罗波、加莱隆、巴萨赫等具有鲜明的民间乡土特色。

如今,哥伦比亚音乐仍保留着最纯朴、最典型的安第斯山区民歌的忧郁情调。这种民歌是用吉他琴、哥伦比亚12弦男高音吉他琴以及竖琴或齐特拉琴来表现自然的真实,为歌唱家们单纯而自然的歌声伴奏。但是,巴步科、瓜比纳、托尔贝利诺、波罗、昆比亚等舞曲和其他类型的音乐,基本上都流行于民间。

四 绘画

哥伦比亚绘画成果较多,绘画创作也比较活跃。在殖民统治时期,绘画以宗教题材为主。哥伦比亚的绘画是

---

① *Enciclopedia de Colombia* IV, p. 92.

第七章 教育、文化、新闻、卫生、体育

从格雷戈里奥·巴斯克斯·阿尔塞—塞瓦略斯（Gregorio Vasquez de Arce y Ceballos，1638～1717）开始的。他是殖民时期拉丁美洲最著名的画家之一。出生于圣菲波哥大。他童年时酷爱绘画艺术，以模仿开始，表现出了杰出的艺术天才。他曾受到巴托洛梅·埃斯特万·穆里略（Bartolome Esteban Murillo）和加斯帕·努涅斯（Gaspar Nuñez）的影响。他创作的作品，是以娴熟的技巧，丰富的灵感和奇异的构思而著称。他创作了许多宗教题材的作品，如《圣母玛丽亚与小孩》、《圣母玛丽亚的贞洁和桂冠》、《圣诞节与主教的崇拜》、《圣母玛丽亚与可爱的孩子》。他的绘画作品都完好地保存在国家和圣菲波哥大许多教堂和殖民时期艺术博物馆里。[①] 17世纪的其余绘画作品也是宗教题材的绘画和肖像画。但是，弗朗西斯科·哈维尔·马蒂斯（Francisco Javier Matiz）等人关于"植物考察团"工作的绘画是很有艺术价值的。

18世纪和19世纪，哥伦比亚没有创作出有价值的绘画作品。19世纪初，哥伦比亚的画家都曾受到新古典派和风俗派的影响，如何塞·马里亚·埃斯皮诺萨（José María Espinosa）、拉蒙·托雷斯·门德萨（Ramon Torres Mendez）、阿尔维托·乌尔达内塔（Alberto Urdaneta）。他们不仅从事肖像画，而且从事油画、风景画和图案画的创作，也创作的反映哥伦比亚农民生活的油画作品灵巧洒脱，很受欢迎。乌尔达内塔还创建了全国艺术学校[②]。

19世纪末20世纪初，哥伦比亚出现了神秘主义画家圣地亚哥·巴拉莫（Santiago Paramo）、肖像画家埃皮法尼奥·加拉伊（Epifanio Garay）、多样派画家里卡尔多·阿塞贝多·贝尔纳尔（Ricardo Acevedo Bernal）和印象派画家安德烈斯·德圣玛丽亚

---

① *Enciclopedia de Colombia* Ⅳ, pp. 17–23.
② *Enciclopedia de Colombia* Ⅳ, pp. 34–40.

(Andres de Santamaria, 1860~1945)。肖像派画家埃皮法尼奥·加拉伊介绍过古典学派的作品。由安德烈斯·德圣玛丽亚所引进的印象派，在当代画家伊格纳西奥·戈麦斯·哈拉米略（Ignacio Gomez Jaramillo）的作品中得到反映。当代绘画主要代表人物有亚历杭德罗·奥夫雷贡（Alejandro Obregon）、恩里克·格劳·阿劳霍（Entique Grau Araújo）和圣地亚哥·马丁内斯·德尔加多（Santiago Matinez Delgado）等。其中马丁内斯·德尔加多的著名历史壁画，装饰在哥伦比亚国民议会大厦的中心厅里①。

另外，教堂装饰用的木刻曾经有过高度发展，贝坦库尔是现代著名的雕塑艺术家。在建筑方面，哥伦比亚殖民时期的建筑反映了西班牙文化和印第安文化融合的特色。印第安工匠在西班牙艺术家的指导下，创建了许多著名建筑物，如波哥大大教堂的萨格里奥礼拜堂、通哈圣多明各大教堂的罗萨里亚礼拜堂等。到20世纪，哥伦比亚的建筑从殖民地时期的风格跳跃到现代主义风格，追求传统和新颖的结合。20世纪30年代，哥伦比亚上层人士热衷于建造具有教堂风格的住宅，便是这种倾向的表现。在1965~1972年间，罗赫利奥·萨尔莫纳用表现主义手法建造的"花园住宅"，使人们联想到英国斯图加特的罗密欧与朱丽叶区，而它的内部庭院设计则深受意大利艺术风格的影响。此外，卡塔赫纳城的贵宾饭店是近年来拉丁美洲最伟大的建筑作品之一。

第三节 新闻出版业

在西班牙殖民统治时期，哥伦比亚新闻出版事业几乎是一片空白；独立之后才得到了迅速发展。哥伦比亚报业的发展与政党的关系极为密切，几乎所有重要报纸都是由以两

---

① *Enciclopedia de Colombia* IV, pp. 46-54.

第七章 教育、文化、新闻、卫生、体育

党为背景的大家族所创办。哥伦比亚的新闻工作由政府实行管理，具体由邮电通信部负责。它领导全国电台、电视台协会，批准外国通讯社或其他新闻机构在哥伦比亚建立分社，或派出记者。哥伦比亚的新闻宣传有较大独立性和自由性，不实行新闻检查，各党派团体均可自由出版刊物，发表自己的政治见解，但不准宣传游击队和武装斗争，不允许同游击队有任何的联系。新闻机构由报刊、电台和电视台、通讯社三大类组成。

哥伦比亚原来没有国家通讯社，由总统府新闻秘书处每天发布消息，向首都四大报纸和主要电台、电视台免费发送消息，向外国通讯社发布消息提要，向各报社、电台、电视台和外国通讯社散发油印新闻稿。成立于1981年的哥伦比亚新闻社（Agencia de Noticias Colombiana，缩写 ANCOL），是哥伦比亚最大的通讯社，负责向全国近20家报纸和电台提供新闻。

一 报纸杂志

哥伦比亚宪法规定新闻自由，但必须保证不进行诽谤性的、低级的宣传和可能造成扰乱社会治安的行为。总的说来，新闻自由受到普遍的尊重，新闻质量得到拉丁美洲人的普遍认可。所有的哲学家、著作家、评论家、诗人、职业政治家和社会名流，都可在全国性报刊上发表文章，几乎每家报纸都开辟有"文化专页"或"文学增刊"，为他们提供发表言论的场所，每个作家也需要某种固定收入来维持生活，这种需要把许多文化精英带到新闻界来。此外，世界各国的文化信息主要通过每天的报纸渗透到哥伦比亚人的生活中来。也许正是由于这些原因，大量的哥伦比亚文学作品发表在报纸和期刊上。

哥伦比亚的报纸杂志种类繁多，各地方均有自己的报刊，但没有官方名义出版的报纸。全国约有400种报刊，内容极其丰富，除了国内重要新闻外，国际新闻亦能以公正的态度进行报

道。具有时代特征的信息,如体育运动、无线电节目、电视新闻等受到普遍欢迎。有关公共卫生、个人健康和道德规范的报道篇幅逐渐增多,表现出报刊所承担的道德教育责任。关于社会上各种庆祝活动和对去世公民的赞扬的报道在减少。当然,商业广告和各种信息传播受到热烈的欢迎。

刊物包括周刊、双周刊、月刊和季刊,文学性、专题性和政治性的刊物也很多。虽然它们的发行量不如全国性日报那么大,但是,它们的质量是值得称道的。近30年,无线电广播和电视业迅速发展,并同报刊展开激烈竞争。哥伦比亚人仍然希望通过报纸、广播、电视获得各种信息。

较有影响的主要报刊:

《时代报》(*El Tiempo*) 1911年创办。它是自由党正统派的全国性日报,是哥伦比亚影响最大的一份报纸。创始人是阿方索·比列加斯·雷斯特雷波。1913年《时代报》转到爱德华多·桑托斯家族手里。该报的方针:自立、拥护民主、为自由主义服务。该报的文风和使用的语言在全国新闻界享有盛誉。日发行量在25万~30万份。报社设在首都圣菲波哥大。

《旁观者报》(*El Espectador*) 1887年,在菲德尔·卡诺领导下在麦德林创刊,是历史最悠久、影响较大的一家全国性的自由党报纸。目前,该报资产属于卡诺和伊萨莎公司。日发行量约25万份。报社设在首都圣菲波哥大。

《世纪报》(*El Siglo*) 1936年由保守党人劳雷亚诺·戈麦斯和何塞·德拉贝加创办。属于保守党阿尔瓦罗派发行的全国性日报。资产属于世纪报出版公司。日发行量6.5万份。报社设在首都圣菲波哥大。

《共和国报》(*La República*) 1954年由保守党人、前总统马里亚诺·奥斯皮纳·佩雷斯创办。属于保守党奥斯皮纳—帕斯特拉纳派发行的日报。日发行量在5.5万份。报社设在首都圣

第七章 教育、文化、新闻、卫生、体育

菲波哥大。

《哥伦比亚人》(*El Colombiano*)　1912年创办，是保守党人发行的全国性报纸。该报以自由撰稿和评议著称，是安蒂奥基亚地区人利益和愿望的表达者。日发行量7.8万份。报社设在麦德林市。

《国家报》(*El País*)　保守党人在卡利市发行的一份报纸。

《加勒比日报》(*Diario del Caribe*)　保守党人在巴兰基利亚发行的日报，在大西洋沿岸各省有很大影响。

《新闻报》(*El Heraldo*)　1932年创办，自由党人在大西洋沿岸发行的一份报纸。资产属于新闻公司。报社设在巴兰基利亚市。

《民族报》(*La Nacional*)　自由党人在巴兰基利亚市发行的大版面晚报。

《晚报》(*El Vespertino*)　自由党人在首都发行的全国性晚报，其特点以清雅文风见长。资产属于卡诺和伊萨莎公司。

《空间报》(*El Espacio*)　1965年创办，属于自由党人在首都圣菲波哥大发行的地区晚报。该报的政治态度温和，文字清新，是有一定影响的晚报。

《自由先锋报》(*La Vanguardia Liberal*)　1919年由汉德罗·加尔比斯·加尔加斯创办，属于自由党人在布卡拉曼加市发行的地区性日报。

《西方报》(*El Occidente*)　1961年创办，属于保守党人在卡利地区发行的日报，在太平洋沿岸各省有较大影响。

《海岸日报》(*Diario de Costa*)　1916年创办，属于保守党人在卡塔赫纳市发行的地方性报纸。该报经常刊载有关卡塔赫纳历史和文化的作品，以适应卡塔赫纳旅游业的发展。

《边疆日报》(*Diario de La Frontera*)　1951年创办，属于保守党人在库库塔市发行的地方性日报。

《祖国报》(*La patria*)　　1921 年创办,属于保守党人在马尼萨莱斯市发行的地区性日报,在首都圣菲波哥大和咖啡种植区发行。

《邮报》(*El Correo*)　　自由党人在麦德林市发行的地区性报纸[①]。

除此之外,各省首府也都发行日报和晚报,如《东方报》、《自由报》、《信息报》、《纳里尼奥日报》、《金蒂奥日报》、《舆论报》、《时代晚报》、《基拉尔多特之声》(晚报)等。哥伦比亚各左派组织和群众团体都有自己的机关报,如《红色论坛报》、《无产者之声》、《新民主》、《信使报》等。

哥伦比亚的杂志很多。各高等学校、研究机构和经济部门出版的多是专业性杂志。主要杂志有:

《万花筒》(*El Cromos*)　　全国性的综合周刊,刊载国内重要社会新闻、艺术、娱乐和花边文学,以及妇女感兴趣的各种趣闻。该刊图文并茂,深受各阶层人士的欢迎,发行量在 3 万份。

《星期》(*La Semana*)周刊　1946 年自由党人阿尔维托·耶拉斯·卡马戈创办。该刊以国内政治评论为主,对文化、艺术、经济等内容也有所涉及。

《哥伦比亚经济》(*Economía Colombiana*)　　月刊,共和国总审计署出版,重点对国家的社会经济进行调研和分析,是一份比较严肃的学术性刊物。

《共和国银行杂志》 (*Revista del Banco de La República*) 1927 年创刊,它是共和国银行提供最新经济信息、经济和金融统计的月刊,是一份较权威性的刊物。

《经济行情》(*Coyuntura Económica*)　　双月刊,是私人研究机构"高等教育与发展基金会"出版的杂志,主要对本国的

---

① *Enciclopedia de Colombia* Ⅳ, pp. 231 – 239.

第七章　教育、文化、新闻、卫生、体育

经济形势及其前景进行分析和预测，也对安第斯地区国家的经济发展进行分析和预测，备受官方经济部门和企业家的重视。

《计划与发展》、《经济与金融战略》、《经济综览》等也是有影响的经济刊物。《历史与考古学周刊》是哥伦比亚历史科学院出版的学术刊物，经常反映历史科学研究的最新成果。《安第斯大学学报》、《哈维里亚纳杂志》等是大学的学术性刊物，也都反映高等学校当前教学和研究的最新成果。此外，还有《向导》、《新边疆》、《口号》等周刊。哥伦比亚的报纸杂志均用西班牙文出版。

哥伦比亚有两个新闻工作者组织：一是哥伦比亚新闻工作者协会，是全国性的新闻机构，在各地设立分会；二是外国记者协会，由驻哥伦比亚的外国记者组成，中国新华社驻圣菲波哥大记者于1979年8月正式加入该协会。

外国通讯社或新闻机构向哥伦比亚派出记者，需得到邮电通信部的批准，在圣菲波哥大商会登记注册，到教育部办理手续，最后领取记者证。目前，在哥伦比亚派有记者的外国通讯机构有美联社、合众国际社、法新社、路透社、埃菲社、新华社、安莎社、拉美社，以及美国、墨西哥、阿根廷、韩国等国家的一些报刊、电视台。

二　出版业

哥伦比亚出版业在拉美地区处于中等水平。20世纪70年代以来，哥伦比亚出版业发展较快。其原因是：（一）政府对图书出版业实行优惠政策。1973年政府颁布《书刊法》，规定对本国出版物及进口纸张均不收税，出版图书也不收营业税（不包括利润上缴），这些措施吸引了一批西班牙的出版公司。（二）公共图书馆的发展。1977年在哥伦比亚的174个城市有图书馆约200个；到1990年，图书馆数目上升到1280个。

哥伦比亚

在现代化建设过程中,哥伦比亚政府依然保持着注重文化建设的好传统。其中哥伦比亚官方图书馆在繁荣文化事业中发挥着积极作用。公共图书馆的发展促进了图书采购,提高了人们的读书热情。(三)图书商在促进图书出版方面发挥了积极作用。该商会成立于1951年,20世纪90年代初,有会员115个。该商会积极鼓励图书创作和出版。为此,从1988年起,在每年举行的国际博览会上举办各种创作评奖活动。

在政府和图书商的推动下,哥伦比亚出版事业快速发展,图书的产量不断提高,出口也不断扩大。自1974年起,哥伦比亚出版图书的种类以每年20%的速度在增长,从当年的848种猛增到1978年的2000多种,成为拉美地区仅次于巴西、阿根廷和墨西哥的第4大出版国。1983年出版图书3273.7万册,1984年上升到11870万册。与此同时,哥伦比亚图书出口也不断扩大。1980年图书出口额为2410万美元,1990年达到5790万美元,在当年拉美国家图书出口中居第1位,在世界图书出口国中居第15位。1995年图书出口额增长到8500万美元,在拉美仅次于墨西哥居第2位,并成为拉美地区各国中唯一有图书贸易顺差的国家。

主要的出版社有:国家出版社,哥伦比亚图书社,克罗莫斯出版社,帕克斯出版社,哥伦比亚人民文化图书出版社,新世界出版社,卡瓦哈尔出版社,辛科出版社,等等。卡瓦哈尔出版公司以出版科学类图书为主;辛科出版社以出版哲学、社会科学及参考资料为主;哥伦比亚印刷出版股份有限公司出版各类书籍;诺尔马出版社则出版文学、历史及社会科学等图书[①]。

---

① 《简明拉丁美洲百科全书(含加勒比地区)》,中国社会科学出版社,2001,第340~341页。

第七章 教育、文化、新闻、卫生、体育

三 哥伦比亚的公共图书馆

哥伦比亚公共图书馆事业的发展得到政府的鼓励和支持。在20世纪前期召开的第二届全国图书馆会议上，教育部长高度赞扬了官方图书馆在知识和文化信息的传播方面所起的作用，同时发出哥伦比亚要成为拉美乃至世界书刊阅读率最高的国家之一的号召。毫无疑问，哥伦比亚的公共图书馆将为实现这一目标作出巨大的努力和杰出的贡献。公共图书馆包括官方图书馆和地方公共图书馆。官方图书馆包括国家图书馆，政府各部直接管理的图书馆，以及共和国银行所属的路易斯·安赫尔·阿朗戈图书馆等。地方公共图书馆却分布在全国各省市社区。

（一）哥伦比亚国家图书馆（La Biblioteca Nacional de Colombia）

国家图书馆是哥伦比亚最重要的官方图书馆。国家图书馆历史悠久，其前身为圣菲波哥大皇家公共图书馆，创办于1777年1月9日，是拉美最古老的图书馆之一。当时藏书仅有2万册。馆址设在现今的总统府圣卡洛斯宫（又称纳里尼奥宫）。首任馆长安塞尔莫·阿尔瓦雷斯是位牧师。1790～1819年，古巴人曼努埃尔·德尔索科罗·罗德里格斯任馆长。图书馆的藏书曾为争取哥伦比亚独立的爱国运动的发展起了积极作用。1823年12月，政府颁布法令，征集私人藏书，并更名为国家图书馆。然而，在19世纪中叶哥伦比亚自由党人和保守党人之间爆发的内战中，图书馆一度成为兵营，馆藏图书也大量丢失。20世纪30年代阿方索·洛佩斯·普马雷霍执政期间（1934～1938），国家十分重视文化遗产，拨款兴建新图书馆大楼，1938年7月20日，正式迁入由著名建筑师阿尔贝布托·威尔斯·费罗设计的现馆址。第二次世界大战后，政府十分重视充实国家图书馆的馆藏。1948年政府颁布第2937号法令规定，凡政府部门和官方出

哥伦比亚

版社在新书出版后 8 天，必须给国家图书馆寄送 100 册，以用于馆藏及同国内外有关单位交换；1982 年政府颁布第 23 号法令又规定，所有出版单位必须给国家图书馆寄送样书 2 本，给国立大学图书馆 1 本，给国会图书馆 1 本，给卡罗—奎尔沃研究所 1 本。这项法令反映了政府保存和保护本国文化遗产的决心。它实施后，不仅丰富了国家的藏书，而且强化了人们重视和保护文化遗产的意识。

哥伦比亚国家图书馆隶属于国家文化委员会，现有藏书 463 万册，报刊 1500 种。其中有很多是著名人士捐赠的私人图书珍藏本。国家图书馆通过不断印发馆藏目录来扩大宣传，并为读者提供最新信息，成为全国最重要的文献中心。馆内藏有 3 万册 18 世纪以前的出版物、500 件手稿和 40 册古版珍本，其中有不少是关于南美洲和新格拉纳达的发现及其历史的珍本，如 1674 年马德里出版的《新格拉纳达王国史》、1672 年昆卡出版的《西印度群岛征服史》及 40 多部古典作品。有 200 余年馆史的国家图书馆历任馆长多达 53 位。该馆是伊比利亚美洲国家图书协会创始单位。哥伦比亚国家图书馆参加了"伊比利亚美洲国家图书馆现藏古籍书目"的编辑工作。在图书信息事业现代化进程中，它已与世界上许多著名图书馆建立了互联网。此外，它还在各省筹建文化遗产图书馆，以推动各省重视和保存地方文化遗产，培养城市公民的历史观念，并实现国家图书馆的藏书分散保存的目的。此外，国家图书馆与同属文化委员会领导的全国公共图书馆体系保持着密切的联系。目前，该体系共有 1360 个图书馆，分布在全国 1036 个城镇，但其基础是各省省会的图书馆。国家图书馆不仅协助该文化委员会制定全国公共图书馆事业发展战略和措施，而且还在该体系中起着核心和协调作用。

（二）部属图书馆

哥伦比亚政府原有 16 个部，现政府把 16 个部合并为 13 个

第七章 教育、文化、新闻、卫生、体育

部。各部都设有自己的图书馆或专业信息中心。部属图书馆有如下的特点：(1) 馆藏图书的专业化程度高。馆藏所有图书大都与各部的业务相关。因此它们基本上是属于专业性或半专业性的图书馆。近几年来，为了增强图书馆的吸引力，很多部属图书馆也都扩大了馆藏范围。部属图书馆的馆藏主要来自本部的出版物，但各图书馆也通过外购、赠送和交换等方式不断扩大和丰富藏书量。(2) 对社会实行开放。部属图书馆的服务对象虽然以部内读者为主，但它们无一例外地都向社会开放，特别是对大学生和研究人员开放。他们凭学生证或有关证件，即可自由进入部属图书馆。据不完全统计，平均每天接待 50 多名外来读者。(3) 图书管理工作比较现代化。在哥伦比亚公共管理高等学校的配合下，部属图书馆从 1989 年起陆续引进计算机等管理手段，并着手建设信息网络体系。经过几年的努力，目前各图书馆正向联机联网的方向发展。但是，要实现联机联网，首先要搞好资料建设、信息标准化建设、人员队伍建设、现代通信线路建设等。由于资金缺乏，这一工程进展还不够理想。

(三) 路易斯·安赫尔·阿朗戈图书馆 (La Biblioteca Luis Angel Arango)

它是共和国银行所属的图书馆，其馆藏图书质量高、提供服务好，在全国堪称最佳，特别是图书馆于 1990 年 4 月迁入新建的大楼后，更给人以耳目一新的感觉。

该图书馆成立于 1932 年，当时藏书虽然不多，但都是图书中的精品。1994 年的藏书已达到 50 万册。此外，它还有 1.1 万种杂志和 1200 种报纸。在路易斯·洛佩斯·德梅萨报刊阅览室里保存着哥伦比亚 19 世纪出版的完整的报纸。图书馆的馆藏包括不少稀有版本和手抄本、视听材料、地图、报刊、档案、画册等。近几年来，由于社会对科技信息要求的激增，图书馆特别注意收集科技书籍和信息，其中很多信息已复制成缩微胶片。

从1980年起，该图书馆陆续在共和国银行的卡塔赫纳、伊瓦格、马尼萨莱斯等12个城市的分行设立分馆。这些分馆与首都的图书馆保持着密切联系，从而把其服务扩大到全国各主要大中城市。

阿朗戈图书馆是全国最受读者欢迎的图书馆之一。据不完全统计，去该图书馆的普通目录厅和专业目录厅查询书目的人数，平均每年超过百万人次。其中一个重要的原因是图书馆能及时印刷出新书书目，新书上架时间快，因而深受读者欢迎。为了扩大图书馆的影响，该图书馆还对有组织的参观活动免费提供导游。馆内的宗教艺术博物馆陈列着哥伦比亚各个时期的宗教艺术精品，全年向社会开放。此外，还提供许多特殊服务，如供儿童和盲人专用的阅览室；开办英、法、德语自学班，并配备教师定期辅导。图书馆的书店还廉价销售共和国银行的出版物，并以优惠价格出售国内主要出版社的出版物，等等①。

四　广播和电视

1928年，哥伦比亚设立第一座广播电台，主要提供商业性服务。第二次世界大战后，随着经济社会的发展，广播事业得到有力的推动，1954年又出现电视。之后，广播电视事业得到迅速发展。目前，全国共有582家广播电台。国家电台是唯一的国营电台，1940年创建于波哥大。哥伦比亚广播公司、全国广播公司和"托德拉尔"电台为三家较大的私人广播公司。此外，各省均有地方电台。全国共有电视台15家，其中有3家全国电视台为国家所有，分别为7频道（当地称"一台"）、9频道（当地称"二台"）和11频道（当地称"教育台"）。但"一台"和"二台"租给私营的宣传广告公司，"教

---

① 《简明拉丁美洲百科全书（含加勒比地区）》，中国社会科学出版社，2001，第312页；《拉丁美洲研究》1995年第4期，第50~51页。

第七章 教育、文化、新闻、卫生、体育

育台"由国家直接掌管，只播送教育文化节目。这3个电视台总部均设在圣菲波哥大，各地进行转播。此外，各城市都有自己的广播电台和转播电视台，还有大量的商业电视台。蜗牛电视台、RCN电视台、CMI电视台为私人电视机构。1979年12月开播彩色电视节目。"一台"每天从早上7点到晚上12点播送，向全国转播。"二台"每天播放时间是中午12点到晚上12点，转播的区域比"一台"要小些。"教育台"仅周三周四两天有节目，播送范围更小。在一些边远地区，只能收到"一台"节目。全国最大的私营宣传广告公司有3家，分别是：哥伦比亚广播网、泛美电视电台网、"庞切"公司。据说电视"一台"、"二台"每天60%以上节目是由这3家公司提供的。

根据哥伦比亚法令规定，国内设立的各种频率的广播、电视和电信业务都归邮电通信部统一管理。在国家处于紧急状态时，政府可以行使检查制度。法令还规定，广播必须以哥伦比亚音乐为主。国外节目的转播必须得到批准，在国外录音的广播也必须经过审查批准。电台播放的节目包括流行音乐、古典音乐、新闻、采访记、丰富多彩的娱乐节目、戏剧、体育新闻、幼儿节目和外国节目。

邮电通信部下设有全国广播电视委员会和全国广播电台联合会。目前，直属全国广播电台联合会领导的电台有哥伦比亚广播电台和全国电视台。

哥伦比亚广播电台（Caracol），依靠国家基金，为政府所控制，归教育部管辖。它在文化传播方面很有特色，大大地提高了公众的欣赏能力。它在首都有强有力的发射机，与卡利、麦德林、巴兰基利亚等地的发射台有联系，向全国广播节目。从1981年起，国家广播电台进行中等基础知识广播教学，每周星期一到星期五，早晚各1小时为教学广播时间。此外，国家电视台开辟了一个文化电视教学频道，专门进行成人基础教育，并在全国设 27 个转播站，使全国 550 个市的人都能收看①。

人民文化行动（ACPO），是主办教育的电台。1947 年开办，专门组织不识字的农民读书、写字、学文化。全国有 9 台发射机，下设广播学校，辅助这项广播教学工作的开展。还有 1 家报纸，1 个图书馆，发行各种小册子，举办各种讲座，帮助农民提高文化水平。

据全国 7 大城市家庭调查，有收音机的家庭占 90.8%，有电视机的家庭占 61.2%，全国 90% 以上的人均有条件收听无线电广播，60% 以上的人有条件收看电视节目。

第四节 医疗卫生

一　哥伦比亚人的健康状况

伦比亚地处热带，热带流行病极为普遍，患有各种寄生虫病和热带传染病的人很多。在各种传染病中，腹泻居第 1 位，第 2 位是疟疾，第 3 位是淋病，第 4 位是结核病。热带传染病、心血管病和癌症是哥伦比亚人死亡的主要原因。由于生活贫困，营养不良，缺乏必要的卫生设施和适当的饮用水，哥伦比亚人的死亡率较高，1960 年的死亡率为 12.9‰。

由于收入分配不均，贫富差距悬殊，营养不良是许多哥伦比亚人的特征。在哥伦比亚人的食品结构中，蛋白质、脂肪、维生素和必要的矿物质的比例偏低。各种调查表明，儿童发育不良、营养不足、维生素缺乏症、贫血和龋齿是健康水平差的重要标志。在一些省份，甲状腺肥大占很高比例，贫血病、坏血病等疾病发病率很高。而缺乏卫生知识，不完善的医疗服务，是死亡率

---

① *Enciclopedia de Colombia* Ⅳ, pp. 239 - 242.

第七章 教育、文化、新闻、卫生、体育

高的重要原因。1950年全国只有289家医院,平均每万人中只有1.44个医生,人均寿命为42岁,儿童死亡率高达135.8‰。

国民健康是哥伦比亚面临的主要问题,也是历届政府关注的重要课题。近几十年来,政府除采取了一些卫生保健和节育措施外,针对传染病多、死亡率高、免疫覆盖面窄、营养不良以及饮用水等问题,政府提出在中期内使所有人能享受社会保险医疗保健服务。采取的主要措施是:

(一)卫生部、社会保险协会同其他部门配合,加强对疾病的防治,提高全民族的卫生水平。首先,同农业部协调行动,帮助解决农民的住房问题,促进营养卫生食品的生产,改善农民的饮水和居住条件。其次,同教育部和邮电部配合,加强对广大群众特别是农民的卫生知识的宣传教育。再次,同劳工部协调行动,在城乡预防工伤事故的发生。最后,同司法部合作,防止犯罪活动的蔓延。

(二)建立由卫生部安全监督局、社会保险协会、全国社会福利银行和全国家庭补贴监督局参加的全国最高协调机构,努力实施全国卫生计划。

(三)有效地利用现有的医疗设备能力,为更多的人服务。在短期内,实行接种牛痘,预防百日咳、白喉、破伤风、脊髓灰质炎和麻疹等5种疾病的蔓延。卫生部实施《广泛的免疫计划》,争取在中期内全国免疫覆盖面从43.7%提高到65%。新建和扩建医院,增加床位,提高医疗服务能力。

(四)增加公共医疗卫生资金的投入。哥伦比亚公共医疗卫生的资金来源是多方面的,包括国家预算、国家彩票公司的收入、慈善机构的捐赠、烟酒税、家庭福利委员会的收入等。20世纪70年代中期,国家对医疗卫生的预算比例高一点,如1976年卫生部门预算支出占政府预算支出的9.3%。但到了80年代国家对医疗卫生的预算比例在下降,1986年只占政府预算支出

的 4.6%。《1991 年政治宪法》规定，必须增加中央政府对地方政府的资金转让，转让给省政府的资金的 20% 用于卫生事业；转让给市政府资金的 25% 用于卫生事业，以保证省、市政府对卫生事业的投入。20 世纪 90 年代，地方政府用于卫生事业的支出大大增加。1997 年，卫生事业的支出占国内生产总值的 3.7%，社会保险支出占国内生产总值的 5.4%。1999 年卫生事业支出 24480 亿比索，约占政府预算支出的 5.5%。

由于政府采取了积极措施，哥伦比亚的出生率和死亡率都在下降，人均寿命大大提高。据统计，1951 年，人口出生率为 45‰，死亡率为 14.2‰，人均寿命为 42 岁。1999 年人口出生率降为 24.45‰，死亡率降为 5.59‰，人均寿命提高到 70.48 岁。其中男子寿命为 66.48 岁，妇女寿命达 74.54 岁。育龄妇女生育的孩子从 1969 年的 5.3 个下降到 1999 年的 2.8 个，全国人口净增长率为 1.85%[①]。1991 年，全国不满周岁的婴儿一律实行免费医疗；成年职工实行医疗保险制，每人每月需缴纳工资的 5.5%~7% 作为医疗保险金。目前，全国有公立、私立医院和社会保险医院 1010 所，病床 46610 张，医生 3486 名，护士 11164 名，平均每 1200 人拥有 1 名医生。但是，由于工资偏低和缺乏鼓励措施，医务工作者外流比较严重。另外，医生和病床的地区分布不均，专业不全，医生和护士严重短缺。

二 哥伦比亚的社会医疗保健系统

哥伦比亚社会保险法规定，劳动者享有医疗保健权利。医疗保健是社会保险的一项重要内容，参加社会保险的职工可免费享受医疗保健服务。社会保险机构的资金主要来自雇主和职工按工资收入的一定比例（一般为 2%）缴纳社会保险

---

① 哥伦比亚驻华使馆资料《哥伦比亚：深藏拉丁美洲最好的宝藏》，2000。

费,并得到国家的财政补贴。

哥伦比亚的医疗保健部门分为三级:初级医疗单位、中级医疗单位和高级医疗单位。初级医疗单位负责本地区享受社会保险者及其家属的医疗保健工作。中级医疗单位(即医疗中心)有比较完善的医疗设备。高级医疗单位(即综合性医院)拥有最现代化的医疗设备和较高的治疗技术,病人能够住院,可进行综合性治疗。

哥伦比亚的社会医疗保险系统如下:

(一)社会保险协会(ISS)

直属劳动和社会保障部,是哥伦比亚最大的医疗保险网。它的服务对象是:参加社会保险的城市职工、现代经济部门享受保险的工人、私营企业的职工、城郊农工部门的职工和家属,约占总人数的15%。

(二)全国福利银行(CNP)

服务对象是国家机关工作人员、国营企业和分散部门的职工以及公立学校的教职员工和家属。

(三)退休福利银行(CRP)

服务对象主要是军队、武装警察以及邮电部门的职工。

(四)社会救济医疗保险系统

主要通过慈善机构,负责城市贫民区及市郊农村的医疗保健工作,并向没有固定收入的居民提供免费医疗保健服务。服务对象有:城市贫民、失业者、半失业者、孤儿、遗弃儿、孤寡老人和残疾人等。资金一部分是国家拨款,有相当一部分是来自国家彩票公司的收入等。除了进行一般性疾病治疗外,主要是预防各种疾病流行。享受社会救济医疗保健的人数约占总人口的50%。

此外,还有一批私立医院,医疗设备比较完善,服务对象主要是中上层人士,人数只占总人口的10%。

另外,还有1/4的人口得不到医疗保健服务,他们主要是居

住在边远的农村、相对不发达地区和容易受暴力影响地区的最下层群众。

三 1993年的社会保障制度改革

1946年,哥伦比亚建立了全国公职人员养老金管理所,1967年,成立了社会保险局,负责全国工薪劳动者的社会保障事业。社会保障制度覆盖率占工薪劳动者的45%,劳动者的35%和人口的24.3%。其资金来源是工资税,由早期的8%增至改革前的18%,其中雇主、雇员和政府出资比重为2:1:1。20世纪80年代末以来,社会保障制度财政状况不断恶化,1992年社会债务高达9.75万亿比索,占国内生产总值的30.7%,其中有约5万亿比索为社会保险局的赤字。面对资金不足、有限的覆盖面、提供服务的不公正和低效等问题,1991年政府提出了改革社会保障制度的计划,准备用3~5年时间以个人资本化制度完全取代分摊制。

1993年政府颁布第100号法令,开始实施社会保障制度的总体改革。第100号法令使提供卫生服务的方式发生了巨大的变化,即从参加医疗制度过渡到参加卫生、预防、治疗、康复的全面的卫生服务的社会保障制度。该法令规定:除军队、教育、石油等部门外,其他部门均实行分摊制和个人资本化双轨制;决定参加社会保险的劳动者,可在三年内选择留在社会保险局(ISS)分摊制中,还是在选定的私人养老基金管理公司建立个人账户;允许投保人每三年在这两种制度中变动一次。之后,已有9家私人养老基金管理公司开业,其中2家有智利资本。实行双轨制后,工资税由改革前的6.5%提高到13.5%。退休年龄将逐年提高到65岁(妇女已在2005年达到这一标准)。养老金计算从退休前两年平均工资改为前十年平均工资,最后将按照终生平均收入计算。

改革后,参加社会保障制度的人数大大增加。1993年前,只有800万人参加,占总人口的24.3%,到1997年参加的人数

第七章 教育、文化、新闻、卫生、体育

增加到 2300 万人，约占总人口的 57%。总的说来，青年人愿意选择个人资本化账户，而公职人员、妇女和穷人仍采取分摊制保险费制。据 1997 年的生活质量调查：最富阶层的 84% 的人参加了社会保障制度。但是，生活在低工资收入家庭的 660 万人未参加社会保障制度；在人均收入最低的人群中，60% 的人未参加社会保障制度；由于缺乏支付能力，或者对投保社会保障制度的权利不了解，农村参与社会保障制度的人很少。这说明哥伦比亚的社会保障制度的改革存在着重视富裕阶层，而忽视下层劳动者社会保障的问题。而社会保障制度的实施仍面临着一系列困难，不仅表现在资金不足，而且表现在预防和促进提高卫生防疫等方面严重不足，公共卫生方面缺乏行动。此外，社会保障基金的管理和使用也存在问题，直接影响着社会保障制度的实施[1]。

政府在 1998~2002 年的发展计划中提出，通过社会保障制度使所有的哥伦比亚人都能享受到卫生服务是政府的目标，这个社会许诺是为了建设和平的权利和义务。为此，政府的政策是，纠正社会保障制度的不公正、低效、缺乏支持和社会保障制度覆盖面小等问题。

第五节 体育

一 哥伦比亚体育运动发展概况

哥伦比亚体育事业开展迟于其他拉美国家。哥伦比亚人早期的体育以个人活动为特点，真正属于当地的体育运动只有掷铁饼运动一项。掷铁饼运动是哥伦比亚民间的一项游

---

[1] 江时学主编《拉美国家的经济改革》，经济管理出版社，1998，第 154~155 页。

戏，游戏场设在小酒吧院子里。掷铁饼游戏分组进行，在游戏过程中输家要给赢家买啤酒喝，直到把酒喝完才停止。之后，上层社会的一些青年人通过到欧美国家学习和旅游把国外的体育运动带回国内，足球、垒球、马球等体育运动才在波哥大、麦德林、卡利以及加勒比海沿岸一些城市开展起来。这种掷铁饼运动后来逐渐被足球、垒球、网球、自行车、游泳、棒球、拳击和其他体育活动所代替。而网球、马术和高尔夫球等运动为富裕阶层所喜爱。随着对体育运动认识的加深，哥伦比亚人对体育活动的兴趣和热情与日俱增，参加体育运动正在扩展成为社会性活动。例如，自行车运动已成为哥伦比亚人的群众性体育活动。如今每周星期日的上午，圣菲波哥大不少市民不分男女老少或者骑着自行车，或者滑着旱冰鞋，在贯穿圣菲波哥大市南北的第7号大道上活动。圣菲波哥大市政府通过法令规定，每周星期日上午12时以前，各种机动车辆必须绕道行驶，不准在第7号大道上通行。这表明政府重视开展群众性的体育运动。

　　随着群众性体育运动的开展，政府举办各种体育竞技比赛，积极推动体育运动的开展。1928年，在卡利举办第一届全国体育运动会，之后每四年举办一次。1928年哥伦比亚第一次派运动员参加在美国洛杉矶举行的奥林匹克运动会。1936年在庆祝圣菲波哥大建立400周年的时候，哥伦比亚首次举办国际体育运动会，亦称"玻利瓦尔运动会"，参加的国家有：厄瓜多尔、秘鲁、玻利维亚、巴拿马、委内瑞拉和哥伦比亚6国。1938年哥伦比亚参加了中美洲、加勒比地区国家运动会。1947年，一批热心足球活动的领导人决定组织职业足球联赛，在巴兰基利亚组成了哥伦比亚足球联合会。之后，各项体育运动相继组成联合会。在联合会的组织和指导下，哥伦比亚各项体育运动在适当的环境中继续发展。如今哥伦比亚体育机构形成了一个金字塔的体系，最基层是俱乐部，各市有体育管理委员会，各省体育运动协

第七章 教育、文化、新闻、卫生、体育

会管理本省的体育活动,最后组成全国体育运动委员会,负责领导和协调全国的体育运动工作。最近20年,哥伦比亚运动员参加国际体育比赛的机会增多,在重大国际比赛中获得的奖牌增多,尤其是哥伦比亚的自行车运动,在国际体坛上崭露头角,哥伦比亚的足球在拉美地区和国际比赛中也获得较好的成绩,引起人们的注意①。

二 全国性的体育运动领导机构

全国性的体育运动领导机构有:哥伦比亚体育运动委员会和哥伦比亚奥林匹克运动委员会。

哥伦比亚体育运动委员会 1968年成立,隶属于教育部,是体育运动方面的最高官方机构。总部设在首都圣菲波哥大,各省设有分会。其职能是负责指导和协调全国各项体育运动工作。

哥伦比亚奥林匹克运动委员会 1936年建立,系民间机构,由全国体育联合会组成的全国代表大会选举产生,任命奥林匹克委员会的执行委员会。它的主要职能有:举办国际性体育比赛,选派体育代表团参加国际性比赛等。

---

① *Enciclopedia de Colombia* Ⅳ, pp. 273 – 279.

第八章

军　事

第一节　武装力量的地位和作用

一　武装力量的历史沿革

哥伦比亚军队的历史可追溯到19世纪初独立战争时期，是在反对西班牙殖民统治的人民起义基础上组建起来的。1810年7月20日，圣菲波哥大市爆发了人民起义，驱逐西班牙总督，建立了最高执政委员会。最高执政委员会颁布法令，决定建立武装力量，作为新政府的一项安全措施。接着，哥伦比亚人民又经过了艰难曲折的斗争。1819年8月7日，西蒙·玻利瓦尔领导爱国武装力量在博亚卡彻底击溃西班牙殖民军，宣告了哥伦比亚诞生。新政府颁布了决议，决定组建一支警察部队来维护社会秩序，并成立军事部，作为新政权的5个部之一。之后，爱国武装力量在保卫新政权的战斗中，逐渐发展成为一支正规军队。1821年库库塔制宪大会确定，"保卫国家的独立和祖国的政治制度"是军队的主要使命，并把它写进了大哥伦比亚共和国宪法。后来警察部队正式归并到军队中去。1822年，桑坦德尔将军组建了一支海军，1845年却被取消了。1858年，刑事和司法行政机关组建了一支有自治权力的警察部队，1871年成

第八章 军　事

立了一支边防警察部队，1880年组建了一个负责调查犯罪和执行处罚的刑事机构。1888年，政府颁布了第90号法令，决定重新组建国家警察部队。1890年颁布了第23号法令，政府邀请巴黎警察总监马赛林诺·吉里伯特参与了国家警察部队的组建工作。1891年颁布第1000号法令对警察部队进行改组。1892年1月吉里伯特被任命为警察总监。然而，在1899年至1901年的"千日战争"期间，国家警察部队被编入武装部队。1903年政府又重建国家警察部队，隶属于军事部领导。然而，必须指出，在哥伦比亚独立之后，两个传统政党进行了长期的争斗，各地区的军人多次发动武装起义，哥伦比亚处于内战状态。

鉴于两个传统政党的长期争斗和军队经常干预政治的现实，1907年拉斐尔·雷耶斯总统进行军事改革，决定创建高等军事学校，培养脱离党派之争、忠于伟大祖国、保卫宪制政府的职业军人。1909年高等军事学院正式建立。1907年6月议会通过第793号法令准备组建海军，并获拉斐尔·雷耶斯总统的批准；但直到1934年才正式组建了一支海军。1934年4月政府颁布了第853号法令，决定建立海军学校培训海军军官，1936年建立海军陆战队。

与此同时，组建空军的筹备工作也在加紧进行。1919年马尔科·菲德尔·苏亚雷斯总统根据第126号法令，决定建立一个新军种——空军。1920年成立了空军学院，负责培养飞行员的任务；1943年空军成为一支独立的军种。1948年高等军事学院决定对高级军官进行培训，并培养空军高级指挥和参谋人员。另外，政府着手组建一支国民警察部队。1915年，哥伦比亚政府聘请西班牙警官重建国家警察部队。从1926年起，警察部队经过了多次改组，朝着职业化的方向发展。1950年在美国和加拿大警察专家的帮助下，国家警察部队再次进行改组。1953年罗哈斯军政府把国家警察部队编入武装部队，直到1958年，警察部队才成为一支独立的武装力量。

20世纪70年代,哥伦比亚政府决定对武装力量进行一次大改组。1971年国民议会通过第7号法令,授予米萨埃尔·帕斯特拉纳总统对国防部门进行改组的特殊权力。同年,总统颁发了25个法令和法规,对同武装力量有关的技术、管理、经济、社会、制度和人员等领域进行了较大调整。其中的第2335号法令是对国防部进行改组,第2347号法令是对国民警察进行改组。1974年,国民议会再次授予阿方索·洛佩斯·米切尔森总统改组军队的特殊权力,1976年1月26日,米切尔森总统颁布第122号法令,对1971年的一些法令做了调整。这样,这三个法令就成为武装力量的基本法令和法规[①]。

二 武装力量在国家政治生活中的地位和作用

根据宪法规定,武装力量的使命是保卫国家主权和独立、国家的领土完整、政治制度的实现和国内公共秩序的稳定,保证国家的正常发展、人民的福祉和社会进步。

事实上,军队在哥伦比亚国家政治生活中的作用,有一个由强到弱的发展过程。

独立战争期间,随着国家不再控制土地,西班牙贵族的大部分土地变成领导独立战争的土生白人和军人的财产。独立战争胜利后,参加独立战争的军人变成了军人考迪罗,他们为巩固刚刚获得的财产和政治地位,同文官集团的关系十分紧张。19世纪40年代,由于政治观点的不同他们分别属于两个政治派别:支持联邦主义的一派组成了自由党,支持中央集权者组成了保守党。两个政党为争夺政权进行了长期的争斗。因此,在独立后的将近一个世纪里,军队干预国家政治生活的事件频频发生。

第二次世界大战后,哥伦比亚各派政治力量再次进行激烈较

---

① *Enciclopedia de Colombia* IV, p. 428.

第八章 军事

量。1953年，武装部队总司令罗哈斯·皮尼利亚将军乘国内局势动荡之机，策动了政变上台，实行军事独裁统治。1957年，哥伦比亚人民举行了声势浩大的反军事独裁的游行示威和全国大罢工，罗哈斯才被迫下台。自1958年自由党和保守党组成"全国阵线"后，军人就不再干预政治了。国家的武装力量肩负着维护国家的独立、政治稳定和社会治安的使命。20世纪60年代以来，由于游击队反政府活动频繁发生，反击游击队成为军队的一项重要任务。70年代以后，贩卖毒品活动在哥伦比亚日益猖獗，积极参加国家扫毒斗争又成为哥伦比亚军队的重要使命。此外，哥伦比亚军队还积极参加联合国维持和平行动。20世纪90年代初，在联合国驻埃及西奈"多国部队和观察员"中有哥伦比亚兵力500人。

总而言之，武装力量是国家安全的维护者。当前哥伦比亚武装力量履行如下使命：①捍卫国家的主权和独立，维护国家领土完整；②保障国家机器的正常运行和国家政治制度的实现；③持续进行反颠覆活动，以孤立、分化和破坏拿枪的反政府武装集团；④抵御外来的侵略，挫败任何可能损害国家主权的行动；⑤维护国内公共秩序，给全社会不同阶层的人民和平与安全保障。

第二节　国防体制和军事院校

一　国防体制

哥伦比亚宪法第216条规定，国家武装部队由正规军和国民警察部队组成，正规军包括陆、海、空三个军种。在国家需要的时候，所有哥伦比亚人都有义务拿起武器，保卫祖国的独立和国家的政治制度。宪法第217条规定，国家拥有

一支用于保卫自己的常备军,而国家的武装力量以维护国家主权、独立、领土完整和宪法秩序为根本宗旨。宪法第218条规定,国民警察是国内常备武装集团,其根本宗旨是保卫公民的权利和自由、维护哥伦比亚人的和平生活。

根据宪法规定,总统为武装部队的最高统帅,是国家安全、防务事务的最高决策人。国家安全委员会为最高安全咨询机构,由内政部长主持,成员包括内政司法部长、国防部长、交通部长、武警部队总司令、国家安全局长和警察总监。最高国防委员会为最高军事咨询机构,由国防部长主持,成员有国防部长、武警部队总司令、陆军司令、海军司令、空军司令和警察总监。国防部为政府的一个部,是国家最高军事行政机关,具体负责武警部队的领导和管理。国防部长是国防机构的最高行政长官,由总统任命,协助总统对三军和国民警察部队实施政治领导和行政管理。武警部队总司令部为最高军事指挥机构,负责执行最高国防委员会制定的国防方针和军事计划,直接行使对三军的军事指挥权;下设联合参谋部,由陆、海、空三军参谋长组成,由联合参谋长牵头,协助武警部队总司令开展工作。陆、海、空三军司令是本军种最高的军事长官,直接对本军种负责。总统通过国防部和武警部队总司令对全国武警部队实施领导和指挥。

根据宪法和法律规定,国防部有如下职能:(一)负责准备与国防部门相关的法律草案;(二)准备由共和国总统签署的有关国防法令和决议草案;(三)根据法律规定,参与对隶属于国防部或与国防部相关的公共部门、国家工商企业、混合公司条例和章程的领导、安排和监督;(四)准备同国防和国防发展计划的投资和其他支出相关的计划草案;(五)推动国防部门有关政策的制定和实施;(六)指导、安排和监督与国防相关的法令、条例的实施,以及与国防有关的公共部门、国家工商企业、混合公司的工作。

为完成上述职能，国防部下设的机构有：国防部长办公室、总秘书处、武装力量部、国民警察部、军事刑事机关、检察部、武装部队和国民警察顾问委员会等。

国防部长有如下职权：（一）在制定军事政策、研究和解决国防问题时为总统出谋划策；（二）在职权范围内，行使总统授予他的职权，监督下属机构工作任务的实施；（三）参与指导、安排和监督与国防相关法令、条例的实施，以及与国防有关的公共部门、国家工商企业、混合公司的工作；（四）审核和监督同国防有关的投资预算草案和公共贷款的使用；（五）根据法律，代表国家签署与国防部事务相关的条约；（六）根据规定，管理本部门的人员和业务。

宪法第217条规定，军队的更新制度，军人的晋升、权利和义务，军队的职业特殊制度、福利和纪律，由法律规定。宪法第219条规定，武装部队不是议事组织，在未得到合法当局的命令时不得集会；武装部队成员在服役期间不得行使选举职能，亦不得参与政党或政治运动的活动和辩论。宪法第223条规定，只有政府有权购置和制造武器、军备弹药和炸药；没有权威当局的允许，任何人不能拥有和携带武器；根据法律规定，只有国家安全组织和官方武装组织的成员可以携带枪支，但必须接受政府的监督。

二　主要军事院校

宪法第222条规定，法律规定武装部队成员的社会、文化、职务和晋升制度，在他们服役期间，给予他们民主和人权的基础教育。为了提高军人的素质和技能，哥伦比亚创建了一批培养军官和士兵的军事院校。主要的军事院校有：

（一）高等军事学院

1909年由拉斐尔·雷耶斯总统创建，其宗旨是为共和国培

养脱离党派之争、忠于祖国、保卫宪制政府的职业高级军官。在第二次世界大战结束前,该院先后聘请智利、瑞士、德国、法国、美国等国的教官,开设最现代的课程,对哥伦比亚军官进行培训。从1948年起,该院开始对海军和空军的军官进行培训,从此,高等军事学院成为造就陆、海、空三军高级军官的最高学府。20世纪70年代起,高等军事学院向社会开放,为公共部门和私人部门的高级行政人员传授国防知识,为安第斯大学、哈维里亚诺大学和高等公共管理学院等高等院校培训师资和高级管理人才。当前,高等军事学院不仅是哥伦比亚第一流的高级军官培训中心,而且是国家授权的博士后培训基地之一。高等军事学院承担的任务是:(1)负责对高级军官进行专业教育,造就高级指挥人员和参谋人员;(2)宣传国家安全的理论,培养从事国防工作和研究的人才;(3)调查研究军事科学和技术的发展情况,制定武装部队的章程,审定各军种的作战教材的内容,不断完善国家的军事理论。高等军事学院隶属于武装部队总司令部领导①。

(二)卡德特斯军事学院(Escuela Militar de Cadetes)

1907年为拉斐尔·雷耶斯总统创建,是培养陆军高级军官的培训中心,其职责是为共和国培养忠于祖国、保卫宪制政府的职业高级军官,直属陆军司令部领导。

(三)卡德特斯海军学院(Escuela Naval de Cadetes)

1907年为拉斐尔·雷耶斯总统创建,是培训海军高级军官的学校,直属海军司令部领导。

(四)"马尔科·菲德尔·苏亚雷斯"空军学院(Escuela Militar de Aviacion "Marco Fidel Suárez")

1920年为马尔科·菲德尔·苏亚雷斯总统所创建。校址在托利马省圣路易斯庄园。政府聘请了法国、瑞士、德国和美国的

---

① Escuela Superior de Guerra, Colombia, Bogotá D. E.

军事顾问，培训空军急需的驾驶员。1933年9月该校迁移到卡利的瓜维托庄园。从此，该校成为哥伦比亚培养各级空军军官的基地。从1935年起，由于培养出许多优秀的飞行员，该校获"埃内斯托·桑佩尔"光荣称号。1993年，经哥伦比亚高等教育发展委员会批准，该校成为培养空军高级军官的专门学院。

（五）"安德烈斯·曼努埃尔·迪亚斯·贝内罗"士官学校

1932年7月通过第1144号法令建立，专门培养空军机械技术人才。校址在昆迪纳马卡省的马德里市。之后，随着空军发展的需要，训练科目逐年增加。1953年空军司令部决定把它合并到在卡利的空军学院。1970年重新迁移到旧址马德里市，改名为"安德烈斯·曼努埃尔·迪亚斯·贝内罗"士官学校，为国家航空事业培养出70期技术全面的高级机械师。1991年该校经哥伦比亚高等教育发展委员会批准，成为专门培养航空事业技术人才的学院。学员完成6个学期规定课程，可获得航空工艺师证书[1]。

（六）高级警官学院

它位于首都圣菲波哥大，是专门培养高级警官的培训基地。学院课程比较全面，包括职业警察的许多专门学科，每期学员训练12周后，还要在教育部管辖的公共管理学校学习一门特殊管理课程。根据《国民警察条例》的规定，只有完成高级警官学院课程的人才能提升为上校和准将。

（七）警察士官生学院

它建于1940年，是负责培养国家警察部队警官的学校。该校课程分为6个学期。每学期16周。该校训练水平较高，着重培养学生的领导能力和实际工作能力。学生完成学业后，可获得警察研究硕士毕业证书[2]。

---

[1] http://www.fac.mil.co
[2] 唐松波等编译《世界警察大全》，警官考试出版社，1992，第473~474页。

第三节 三军建制

伦比亚的正规军包括陆军、海军和空军三个军种。他们是维护哥伦比亚政治独立、经济发展和国家安全的坚强后盾。

哥伦比亚军队分现役部队和预备役部队两种，实行高中生义务兵、普通义务兵和志愿兵兵役制三结合的兵役制度。高中生服役期为1年，普通义务兵服役期为2年。陆、海军征召部分志愿兵。军队实行军衔制，军官和士官军衔共分4等15级，即将官3级（上将、中将、少将）、校官3级（上校、中校、少校）、尉官3级（上尉、中尉、少尉）、士官6级（军士长、一等上士、二等上士、中士、一等下士、二等下士）。宪法第220条规定，除非在法律规定的情况下，并通过法律规定的方式，不得剥夺军人的军衔、荣誉的年金。宪法第221条规定，军人在服役期间以及有关情况下犯罪，由战时法庭或军事法庭依据军事刑法的规定处理。

武警部队总兵力26.93万人。其中现役部队20.86万人，预备役部队6.07万人。

一　陆军

陆军是武装力量的主要组成部分。宪法规定陆军的职责是：保卫国家的主权和独立、国家的领土完整，保障政治制度有效地实行和国内稳定。为此，陆军必须履行如下的义务：①在全国范围内，采取必要和及时的预防措施维护公共秩序；②在出现秩序混乱的地方，出动军队重新恢复公共秩序；③为孤立、分化和破坏拿枪的反政府武装集团，连续进行反颠覆活动；④时刻准备着，以充分的力量粉碎对国家主权造成损害的行动；⑤不断更新武器，以保持国家的足够防御能力，使哥伦比亚的战斗力与周边国家平衡；⑥保障各阶层人民的安全，维护国家的社会经济正常发展。

陆军机构包括：陆军总司令部、参谋部、后勤部、军事作战单位、军事院校、军队编队等。旅是陆军的最小的作战单位，师是陆军最大的联合作战单位。旅以下分成营，是战术单位；基层单位是连，有步兵连、炮兵中队、骑兵中队、工程兵连等。军事院校有学院旅，由不同的兵种和后勤学院组成，直接归陆军总司令部领导。

陆军总兵力有17.8万人，编成6个师部、7个机步旅、2个可空运旅、8个步兵旅、9个反游击队机动部队（旅）、1个特种兵旅、1个反毒旅、1个训练旅、1个航空旅、2个炮兵营、4个高山步兵营、1个反恐分队、1个防空炮兵营。其中第4师和第5旅是专门对付反政府游击队的武装部队。第4师于1982年冬建立，师指挥部设在梅塔省比利亚维森西奥市，其管辖的面积达476269平方公里，占全国面积的43%，包括梅塔、乌伊拉、卡克塔、瓜维亚雷、比查达、沃佩斯、瓜伊尼亚等7个省以及昆迪纳马卡省的2个市、卡萨纳雷省的2个市和博亚卡省的1个市。第4师的主要任务是负责维护国内公共秩序，专门对付在南部活动的哥伦比亚革命武装力量（FARC），负责打击贩卖毒品，破坏古柯非法种植，捣毁毒品加工厂，消灭毒品储存和打击毒品供应走私。第5旅归属于第2师领导，1932年建立，旅指挥部设在桑坦德尔省的布卡拉曼加市，其下属有3个步兵营（No.14，No.15，No.40），3个机械化部队（1个骑兵营，1个炮兵营，1个高炮营），1个工程兵部队，1个支援和服务部队，4个反游击队营（No.5，No.45，No.46，No.50）。近几年来，其主要对付的是民族解放军的破坏，保护石油输送管道等①。

---

① http：//www. español yahoo. Ejército de Colombia.

陆军的主要装备（2007年）有：装甲侦察车：M—8型5辆，EE—9型"响尾蛇"130辆。装甲运输车：M—113型88辆，EE—11"蛭蛇"56辆，RG—31"尼亚拉"4辆。牵引火炮：75毫米M—116型70门，105毫米M—101型86门。迫击炮：81毫米125门，107毫米148门，120毫米210门。反坦克导弹20枚。89毫米火箭炮15门。106毫米无坐力炮63门。40毫米高炮30门。直升机99架。

每年的8月7日为陆军节。

二 海军

始建于独立战争时期。早在1811年在卡塔赫纳建立独立政府时曾试图创建海军。1822年桑坦德尔将军正式组建了一支海军；但到1845年被取消了。1932年9月，哥伦比亚与秘鲁在亚马孙地区莱蒂西亚发生武装冲突，哥伦比亚因为没有海军而失败。1934年哥伦比亚政府决定重新组建海军。自1934年创建以来，海军已逐渐成为一支专业化部队，在保卫祖国海洋、维护边防地区发展、维护国内公共秩序以及宪法赋予的使命等方面，作出了重要贡献。海军的主要职责是：捍卫国家主权，保护共和国的海上和河运的交通运输线的安全，执行与国防计划有关的任务，开展海洋调研，以保证国家安全。

海军主要机构有：海军司令部、参谋部、后勤部、军事院校、海上舰队、海上警察部队、海岸警卫队、海军航空兵部队和海军陆战队等。海军有2.2万人（含海军陆战队1.4万人，海军航空兵100人）。编成2支舰队：太平洋舰队和大西洋舰队，1支内河舰队。有海军基地9处：海港基地3处（卡塔赫纳、布埃纳文图拉、马拉加），内河基地6处（莱吉萨莫港、卡雷尼奥港、奥罗库埃港、莱蒂西亚港等）。

海军的主要装备（2007年）有：潜艇："皮豪"级2艘，

"侏儒"级2艘。导弹护卫舰:"帕迪亚海军上将"级4艘。巡逻艇96艘。登陆艇8艘。测量船2艘。训练舰1艘。辅助船7艘。

海军陆战队1.4万人。编有2个陆战旅,1个两栖登陆营,1个内河作战营,1个警卫营。装备有冲锋舟150艘,以及装备EE—9"响尾蛇"装甲车和EE—11"蛭蛇"装甲运输车。

海军航空兵队100人,装备各型飞机11架,直升机8架。

每年的7月24日为海军节。

三 空军

1919年建立以来,哥伦比亚空军经历了90多年的光荣历程。目前,空军是一个职业化部队。根据1992年2月25日的第69号决议,空军实行义务兵役制;按照1993年3月3日的第48号法令,年满18~28岁的哥伦比亚青年有义务参加哥伦比亚空军现役。法令规定空军的职责是:保卫祖国的领空,在对外和保护国内秩序方面,支持其他部队的行动,在完成政府的发展计划方面进行合作。为此,空军的主要任务是:(1)为了维护公共秩序,应采取及时和必要的预防措施,防止事故发生;(2)同其他军种进行反犯罪的联合行动;(3)协助完成政府实施的经济社会发展计划;(4)不断研制新的武器,以新的装备加强本国的武装力量。

空军的主要机构有:空军司令部、参谋部、军事院校、作战部队、后援部队和特种部队等。目前,空军有8600人。编成6个司令部:1个作战司令部,2个空军战术支援司令部,1个空军维护司令部,1个空军运输司令部,1个空军训练司令部;3个飞行大队:南方飞行大队、加勒比飞行大队和东方飞行大队。

主要装备有:作战飞机52架,武装直升机23架。其中攻击战斗机:"幻影"5型10架,"狮"C—7/TC—7型12架。战斗机：AC—47 型 2 架，AC—47T 型 3 架，IA—58A 型 3 架，A—37B 型 14 架，OV—10 型 13 架。侦察机：SA—2—37A/B 型 5 架，C—26 型 3 架。多用途武装直升机：贝尔 205 型 5 架，贝尔 212 型 14 架，贝尔 412 型 2 架，UH—60A/L 型 171 架，MD—500ME/—500D/—530F 型 16 架。运输机 23 架；运输直升机 23 架；教练机 59 架，其中教练直升机 18 架。空对空导弹若干枚。

每年的 11 月 8 日为空军节。

预备役部队 60700 人，其中陆军 54700 人，海军 4800 人，空军 1200 人。

此外，哥伦比亚有驻外兵力。

第四节 国民警察部队

71 年通过的《国民警察条例》明确规定，国民警察部队的使命是：保护居住在哥伦比亚的所有人的生命、荣誉和财产，保证法律、司法和行政所做出裁决的实施，在调查犯罪和违法行为方面进行合作；根据宪法、法律、国际协定、警察条例和法治原则，维护公共秩序，保卫国家安全，实现社会稳定。根据《国家警察条例》的规定，只有在国民警察部队警力不足、难以平息骚乱时，才能出动军队给予帮助。①

一　国民警察部队的组织机构

国民警察部队的主要机构：总监、警察局、首都警察、警察管区、警察分局、派出所和其他机构。

总监是警察部队的指挥长官，由国家警察部队现役将军级的警官来担任。共和国总统有权直接任命和撤换警察总监。

---

① *Enciclopedia de Colombia* Ⅳ, p. 439, http://www.policia.gov.co

第八章 军事

警察局和首都警察是地方警察机构的基本单位,是警察部队的核心。各省设有警察局;圣菲波哥大市、卡利市和麦德林市都有首都警察。警察局以下的组织分别为警察管区、警察分局和派出所。在省和市两级,警察部队的工作分别由省长和市长负责管理。这些地方行政长官也是其管辖范围内的警察长,他们主要通过本地的警察指挥官发号施令;遇有紧急情况和特殊场合,他们可以直接指挥警察维持社会秩序。警察局、首都警察、警察管区和警察分局的警察指挥官在其管辖范围内行使职权,可根据需要调遣和委派警察。

警察分局是国家警察部队的基层组织。在每个市,警察分局通常由1名上校或中校负责。分局配备有巡逻汽车和摩托车,有无线电话、电话和微波通信等现代通信系统,以便与警察局指挥部、首都警察及其他巡逻车队人员联系。每个分局还有司法警察,他们从事刑事侦察工作。此外,在一些分局还有紧急事件行动队,以对付非法游行和抗议示威活动。分局警察还和市的社区活动委员会密切合作,共同负责改善社会福利设施,并与当地体育委员会协作组织基层体育活动。

警备团在国家警察队中发挥极其重要的作用。它的主要职责是维护社会秩序,预防和平息社会骚乱。警备任务由派往固定地点的特工来承担,同时,警备人员以步行、骑马或乘巡逻车的方式在街道、广场、公园和其他露天公共场所执行巡逻任务。在用机动车巡逻时,特工人员可以通过无线电与总部和其他巡逻人员取得联系。在工人罢工、群众游行示威和政治集会期间,步行巡逻人员必须配备步话机,以便尽快取得同其他警察的联系。在警备期间,警备人员必须记录路灯、下水道和其他设施的损坏情况,由上级向相关部门提出报告请求修理。一旦发生犯罪案件,警备人员必须请求司法警察和救护车到达现场,并保护现场,以保证有关的证据不被破坏。

国家警察部队有一个微波无线电通信网络系统,用于同全国所有警察局进行联系。它也有无线电系统供各级指挥部和地区指挥部使用。承担反游击队任务的警察,可使用手提式无线电收发两用机。此外,国民警察队组建有防爆队,负责对炸弹和其他爆炸装置进行侦破和排除工作。国民警察队也有情报和反情报部队,由陆军协助共同对有关从事颠覆活动的团伙进行监视。

其他机构是指对警察实施管理的机构,包括监察总局、计划管理局、作战训练管理局和行政管理局①。

二 国民警察部队的警力

伦比亚国民警察部队有12.1万人,农村民兵8000人。国民警察部队中警官分将、校、尉3等9级,即将军级(中将、少将、准将)、校级(上校、中校、少校)、尉级(上尉、中尉、少尉),此外还有军士长、特工、警员(上士、中士、下士、一等兵、二等兵)。有一支国民警卫队。装备有飞机数十架。

哥伦比亚警察的平均年龄是27岁,97%的警察是男性,文化水平不高。从1980年起开始招募着装的女警察。国民警察部队也有女警官,她们一般做内勤工作。在全部着装人员中,女警察只占3%。

国民警察部队成员身穿浅绿色的制服,头戴黑色鸭舌帽,上衣有3个金扣和4个口袋,双肩有线环。衬衣是浅米色,戴黑领带,脚穿黑袜黑鞋。将军级警官在帽上佩戴哥伦比亚的盾形纹章,盾形纹章和帽檐之间有1条双股的金色饰带,帽檐上有2条月桂树枝和1条金色棱线。中将胸前佩戴3颗星,少将佩戴2颗星,准将佩戴1颗星。校级警官在帽上同样佩戴哥伦比亚盾形纹

---

① 唐松波等编译《世界警察大全》,警官考试出版社,1992,第470~472页。

章，盾形纹章和帽檐之间也是一条双股的金色饰带，帽檐上有1条月桂树枝。上校胸前佩戴3条盾形纹章和1条月桂树枝，中校佩戴2条盾形纹章和1条月桂树枝，少校佩戴1条盾形纹章和1条月桂树枝。尉级警官在帽上佩戴国家盾形纹章，只有单股的金色饰带，帽檐上也只有1条金色棱线。上尉胸前佩戴3条盾形纹章，中尉佩戴2条盾形纹章，少尉佩戴1条盾形纹章。军士长在帽上佩戴国家盾形纹章，下边是1条黑色皮带而没有金色的饰带，帽檐上没有装饰。警员分上士、中士、下士、一等兵和二等兵。警官学校的学员身穿高领灰色上衣和白色裤子，脚蹬黑鞋，在各种正式场合，他们头戴普鲁士头盔。

三　哥伦比亚的刑事制度

哥伦比亚的刑事制度以1938年的刑法及后来的修改本为基础，各种犯罪行为在刑法中都做出明确界定。在犯罪鉴定中，国家警察部队通常运用十指纹系统，目前开始用计算机来促进犯罪鉴定工作。法医中心研究所归内政司法部管辖，是一个有许多专业科学家的权威机构。该研究所主要从事科学研究工作，以帮助法官和警察改进刑事侦查的方法。国家警察部队设有自己的实验室，主要用于培训自己的司法警察人员的技能。哥伦比亚法律规定，不允许使用测谎器和其他有关设备。

哥伦比亚最大的监狱是位于圣菲波哥大的拉皮科塔，各省都有此类关押成年男子的监狱，每个司法区和城市都有自己的监狱，大约80%的犯人集中在这样的监狱里。

1938年起开始采取刑事劳改措施，目的是通过劳动对犯人进行改造。许多监狱设有纺纱和编织车间、钢铁厂、铸造车间、木工车间、机械车间和缝制车间，是犯人劳动改造的主要场所。

哥伦比亚的刑法中没有死刑。20世纪80年代末，针对贩毒集团的猖狂活动，巴尔科总统曾签署法令，恢复向美国引渡贩毒头目和没收其非法所得财产。加维里亚总统上任后,对贩毒集团采取新的斗争策略,宣布贩毒分子只要自首,司法当局将从轻处理,并不把他们引渡到美国。由于警力不足,司法机关办案效率很差,1991年制宪大会决定加强法制建设。《1991年政治宪法》规定,建立国家总检察院和最高司法委员会,加强司法机关的权力,以提高司法机关的办案效率。

四 打击刑事犯罪和贩毒集团情况

哥伦比亚的刑事犯罪和贩毒问题非常严重。20世纪70年代,刑事犯罪人数占总人口的1.5%。在报案的犯罪中,75%发生在城市,40%集中在首都圣菲波哥大、卡利和麦德林这3个大城市。据报道,哥伦比亚是世界上犯罪率最高的国家之一。80年代以来,反政府的游击队力量迅速发展,城市暴力案件频繁发生,非法作物种植在国内蔓延,毒品贩卖活动十分猖獗。贩毒集团从厄瓜多尔、秘鲁和玻利维亚偷偷运入古柯,在"地下"实验室进行加工提炼,然后非法出口到世界各地。毒品也悄悄地进入哥伦比亚的中学和大学校园,据政府估计,约有43%的学生服用过毒品。据报道,1997年,在100个犯罪分子中,48%是属于经济犯罪,34%是侵犯人权案件,18%是扰乱公共安全和个人自由。

面对如此严重的犯罪活动,历届政府采取了一系列措施,打击各类犯罪活动,收到一定的效果。尽管在1991年和1995年哥伦比亚政府先后摧毁了麦德林贩毒集团和卡利贩毒集团,但是贩毒活动和刑事犯罪有增无减。1998年8月帕斯特拉纳总统严厉指出:"哥伦比亚国家所面临的最大问题是国内的犯罪,它威胁着国家的生存。"为此,他提出了"为了建设和平的变革"的战略方针,主张与游击队进行对话,实现国内和平。1999年他又提出一项旨在解决哥伦比亚国内各种复杂问题的一揽子计划——

"哥伦比亚计划",内容包括:严厉打击贩毒集团,加速国内和平;促进经济恢复和发展,改善贫困阶层的生活状况;铲除犯罪和腐败,使国家有能力面对经济全球化的挑战;建立社会公正,推动国家进步和繁荣,恢复国内民众和国际社会对哥伦比亚的信心。2000 年,哥伦比亚的缉毒斗争取得丰硕成果。据报道,2000 年 1~12 月,哥伦比亚政府烧毁古柯 58100 公顷,烧毁虞美人 9253 公顷;没收纯可卡因 45788 公斤,大麻 45672 公斤,古柯叶 152452 公斤,鸦片、吗啡和海洛因 572 公斤,大麻油 38 公斤;没收飞机 61 架,武器 382 支,摩托车 646 辆,船 447 艘;破获可卡加工厂 292 个,可卡因加工厂 55 个,海洛因加工厂 10 个,高锰酸钾厂 5 个;没收固体原料 601526 公斤,液体原料 670291 公斤;捕获本国贩毒分子 8615 人,外国贩毒分子 63 人,共 8678 人[①]。但毒品问题仍是哥伦比亚政府面临的一个严重的社会问题。与此同时,1999 年 1 月 9 日帕斯特拉纳政府同哥伦比亚革命武装力量开始进行和谈,由于双方缺乏诚意,2002 年初双方的和谈以失败而告终。

---

① http://www.presidencia.gov.co.

第九章
对外关系

第一节 对外政策

第二次世界大战结束后，随着民族经济的迅速发展，哥伦比亚政府不断调整对外政策，实行独立自主的外交方针。在国际事务中，严格遵守国际法准则，坚持意识形态多样化方针，采取更加明显的第三世界立场，积极参与中美洲的和平斡旋，为拉美地区的和平与安全作出了积极贡献，在国际舞台上发挥着越来越重要的作用。20世纪80年代以来，为加速经济发展，政府开展了一系列经济外交，大力推动拉美地区一体化进程，加强同世界各国的经贸合作。哥伦比亚的务实外交令人注目。

一 对外政策的嬗变过程

战后以来，哥伦比亚的对外关系大致经历了三个发展阶段。

第一阶段（1945年至60年代中期）实行追随美国的对外政策。第一次世界大战后，美国替代了英国的地位，成为哥伦比亚的主要投资国、贸易伙伴和债权人。第二次世界大战以后，随着美资的加紧渗入,哥伦比亚对美国的依赖进一步加深,外交上实行追随美国的政策,1950年是唯一派兵参加侵朝战争的拉美国家,1952年又同美国签订《共同防务协定》。20世纪60年代初期,哥伦比亚是获得"美援"最多的拉美国家之一,成为美国"争取进步联盟"的成员。美国的"和平队"在哥伦比亚活动,在波哥大驻有美国军事使团。这一阶段,同美国的关系是哥伦比亚"最重要的对外关系之一"。

第二阶段(60年代中期至1982年)执行"谨慎的尊重主权和协调"的外交政策。为适应民族经济发展,政府开始调整对外政策。20世纪60年代前期,哥伦比亚出现国际支付危机,国际货币基金组织要求哥伦比亚实行货币贬值,作为取得贷款的条件。哥伦比亚政府断然拒绝了这一要求,1967年颁布《外汇条例》,实施促进出口和出口多样化方针。在对外事务中,它坚持普遍化原则,积极参与地区一体化进程。1975年它不顾美国的压力,恢复了同古巴的外交关系;1979年以观察员身份出席了在哈瓦那召开的第6次不结盟国家政府首脑会议。20世纪80年代初,政府在加勒比地区频繁开展外交活动,主动加强同拉美和加勒比地区国家的合作,积极支持第三世界国家的正义斗争,其国际影响明显扩大。

第三阶段(1982年以后)奉行独立自主的务实外交政策。20世纪80年代以来,随着拉美政治经济形势的巨大变化,哥伦比亚政府坚持"在绝对拥有主权、独立和尊严的基础上,在维护本国重大利益的情况下,同所有国家保持友好关系"。政府在对外活动中,首先调整了同美国的关系,加入不结盟运动,强调不做任何国家的"卫星国",反对把中美洲变成美、苏两个超级大国角逐的场所;积极倡导和参加孔塔多拉集团的和平斡旋,为缓和中美洲紧张局势作出了贡献。与此同时,积极加强同拉美国家的团结合作,把同邻近国家发展经济关系放在突出地位,促进对外经济关系多边化。面对拉美债务危机,哥伦比亚政府建议成立一个"共同基金会",同其他拉美国家积极协调立场,共同制定应急计划,对付债务危机。针对拉美严重的社会问题,巴尔科政府提议召开拉美国家高级会议,呼吁各国为消除拉美的绝对贫困化采取具体行动。

20世纪90年代初面对国际格局的新变化,哥伦比亚政府加快改革开放步伐,推动拉美经济一体化合作,发展同美国、西欧国家的经济贸易关系,重视环太平洋地区国家的经贸往来,积极参与国际竞争,提高自身的国际地位。政府重申哥伦比亚的国际政策基础是:(一)坚持国际法准则,主张不干涉别国内部事务、民族自决、和平解决争端。(二)坚持外交普遍化和多样化方针,支持国家的经济开放进程。(三)强调外交服务于国家发展计划所确定的优先目标,在国际事务中,把联合反毒、开展反贫困斗争、增加社会投资、寻求得到先进科技增强自身竞争力、建立更加公正和互惠的贸易体系作为重要内容[①]。

2002年以来,乌里韦政府推行的是为实现国内和平进程和经济发展服务的外交战略,努力提高哥伦比亚的国际地位,为经济发展创造有利的国际环境。目前,哥伦比亚已与171个国家建立了外交关系。

二 处理国际问题的基本立场

(一)立足于拉美地区,加强拉美国家的团结合作,大力推动拉美一体化进程

哥伦比亚历来重视拉美国家的团结,强调拉美国家只有统一立场,才能增强同大国的对话能力,有效维护自

---

① El Salto Social en Marcha, *1 Ano de Gobierno Samper: entrevistasy testimonios*, p. 23.

身的利益。加强拉美国家团结，开展经贸合作，是哥伦比亚处理拉美国家事务的基本立场。政府把发展同拉美和加勒比地区国家的友好合作关系作为外交活动的重点。

鉴于世界格局的新变化，哥伦比亚政府强烈地意识到，冷战结束后，世界经济变得越来越相互依赖，国际形势变得越来越复杂，各国应在相互尊重和独立自主的基础上进行合作。1991年颁布的新宪法规定："国家将推动政治、经济、社会和生态关系的国际化"，"国家将推动同其他国家，特别是拉美和加勒比地区国家的经济、政治和社会的一体化"，"在公正、平等、互利的基础上签订条约"。哥伦比亚经济国际化的中心任务是：推行"开放的地区主义"，积极参与国际经济，大力发展出口贸易，把扩大出口和开拓市场作为优先目标，把推动拉美地区一体化合作作为经济发展的中心环节。政府提出的同拉美国家建立自由贸易区的谈判原则是：地理邻近；有较强的经济互补性；对外开放，宏观经济比较稳定；有现代化的生产设施等。中美洲和加勒比地区一些经济发展水平虽不高，但在政策取向比较一致的国家，也采取积极合作的态度。1992~1994年哥伦比亚对外贸易计划又重申，深入开展地区一体化是哥伦比亚发展对外经济贸易的优先目标。为此，总统多次出访拉美国家，磋商双边贸易、投资和地区合作事宜，努力深化同主要贸易伙伴国的贸易关系，并与地区内的其他国家签署贸易协定，为哥伦比亚出口产品寻求新的市场。

（二）坚持独立自主，努力改善同美国的传统关系

20世纪90年代以来，哥伦比亚努力改善同美国的关系。哥伦比亚政府认为："哥、美两国有着不同的文化、不同的思想、完全不同的经济和政治现实。哥、美之间的关系是一个中等国家和一个大国的关系。""哥伦比亚的政策是严肃的爱国主义，尊重国家的尊严，寻求国家的长远利益。哥伦比亚同美国

之间建立的不只是能够克服短期困难的关系,而是建设走向未来可能性的关系。"①

考虑到1/3的货物向美国出口和35%~40%的进口货物来自美国,哥伦比亚提出发展与美国经贸关系的三项措施:①支持美国提出的建立西半球自由贸易区的倡议,在1991年贸易和投资的双边框架协议下保持对话和协商,主张"应在贸易、投资、技术和信息转让、社会发展、促进民主等方面达成地区性的有效协议"。②根据安第斯倡议,1992年年中哥伦比亚获得美国提供的安第斯贸易优惠,产品可豁免关税进入美国市场。之后这一非相互优惠政策的期限延长了10年。③根据在关贸总协定"乌拉圭回合"谈判中消除歧视性的政策,哥伦比亚产品能安全地进入美国市场。哥伦比亚政府认为,建立西半球自由贸易区,开展更加广泛的一体化合作是必要的。为此,在1994年12月的第一次美洲国家首脑会议上,哥伦比亚政府提出三点主张:①西半球自由贸易区应建立在执行"乌拉圭回合"协议和世界贸易组织已确定的原则基础上,通过不对等的区别对待,体现有利于更落后国家的原则。②经济合作和一体化机制应对加强人民的民主、实现更合理和公正的社会发展发挥作用。各国寻求相同点,才能推动总的规范化的、有利于不同水平国家的发展的一体化进程。③必须以现有的地区一体化组织作为建立西半球自由贸易区的出发点,并在现有地区一体化组织的基础上实行汇合。美洲开发银行、联合国拉美经委会、美洲国家组织等机构应通过对规范模式、合适的贸易方式的设计和评估,考虑到地区每一个国家的利益,支持这一汇合的进行。总之,哥伦比亚把建立西半球自由贸易区看作是中期目标,把它理解为自由贸易的更广泛形式,主张

---

① El Salto Social en Marcha, *1 Año de Gobierno Samper: entrevistas y testimonios*, pp. 24 – 25.

贸易目标应该以能联结不同水平国家使其趋于一致的机制来实现①。

在禁毒问题上，哥、美两国之间存在着严重分歧。哥伦比亚政府坚决反对美国提出的由生产国单方面采取禁毒措施的建议，呼吁毒品消费国和生产国应团结一致、共同禁止和打击国际贩毒活动；强调毒品问题是一个全球性的问题，毒品祸害包括非法生产、消费、销售、洗钱以及非法销售武器和提供化学原料，涉及经济、社会、政治制度、伦理、价值观念、卫生和生态诸多方面。因此，哥伦比亚主张进行全面的、有效的共同斗争，希望在尊重主权的基础上进行合作。

（三）开展多边外交，积极参与国际事务

国际政治、经济格局的变化使哥伦比亚政府认识到，"只同少数国家联系是不够的，必须同所有国家架起友谊桥梁"。为此，哥伦比亚积极参加国际间的政治、经济、军事、文化、科技、宗教等方面的交流和合作。在国际事务中，坚持遵循国际法和遵守和平相处原则，积极支持联合国和美洲国家组织所进行的关于国际组织现代化和民主化的努力，对世界热点如裁军问题、海湾危机问题、国际新秩序问题和国际禁毒问题都有鲜明的态度。哥伦比亚政府反对军事大国的军备竞赛，在联合国裁军会议上提出，不仅超级大国要裁军，发展中国家也要裁军，不仅应裁减核武器，而且也应裁减常规武器。哥伦比亚政府认为，海湾战争结束后，新的国际秩序可能比以前能更好地增进拉美国家的利益；但要实现更加合理、和平与稳定的国际新秩序，将取决于本地区各国的共同努力。哥伦比亚政府认为毒品问题已成为国际性问题，毒品生产国和消费国应该联合开展禁毒斗争；国际社会、

---

① Rodrigo Pardo Garcia-Pena, Colombia en Cumbre de las Americas, 1994.12.6, *Consigna Revista*, 1994, No. 442.

发达国家尤其是美国应承担更大的责任，采取有效措施控制毒品消费，向生产国提供更多的禁毒援助；提议建立"国际刑事法庭"，负责对毒贩分子的审判。

由于经济和社会问题在国际事务中占有特别重要的地位，哥伦比亚政府积极参与国际社会所关注的经济和社会问题讨论。在美洲国家组织首脑会议上，在不结盟运动会议上，在1995年哥本哈根关于社会发展的世界首脑会议以及联合国经社理事会上，哥伦比亚提出了支持铲除贫困、创造就业、扩大社会服务和建立国际社会团结网等相关建议和主张。考虑到贸易和知识产权等对发展中国家利益的重要性，哥伦比亚政府批准关贸总协定"乌拉圭回合"的协议，参加世界贸易组织，主张世界贸易组织应该成为发展中国家反对工业化国家的贸易保护主义的合适场所。此外，哥伦比亚政府参加1992年在里约热内卢举行的全球环境保护首脑会议，根据里约热内卢协议和本国的生态政策，实行生态环境的国际合作战略，促进自下而上的技术转让，为本国经济的持续发展创造条件。

鉴于东西方关系已发生了根本性变化，南北之间存在着巨大差距的现实，哥伦比亚政府认为，寻求正义、公正的国际制度是十分紧迫的任务，当前国际关系要求发展中国家团结一致，增强同发达国家的谈判能力。为此，哥伦比亚积极参与里约集团的协调活动，大力加强同地区外的发展中国家的团结和合作，并指出，不结盟运动应是实现这一团结的纽带。1995年10月在卡塔赫纳举行的第11次不结盟国家首脑会议上，哥伦比亚政府提出把团结与合作作为不结盟运动的工作指导思想，强调发展中国家的团结是实现新时期所需要的合作进程的基本条件，不结盟运动应该承担全球的重要事务，需要寻求贸易公正和合理的制度，实施有选择的发展模式，把消除贫困、反毒斗争、保护生态环境和科学技术的转让作为优先目标。哥伦比亚作为不结盟运动的主席国（1994~1998年），在捍卫不结盟运动的原则和宗旨以及发展中国家权益方面作出了贡献。

（四）努力加强同欧盟和环太平洋地区国家的经贸合作

为了减少对美国的依赖，近20年来，哥伦比亚同西欧国家的经贸关系得到较快的发展。欧盟已成为哥伦比亚的第二大贸易伙伴。为支持哥伦比亚在反毒斗争中所做的努力，1990年欧共体给予哥伦比亚为期4年的特殊合作计划的好处，哥伦比亚向欧共体出口的几乎全部产品享受关税优惠。1994年夏，欧盟同意将提供给哥伦比亚的出口关税优惠待遇延长10年。哥伦比亚总统表示，将增加向欧盟的出口，巩固同欧盟的经贸合作关系。哥伦比亚还希望加强同欧盟的政法和文化关系。

20世纪80年代以来，随着亚太地区国家经济高速发展，亚太地区深受国际社会关注。国际舆论普遍认为，21世纪将是"太平洋世纪"。哥伦比亚政府表示，太平洋把哥伦比亚同亚太地区国家联系在一起，太平洋地区是哥伦比亚未来的出口市场，要竭尽全力向提供机会的太平洋地区靠近。哥伦比亚政府认为，太平洋地区有丰富的自然资源，经济发展有巨大的潜力，同这一地区国家发展经贸关系，特别是发展同日本、中国、韩国以及东盟国家的关系，对经济发展具有非常重要的意义；强调要加强环太平洋地区国家的合作，迎接21世纪的挑战。为同太平洋地区国家建立更多的合作关系，哥伦比亚政府表示争取早日加入亚太经合组织和太平洋经合理事会，并促进公共和私人部门与亚洲的相应机构建立联系。此外，政府还决定在乔科省修建连通太平洋和大西洋的陆路通道和运河，以促进同太平洋地区国家的经贸往来。哥伦比亚坚信，21世纪将是它进入太平洋地区的世纪。

哥伦比亚十分重视同中国发展友好合作关系。1980年2月中、哥两国建交后，高层往来频繁，相互关系顺利发展。中、哥

两国都是环太平洋的发展中国家,面临着维护世界和平、促进经济发展、改善人民生活的共同任务,对许多重大国际问题有着一致或相似看法,在国际事务中能进行卓有成效的合作。哥伦比亚政府坚持"一个中国"的立场,赞扬中国的改革开放,赞扬中国在保持国际力量的平衡中发挥的重大作用,支持中国加入世界贸易组织。中国政府支持哥伦比亚推行的民族和解和经济改革计划,支持哥伦比亚政府开展的消除绝对贫困化运动,赞赏哥伦比亚政府作为不结盟运动主席国时,捍卫不结盟运动的原则宗旨以及坚决反对外来干涉、维护国家独立和主权的正义行为,赞同哥伦比亚政府尽快加入亚太经合组织。哥伦比亚十分重视发展同中国在经贸领域的合作,哥伦比亚企业界对同中国企业在广泛领域进行合作怀有浓厚兴趣。中、哥两国的合作有很大的潜力,其发展前景十分广阔。

三 参加的主要国际组织

据不完全统计,哥伦比亚参加的各类国际和地区性组织有500多个。其中主要的组织如下。

(一)联合国

1945年10月成立。其宗旨是:采取集体措施以维护国际和平与安全,制止侵略行动;发展国际间以尊重各国人民平等权利、自决原则为基础的友好关系;进行国际合作以解决国际间经济、社会、文化和人道性质的问题,促进对全人类人权和基本自由的尊重;为实现上述目标,联合国应作为协调各国行动的中心。哥伦比亚1945年11月5日加入联合国,是较早参加联合国的国家之一。哥伦比亚参加的联合国机构有:贸易和发展会议、联合国工业发展组织、联合国儿童基金会。参加的联合国有关组织有:粮食及农业组织、国际法院、国际劳工组织、国际货币基金组织、国际海事组织、国际电信联盟、世界知识产权组织、世界气象组织、国际农业发展基金会、国际开发协会、国际金融公司等。

（二）美洲国家组织

原名是美洲共和国国际联盟，1890年在华盛顿成立，1948年4月，在哥伦比亚首都波哥大举行的第九次泛美会议上改为现名。其宗旨是：加强美洲大陆的和平与安全，保障成员国之间和平解决争端；成员国遭到侵略时，组织声援行动；谋求解决成员国之间可能出现的政治、司法和经济问题，促进成员国在经济、文化和社会发展方面进行合作，加速拉美国家经济一体化进程。哥伦比亚是成员国之一。

（三）拉丁美洲一体化协会

1960年成立，原名拉丁美洲自由贸易协会，1980年改为现名。其宗旨是遵循多元化、协调一致、灵活性、区别对待等原则，促进成员国之间的贸易往来，发展区域经济合作，推动和协调本地区的经济和社会一体化发展，在双边和多边合作的框架下实现地区经济一体化，最终建立拉美共同市场。哥伦比亚于1967年加入。

（四）美洲开发银行

1959年在华盛顿成立，是美洲国家组织建立的一个面向拉丁美洲国家的地区性金融机构，旨在集中各成员国的力量，对拉美国家经济、社会发展计划提供资金和技术援助，以促进拉美国家的经济发展和社会进步。哥伦比亚是发起国之一。

（五）七十七国集团

1964年在日内瓦成立，是发展中国家以建立国际经济新秩序为目标，协调成员国内部立场、同发达国家进行谈判的组织，旨在国际金融、贸易、关税、援助、开发自然资源等广大经济领域中，使发展中国家联合起来，协调立场，采取共同步骤，反对大国的控制和剥削。哥伦比亚是发起国之一。

(六) 拉丁美洲议会

1965年成立,其宗旨是促进拉美和加勒比地区的团结和一体化。哥伦比亚是发起国之一。

(七) 安第斯共同体

1969年5月在卡塔赫纳成立,最初称安第斯集团,是安第斯地区国家的一体化组织。之后,曾几度易名,1996年3月改为现名。其宗旨:充分利用本地区资源,发展成员国经济,取消贸易壁垒,推行贸易自由化;加速一体化进程,建立共同市场。哥伦比亚是发起国之一。

(八) 拉丁美洲禁止核武器组织

1967年2月,14个拉美国家在墨西哥城签署《拉丁美洲禁止核武器条约》,1969年条约生效。为监督实施该条约,于1969年9月2日正式成立该组织。其宗旨:禁止缔约国在各自的领土内试验、使用、制造和生产核武器或以任何形式取得这种武器;要求世界上拥有核武器的国家充分尊重拉美国家的主权,不对拉美国家使用或威胁使用核武器;将核武器用于和平目的。哥伦比亚是发起国之一。

(九) 拉丁美洲经济体系

1975年10月,23个拉美国家在巴拿马签署了《巴拿马协议》,宣告拉丁美洲经济体系诞生。其宗旨是促进地区内的合作,推动地区一体化进程;协调拉美国家间经济、社会方面的共同立场和战略,制定和执行经济、社会发展的规划和项目;增强对其他国家或国际经济集团的集体谈判能力,维护拉美国家的合法利益,为建立公正的国际经济新秩序而努力。哥伦比亚是成员国之一。

(十) 亚马孙合作条约组织

1978年7月,亚马孙流域8国外长在巴西利亚签署《亚马孙合作条约》,成立该组织。其宗旨是加强成员国之间的合作,促进亚马孙地区经济的协调发展，推动拉美地区一体化进程。其基本目标是：通过采取联合行动，合理开发和利用动植物资源，实行商业通航自由，协调交通和通信事业的发展，改善卫生条件，完善预防和根除传染病手段，促进边境贸易和旅游业的繁荣。哥伦比亚是发起国之一。

（十一）孔塔多拉集团

于1983年在巴拿马成立，该组织主张消除加剧中美洲冲突的外部因素，呼吁中美洲各国通过对话和谈判来缓和地区紧张局势，寻求缓和中美洲地区紧张局势的途径。哥伦比亚是发起国之一。

（十二）里约集团

1986年12月孔塔多拉集团4国和利马集团4国共8国外长在里约热内卢举行会议，成立了"八国集团政治协商和协调常设机构"，简称为八国集团（MPCCP）。其宗旨：就拉美地区的政治、经济、社会等重大问题进行磋商，协调彼此之间立场，并决定采取相应的行动，以促进拉美政治、经济及一体化事业的发展。为了落实政治协商和协调机制，八国集团决定每年召开一次总统会议和几次外长会议以及其他处理特定事务或技术事务的专门会议。在这之后，八国集团在推动拉美地区一体化运动中起了十分重要的作用，1990年3月，正式称里约集团。

（十三）加勒比国家联盟

1994年成立，由37个加勒比国家和未独立地区组建的区域性经济、政治合作组织。其宗旨是：加强成员国在政治、经济、文化、科技和社会各个领域的合作，促进经济和社会发展，维护本地区在国际经济贸易组织中的利益，实现地区经济一体化，最终建立一个广大的自由贸易区。哥伦比亚是重要成员国。

（十四）不结盟运动

奉行独立、自主、非集团的原则，支持各国人民争取和维护民族独立、捍卫国家主权以及发展民族经济和民族文化的斗争；坚持反对帝国主义、新老殖民主义、种族主义和一切形式的外来统治和霸权主义，维护世界和平；呼吁第三世界国家加强团结；主张国际关系民主化和建立国际经济新秩序。哥伦比亚于1983年第7次不结盟国家和政府首脑会议上加入该组织。

第二节　同拉丁美洲各国的关系

由于相同的历史命运和面临的共同问题，哥伦比亚把加强拉美国家团结、增强彼此之间的友好往来、发展经贸合作关系作为哥伦比亚外交政策的基础。同拉美国家在政治上加强磋商，经济上加强合作，外交上采取统一的立场，是哥伦比亚政府一贯的方针。

一　加强拉美各国的团结，发展经济合作

加强拉美国家团结，开展经贸合作，是哥伦比亚政府处理拉美国家事务的基本立场。早在20世纪70年代，哥伦比亚就积极参加拉美国家捍卫200海里领海权的斗争，宣布200海里经济专属区，支持拉美一体化进程，主张通过贸易和贷款活动，开展同拉美各国的经济合作。为了地区安全、发展经贸和友好关系，政府在加勒比地区进行频繁的外交接触，国际影响明显增加。1980年12月17日，哥伦比亚、厄瓜多尔、秘鲁、委内瑞拉、巴拿马、哥斯达黎加、萨尔瓦多、多米尼加总统以及西班牙首相在哥伦比亚的圣马尔塔市举行会议，共同签署了《圣马尔塔宪章》，重申民主制度是"各国人民自由和发展的保障"，表示忠实于不干涉原则，支持巴拿马收回运河主权的斗争，支持阿根廷对马尔维纳斯群岛主权的立场，支持玻利维亚获

第九章 对外关系

得出海口的正义要求，积极调解秘鲁和厄瓜多尔的边界武装冲突。1981年7月召开驻中美洲和加勒比海地区国家使节会议，研究发展与这一地区国家的关系，协调同拉美国家的步调。之后，阿根廷、墨西哥、委内瑞拉、危地马拉、多米尼加等国总统相继访问哥伦比亚，哥伦比亚总统也先后访问墨西哥、巴西、阿根廷、秘鲁、委内瑞拉、巴拿马、乌拉圭、玻利维亚等国。通过相互访问密切拉美各国的友好关系。

针对拉美债务危机，哥伦比亚政府建议成立一个"共同基金会"，提高拉美国家偿还外债能力，改善拉美国家的经济地位。1983年，贝坦库尔总统受安第斯集团和拉美经济体系的委托，到布鲁塞尔同欧洲经济共同体会谈，争取其帮助拉美国家克服经济困难。同年12月贝坦库尔总统签署了安第斯集团和欧洲经济共同体第一次经济合作协定，表示要在平等、合理和进步的基础上，为建立国际合作新阶段作出新贡献。1984年6月，由哥伦比亚等国发起，成立了由11个主要拉美债务国组成的"卡塔赫纳集团"，积极主张债务国与债权国共同承担责任，直接进行政治对话，就解决债务问题达成全面谅解；强调以发展促进外债偿还，而不是用消极紧缩经济、迫使债务国单方面做出牺牲的办法来解决债务问题。针对拉美国家的严重社会问题，1986年，巴尔科总统先后在世界银行和国际货币基金组织年会上以及联合国大会上，提议拉美国家举行高级会议，讨论拉美地区的贫困问题，呼吁各国为消除拉美国家绝对贫困化采取具体行动。1988年8月拉美30个国家在哥伦比亚的卡塔赫纳举行高级会议，专门讨论消除拉美地区的绝对贫困化问题。

二　积极参与中美洲地区的和平斡旋

20世纪80年代，中美洲地区动荡不安的局势引起全世界关注，哥伦比亚积极参与中美洲和平调解工作。

哥伦比亚

1982年10月哥伦比亚外长参加讨论中美洲、加勒比地区形势的9国圣约瑟会议,要求美国军事顾问撤离萨尔瓦多,古巴的技术人员和顾问撤离尼加拉瓜。为寻求中美洲冲突的解决办法,1983年1月哥伦比亚、墨西哥、委内瑞拉和巴拿马4国外长在巴拿马的孔塔多拉岛发出"和平解决中美洲冲突"的倡议,表示愿意为和平解决中美洲冲突进行斡旋。倡议要求撤走一切外国军事顾问,停止向中美洲输送武器;呼吁中美洲5国在没有任何外来干涉的情况下直接谈判,通过对话缓和地区紧张局势。从此,国际上称这4个国家为"孔塔多拉集团"。同年7月"孔塔多拉集团"4国政府首脑在墨西哥开会,发表了《坎昆宣言》,确定了中美洲国家之间自决和不干涉、国家主权平等、合作发展经济、和平解决争端、自由表达人民意志等原则,指出了只有结束战争状态、控制军备、解决边境冲突、创造政府间和解和直接联系的气氛等,才能实现中美洲和平并达成协议。4国政府还呼吁美国和古巴支持中美洲的和谈。9月"孔塔多拉集团"和中美洲5国外长举行会议,通过了和平解决中美洲冲突的21点主张《意向文件》,呼吁各国遵守人权和政治多元化原则,促进民族和解。"孔塔多拉集团"的倡议,得到了愈来愈多拉美国家的支持。1985年7月,阿根廷、巴西、秘鲁和乌拉圭在利马成立"利马集团",支持"孔塔多拉集团"。经过多年的努力,"孔塔多拉集团"和"利马集团"在中美洲的和平斡旋中取得了重要成果。1986年12月,为建立持久的政治协商和协调进程,全面推动拉美一体化运动,"孔塔多拉集团"和"利马集团"的成员国在巴西的里约热内卢聚会,成立了"八国集团政治协商和协调机构"(又称"八国集团")。"八国集团"为最终实现地区和平做出新的努力,为缓解中美洲社会经济问题创造条件,为中美洲的和平、民主和发展作出了贡献。

三 重视与周边国家的和睦关系

在发展拉美国家关系中，哥伦比亚尤其注意与邻国的友好关系。1989年1月秘鲁第二副总统访问哥伦比亚；3月，委、哥两国总统在哥伦比亚会晤；5～6月间，乌拉圭、秘鲁、厄瓜多尔和墨西哥总统先后访问哥伦比亚，讨论加强双边关系问题。哥伦比亚较好地处理了与委内瑞拉和尼加拉瓜的领海与领土之争。从1952年起，哥、委两国在委内瑞拉湾的领海划分和洛斯蒙赫岛的归属问题上发生争议。哥伦比亚虽不反对委内瑞拉对洛斯蒙赫岛行使主权，但不承认委内瑞拉对该岛拥有领海和海底大陆架权。在委内瑞拉湾内划界问题上，哥伦比亚主张以中心线为界，委内瑞拉则主张以两国陆地边界的自然延伸，来划分该湾约24平方公里争议面积的归属问题。1979年5月哥、委两国总统达成协议，决定成立混合委员会重新谈判。经过6轮磋商，双方初步拟定了海界划分协定草案。1982年9月哥伦比亚同意委内瑞拉提出的将两国海域划界谈判搁置到1984年的建议。1987年8月9日哥伦比亚的"卡尔达斯号"小型护卫舰驶入有争议的海域，两国之间气氛骤然紧张。在美洲国家组织的调解下，哥伦比亚撤出"卡尔达斯号"舰，委内瑞拉也表示不采取危及和平的行动。事后两国外长均表示愿意通过谈判和平解决。1992年10月23日，哥伦比亚政府宣布，承认委内瑞拉对洛斯蒙赫岛拥有主权，从而结束了两国的争论。哥伦比亚和尼加拉瓜两国对位于加勒比海上的安德烈斯、普罗维登西亚群岛的主权发生争议。根据1928年哥、尼两国签署的《巴尔塞纳斯—埃斯克拉条约》，哥伦比亚对该岛行使主权。尼加拉瓜1979年12月19日颁布法令，宣布其领海200海里和对属于尼加拉瓜大陆架一部分的安德烈斯、普罗维登西亚群岛拥有主权。1980年2月4日尼加拉瓜宣布废除在美国占领之下与哥伦比亚于1928年签署的

《巴尔塞纳斯—埃斯克拉条约》,1980年5月尼加拉瓜外长访问哥伦比亚,两国外长达成协议,将就争端进行不受时间限制的会谈,不寻求国际调停,不诉诸武力。这为和平解决国际争端提供了一个良好的先例。

四 积极推动拉美地区一体化进程

着经济国际化的发展,哥伦比亚积极推动拉美地区一体化合作进程。

首先,积极维护安第斯集团的团结,促进安第斯共同体的建立。为加快小地区一体化进程,哥、委两国履行关于相互开放的许诺。1992年1月30日,哥、委两国最先建立自由贸易区。年中两国取消了例外货单,90%的货物豁免关税。两国还采取了共同对外关税,规定对中间产品和资本货分别征收20%和15%的关税,对原料和初级产品分别征收10%和5%的关税。为了巩固小地区一体化进程,哥伦比亚政府决定:取消对小地区出口的财政补贴;改善海关服务,在海运、陆路和航空方面加强合作;参加科技领域的西蒙·玻利瓦尔合作,推动教育科技活动开展。经过充分协商,1994年5月安第斯集团做出决定,从1995年1月1日起,正式建立安第斯自由贸易区;2月1日《共同对外关税协定》正式生效,安第斯关税联盟宣告成立。哥伦比亚外贸部长指出:"共同对外关税协定的达成在安第斯集团历史上是一件根本性大事,它是经济振兴的一个极为重要的内部进程。"1995年9月安第斯集团总统理事会第7届会议签署了《基多纪要》,决定深化安第斯一体化进程。1996年3月,安第斯第8届总统理事会通过了《卡塔赫纳协定修改议定书》,批准机构改革,将安第斯集团改名为安第斯一体化体系。1997年1月在玻利维亚苏克雷举行的第9届安第斯总统理事会决定,将安第斯一体化体系改称为安第斯共同体。安第斯集团通过内部改组,增强了活

第九章 对外关系

力,推动了成员国的经济和贸易发展。

其次,促进"三国集团"自由贸易区谈判。哥、委、墨三国原是孔塔多拉集团的成员国。1989年3月三国决定加强相互间更高程度的经济合作和政治协调,以促进同中美洲和加勒比地区国家的进一步合作。1991年4月三国外长签署了以能源开发为中心内容的经济互补协定;7月三国总统达成了关于废除相互间贸易的种种限制的协定。同年12月,根据有选择性、不对称性和协调性原则,哥伦比亚外贸最高委员会批准同委、墨开始有关自由贸易的谈判。1992年9月三国宣布组成"三国集团",采取有利于优化三国自由贸易的措施。1994年6月13日三国签署了关于建立自由贸易区的协议。这项协议不仅涉及商品进出口问题,而且涉及劳务、投资和知识产权等问题。1995年1月1日三国正式建立自由贸易区,规定在10年内逐步减免关税。之后,哥、委、墨同中美洲共同市场签署了自由贸易协定。1994年7月哥伦比亚与加勒比共同体成员国签署了一项自由贸易协定。

再次,发展同南锥体国家的经济合作关系。1990年哥、智两国就谋求发展自由贸易关系。1992年,哥伦比亚外贸最高委员会指出,哥、智之间存在经济互补潜力,开展双边合作有利于扩大规模经济和提高专业化效益。1993年12月两国在拉美一体化协会范围内完成了经济互补协议的谈判;12月6日两国总统签署协议,规定从1994年起,部分产品逐步实现零关税,到1999年全部产品实现免税。哥伦比亚政府同巴西、阿根廷等国商谈实现自由贸易的问题。1996年和1997年哥伦比亚政府曾派出代表同南方共同市场代表探索哥伦比亚加入南方共同市场的问题。1997年8月南方共同市场与安第斯共同体的自由贸易谈判也已开始。1998年4月南方共同市场与安第斯共同体签署了自由贸易框架协议,决定从2000年起逐步取消它们之间的一切关税,建立南美洲自由贸易区。

此外，哥伦比亚政府积极参与双边和多边贸易合作。2007年8月，哥伦比亚政府与洪都拉斯、萨尔瓦多和危地马拉签署了自由贸易协定。2008年12月，哥伦比亚国民议会已通过有关哥伦比亚与智利避免双重征税协定。同年12月22日，哥伦比亚与加拿大也签署了双边自由贸易协定。

总之，在短短的十几年里，哥伦比亚参加了几乎拉丁美洲地区所有的自由贸易区，成为签署自由贸易协议最多的拉美国家之一。拉美市场过去只吸收哥伦比亚出口产品的20%，现在已达到30%左右，成为哥伦比亚非传统产品的重要买主。

五 乌里韦政府与拉美"左派"政府的关系较为紧张

由于乌里韦政府推行的是为国内和平进程和经济发展服务的外交战略，美国仍是政府对外关系的重点，乌里韦政府与拉美"左派"政府的关系比较紧张。2008年3月，哥伦比亚政府军进入厄瓜多尔境内打击哥伦比亚革命武装力量，引发了厄瓜多尔、委内瑞拉、尼加拉瓜等国的强烈反应，宣布与哥伦比亚断交。目前，哥、厄两国关系仍未实现正常化。2007年底以来，乌里韦政府与查韦斯政府的关系一直比较紧张。2007年11月，乌里韦总统单方面宣布中止查韦斯总统参与调解人质交换工作，引起委内瑞拉方面的不满，查韦斯政府冻结了与哥伦比亚的关系，并召回委内瑞拉驻哥伦比亚大使。2008年12月，哥伦比亚召回驻委内瑞拉马拉开波领事，作为对委内瑞拉政府指责其干涉内政的回答。在委内瑞拉海湾的部分海域划分问题上，哥伦比亚与委内瑞拉仍存在争端。乌里韦政府认为，哥伦比亚与委内瑞拉边界线已完全确定，不存在任何争议。但查韦斯政府反对这一看法。值得注意的是，2008年9月，玻利维亚莫拉莱斯总统以美国驻玻大使鼓励当地分裂活动为由，将其驱逐出境，而乌里韦政府发表声明，支持莫拉莱斯总统，反对任何分裂玻利维亚的企图。

第九章　对外关系

第三节　同美国的关系

一　哥、美两国关系的历史演变

1822年6月17日大哥伦比亚共和国与美国建立了外交关系。大哥伦比亚解体后，1832年美国承认新格拉纳达共和国。之后，哥、美两国经历了曲折的发展过程。1846年12月，美国驻波哥大代办同新格拉纳达共和国外长签订了有效期20年的《和平、友好、航海与通商条约》。1850年起美国开始谋求在巴拿马地峡修建铁路的权利。

20世纪初，为赢得巴拿马运河的修筑权，美国国会一方面赞成与法国公司达成协定，另一方面授权西奥多·罗斯福总统同哥伦比亚政府谈判。1903年1月，美国国务卿海·约翰同哥伦比亚驻美公使托马斯·埃兰签订《海—埃兰条约》，规定哥伦比亚永久割让运河区给美国使用，美国先付给哥伦比亚1000万美元，以后每年再付25万美元。哥伦比亚国会拒绝批准这项条约。同年11月美国一手制造巴拿马"独立"，使哥伦比亚丧失了面积达7.7万平方公里的一个最富裕的省份。1909年1月，美国与哥伦比亚、巴拿马缔结了《鲁特—科尔特斯—阿罗塞梅纳条约》。这个条约包括美哥条约、美巴条约、巴哥条约。在巴哥条约中，规定巴拿马把最初十年从美国得到的250万美元运河租金转给哥伦比亚，哥伦比亚则承认巴拿马独立。在美哥条约中，规定哥伦比亚的军队、军火和军舰可自由通过巴拿马运河，不缴纳任何税；在哥伦比亚与其他国家发生战争时，此条款照常执行。该条约遭到哥伦比亚的拒绝。经过多年的讨价还价，1914年4月，哥、美两国签订《汤普森—乌鲁蒂亚条约》，条约规定，

哥伦比亚

美国应对破坏两国友好关系的事件表示歉意，给予哥伦比亚优先使用巴拿马运河的权利，美国在条约批准后的6个月内赔偿哥伦比亚2500万美元；哥伦比亚则承认巴拿马独立，并接受条约规定的与巴拿马的边界线。后条约经过修改，1922年3月1日哥伦比亚批准了经修改的条约，3月30日条约正式生效。

第一次世界大战后，美国逐渐取代了英国的地位。第二次世界大战结束后，保守党政府实行追随美国的政策。1950年6月戈麦斯独裁政府派遣一营士兵，充当美国侵略朝鲜战争的炮灰。1951年哥、美两国签订了《友好、通商、航海条约》，1952年同美国签订共同防务《双边军事协定》。1959年古巴革命胜利推动了拉美各国的革命运动。1961年肯尼迪总统访问了哥伦比亚；哥伦比亚接受《埃斯特角宪章》，得到美国的援助，成为美国"争取进步联盟"的橱窗。在波哥大驻有美国军事使团，美国"和平队"继续在哥伦比亚活动。

20世纪70年代，哥、美关系进一步发展。美国称哥伦比亚的"文人民主政体"是拉美国家的榜样之一，泛美事务助理国务卿宣称，哥、美关系是"美国同本半球其他国家之间关系中最宝贵的成分之一"。美国总统、副总统等重要官员曾多次访问哥伦比亚。图尔瓦伊总统也强调哥、美关系是"哥伦比亚重要的对外关系之一"。20世纪80年代初，美国拉拢哥伦比亚共同对付苏联在拉美地区的渗透。1982年3月，哥伦比亚外长出席在纽约举行的，有美国、墨西哥、委内瑞拉和加拿大等国外长参加的协调援助加勒比计划的第2次会议。同年4月，在美洲国家组织外长要求英国停止对阿根廷的敌对行动时，哥伦比亚同美国、智利、特立尼达和多巴哥一起投了弃权票，支持美国的立场。哥伦比亚这一立场，使之在拉美国家中处于孤立境地，在国内引起强烈反响。

二 哥、美关系的重新调整

1982年8月贝坦库尔总统执政后，积极调整对外方针，宣布奉行独立自主的外交政策。在同年12月招待里根总统访问的宴会上，贝坦库尔公开批评美国孤立尼加拉瓜的中美洲政策，揭露美国对拉美国家采取贸易保护主义、限制发展多边机构活动以及在马岛危机中对西半球的抛弃，迫使里根总统临时修改讲话稿。之后，哥伦比亚政府多次谴责美、苏两国干涉拉美事务，要求里根政府保证选择外交途径实现中美洲和平，批评美国与拉美国家之间的不平等贸易关系，反对美国只承认3海里领海权的立场。1983年2月，哥伦比亚批准了两国和平利用核能合作协议。1984年哥、美签订了捕鱼、邮电、石油科研合作等协定。1986年2月哥、美签订了教育协定和航空技术援助协定。20世纪80年代后期，哥、美两国在涉及拉美事务和双边关系上出现一系列分歧。1988年2月巴拿马发生政变，哥伦比亚反对美国对巴拿马进行干涉。1989年12月美军入侵巴拿马后，哥伦比亚政府要求美国立即从巴拿马撤军，并在第44届联合国大会上投票赞成谴责美军入侵巴拿马；拒绝了在圣安德烈斯群岛上安装美国卫星的提议，反对美国在美洲开发银行内有更多的否决权。哥伦比亚政府反对美国政府提出的由生产国单方面采取禁毒措施的建议，呼吁拉美国家团结一致，共同打击国际贩毒活动。

20世纪90年代，为适应经济发展的需要，避免与美国正面冲突，哥伦比亚政府采取谨慎的外交政策。考虑到美国是哥伦比亚的第一贸易伙伴和主要投资国的现实，1990年9月和1991年2月，加维里亚总统两次访问美国，表示欢迎布什总统的"开创美洲事业倡议"，并在共同禁毒和改善贸易关系等问题上取得谅解。1991年哥、美签订了贸易和投资的双边框架协议。1992年哥伦比亚又获得美国提供的安第斯贸易优惠，哥伦比亚产品可豁

哥伦比亚

免关税进入美国市场。然而,毒品问题却成了哥、美关系新的摩擦点。美国是世界上头号吸毒大国,美国当局不仅不对本国吸毒采取有力措施,反而对哥伦比亚的缉毒斗争指手画脚,以种种借口对哥伦比亚施加压力。1994年美国政府不断在反毒问题上制造麻烦,污蔑哥伦比亚已变成"毒品民主国家",对哥伦比亚国内处理"贿选案"横加指责,动辄以冻结援助相要挟,扬言要对哥伦比亚实行经济制裁。1996年3月和1997年3月,美国政府无视哥伦比亚政府坚决打击和摧毁卡利贩毒集团的事实,以"反毒不力"的罪名"不确认"哥伦比亚进行的反毒斗争,1996年7月又吊销桑佩尔总统进入美国的签证。美国要求哥伦比亚政府放弃与欧盟签订香蕉出口框架协议,对哥伦比亚出口的鲜花征收反倾销税。1997年美国政府就禁毒问题、哥伦比亚公民引渡问题和根除非法作物问题,对哥伦比亚政府提出批评。这些行为使哥、美两国关系处于最紧张的时期,充分暴露了美国政府借毒品问题粗暴干涉哥伦比亚主权和内政的恶劣行径。为缓和两国紧张关系,哥伦比亚外长和国防部长等先后赴美做缓解工作。

1998年6月安德烈斯·帕斯特拉纳当选总统后,强调将继续执行独立、自主、多元化外交政策,指出当前的主要任务是迅速改变哥伦比亚不利的国际环境,修复同美国的关系,努力解决哥、美两国在扫毒问题上一直存在的分歧,为全面改善两国关系扫清道路。美国政府立即做出反应,表示随时准备对哥伦比亚和平进程提供援助,两国关系可望翻开"新的一页"。7月31日,帕斯特拉纳总统应克林顿总统的邀请访美,双方就扫毒、和平进程及经济问题进行了会谈;8月3日帕斯特拉纳在华盛顿的记者招待会上说,他同克林顿的会晤是诚挚的和乐观的,是揭开哥、美两国关系的"新开端"。在缉毒方面,美国政府表示愿意与哥伦比亚合作。美国高层官员频繁访问哥伦比亚,哥伦比亚的一些部长和将军也先后去华盛顿要钱。美国负责缉毒的主要官员巴

第九章 对外关系

里·麦卡弗里结束了对哥伦比亚的访问后说：美国应该"重新考虑"对哥伦比亚的政策，因为这个盟国"正处于紧急状态"。美国政府与五角大楼开始调整对哥伦比亚的政策，把原来对桑佩尔政府的彻底孤立政策改成对帕斯特拉纳政府的支持和合作政策。

帕斯特拉纳上任后，提出了旨在打击贩毒、实现和平、加强民主、振兴经济、减少贫困、使非法种植区获得替代性发展、加强法制和人权的一揽子计划，即"哥伦比亚计划"。实施"哥伦比亚计划"需耗资75亿美元，哥伦比亚政府允诺承担40亿美元，其余部分只能向国际社会筹措。这就为美国找到了插手哥伦比亚内部事务的借口。经过一番酝酿，美国政府不顾国内外的反对，在2000年初抛出了向哥伦比亚提供巨额军援的方案；6月美国国会通过了对哥伦比亚政府提供援助的计划，答应在今后两年内向哥提供13亿美元的援助，其中大部分是军事援助。同年8月29日晚，克林顿总统匆忙赶往卡塔赫纳市作闪电式访问，表示他对"哥伦比亚计划"的支持和兑现美国援助的诺言。美国的援助在哥伦比亚国内引起了强烈的反对，社会各界人士都表示，美国援助只会使哥伦比亚内战升级。国际舆论认为，美国对"哥伦比亚计划"的支持，实质上是一种军事援助，以扫毒为名行干涉哥伦比亚内政之实。国际社会特别是拉美国家，对美国军援的用意及可能造成的不良影响表示忧虑。委内瑞拉、巴西、阿根廷等国对美国军援表示关注，拉美地区的几位总统谴责美国对"哥伦比亚计划"的援助。

鉴于美国是哥伦比亚的第一大投资国和贸易伙伴，美国是乌里韦政府对外关系的重点。美国通过"哥伦比亚计划"和"安第斯地区计划"，扩大对哥伦比亚的军事援助。1999~2006年间，美国向哥伦比亚提供了约60亿美元的禁毒和反恐援助。2007年2月，乌里韦政府起草了新的"哥伦比亚计划"，新计划的执行期为 2007~2013 年，总投入约 438 亿美元，其中哥伦比亚政府投入 313 亿美元，美国援助 36 亿美元。按照《安第斯贸易促进和拒绝毒品法案》，2006 年美国对哥伦比亚的优惠措施延期到 2007 年 7 月 30 日。由于美国国会仍未批准哥、美双边自由贸易协定，这些优惠措施又延期到 2008 年 3 月。美国国会民主党人以人权状况、环境和劳工保护等问题拒绝批准这一协定。2007 年 7 月，哥伦比亚国会已批准这一协定。

第四节 同欧洲和亚洲国家的关系

一 同西欧国家的关系

伦比亚同西欧国家早有来往。在哥伦比亚独立之初，英国就取得了在哥伦比亚开矿的租让权，帮助哥伦比亚政府发行公债，提供贷款，获得许多政治经济特权。自 19 世纪 50 年代起，英、法、美 3 国为争夺巴拿马地峡铁路修筑权和运河开凿权，进行激烈的斗争。第二次世界大战后，西欧国家经济逐渐恢复和发展。为减轻对美国的依赖，哥伦比亚同西欧国家的经济往来日趋密切，贸易得到较快发展。1968 年从欧共体的进口额为 9430 万美元，出口额为 1.36 亿美元；到 1980 年进口额达 8.6 亿美元，出口额达 12.8 亿美元。同欧洲自由贸易联盟的贸易也有显著增加。20 世纪 80 年代，哥伦比亚同西欧国家的经贸关系又有新的发展。1983 年 3 月，哥伦比亚与法国和意大利签订开发塞萨尔省洛马煤炭的合作协议，联邦德国向哥伦比亚提供一笔贷款。同年 10 月，贝坦库尔总统受安第斯集团和拉美经济体系的委托访问了布鲁塞尔，同欧洲经济共同体领导人会晤，争取他们帮助拉美国家克服困难。1984 年 11 月，哥伦比亚同联邦德国签署一项技术合作协定。1985 年哥伦比亚外长访问

第九章 对外关系

了西班牙和意大利，同年 10 月法国总统访问哥伦比亚，签订了贸易、经济、文化和技术等一系列协定。1987 年英国外交大臣、葡萄牙矿业部长、西班牙贸易国务秘书和外交大臣、荷兰外交大臣、瑞士外贸秘书等先后访问哥伦比亚。1988 年 1~3 月，哥伦比亚外长分别访问了葡萄牙、西班牙、意大利和梵蒂冈；1989 年 4 月，哥伦比亚外长访问了英国。欧共体已成为哥伦比亚的主要贸易对象，双方贸易额在 25 亿美元以上，占哥伦比亚出口总额的 1/3。联邦德国已成为哥伦比亚咖啡的第一买主，年购买量在 200 余万袋（每袋 60 公斤）。

随着改革开放政策的实施，哥伦比亚同西欧国家的联系进一步加强。1990 年巴尔科总统访问了比利时、法国和英国，就双边关系、经济援助和国际禁毒等问题进行了磋商。同年 6 月，加维里亚以当选总统身份出访西班牙、英国、法国和希腊等 5 个欧共体国家，表现了哥伦比亚对发展与西欧国家关系的热情。为支持哥伦比亚在反毒斗争中所作的努力，1990 年 10 月，欧共体给予哥伦比亚为期 4 年的特殊合作计划的好处，哥伦比亚向欧共体国家出口的几乎全部产品享受关税优惠待遇。1994 年，欧盟同意将对哥伦比亚等安第斯国家的贸易优惠制延长 10 年，哥伦比亚是获得向欧盟出口香蕉配额最多（23.4%）的拉美国家。1994 年夏，加维里亚总统表示，在关税优惠范围内双方仍存在巨大的发展机会，哥伦比亚政府将增加向欧洲联盟的出口，巩固同欧洲联盟的经贸合作关系。1995 年欧盟还批准哥伦比亚 37 家渔业公司继续向欧盟出口水产品，年出口约占水产总出口的 60%。同年哥伦比亚与欧盟国家的双边互访频繁，桑佩尔总统访问了西班牙、丹麦、法国、比利时和德国；哥伦比亚接待了西班牙首相、英国外贸大臣等。在反毒问题上，哥伦比亚政府得到欧盟国家的大力支持，哥伦比亚政府还希望加强同欧盟的政治和文化关系。帕斯特拉纳总统表示，哥伦比亚将继续发展同欧盟国家的合作，特别要争取欧盟国家到哥伦比亚投资。

为了更好地融入经济全球化和国际社会，乌里韦政府积极参与双边或多边合作。当前，乌里韦政府就避免双重征税正在同德国、荷兰等国进行谈判。根据普惠原则，欧盟给予哥伦比亚许多出口优惠。按照20世纪90年代双方达成的协议，鼓励哥伦比亚采取禁毒措施，欧盟对哥伦比亚的出口实行关税减免，2006年1月，欧盟将这一协议延期10年。但香蕉不在关税减免之列。

二　同东欧国家的关系

1935年哥伦比亚同苏联建立了外交关系，1948年断交，1968年恢复了外交关系，但两国交往较少。1978年1月，哥、苏两国签署由苏联援助哥伦比亚建设一个投资4.5亿美元的大型水电站的协议。20世纪80年代，哥伦比亚实行意识形态多样化方针，出于双方需要，哥、苏两国签订了经贸、科技、文化合作以及银行间相互信贷等协定。1984年哥、苏两国商定5年内贸易额为1.5亿美元。1987年3月，苏联最高苏维埃主席团副主席沃斯卡宁访问哥伦比亚，1988年1月苏联副外长科姆普莱托夫访问哥伦比亚，1989年3月苏联副外长科瓦廖夫再次访问哥伦比亚。

与此同时，哥伦比亚同东欧国家的经济合作关系得到发展。1983年4月南斯拉夫联邦主席访问哥伦比亚；9月哥伦比亚同波兰签署科技合作协定。1984年10月哥伦比亚和捷克斯洛伐克签署贸易议定书。1985年哥伦比亚外长访问东欧国家，同波兰和捷克讨论经济合作问题，努力同东欧国家发展科学、经济和文化合作关系。1987年哥伦比亚向东欧国家出口9247万美元，进口6735万美元。1987年至1988年9月，哥伦比亚经济发展部长和外交部长先后访问了罗马尼亚、南斯拉夫、波兰、捷克斯洛伐克和保加利亚。1988年4月和10月，波兰财政部长和外交部长也先后访问了哥伦比亚。1989年2月哥伦比亚外长访问匈牙利，同年6月南斯拉夫外长访问了哥伦比亚。近年来，俄罗斯和东欧国家各自进行了调整，同哥伦比亚的来往有所减少。

三　同亚洲国家的关系

第二次世界大战后，随着日本经济的恢复和发展，哥伦比亚同日本的经贸关系得到发展。随着亚太地区国家经济高速发展，亚太地区深受国际社会关注。国际舆论普遍认为，21世纪将是"太平洋世纪"。哥伦比亚政府表示，太平洋把哥伦比亚同亚太地区国家联系在一起，太平洋地区是哥伦比亚未来的出口市场，要竭尽全力向提供机会的太平洋地区靠近；强调要加强环太平洋地区国家的合作，以迎接21世纪的挑战。哥伦比亚政府认为，太平洋地区有丰富的自然资源，经济发展有巨大的潜力，同这一地区国家特别是同日本、中国、韩国以及东盟国家发展经贸关系，对经济发展具有非常重要的意义。为此，建立了哥伦比亚太平洋合作委员会，这是为研究亚太地区经济、进一步参加国际经济体系所采取的一个重要步骤。1992年，波哥大商会、拉美商会联合会和太平洋经济理事会，起草了一份题为《如何与世界经济的新中心——太平洋地区开展贸易》的文件，概述了环太平洋的美洲、亚洲和大洋洲41个国家的基本情况和主要特点。为加强同太平洋地区国家的合作，政府争取早日加入亚太经合组织和太平洋经合理事会，并促进公共和私人部门与亚洲的相应机构建立联系。此外，政府还决定在乔科省修建连通太平洋和大西洋的陆路通道和运河，以促进同太平洋地区国家的经贸往来。哥伦比亚坚信，21世纪将是它进入太平洋地区的世纪。

从20世纪70年代起，哥伦比亚同日本的贸易占有重要地位。日本加强同哥伦比亚的经济合作，1982～1984年间，日本为哥伦比亚提供的技术合作有10项，其中包括水力发电、煤炭开采、石油勘探、农业开发、沿海捕鱼、海水淡化、公路建设、城市交通等重点建设项目。1985年日本外相访问哥伦比亚，强调要加强两国的合作关系和贸易往来。为加强同环太平洋国家之间的关系，1987年9月巴尔科总统访问韩国，双方签署了经贸合作等协定。1989年巴尔科总统访问了日本。1992年对日本出口1.98亿美元，到1996年增加到3.49亿美元；同期从日本进口由4.96亿美元提高到7.07亿美元。1996年，哥伦比亚对日贸易额占哥伦比亚对外贸易额的4.5%。日本是哥伦比亚在亚洲的主要贸易伙伴。哥伦比亚与以色列关系密切，两国签订有经贸合作协定。1987年7月哥伦比亚国防部长访问以色列，1988年4月以色列能源部长访问哥伦比亚。1998年8月，帕斯特拉纳总统上任后，重申哥伦比亚作为太平洋地区国家，将增加资金投入，进一步改善太平洋沿岸港口的基础设施，以加强哥伦比亚同该地区的经贸合作关系。

第五节　同中国的关系

一　哥、中两国建交后，友好关系顺利发展

中国成立后，哥伦比亚同中国的来往较少。中国在联合国的合法地位恢复后，哥伦比亚对华友好的一些议员提出议案，要求政府同中国建立外交和贸易关系。1974年，前总统帕斯特拉纳·博雷罗访问中国。1978年图尔瓦伊总统执政后，加快了发展同中国关系的步伐。1980年2月7日，中、哥两国签署了建交公报，正式建立大使级外交关系。建交公报称："哥伦比亚政府承认中华人民共和国是唯一合法政府，台湾是中华人民共和国领土不可分割的一部分。""中华人民共和国政府赞赏哥伦比亚政府和人民为捍卫民族独立和国家主权、维护

民族资源、发展民族经济所作的不懈努力,并支持哥伦比亚政府和人民促进拉丁美洲团结和合作的立场。"

之后,哥、中两国高层来往频繁。1981年2月,阿沛·阿旺晋美副委员长率人大代表团访问了哥伦比亚。5月,哥伦比亚众议院代表团和参议院代表团先后访华。8月,黄华副总理兼外长访问哥伦比亚。10月,哥伦比亚外长莱莫斯访华。1982年8月,文化部长朱穆之率政府代表团参加贝坦库尔总统就职仪式。1983年5月,哥伦比亚保守党领袖、前总统帕斯特拉纳·博雷罗来华访问。1984年5月,前总统图尔瓦伊访问中国。6月,参议长奥尔金和众议长加维里亚率议会代表团访华。10月,前总统洛佩斯·米切尔森访华。1985年10月中国总理访问哥伦比亚,目的是"加强了解,增进友谊,发展合作,共同维护世界和平",探索发展中国与哥伦比亚等拉美国家的经济关系的途径和方式。中国总理在同贝坦库尔总统会谈时,就共同关心的国际问题以及发展双边关系问题交换了意见,中国总理介绍了中国改革开放情况和内外政策,重申中国愿在和平共处五项原则的基础上,同所有拉美国家建立和发展友好合作关系;提出了中国同拉美国家有8个共同点,这是中国同拉美国家友好合作关系的坚实基础。中国总理高度评价了哥伦比亚人民在维护国家主权和发展民族经济方面取得的成就,以及哥伦比亚政府在国际事务中奉行独立和不结盟政策,赞赏哥伦比亚在和平解决中美洲冲突、争取合理解决拉美债务危机问题、努力促进拉美国家团结方面发挥的重要作用。贝坦库尔总统赞赏中国奉行独立自主的和平外交政策,高度评价中国在保卫世界和平与稳定、维护发展中国家权益的斗争中所起的作用。两国政府签订了经济合作协定和银行间互惠信贷协议。1986年6月,哥伦比亚经济部长率政府代表团访华。8月,中国交通部长钱永昌率团参加巴尔科总统就职仪式。同年,保守党与中国共产党建立了关系。1987年5月,黄华副

哥伦比亚

委员长率人大代表团访问了哥伦比亚；6月，哥伦比亚众议院议长戈麦斯率众议院代表团来华访问，7月，参议院议长佩莱斯率参议院代表团访华。同年9月，巴尔科总统按计划访华，不幸中途染病在韩国住院，之后派外交部秘书长洛萨诺·德罗伊代表其访问中国。

1990年哥、中建交10周年，中国主席杨尚昆与哥伦比亚总统巴尔科、中国外长钱其琛与哥伦比亚外长隆多尼奥互致贺电，两国大使分别举行庆祝宴会。8月7日，中国政府特使、地矿部长应邀参加哥伦比亚加维里亚总统的就职仪式，并向加维里亚总统转交杨尚昆主席的贺信，邀请其访华。同月，钱其琛外长应哈拉米略外长邀请访问哥伦比亚，加维里亚总统、参议院议长伊拉戈、众议院议长贝尔杜戈等会见了钱其琛外长。哥伦比亚总统在会见中表示，哥、中两国在安理会、联合国和处理国际冲突等问题上进行了很好的合作，哥伦比亚愿意在维护世界和平、国际法和国际关系准则以及经济方面同中国进行更多的合作。钱其琛外长在访问期间，与哥伦比亚外长、财长分别签署了两国外交部官员会晤制度议定书、中国向哥伦比亚提供贷款协议以及中国向哥伦比亚提供赠款换文。为表彰钱外长为哥中友谊作出的贡献，哥伦比亚政府授予钱外长"博亚卡十字勋章"，众议院授予"民主特别大十字勋章"。9月，中国妇女代表团访哥伦比亚。1990年4月，巴伦西亚率领哥伦比亚独立革命工人运动代表团访华；5月，哥伦比亚农业部长加夫列尔·罗萨斯·维加率领农业代表团访华；哥伦比亚总统的女儿胡莉亚·巴尔科访问中国；哥伦比亚自由青年联盟总协调员费尔南多·桑切斯率团访华；10月，哥中友协代表团访华；自由党前总书记温贝托·巴伦西亚率领哥伦比亚自由党议员代表团访华；国防部长奥斯卡·博特罗访华。

1995年4月，哥伦比亚拉卡列副总统访华。1996年10月，桑佩尔总统对中国进行国事访问，这是历史上第一位哥伦比亚总统访华。江泽民主席同桑佩尔总统进行了会谈，江主席表示，两国自建交以来关系稳步发展，双边贸易不断增加，经济技术合作和文化交流在逐步加强。中国政府赞赏哥伦比亚政府在反对外来干涉、坚定维护国家独立和主权方面的正义立场，以及哥伦比亚作为不结盟运动主席国为该组织所作的贡献。桑佩尔总统感谢中国政府对哥伦比亚政府的经济援助和对不结盟运动的积极评价。钱其琛外长等与哥伦比亚外长进行会谈，双方签署了关于哥伦比亚保留在中国香港特别行政区总领事馆换文和一系列协定。1998年帕斯特拉纳执政后表示，将继续执行对华友好政策。他在会见出席其就职仪式的中国政府特使时说，有许多共同点使哥、中两国团结在一起，哥伦比亚政府重视同中国的关系，希望双方继续努力增强合作，寻求两国贸易产品和合作形式多样化。1999年5月，帕斯特拉纳总统对中国进行国事访问，江泽民等国家领导人分别会见了哥伦比亚总统。双方签署了两国政府司法协助条约、两国外交部谅解备忘录以及其他经济协定。

另外，1977年建立的哥中友好协会，在哥中关系发展过程中起了重要作用。它在推荐国会议员、保守党领袖、共和国银行副董事长、有名望的记者等各阶层人士访华，热情招待中国访问哥伦比亚的各种代表团和文艺、体育团体，协助中国新华社在哥伦比亚建立分社和开展工作，促进中哥民间往来、推动两国建交、开展经济贸易合作等方面起了积极作用。

进入21世纪以来，中、哥两国关系稳步发展，高层互访频繁，政治互信进一步加强，经贸合作呈快速增长势头，在国际事务中相互支持，密切合作。2005年2月，中、哥双方在北京共同庆祝建交25周年后，两国关系又有新的发展。同年4月6日，哥伦比亚总统乌里韦率领6位部长、144名企业家和72名大学校长访问中国。在访问期间，胡锦涛主席和乌里韦总统就双方应保持两国间各个层次的友好往来，加强政府、议会、政党和人民

团体间的交流,增进互信和友谊;本着平等互惠、共同发展的原则,积极务实地推动双方在能源、石化、轻工、机械、电子等领域的合作;促进在文化、教育、科技等领域的交流;加强在联合国、世贸组织、世界卫生组织、美洲国家组织等国际和地区组织中的协调和配合,共同把新世纪的中、哥关系提高到新水平等方面交换意见,并达成共识,为两国关系的进一步发展奠定了新的基础。2008年9月,温家宝总理在参加第63届联合国大会期间,会见了乌里韦总统。同年11月22日,在APEC会议期间,胡锦涛主席在会见乌里韦总统时,表示支持哥伦比亚加入APEC,并共同出席《中华人民共和国政府和哥伦比亚共和国政府关于促进和保护投资的双边协定》签字仪式。

二 哥、中两国的经贸关系平稳发展

建交以前,哥、中两国经贸往来不多。1980年建交之后,两国经贸来往逐渐增多。1981年7月和12月,哥、中两国先后签订了贸易协定和科技合作协定,规定在1982~1985年间,中国向哥伦比亚无偿派遣技术人员,进行竹子栽培和竹编技术传授,帮助哥伦比亚在种桑、养蚕、淡水养虾等方面培养技术人员。1983年11月,哥伦比亚议会批准两国政府签署的贸易协定和科技合作协定。1983年,就中国为哥伦比亚新建、改建和扩建60座小水电站提供全套设备和技术事宜,两国政府达成了意向协议。11月两国签订联合开发塔沙黑洛煤矿的合同。在经济技术合作方面,1982年2月,两国就中国向哥伦比亚提供种竹和竹编技术援助换文。1984年中国港湾工程公司在哥伦比亚投标港口承包、河道疏浚和码头修建工程,为双方劳务合作奠定了基础。1985年两国就种桑、养蚕项目达成协议,中国派技术人员进行指导。在中国总理访问哥伦比亚期间,双方签订了经济技术合作协定、中国向哥伦比亚提供无偿技术援助和赠送物资的换文,中国银行同哥伦比亚共和国银行签署了互惠信贷协议。1987年9月,哥、中两国签署了在哥伦比亚生产蜂窝煤可行性研究的补充协议,1988年中国派技术人员帮助哥伦比亚发展人工养虾事业。1989年4月,应中国贸促会的邀请,以路易斯·弗洛雷斯为团长的哥伦比亚冶金协会代表团访华,11月8日,中、哥就中国在巴兰基利亚市及哥伦比亚在中国一开放城市设立领事馆达成协议。11月,哥伦比亚国家体育运动委员会主任奥斯卡·阿索罗·路易斯访华。1990年2月,广东省水产考察组访问哥伦比亚,签订了联合捕鱼和合资建鱼粉厂的意见书。同年7月,中、哥机械设备贸易公司参加第18届波哥大国际博览会。此外,哥、中两国签订了互免外交、公务、官员护照签证的协议和中国政府向哥伦比亚政府提供无偿贷款和无偿援助的协议。1995年,哥、中两国贸易额6592万美元,中方出口5223万美元,进口1369万美元。自建交以来,两国贸易发展缓慢,贸易额不大的主要原因是双方商品不对路,加之中国内地商品大部分要经过香港、日本中转,周期长,运费高,影响了贸易额的稳定和快速发展。哥伦比亚轻纺产品基本自给,普通机电产品进口不多;中方对哥伦比亚的出口主要是化工产品、服装、轻工产品、畜产品等,进口咖啡、香蕉、可可豆等。

哥、中两国在文化交流方面也开展大量工作,增进了友谊。1981年10月,哥、中两国签订文化协定。1982年11月,中国文化代表团访哥伦比亚,签订1983~1984年政府间文化合作交流计划。1984年2月,哥伦比亚议会又批准了1981年签署的文化协定。1984年10月,两国签订文化协定,互派文化、艺术、教育和广播电视代表团访问,交换留学生、广播电视节目和文学书籍,推动两国的文化交流。在20世纪80年代,中国先后派出8个艺术团访问哥伦比亚,1982年6月,哥伦比亚古代金器艺术曾在北京和上海展出,并有两个艺术团访华。自1981年起,两

哥伦比亚

国交换留学生，中国向哥伦比亚派出乒乓球教练和体操教练。1990年7月，中国影片《晚钟》在第7届波哥大国际电影节上获三项奖。

1996年桑佩尔总统访华期间，双方签署了关于延长中国向哥伦比亚提供2000万元人民币无息贷款使用期、关于中国向哥伦比亚提供500万元人民币无偿援助、关于修改中哥政府间科技合作协定有关条款等3个换文，中、哥政府1997～1999年度文化教育合作计划，中国贸促会与哥伦比亚出口促进会、投资委员会和商会联合会的合作协议，中国煤炭工业进出口总公司与哥伦比亚煤炭公司在煤炭工业领域的合作协议。之后，哥、中经贸关系有了较快的发展。1996年8月，中国金城集团和哥伦比亚东方汽车有限公司达成合作协议，建立中哥合资的"金哥摩托车公司"，于1997年9月在巴兰基利亚开工，该摩托车组装项目，因产品质量好，价格合理，备受用户欢迎。中、哥两国有关部门和企业正在洽谈建立轮胎、空调合资办厂的项目。中国还积极参与哥伦比亚巴兰基利亚海口疏浚、布埃纳文图拉港口扩建以及麦德林市公共工程通信设备的投标等建设。哥伦比亚咖啡种植者联合会在珠海建有"捷荣食品有限公司"，投资30万元，生产咖啡供应中国市场。

20世纪90年代，哥、中两国企业在工程、煤炭、水电站建设方面有合作项目。中国的彩电、冰箱、洗衣机、空调等家用电器，质量好，价格有竞争力，双方正在探讨合作发展的可能性。中国向哥伦比亚提供了援助，包括贴息优惠贷款、无息贷款和无偿贷款。安排的成套项目有农林试验站一个，技术合作4个和物资援助8批。1998年9月，中国向哥伦比亚提供500万元人民币的无偿援助已换文确认。中、哥经济技术合作已取得良好效益，相互投资有了良好开端。中国在哥伦比亚的制造业、矿业、渔业方面的投资已具有一定规模，独资、合资企业已有10个，投资金额 559.6 万美元。哥伦比亚政府希望在石油勘探方面与中国进行合作。中国国产设备在主要技术性能方面已不逊色于国外同类产品，但价格低廉；哥伦比亚油田地质条件并不复杂，从技术角度看，中国企业也没有太大问题。中国和哥伦比亚在石油工业方面有可能进行合作。哥伦比亚专家表示，希望与中国在花卉业方面合作，建立合资企业，开拓对美国的花卉出口。1999 年 5 月帕斯特拉纳总统访华期间，签订了两国政府经济技术合作换文、两国政府 2000～2002 年度文化教育合作执行计划和两国环保合作协定。1999 年中国安菲克斯机械有限公司在哥伦比亚悉心调研，国内银行鼎力支持，生产了外观美、性能好、寿命长、价格低的新电表，成功地占领了哥伦比亚的电表市场。哥伦比亚不仅愿意与安菲克斯机械公司做电表买卖，而且表示有意从该公司进口电线和变压器的意向。中国巨龙通讯设备有限公司有兴趣参加哥伦比亚政府的"社会电话计划"工程。巨龙公司已与哥伦比亚的康巴斯公司达成协议，利用中国贷款成立合资公司，投资 800 万美元，在哥伦比亚卡萨纳雷省尤巴尔等市建立电话总局，合资期限为 10 年，实施"社会电话计划"工程。广东远洋渔业总公司计划在哥伦比亚开发渔业合作项目。

自乌里韦总统就任以来，中、哥的经济贸易合作快速发展。2002 年，双方贸易总额达到 3.16 亿美元，较上一年增长 36.4%。2003 年为 4.5 亿美元，同比增长 42%。2004 年为 12.4 亿美元，增加将近两倍。2004 年 4 月，中、哥双方签署了《中华人民共和国政府向哥伦比亚共和国政府提供无偿援助的经济技术协定》和《2004～2006 年中、哥教育交流执行计划》等 5 个合作协定。2005 年 4 月 6 日，乌里韦总统访华期间，两国元首出席了《两国政府经济技术合作协定》、《关于植物检疫合作协定》、《关于动物检疫和动物卫生的合作协定》、《信息通讯领域合作谅解备忘录》和《关于办电影展谅解备忘录》等 5 个文件

的签字仪式。之后，两国之间又签署了投资保护协定。到目前为止，两国已签署了17个双边协议。

必须指出，中、哥友好关系的发展为双方经济贸易合作打下坚实的基础。2008年，中、哥的贸易额达到40.99亿美元，同比增长22.1%。其中中国出口额为29.74亿美元，增长31.5%；进口额为11.25亿美元，增长2.7%。中方主要出口电子、机械、化工、纺织等产品，进口商品主要是成品油、铜、钢铁、皮革、香蕉、塑料等。到2008年5月，中国在哥伦比亚的投资额为4.44亿美元，主要涉及石油勘探开发等领域。在投资方面，中、哥合作的潜力很大。此外，中、哥两国不断扩大人才交流，相互举办文化活动和开展文化、旅游等领域的交流合作。

此外，哥伦比亚与中国台湾地区有民间贸易往来，台湾当局在圣菲波哥大和巴兰基利亚设有"远东商务办事处"。

附 录

一 哥伦比亚历届国家元首

国家元首姓名	任职时间	备 注
西蒙·玻利瓦尔	1819～1830年	大哥伦比亚共和国总统,1828年起称"独裁者"
多明戈·凯塞多	1830年	
华金·莫斯克拉	1830年	
拉斐尔·乌达内塔	1830～1831年	
华金·莫斯克拉	1831年	1831年为新格拉纳达共和国代总统
多明戈·凯塞多	1831年	
何塞·马里亚·奥万多	1831～1832年	
何塞·伊格纳西奥·德马尔克斯	1832年	
弗朗西斯科·德保拉·桑坦德尔	1832～1837年	1832年起为新格拉纳达共和国总统
何塞·伊格纳西奥·德马尔克斯	1837～1841年	
佩德罗·阿尔坎塔拉·埃兰	1841～1845年	
托马斯·西普里亚诺·莫斯克拉	1845～1849年	
何塞·伊拉里奥·洛佩斯	1849～1853年	
何塞·马里亚·奥万多	1853～1854年	
何塞·马里亚·梅洛	1854年	

哥伦比亚

续表

国家元首姓名	任职时间	备 注
何塞·德奥瓦尔迪亚	1854~1855年	
曼努埃尔·马里亚·马利亚里诺	1855~1857年	
马里亚诺·奥斯皮纳·罗德里格斯	1857~1861年	1858年起为格拉纳达邦联总统
巴托洛梅·卡尔沃	1861年	
托马斯·西普里亚诺·莫斯克拉	1861~1864年	1863年起为新格拉纳达合众国总统
何塞·奥古斯丁·德乌里科埃切亚	1864年	
曼努埃尔·穆里略·托罗	1864~1866年	
何塞·马里亚·罗哈斯·加里多	1866年	
托马斯·西普里亚诺·莫斯克拉	1866~1867年	
桑托斯·阿科斯塔	1867~1868年	
桑托斯·古铁雷斯	1869~1870年	
欧斯托希奥·萨尔加尔	1870~1872年	
曼努埃尔·穆里略·托罗	1872~1874年	
圣地亚哥·佩雷斯	1874~1876年	
阿基莱奥·帕拉	1876~1878年	
胡利安·特鲁希略	1878~1880年	
拉斐尔·努涅斯	1880~1882年	
弗朗西斯科·哈维尔·萨尔都亚	1882年	
克利马科·卡尔德隆	1882~1883年	
何塞·欧塞维奥·奥塔洛拉	1883~1884年	
埃塞基耶尔·乌尔塔多	1884年	
拉斐尔·努涅斯	1884~1886年	1886年起为哥伦比亚共和国总统
何塞·马里亚·坎波·塞拉诺	1886~1887年	

续表

国家元首姓名	任职时间	备注
埃利塞奥·帕扬	1887 年	
拉斐尔·努涅斯	1887~1888 年	
卡洛斯·奥尔金	1888~1892 年	
米格尔·安东尼奥·卡罗	1892~1896 年	
吉列尔莫·金特罗·卡尔德隆	1896 年	
米格尔·安东尼奥·卡罗	1896~1898 年	
曼努埃尔·安东尼奥·桑克莱门特	1898~1900 年	
何塞·曼努埃尔·马罗金	1900~1904 年	
拉斐尔·雷耶斯·普列托	1904~1908 年	
豪尔赫·奥尔金	1909 年	
拉蒙·冈萨雷斯·巴伦西亚	1909~1910 年	
卡洛斯·埃米略·雷斯特雷波	1910~1914 年	
何塞·维森特·孔查	1914~1918 年	
马尔科·菲德尔·苏亚雷斯	1918~1921 年	
豪尔赫·奥尔金	1921~1922 年	
佩德罗·内尔·奥斯皮纳	1922~1926 年	
米格尔·阿瓦迪亚·门德斯	1926~1930 年	
恩里克·奥拉亚·埃雷拉	1930~1934 年	
阿方索·洛佩斯·普马雷霍	1934~1938 年	
爱德华多·桑托斯	1938~1942 年	
阿方索·洛佩斯·普马雷霍	1942~1945 年	
阿尔维托·耶拉斯·卡马戈	1945~1946 年	
马里亚诺·奥斯皮纳·佩雷斯	1946~1950 年	
劳雷亚诺·戈麦斯	1950~1951 年	
罗伯托·乌达内塔·阿维莱斯	1951~1953 年	
劳雷亚诺·戈麦斯	1953 年	

续表

国家元首姓名	任职时间	备 注
古斯塔沃·罗哈斯·皮尼利亚	1953~1957年	
(五人军事执政委员会)	(1957~1958年)	
阿尔维托·耶拉斯·卡马戈	1958~1962年	
吉列尔莫·莱昂·巴伦西亚	1962~1966年	
卡洛斯·耶拉斯·雷斯特雷波	1966~1970年	
米萨埃尔·帕斯特拉纳·博雷罗	1970~1974年	
阿方索·洛佩斯·米切尔森	1974~1978年	
胡利奥·塞萨尔·图尔瓦伊·阿亚拉	1978~1982年	
贝利萨里奥·贝坦库尔·夸尔塔斯	1982~1986年	
比尔希略·巴尔科·巴尔加斯	1986~1990年	
塞萨尔·加维里亚·特鲁希略	1990~1994年	
埃内斯托·桑佩尔·皮萨诺	1994~1998年	
安德烈斯·帕斯特拉纳·阿朗戈	1998~2002年	
阿尔瓦罗·乌里韦·贝莱斯	2002~2010年	

资料来源:《拉丁美洲历史词典》,上海辞书出版社,1990,第543~544页。http://www.presidencia.gov.co。

二 哥伦比亚各省、特区概览

省 份	首 府	面 积(平方公里)	人 口(人)*	市(个)
亚马孙	莱蒂西亚	109665	67726	2
安蒂奥基亚	麦德林	63612	5682276	124
阿劳卡	阿劳卡	23812	232118	7
大西洋	巴兰基利亚	3388	2166156	23
玻利瓦尔	卡塔赫纳	25978	1878993	39

附　录　Colombia

续表

省　份	首　府	面　积 （平方公里）	人　口 （人）*	市 （个）
博亚卡	通哈	23189	1255311	123
卡尔达斯	马尼萨莱斯	7888	968740	25
卡萨纳雷	约帕尔	44640	295353	19
考卡	波帕扬	29308	1268937	36
卡克塔	弗洛伦西亚	88965	420337	15
塞萨尔	巴耶杜帕尔	22905	903279	24
乔科	基布多	46530	454030	21
科尔多瓦	蒙特里亚	25020	1467929	26
昆迪纳马卡	圣菲波哥大	24210	2280037	115
瓜伊尼亚	奥班多	72238	35230	1
瓜希拉	里奥阿查	20848	681575	11
瓜维亚雷	瓜维亚雷	42327	95551	4
乌伊拉	内瓦	19890	1011418	37
马格达莱纳	圣马尔塔	23188	1149917	21
梅塔	比利亚维森西奥	85635	783168	29
纳里尼奥	帕斯托	33268	1541956	56
北桑坦德尔	库库塔	22367	1243975	40
普图马约	莫科亚	24885	310132	9
金蒂奥	阿尔梅尼亚	1845	534552	12
里萨拉尔达	佩雷拉	4140	897509	14
桑坦德尔	布卡拉曼加	30537	1957789	87
圣安德烈斯和普罗维登西亚	圣安德烈斯	25	70554	1
苏克雷	辛塞莱霍	10917	772010	24
托利马	伊瓦格	23582	1365342	46

 哥伦比亚

续表

省　份	首　府	面　积 （平方公里）	人　口 （人）*	市 （个）
考卡山谷	卡利	22140	4161425	42
沃佩斯	米图	54135	39279	3
比查达	卡雷尼诺	100242	55872	2
圣菲波哥大（特区）			6840116	7

＊2005年6月30日全国人口普查资料。

资料来源：http：//www.presidencia.gov.co；http：//www.dane.gov.co。

主要参考文献

伍·奥·加尔布雷思:《哥伦比亚概况》,湖北人民出版社,1975。

帕特·姆·霍耳特:《哥伦比亚的今天和明天》,吉林人民出版社,1973。

李春辉、苏振兴、徐世澄主编《拉丁美洲史稿》第三卷,商务印书馆,1993。

苏振兴、徐文渊主编《拉丁美洲国家经济发展战略研究》,北京大学出版社,1987。

陈芝芸、徐宝华等:《发展中的"新大陆"——拉丁美洲》,世界知识出版社,1990。

江时学主编《拉美国家的经济改革》,经济管理出版社,1999。

陈作彬、石瑞元等编《拉丁美洲国家的教育》,人民教育出版社,1985。

中共中央对外联络部钟清清主编《世界政党大全》,贵州人民出版社,1994。

顾明远主编《世界教育大事典》,江苏教育出版社,2000。

军事科学院:《世界军事年鉴》(2007年),解放军出版社,

2007。

Ministerio de Relaciones Exteriores de Colombia, *Colombia: Multiple y Diversa*, 1995.

Jesus Arango Cano, *Geografía Física y Economica de Colombia*, 5a. Edición Cultural Colombia Ltda, 1964.

Presidency of the Republic of Colombia, *Economic Guide 1997 ~ 1998*, 1997.

Enciclopedia de Colombia, *I- IV*, Editorial Nueva Granada.

Presidencia de República, *Constitución Política de Colombia 1991*.

Luís Carlos Giraldo M. , Gustavo Gomez Velasquez (codificacion), *Constitución Política de la República de Colombia 1886 ~ 1986*, Colección Pequeño Foro, 1986.

Luís Villar Borda, *Democracia Municipal*, Universidad Externado de Colombia, 1986.

Fabio Castillo, *Los Jinetes de la Cocaína*, Editorial Documentos Perioticos, 1987.

Comisión de Estudios Sobre la Violencia, *Colombia: Violencia y Democracia*, Universidad Nacional de Colombia-Colciencias.

Luís Villar Borda, *Oposición, Insurgencia Y Amnistía*, Editorial Dintel Ltda.

Marion Ritchey-Vance, *Las ONG y La Sociedad Civil en Colombia*, Fundación Interamericana Arlington, Virginia, EE. UU. 1992.

Gilberto Arango Londono, *Estructura Economica Colombiana*, Editorial NORMA, 1985.

Banco de la República, *COLOMBIA: Economic Structure*, 1984.

Edgar Reveiz, Maria José Perez, Bernardo Guerrero, Juan Gonzalo Zapata (colaboracion), *Colombia: Crecimiento Economico*

主要参考文献

Moderado, Mejoramiento Social y Establidad Política, Resumen y Conclusiones, CEDE, 1983.

Hno Justo Ramon, S. C., *Historia de Colombia*, Libreria "STELLA", Bogotá, 1957.

Carlos Caballero Argaez, *50 Años de Economía: de la crisis del Treinta a la del Ochenta*, Sociedad de Asesoria Industrial Clacec Ltda, 1987.

José Antonio Ocampo (editor), *Historia Economica de Colombia*, Siglo Veintiuno Editores, 1987.

Jesus Antonio Bejarano, *La Economía Colombiana en La Decada del 70*, Fondo Editorial Cerec, 1984.

Joaquín Vallejo Arbelaez, Hernan Jaramillo Ocampo, Bernardo Garcia Guerrero: *Modelos Economicos de Desarrollo Colombiano*, Editorial Nikos, 1985.

Asociación Colombiana de Ingenieros Agronomos, *La Tierra Para El Que La Trabaja* (II), Editorial Punto y Coma, 1975.

Asociación de Historiadores Javerianos, *El Problema Agrario en Colombia*, Editor: Andres Olivos Lombana, 1985.

Santiago Perry, *La Crisis Agraria en Colombia 1950 ~ 1980*, El Ancora Editores, 1983.

Absalon Machado (coordinador), *Problemas Agrarios Colombianos*, Cega Siglo Veintiuno Editores, 1986.

Eduardo Lora (editor), *Lecturas de Macroeconomia Colombiana*, Tercer Mundo Editores, Fedesarrollo, 1988.

Fedesarrollo, *Economía Cafetera Colombiana*, Fondo Cultural Cafetero.

José Chalaca, *El Café En La Vida de Colombia*, Federación Nacional de Cafeteros de Colombia, 1987.

José Antonio Ocampo (editor), *Lecturas de Economía Cafetera*,

Fedesarrollo, Tercer Mundo Editores, 1987.

Edgar Reveiz, *La Cuestion Cafetera: su impacto economico social y político Colombiano*, Cede de Universidad de Los Andes, Colección Debates-No. 1, 1980.

Centro de Estidios Sobre Desarrollo Economico de Universidad de Los Andes, *COLOMBIA 2000-Estrategicas de Desarrollo Para Satisfacer Las Necesidades Humanas Esenciales en Colombia*, Colección Debates No. 4, Editor: HAROLD BANGUERO.

Fedesarrollo, *La Economía Colombiana: Caracteristicas Estructutales, Reformas Recientes y Perspectivas de Mediano Plazo*, Santafé de Bogotá, 1995.

Revista de Ministerio de Comercio Exterior, *Economía Abierta*, 1997.

Departamento Nacional de Planeacion de República de Colombia, *Cambio con Equidad: Plan Nacional de Desarrollo 1983 - 1986*, 1983.

Virgilio Barco, *Hacia Una Colombia Nueva: Liberalismo, Democracia Social y Cambio*, Editorial La Oveja Negra Ltda. 1986.

Presidencia de La República, Departamento Nacional de Planeación, *EL SALTO SOCIAL: Bases Para el Plan Nacional de Desarrollo 1994 - 1998*, 1994.

Presidencia de la República, *El Salto Social En Marcha: 1 Año de Gobierno de SAMPER entrevistas y testimonios*, 1995.

Departamento Nacional de Planeación de República de Colombia, *Cambio Para Construir La Paz 1998 - 2002 Bases*, 1998.

Presidencia de La República, Consejeria Para La Administración Publica, *La revocatoria del Mandato*, 1996.

Otto Morales Benitez, *Reforma Agraria Colombia Campesina*, Edición Universidad Externado de Colombia, 1986.

José Antonio Ocampo, Eduardo Lora Torres, *Colombia y La Deuda Externa*: *De La Moratoria de Los Treintas a La Encrucijada de Los Ochentas*, Tercer Mundo Editores, Fedesarrollo, 1988.

Gerhard Drekonja K. , Juan G. Tokatlian (Editores), *Teoría y Práctica de La Política Exterior Latinoamericina*, Centro de Estudios Internacionales, Uniandes 1983.

Rodrigo Pardoy, Juan G. Tokatlian, *Política Exterior Colombiana*: *De la Subordinación a la Autonomía?* Tercer Mundo Editores, Ediciones Uniandes, 1988.

German Cavelier, *La Política Internacional de Colombia*, Tomo IV Editorial Iqueima Bogotá, 1960.

Andres Pastrana Arango, *El Mes En La Casa de Nariño*, Presidencia de la República, 1998. 8.

Andres Pastrana Arango, *El Mes En La Casa De Nariño*, Presidencia de la República, 1998. 9.

Ministry of Foreing Affairs of the Republic of Colombia, *Colombia*: *the best kept secret of Latin America*, Produced by the Embassy of Colombia in Beijing, 2000.

Alvaro Tirado Mejía, *Introducción a La Historia Economica de Colombia*, Universidad Nacional de Colombia, 1974.

Mariano Ospina Rodriguez, *Escritos Sobre Economía y Política*, Universidad Nacional de Colombia, 1969.

Federación Nacional de Cafeteros de Colombia, *Café*: *Productos Basicos Y Desarrollo Economico Internacional*, Editolaser S. , 1987.

Coordinación de Edgar Bastamante, *El Gran Libro de Colombia*, Circulo de Lectores, 1984.

Escuela Superior de Guerra de Colombia, *COLOMBIA*, Bogotá, D. E.

El Guía Turística: *Caribe Colombiano*, Ltda, Editores Disenadores Cartagena Hilton Internacional, American Express.

Mario Arrubla, Alvaro Tirado Mejia, *Colombia Hoy*, 5a Edición, Siglo Veintiuno Editores, 1980.

Revista de La Contraloria General de La República, *Economía Colombiana*.

Revista de La Contraloria General de La República de Colombia, *Política Colombiana*.

Centro de Estudios sobre Desarrollo y Facultad de Economía de la Universidad de los Andes, *Desarrolloy Sociedad*.

E. I. U The Economist Intelligence Unit, *Country Report*: *COLOMBIA*.

Colombia, *Revista del Banco de La República*.

FEDESARROLLO, *Coyuntura Economica*.

FEDESARROLLO, *Debates de Coyuntura Economica*.

Revista de Colombia, *Desarrollo*.

Revista de Colombia, *La Semana*.

Revista de Colombia, *El Cromos*.

Periótico de Colombia, *El Tiempo*.

Periótico de Colombia, *El Espectador*.

Periotico de Colombia, *El Siglo*.

Periotico de Colombia, *La República*.

http: //www. presidencia. gov. co.

http: //www. minrelext/gov. co.

http: //www. español yahoo. com.

http: //www. dane. gov. co.

http: //www. mindefensa. gov. co.

http: //www. mindesa. gov. co.

《列国志》已出书书目

2003 年度

《法国》，吴国庆编著

《荷兰》，张健雄编著

《印度》，孙士海、葛维钧主编

《突尼斯》，杨鲁萍、林庆春编著

《英国》，王振华编著

《阿拉伯联合酋长国》，黄振编著

《澳大利亚》，沈永兴、张秋生、高国荣编著

《波罗的海三国》，李兴汉编著

《古巴》，徐世澄编著

《乌克兰》，马贵友主编

《国际刑警组织》，卢国学编著

2004 年度

《摩尔多瓦》，顾志红编著

《哈萨克斯坦》，赵常庆编著

《科特迪瓦》，张林初、于平安、王瑞华编著

《新加坡》，鲁虎编著

《尼泊尔》，王宏纬主编

《斯里兰卡》，王兰编著

《乌兹别克斯坦》，孙壮志、苏畅、吴宏伟编著

《哥伦比亚》，徐宝华编著

《肯尼亚》，高晋元编著

《智利》，王晓燕编著

《科威特》，王景祺编著

《巴西》，吕银春、周俊南编著

《贝宁》，张宏明编著

《美国》，杨会军编著

《国际货币基金组织》，王德迅、张金杰编著

《世界银行集团》，何曼青、马仁真编著

《阿尔巴尼亚》，马细谱、郑恩波编著

《马尔代夫》，朱在明主编

《老挝》，马树洪、方芸编著

《比利时》，马胜利编著

《不丹》，朱在明、唐明超、宋旭如编著

《刚果民主共和国》，李智彪编著

《巴基斯坦》，杨翠柏、刘成琼编著

《土库曼斯坦》，施玉宇编著

《捷克》，陈广嗣、姜琍编著

2005 年度

《泰国》，田禾、周方冶编著

《波兰》，高德平编著
《加拿大》，刘军编著
《刚果》，张象、车效梅编著
《越南》，徐绍丽、利国、张训常编著
《吉尔吉斯斯坦》，刘庚岑、徐小云编著
《文莱》，刘新生、潘正秀编著
《阿塞拜疆》，孙壮志、赵会荣、包毅、靳芳编著
《日本》，孙叔林、韩铁英主编
《几内亚》，吴清和编著
《白俄罗斯》，李允华、农雪梅编著
《俄罗斯》，潘德礼主编
《独联体（1991~2002）》，郑羽主编
《加蓬》，安春英编著
《格鲁吉亚》，苏畅主编
《玻利维亚》，曾昭耀编著
《巴拉圭》，杨建民编著
《乌拉圭》，贺双荣编著
《柬埔寨》，李晨阳、瞿健文、卢光盛、韦德星编著
《委内瑞拉》，焦震衡编著
《卢森堡》，彭姝祎编著
《阿根廷》，宋晓平编著
《伊朗》，张铁伟编著
《缅甸》，贺圣达、李晨阳编著
《亚美尼亚》，施玉宇、高歌、王鸣野编著
《韩国》，董向荣编著

2006 年度

《联合国》，李东燕编著

《塞尔维亚和黑山》，章永勇编著

《埃及》，杨灏城、许林根编著

《利比里亚》，李文刚编著

《罗马尼亚》，李秀环编著

《瑞士》，任丁秋、杨解朴等编著

《印度尼西亚》，王受业、梁敏和、刘新生编著

《葡萄牙》，李靖堃编著

《埃塞俄比亚 厄立特里亚》，钟伟云编著

《阿尔及利亚》，赵慧杰编著

《新西兰》，王章辉编著

《保加利亚》，张颖编著

《塔吉克斯坦》，刘启芸编著

《莱索托 斯威士兰》，陈晓红编著

《斯洛文尼亚》，汪丽敏编著

《欧洲联盟》，张健雄编著

《丹麦》，王鹤编著

《索马里 吉布提》，顾章义、付吉军、周海泓编著

《尼日尔》，彭坤元编著

《马里》，张忠祥编著

《斯洛伐克》，姜琍编著

《马拉维》，夏新华、顾荣新编著

《约旦》，唐志超编著

《安哥拉》，刘海方编著
《匈牙利》，李丹琳编著
《秘鲁》，白凤森编著

2007 年度

《利比亚》，潘蓓英编著
《博茨瓦纳》，徐人龙编著
《塞内加尔 冈比亚》，张象、贾锡萍、邢富华编著
《瑞典》，梁光严编著
《冰岛》，刘立群编著
《德国》，顾俊礼编著
《阿富汗》，王凤编著
《菲律宾》，马燕冰、黄莺编著
《赤道几内亚 几内亚比绍 圣多美和普林西比 佛得角》，李广一主编
《黎巴嫩》，徐心辉编著
《爱尔兰》，王振华、陈志瑞、李靖堃编著
《伊拉克》，刘月琴编著
《克罗地亚》，左娅编著
《西班牙》，张敏编著
《圭亚那》，吴德明编著
《厄瓜多尔》，张颖、宋晓平编著
《挪威》，田德文编著
《蒙古》，郝时远、杜世伟编著

2008 年度

《希腊》,宋晓敏编著
《芬兰》,王平贞、赵俊杰编著
《摩洛哥》,肖克编著
《毛里塔尼亚　西撒哈拉》,李广一主编
《苏里南》,吴德明编著
《苏丹》,刘鸿武、姜恒昆编著
《马耳他》,蔡雅洁编著
《坦桑尼亚》,裴善勤编著
《奥地利》,孙莹炜编著
《叙利亚》,高光福、马学清编著

2009 年度

《中非　乍得》,汪勤梅编著
《尼加拉瓜　巴拿马》,汤小棣、张凡编著
《海地　多米尼加》,赵重阳、范蕾编著
《巴林》,韩志斌编著
《卡塔尔》,孙培德、史菊琴编著
《也门》,林庆春、杨鲁萍编著

2010 年度

《阿曼》,仝菲、韩志斌编著
《华沙条约组织与经济互助委员会》,李锐、吴伟、
　金哲编著

相关链接
更多信息请查询：www.ssap.com.cn

菲律宾

马燕冰　黄莺　编著
2007年5月出版　35.00元
ISBN 978-7-80230-563-2/K·072

菲律宾共和国位于亚洲东南部，是有名的"千岛之国"。早在唐朝时，中菲之间已有贸易来往。宋朝时期，已有华人移居菲岛，成为菲律宾的第一批华侨。现在菲律宾约有华人、华侨125万人，约占菲律宾总人口的2%。本书资料翔实，是了解菲律宾的好材料。

新西兰

王章辉　编著
2006年4月出版　24.00元
ISBN 7-80230-000-2/K·220

新西兰是大洋州的第二大国，是由主要来自欧洲外来移民和土著毛利人组成的多民族国家，呈现出多元化的绚丽多彩。自20世纪30年代初摆脱英国殖民统治获得独立后，经济有了长足发展，社会不断进步，迄今已步入发达国家的行列。近年来，我国与新西兰在政治、经济和文化方面的交往迅速发展，人们迫切需要了解这个国家的历史、现状和风土人情。本书为读者认知新西兰提供了全面的介绍。

相关链接

更多信息请查询：www.ssap.com.cn

泰国（第二版）

田禾　周方冶　编著
2009年1月出版　　39.00元
ISBN 978-7-5097-0545-2/K·0051

　　泰国全称泰王国，地处东南亚的中心，在地理上具有重要的战略位置，是东南亚与南亚、东方与西方文化的交汇点，泰国沃野千里，物产丰富，美丽的自然风光伴以温和友善的人民，是世界著名旅游目的地。该书全面、系统和深入地介绍和描述泰国的政治、经济、文化、历史和人民。

越南（第二版）

徐绍丽　利国　张训常　编著
2009年1月出版　　39.00元
ISBN 978-7-5097-0546-9/K·0052

　　越南社会主义共和国，简称"越南"，位于中南半岛东部，是与中国有悠久关系的邻邦。狭长的国土3/4是山地和高原，红河和湄公河河流域人口密集、农业发达。近年来工业发展较快。1976年越南南北统一后，特别是1986年实行经济改革后，历经沧桑的越南的社会和经济取得了长跑般的进步。

图书在版编目（CIP）数据

哥伦比亚/徐宝华编著. —2 版. —北京：社会科学文献出版社，2010.7
（列国志）
ISBN 978-7-5097-1521-5

Ⅰ.①哥… Ⅱ.①徐… Ⅲ.①哥伦比亚-概况 Ⅳ.①K977.5

中国版本图书馆 CIP 数据核字（2010）第 107176 号

哥伦比亚（Colombia） ·列国志·

编 著 者 /	徐宝华
审 定 人 /	陈芝芸　江时学
出 版 人 /	谢寿光
总 编 辑 /	邹东涛
出 版 者 /	社会科学文献出版社
地　　址 /	北京市西城区北三环中路甲 29 号院 3 号楼华龙大厦
邮政编码 /	100029
网　　址 /	http://www.ssap.com.cn
网站支持 /	（010）59367077
责任部门 /	《列国志》工作室　（010）59367215
电子信箱 /	bianjibu@ssap.com
项目经理 /	宋月华
责任编辑 /	宋培军
责任校对 /	黄　芬
责任印制 /	郭　妍　岳　阳　吴　波
总 经 销 /	社会科学文献出版社发行部 （010）59367080　59367097
经　　销 /	各地书店
读者服务 /	读者服务中心（010）59367028
排　　版 /	北京中文天地文化艺术有限公司
印　　刷 /	三河市尚艺印装有限公司
开　　本 /	880mm×1230mm　1/32
印　　张 /	15.125　字数 / 390 千字
版　　次 /	2010 年 7 月第 2 版　印次 / 2010 年 7 月第 2 次印刷
书　　号 /	ISBN 978-7-5097-1521-5
定　　价 /	39.00 元

本书如有破损、缺页、装订错误，
请与本社读者服务中心联系更换

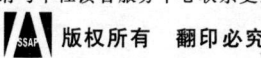
版权所有　翻印必究

《列国志》主要编辑出版发行人

出 版 人	谢寿光
总 编 辑	邹东涛
项目负责人	杨 群
发 行 人	王 菲
编辑主任	宋月华
编 辑	（按姓名笔画排序）
	孙以年　朱希淦　宋月华
	宋培军　周志宽　范 迎
	范明礼　袁卫华　徐思彦
	黄 丹　魏小薇
封面设计	孙元明
内文设计	熠 菲
责任印制	岳 阳　郭 妍　吴 波
编 务	杨春花
责任部门	人文科学图书事业部
电 话	(010) 59367215
网 址	ssdphzh_cn@sohu.com